성범죄자 치료

좋은 삶과 자기조절
통합모델의 적용

Pamela M. Yates · David S. Prescott · Tony Ward 공저
신기숙 · 심진섭 · 이종수 · 이지원 · 전은숙 공역

Applying the Good Lives and
Self-Regulation Models to Sex
Offender Treatment

A Practical Guide for Clinicians

학지사

Applying the Good Lives and Self-Regulation Models to Sex Offender Treatment:
A Practical Guide for Clinicians
by Pamela M. Yates, David S. Prescott, and Tony Ward

역서를 집필하는 것은 자신의 이론이나 생각을 담은 저서를 집필하는 것보다 몇 배의 어려움이 따른다. 특히 국내에는 성범죄자 치료에 대한 전문서적이 많지 않고 치료 역사도 짧기 때문에 원저자의 언어로 표현한 생각을 문화와 배경이 다른 독자들에게 전달하는 것은 매우 힘든 일이다. 역자들은 상당한 기간 동안 교정시설에 근무하면서 성범죄자를 직접 경험하고 치료하여 건강한 사회복귀를 돕는 업무를 해 온 성범죄 치료 분야의 대표 전문가들이다. 그렇기에 *Applying the Good Lives and Self-Regulation Models to Sex Offender Treatment*를 저자들의 집필 의도와 내용을 충분히 이해하고 번역하여, 우리에게 조금은 낯설 수 있는 성범죄자 치료의 재활 및 사회복귀에 대한 정확한 의도를 잘 전달하고 있다.

일반 여성이나 남성이 성범죄의 피해자가 되었을 경우, 이들은 물리적 압력뿐만 아니라 심리적·사회적·경제적으로 큰 피해를 경험한다. 이들과 그 가족이 겪게 되는 아픔과 상실, 성범죄자에 대한 두려움과 불안, 분노는 성범죄자의 완전한 사회적 격리를 요구하게 만들기도 한다. 이러한 분위기 속에서 성범죄자에 대한 평가와 치료 그리고 사회복귀에 대해 논의하는 것은 쉽지 않은 일이다.

하지만 성범죄자의 재활과 사회복귀 문제는 성범죄자의 재범을 방지하기 위해서뿐만 아니라, 범죄 가능성이 있는 사람의 범죄 예방을 위한 다각적 방안을 모색하는 기본적 틀이 된다는 점에서 중요하다. 성범죄자에 대한 처벌을 넘어 사회의 한 구성원으로서 자신의 역할을 할 수 있도록 도와줄 수 있는 방안을 강구하는 것은 성범죄자를 대상으로 하는 임상가의 주요한 과업일 뿐만 아니라, 안전한 지역사회 구축에도 매우 중요한 일이다.

이 책에서는 성범죄자의 삶을 개선하여 범죄의 욕구를 줄일 수 있는 방안을 고민하는 좋은 삶 모델과 전자발찌, 화학적 거세 등 외적 통제를 넘어서 스스로 자신의 행동을 이해·조절할 수 있게 하는 자기조절 모델을 상세하게 설명하고 있다. 아울러 좋은 삶/자기조절 통합 모델을 활용한 치료과정에서는 범죄과정을 단계별로 분석하여 범죄 경로 및 자기조절 방식에 따른 치료방법과 치료를 위한 통합계획 개발 등을 제시하고 있다. 뿐만 아니라 치료의 궁극적 목표인 재범방지를 위해 성범죄자가 어떻게 지역사회에 재통합되고, 성공적으로 자기를 관리할 수 있을 것인가에 대한 모색이 담겨 있다.

이 모델의 적용은 성범죄자 치료에 있어 효율적이고 효과적이라고 여러 연구에서 지지되고 있으며, 이러한 접근을 통해 범죄자라는 낙인이 아니라 좋은 삶을 추구하는 사회의 한 일원이 되도록 정부 및 지역사회의 지속적인 노력이 필요함을 강조한다.

성범죄를 다루는 여러 분야의 임상가들이 임상 실무를 진행하는 데 있어, 그리고 이 분야에 관심을 가지고 있는 여러 후학이 성범죄에 대한 시야를 확장하는 데 있어 이 책이 크게 기여할 것으로 기대한다.

중앙대학교 심리학과 교수, 전 한국임상심리학회장
현명호

추천사 2

정부에서 성폭력 범죄를 척결하기 위해 다양한 정책을 도입하고 있지만 공식적인 성폭력 범죄 사건의 수는 지속적으로 증가 추세에 있다. 성범죄의 감소나 재범방지를 위해 가장 효과적인 방안들이 논의되어 왔는데, 그중 하나로 성범죄자 교정 프로그램이 제시되었다. 그러나 안타깝게도 한국에서 성범죄자 치료 프로그램을 시행한 지 얼마 되지 않아 역사가 짧은 만큼 성범죄자를 제대로 평가할 수 있는 평가 도구나 다양한 치료 프로그램은 존재하지 않는 실정이다.

이 책은 성범죄자에 대한 연구 및 치료 전문가인 미국의 Pamela M. Yates, David S. Prescott 그리고 뉴질랜드에서 활동하는 전문가인 Tony Ward가 집필한 *Applying the Good Lives and Self-Regulation Models to Sex Offender Treatment: A Practical Guide for Clinicians*라는 책을 한국의 교정청 교정심리치료센터 소속의 심리학자들이 번역한 것이다.

외국의 경우 다양한 성범죄의 양상만큼이나 성범죄자를 치료하는 프로그램의 내용도 다양하게 발전해 왔으며, 최근에는 좋은 삶 모델과 자기조절 모델을 적용하는 사례가 늘고 있다. 이 책에서는 좋은 삶 모델과 자기조절 모델을 통합한 성범죄자 치료 프로그램을 제시하고 있다. 특히 성범죄자가 만족스럽고 더 나은 삶의 생활방식을 구축하고 재범과 관련된 위험 요인들을 효과적으로 관리할 수 있는 방법들을 제시한다.

구체적으로 살펴보면, 좋은 삶 모델과 자기조절 모델의 통합 프로그램에 대한 기본적인 개념을 설명한 다음, 평가와 치료 그리고 치료 후 유지 및 감독에 대한 내용을 제시하였다. 또한 성범죄자 치료자들이 실제로 프로그램에 적용하는 데 큰 어려움이 없도록 자세한 사례를 함께 제공하고 있다. 즉, 현장에서 성범죄자를 치료하는 실무자들에게 가장 실효성 있다고 인정받고 있는 치료 프로그램을 제공하고 있어 한국에서 매우 중요한 시기에 번역·출판되었다고 볼 수 있다.

이 책은 성범죄자의 평가, 치료, 재범을 연구하는 연구자, 실무가인 법임상심리학자(clinical forensic psychologists) 그리고 이 분야에 관심이 있는 학생들에게 중요한 가이드 역할을 할 것이다. 앞으로 이 책이 한국의 성범죄자에 대한 평가, 치료, 재범 관리에 전환점 역할을 해 줄 것으로 기대한다.

숙명여자대학교 사회심리학과 교수,
한국사회및성격심리학회 범죄심리사 자격관리위원장
김민지

　지난 몇 해 동안 성범죄 문제는 우리 사회에 큰 충격을 주었으며 이로 인해 많은 아픔과 고통이 있었다. 지속적으로 발생하는 사건들에 대처하면서 무엇을 변화시켜야 하는가에 대해 각계의 전문가들이 토론과 논의를 거듭하며 법을 제 · 개정하고 새로운 시스템을 마련함으로써 성범죄자에 대한 종합적인 대책을 강구하고자 노력했다. 이러한 대책에는 성범죄자에 대한 법정형의 조정과 지역사회의 안전을 위한 정책 마련, 성범죄자 치료를 위한 이수 혹은 수강명령제도의 강화 등이 포함된다. 모든 정책의 궁극적인 목표는 성범죄자들의 출소 후 건강한 사회복귀를 돕고, 이를 통해 재범을 방지하여 안전한 지역사회를 만드는 것이라 할 수 있다.

　역자들은 2011년부터 교정기관에 수용된 성범죄자를 대상으로 심리치료를 진행하고 있다. 성범죄 문제에 대한 국가의 적극적 개입의 일환으로 교정기관에 수용된 모든 성범죄자에게 전문적인 심리치료를 제공하기 시작하였다. 국내 수형자를 대상으로 한 심리치료 프로그램이 개발되지 않은 상태이므로 초기에 다양한 자료를 검토하면서 어떤 프로그램이 가장 적합할지에 대한 많은 고민이 있었다. 인지행동치료, 재발방지 모델, 위험성/욕구/반응성 모델, 좋은 삶 모델 등을 연구하며 가장 적절하다고 생각되는 내용들을 정리하여 치료 프로그램에 적용해 오고 있다. 이렇게 지속적으로 프로그램을 수정 · 보완하며 자료를 검토하는 과정에서 특별히 좋은 책을 발견하여 번역을 결심하게 되었다.

　이 책의 내용을 함께 토론하면서 많은 감동과 함께 그동안 미흡했던 점에 대한 보완 및 향후 방향에 대한 큰 그림을 그릴 수 있어서 설레는 마음이 공존했다. 이 책은 성범죄자 치료에 대한 접근 원칙과 방법, 구체적인 전략과 적용에 이르기까지 성범죄자 개입에 대한 총체적인 방향과 치료 내용이 잘 정리되어 있다. 각 나라마다 성범죄자 재범방지와 이들의 지역사회 복귀를 위한 체계가 달라 이 책의 내용을 동일하게 적용하는 데는 어려움이 있겠지만, 이 책에서 지향하는 성범죄자에 대한 접근과 지역사회 안전을 위한 관리체계는 우리에게도 중요한 시사점을 준다.

이 책은 성범죄자 치료에 경험이 있고 잘 훈련된 능숙한 전문가와 개입에 관계하고 있는 슈퍼바이저들을 위해 마련되었으며, 성범죄자 심리치료를 위한 훈련 프로그램이기도 하다. 성범죄자에게 좀 더 나은 삶을 제공하고자 하는 좋은 삶 모델과 위험성을 관리하는 자기조절 모델을 통합하여, 긍정적이고 목표 지향적이며 강점에 기반을 둔 개입을 토대로 설계되었다. 이 책에서는 긍정심리학과 동기강화 이론에 근거하여 내담자의 참여를 통한 효과적인 성범죄자 치료의 원리에 대해 설명하고 있으며, 평가와 치료 계획에서는 좋은 삶 모델에서의 치료 목표와 범죄과정에서의 자기조절 경로의 탐색을 통해 통합적인 사례 개념화를 제시하고 있다. 치료와 추후지도에서는 개인의 삶과 범죄과정의 개방을 통해 개인에게 잘 짜 맞추어진 치료의 적용방법과 출소 후 지역사회 복귀에서의 사례관리를 설명하고 있다.

국내에서 성범죄자를 치료하고 있는 임상가들을 교육할 때마다, 그들에게 제공해 줄 수 있는 교재가 제한되어 있어 늘 안타까운 마음이었다. 이 책이 성범죄자 치료자들에게 좋은 길잡이가 될 수 있으리라 생각한다. 앞서 말했듯이, 이 책은 초보자용 교재라기보다 경험 있는 전문가들을 위한 지침서이기 때문에 이 책을 활용하기 위해서는 성범죄자에 대한 기본 지식과 이론이 정립되어 있어야 한다. 각 영역에서 설명하고 있는 내용 또한 각각의 상황과 여건에 맞게 자신의 전문성을 토대로 창조적으로 적용했을 때 효과적인 개입이 가능하다. 역자들도 번역을 준비하면서 어떻게 적용해 나갈 것인지에 대해 함께 토론하고 고민하는 시간을 가졌다. 이 책을 통해 성범죄자 개입에 책임이 있는 전문가들이 좀 더 효과적인 치료를 적용할 수 있기를 기대한다.

역자들이 교정기관에서 일하면서 성범죄자 관련 교재의 필요성을 느껴 번역을 시작했지만, 전문서적을 번역하는 데는 많은 한계와 어려움이 있었다. 우리에게 익숙하지 않은 내용과 용어들을 좀 더 이해하기 쉽게 다듬기 위해 노력했지만 여전히 아쉬움이 있다. 독자들이 읽으면서 발견하게 되는 잘못된 내용은 향후 좀 더 수정 · 보완하여 저자들의 입장을 잘 전달할 수 있도록 만들어 나갈 것이다. 끝으로 이 책의 출판을 맡아 주신 학지사 김진환 사장님과 세심하고 주의 깊은 교정으로 번역문을 보완해 주신 학지사 편집부 여러분께 감사의 마음을 전한다.

2016년 3월
역자 대표 신기숙

서 문

이 책은 임상가, 가석방 및 보호관찰 감독관, 성범죄자 치료와 관리감독에 관련된 사람들이 실제 업무에서 좋은 삶 모델(Good Lives Model: GLM)과 개정된 자기조절 모델(Self-Regulation-Revised Model: SRM-R)을 사용하는 방법에 대한 이해를 제공하고 있다. 범죄자 사회복귀에 대한 좋은 삶 모델(Ward & Gannon, 2006; Ward & Stewart, 2003)과 범죄과정에 대한 자기조절 모델(Ward & Hudson, 1998)은 초기 개발된 이래로 성범죄자 치료와 관리감독을 종합적이고 통합된 접근방법으로 결합하였다(Yates & Ward, 2008). 좋은 삶 모델 접근은 재범을 줄이는 것에 효과적인 것으로 밝혀진 두 모델인 위험성/욕구/반응성 모델(Risk/Need/Responsivity Model; Andrews & Bonta, 2007; Ward, Melser, & Yates, 2007)과 인지행동적 지향을 사용하는 모델의 구성체계에서 제공하고 있는 개입을 확대하고 강화하기 위한 것이다(Andrews & Bonta, 2007; Dowden & Andrews, 2000; Hanson, Bourgon, Helmus, & Hodgson, 2009; Hanson et al., 2002; Hanson & Yates, 2004; Lösel & Schmucker, 2005; Yates, 2002, 2003).

성범죄자 치료는 전통적으로 재발방지 모델(Relapse Prevention Model: RPM)을 적용하여 왔다(Marques, Day, & Nelson, 1992; Pithers, 1990, 1991). 그러나 재발방지 접근은 원인이 다양한 성범죄자에게 적용했을 때 문제가 발생한다(Hanson, 2006; Laws, 2003; Laws & Ward, 2006; Ward & Hudson, 1998; Yates, 2003, 2005, 2007; Yates & Kingston, 2005; Yates & Ward, 2007). 자기조절 모델(Self-Regulation Model: SRM)은 재발방지 접근의 문제점으로 인해 성

범죄자에게 맞추어 개발되었으며 대안적 접근의 하나로 제안되었다(Ward & Hudson, 1998; Ward, Hudson, & Marshall, 1995). 자기조절 모델은 인지와 정서, 행동의 조절 및 통합을 통해 직접적으로 행동하게 하는 것으로 목표설정과 의사결정 과정에 대한 하나의 종합 세트다(Baumeister & Heatherton, 1996; Baumeister & Vohs, 2004; Karoly, 1993). 재발방지 모델과 비교했을 때, 자기조절 모델은 성범죄자의 이종성(heterogeneity)과 성범죄의 동기를 설명하는 데 더 적합하다. 예를 들어, 자기조절 모델은 범죄과정에 4가지의 다른 경로를 제시한 반면, 재발방지 모델은 범죄과정을 하나의 경로로만 설명한다.

자기조절 모델의 개발에 뒤를 이어 좋은 삶 모델(GLM)이 성범죄자 사회복귀에 매우 중요한 접근방법으로 제안되었다(Ward & Gannon, 2006; Ward & Stewart, 2003). 좋은 삶 모델은 위험성/욕구/반응성(RNR) 모델 및 재발방지(RP) 모델과 같은 위험성을 바탕으로 한 회피 지향적인 접근들을 필요로 하지만 성범죄자의 치료를 설명하는 데는 불충분하다는 전제를 기반으로 하고 있다. 좋은 삶 모델에서는 성범죄자도 모든 사람과 마찬가지로 만족스럽고 균형 있는 삶을 성취하기 위해 종합적인 좋은 삶 계획 또는 로드맵(roadmap)의 일환으로서, 삶에서 중요한 목표(일차적 인간 덕목 혹은 일차적 덕목이라는)를 달성하려고 노력한다고 제시하였다. 하지만 범죄를 저지르지 않은 사람들과 달리, 성범죄자는 이러한 개인적 욕구를 종종 다른 사람을 해롭게 하는 행동을 통해 달성하려고 시도한다는 것이다. 즉, 그들의 목표는 중요하고 가치 있지만, 문제는 삶에서 일차적 덕목을 획득하고 그들의 목표를 성취하기 위해 사용하는 수단에 있다. 좋은 삶 모델에서의 치료는 내담자가 더 나은 삶을 성취할 수 있도록 지원하기 위해 긍정적이고 접근 지향적인 활동으로 설계되어 그들에게 명확하게 짜 맞춰져서 제시된다. 치료활동은 재범 위험성을 관리하는 것과 함께 이러한 목표에 직접적으로 도움이 될 수 있도록 구성되었다.

좋은 삶 모델과 자기조절 모델은 성범죄자 치료를 안내하기 위해 최근에 종합적인 접근으로 통합되었다(Ward, Yates, & Long, 2006; Yates & Ward, 2008). 통합된 이 모델은 좋은 삶의 증진과 위험성 관리 둘 다를 명확하게 다루고 있으며, 좋은 삶 계획을 실행하기 위해 위험성과 성범죄, 내담자의 시도들 간의 관계를 이해하는 것에 토대를 두고 있다. 좋은 삶 모델/개정된 자기조절 모델(GLM/SRM-R)[1] 접근은 또한 일차적 및 이차적 덕목, 범죄와 관련된 목표와 전략, 경로 그리고 이들의 상호관계에 대한 평가를 포함하고 있다(Yates, Kingston, & Ward, 2009). 좋은 삶/자기조절 통합모델은 위험성을 관리하고 좋은 삶을 달성하려는 내담자를 돕는 데 있어 개입효과를 높이기 위해 임상 장면에서 다양한 인지행동치료 방법을 사용한다.

이 책은 성범죄자와의 효과적인 치료(즉, 위험성/욕구/반응모델과 인지행동치료 접근 등 다른 모델들)에 경험이 있고, 능숙하며, 잘 훈련되어 있는, 그리고 성범죄자 개입에 책임이 있는 임상가와 지역사회 감독관을 위해 설계되었다. 또한 사용자들이 평가와 치료에 경험이 있고 전문적으로 훈련받았음을 가정하였다. 이 모델의 요소들은 개관되었지만, 이 책에서는 이러한 접근들을 사용하기 위한 종합적인 안내를 제공하지 않는다는 점에 유의해야 한다. 이 책은 위험성/욕구/반응성 접근과 인지행동적인 방법들을 사용하는 기존의 치료에 좋은 삶 모델과 개정된 자기조절 모델을 통합하려는 사용자를 돕는 데 중점을 두고 있다. 또한 이 책은 성범죄자를 치료할 수 있는 명확한 '방법(how-to)'을 교육하기 위한 구조화되어 있는 교육용 활동(치료 목표와 개입을 위한 구성체계가 요구되기는 하지만)이라기보다, 효과적인 치료와 슈퍼비전을 위한 치료적 훈련을 위해 설계되었다.

더불어 독자는 이 책에 사용된 용어의 변화를 알게 될 것이다. 일반적인 교재 및 치료에서는 **결핍, 일탈, 왜곡, 위험성, 방지**와 같은 용어를 사용한다. 이러한 모든 용어는 부정적 평가 혹은 부정적 기대와 관련된다(Mann & Shingler, 2006). 이와 달리 여기에 기술된 접근은 긍정적인 모델로, 판단하려는 언어를 사용하지 않을 때, 개입에 대한 접근이 미래 지향적이고 낙관적일 때, 그리고 내담자가 치료를 통해 얻을 수 있는 것에 초점을 두었을 때, 사람들은 긍정적인 변화와 개인의 성장을 더 받아들일 수 있고, 치료에 참여하는 것에 동기화될 수 있음을 전제한다.

이 책은 4개의 영역(I. 성범죄자 치료의 원리, II. 평가와 치료 계획, III. 치료, IV. 치료 후 지도와 지역사회 재결합)으로 구성되었다.

영역 I의 1장과 2장은 위험성/욕구/반응성 모델, 인지행동적 접근, 경험에 기반을 둔 치료 목표, 치료 및 변화과정으로의 참여를 고취시키는 동기강화 접근을 포함하여 성범죄자에 대

---

1 역주: 좋은 삶 모델/개정된 자기조절 모델(Good Lives Model/Self-Regulation-Revised Model. GLM/SRM-R)은 좋은 삶 모델과 개정된 자기조절 모델을 결합하여 성범죄자 치료모델의 하나로 통합되었다. 초기의 자기조절 모델은 성범죄 과정을 9단계로 설명하였으나, 개정된 자기조절 모델은 10단계로 설명하고 있다(3장 참조). 통합된 좋은 삶 모델/개정된 자기조절 모델에 대해 원문에서는 'GLM/SRM-R'로 표기하고 있으나, 이 책에서는 독자들의 편의를 위해 좋은 삶/자기조절 통합모델로 축약하여 서술하였다. 또한 개정된 자기조절 모델(Self-Regulation-Revised Model)은 기존의 자기조절 모델과 구별이 필요한 경우를 제외하고는 자기조절 모델로 표기하였다.

한 효과적인 개입의 기본 토대를 기술하였다. 3장은 첫 번째 영역의 마무리로 좋은 삶 모델과 개정된 자기조절 모델, 개입에 대한 종합적 접근으로 두 모델을 통합하는 것에 대한 근거 및 전제를 세부적으로 기술하였다.

영역 II(평가와 치료 계획)는 좋은 삶 모델의 구성 내용에 대한 평가로, 일차적 덕목과 이차적 덕목, 범죄에서 이 덕목들 간의 관계를 기술하였다. 이러한 구성 내용은 4장에서 설명하였다. 5장은 범죄와 관련된 목표를 평가하기 위한 지침, 전략 그리고 범죄과정에서 따랐던 경로를 포함하였다. 6장은 위험성 및 다른 관련된 평가를 포함하여 내담자에 대한 전반적인 평가에서 좋은 삶 모델과 개정된 자기조절 모델 평가를 통합하는 데 필요한 정보를 제공한다. 7장은 영역 II의 마무리로, 사례 개념화 및 치료 계획에 대한 분석을 다루고 있다.

영역 III에서, 8장은 위험성 관리와 인지행동적 지향으로 치료를 안내하기 위해 좋은 삶 모델 및 좋은 삶/자기조절 통합모델 접근의 사용에 대해 기술하였다. 9장과 10장은 개인력 및 범죄과정과 범죄패턴을 분석할 수 있는 구체적인 치료활동을 제공한다. 또한 범죄의 취약요인(즉, 자서전)과 치료에서 통상적으로 사용하는 범죄 '사이클(cycle)' 개념에 대한 하나의 대안 제시로 범죄과정을 설명한다. 영역 III의 11장은 각 경로에서 범죄행동과 관련된 다양한 동기와 자기조절 양식을 바탕으로 범죄에서 다른 경로를 가진 내담자에 대한 치료 접근에서의 차이를 설명한다. 또한 각 장에서의 모든 치료활동은 좋은 삶 모델의 요소에 중점을 두었다. 이 영역의 마지막인 12장에서는 치료자와 내담자가 전형적인 치료에서 개발한 재발방지 계획의 대안으로 좋은 삶/자기조절 통합 계획을 구조화하는 과정을 기술하였다.

마지막으로 영역 IV의 13장에서는 치료 후 유지와 지역사회 감독에서 좋은 삶/자기조절 통합모델의 적용을 설명하였다. 위험성 관찰 및 치료에서 습득한 기술 유지와 같은 활동의 기본적 요소들과 함께, 이 장에서는 만족스럽고 균형 잡힌 삶을 달성하기 위해 자신의 계획을 실행하도록 내담자를 돕고, 이러한 계획이 재범 위험성을 감소시키는 데 기여하고 있는지 검토할 수 있도록 추가적으로 필요한 것에 중점을 두었다.

차 례

🌿 영역Ⅰ **성범죄자 치료의 원리**

🍃 영역 II **평가와 치료 계획**

영역 III **치료**

영역 Ⅳ 치료 후 지도와 지역사회 재결합

1장

성범죄자 치료 원리

성범죄자 치료의 궁극적인 목적은 재범을 방지하는 데 있다. 이 목적을 이루기 위해 성범죄자 프로그램은 특정 방법과 절차를 사용하며, 경험적 연구와 개별 내담자 연구에서 성범죄와 관련된 것으로 알려진 특정 심리사회적 요인의 변화를 목표로 한다. 효과적이고 통합적인 치료는 다음의 준거들을 포함한다(Hanson & Yates, 2004; Yates, 2002, 2003, 인쇄중 참조).

- 인지행동적 지향의 개입
- 범죄자 개입에서 위험성/욕구/반응성 모델의 사용과 적용
- 개입에서 인지적·행동적 및 사회적 학습방법의 사용
- 기술 및 역량 기반 접근
- 치료에서 내담자의 참여와 동기를 높이기 위한 효과적인 치료방법 사용

인지행동치료

인지행동치료는 성범죄자에게 가장 널리 적용되고 있는 효과적인 개입방법으로(Hanson et al., 2002; Lösel & Schmucker, 2005), 인지, 정서 및 행동이 밀접하게 연결되어 있고 서로 영향을 주고받는다는 전제를 기초로 한다. 이 모델에서는 성범죄를 모델링과 학습을 통해 시간이 경과되면서 발달된 하나의 행동 패턴으로 보며, 성범죄 행위는 성범죄를 촉진하

는 특정 상황에서 고착된 습관적 반응을 야기하는 활동 및 강화로 유지된다고 가정한다. 인지행동치료는 범죄자가 삶의 문제에 효과적으로 대처하고 그들이 직면하게 되는 어려운 상황을 다루는 데 필수적인 기술 및 역량을 갖추도록 하는 데 있다. 개인별 성장, 향상 및 재범을 방지하는 특정 기술을 강화하는 기술기반 접근은 인지행동치료의 필수 요소다(Hanson, 1999; Hanson & Yates, 2004; Yates et al., 2000).

범죄자를 효과적으로 치료하기 위해 인지행동적 접근과 더불어 위험성/욕구/반응성 모델(RNR Model)의 원칙을 따른다(Andrews & Bonta, 2007). 이 모델의 원칙은 행동 변화를 위해 활용하는 인지행동 기법의 틀을 제시한다. 예를 들어, 문제해결 기술은 삶의 문제와 위험성 관리 등 다양한 문제를 더 적응적인 방식으로 해결할 수 있도록 성범죄자를 돕는다. 문제해결 훈련은 범죄와 관련된 역동적 위험요인 또는 범죄유발 욕구(criminogenic need)의 하나인 충동성을 감소시킨다(Andrews & Bonta, 2007). 위험성/욕구/반응성 모델의 원칙은 개인의 위험성과 욕구 그리고 개인의 상황과 조건에 맞추어 위험성을 가장 효과적으로 줄일 수 있는 개입을 치료조건으로 고려한다. 그러나 위험성만을 기반으로 한 접근은 상당한 제한점이 있어서, 이러한 접근은 좀 더 광범위한 틀(즉, 좋은 삶/자기조절 통합모델)로 통합되었다(Ward et al., 2007; Yates & Ward, 2008).

최근에 특정 기술 및 치료자 특성을 통해 동기를 강화하는 것이 성범죄자의 치료에 효과적인 것으로 밝혀졌다. 동기강화 요인은 범죄자와 치료적 관계의 중요성에 중점을 두며, 따라서 치료자는 반응성과 동기강화 접근이 치료 성공에 필수적임을 유념해야 한다. 연구에서는 그 유형이 따뜻하고, 공감적이고, 보상적이고, 지지적이며, 방향성 있는 치료자의 유형이 엄격하고 직면적인 치료자보다 더 효과적인 것으로 나타났다(Marshall, 2005). 이런 특성은 우울, 정신 건강 개입 및 중독과 같은 다른 치료 분야의 연구에서도 일관되게 나타나고 있다. 모든 영역의 내담자와 치료자 간 긍정적 치료 관계가 유의미한 치료적 변인으로 나타났다(Duncan, Miller, Wampold, & Hubble, 2009). 성범죄자 치료에서, 강력한 치료적 동맹을 구축하는 것은 재범률을 감소시키는 것과 관련이 있는 것으로 밝혀졌고(Wong, Witte, & Nicholaichuk, 2002), 최근 메타분석에서는 긍정적 치료자 특성이 치료에 유의미한 효과가 있는 것으로 나타났다(Hanson, 2006). 확고한 치료적 동맹을 구축하는 실질적인 이점 이외에도, 이러한 긍정적 치료자 특성은 강력한 윤리적 근거들을 뒷받침한다(Ward & Salmon, 인쇄중). 이러한 이유로 치료과정에서 강요하기보다는 범죄자를 존중하며 서로 협력하여 작업하도록 하는 것에 초점을 둔다. 유감스럽게도, 많은 임상가는 치료가 내담자가 생각하는 것보다 더 도움이 될 것이라고 믿는다(Beech & Fordham, 1997). 이러한 연구결과는 치료과정에서 내담자의 관점이 중요하다는 것과, 치료자의 유형과 치료자가 주는 도움에 대해 내담자가 지각하고 있음을 설명한다.

이러한 각 원칙 및 치료의 요소는 아래에서 살펴볼 것이다. 이 장에서는 종합적 개관 또는 구체적인 치료지침을 제공하기보다 성범죄자 치료에 효과적인 요소와 일반적 원칙들에 대한 검토를 제공한다.

위험성/욕구/반응성 원칙
· · · · · ·

위험성 원칙에서 치료의 강도는 개별 내담자의 위험성 수준에 맞춰져야 하며, 가장 높은 위험성을 보인 범죄자는 가장 집중적인 수준의 개입을 하고, 낮은 위험성을 보인 범죄자는 낮은 강도로 개입하거나 치료적 개입을 하지 않는다. 위험성 수준은 전형적으로 내담자의 정적(변화 불가능한) 및 역동적(변화 가능한) 재범요인에 대한 평가를 통해 결정된다. 정적 요인은 성범죄 위험성과 관련되는 나이, 이전 범죄 경력, 특정 범죄 특성(예: 남성 피해자, 비면식 피해자, 비접촉 범행), 최초 성범죄 시기 등을 포함한다(예: Hanson & Bussière 1998; Hanson & Morton-Bourgon, 2005; Hanson & Thornton, 1999).

욕구 원칙에서 가장 효과적인 개입은 재범 위험성과 연관되는 범죄자의 범죄유발 욕구 또는 역동적 위험요인들을 목표로 하는 것이며, 이러한 위험요인들은 개입을 통해 변화될 수 있고, 이러한 변화는 위험성 및 재범의 변화와 관련된다. 역동적 위험요인은 심리적 취약성 또는 심리기제로 개념화될 수 있는데, 상황적 촉발요인과 결합되면서 성폭력이 발생하게 된다(Beech & Ward, 2004). 따라서 역동적 위험요인들은 범죄자에게 임상적으로 유의미한 심리사회적 특성들로 그들의 삶에서 어떤 식으로든 변화가 가능한 것들이다. 이러한 위험요인들은 타당하고 경험적인 결과로 얻어지며, 치료에서 특정 목표로 설명된다. 실무에서 치료자는 재범 위험성과 관련은 없지만 임상적으로 변화하는 것이 바람직한 치료 목표와 경험적으로 성범죄와 관련된다고 보이는 치료 목표를 구분할 필요가 있다(Gordon & Hover, 1998; Yates, 2009a). 그렇지만 2장과 이 장에서는 비범죄유발 욕구(noncriminogenic needs)가 치료동맹을 강화하고 치료 참여를 높인다는 점을 기술하고 있다(Ward & Maruna, 2007; Ward et al., 2006).

현재 역동적 위험요인은 성적 자기조절 문제(예: 일탈적 성적 관심 또는 성적 몰두 문제)와 부정적인 사회적 영향, 친밀감 결핍, 아동과의 정서적 일치(아동 성범죄자 중) 및 일반적 자기조절 문제(예: 충동성, 인지적 문제해결 기술의 부족)와 같은 성범죄와 연관된 요인들을 포함한다(Hanson, Harris, Scott, & Helmus, 2007). 더불어, 일부 성범죄자는 비성적 범죄의 재범 위험성을 보인다. 성적 및 비성적 재범을 예측하는 요인들 중 일부 요인은 중복되어 나타나지만 종종 반사회적 성향 및 일반적인 자기조절 문제와 같은 위험성 요인들이 비성적 재범을 예측한다(Hanson & Morton-Bourgon, 2005). 역동적 위험요인은 정적 위험요인에 비해 연구가 많이 이루어지지 않았다(Yates & Kingston, 2007).

반응성 원칙은 치료적 개입이 범죄자의 학습방식, 능력 및 개인의 상황에 부합되는 방법으로 전달되어야 한다는 의미다. 주요 고려점으로 언어, 문화, 성격 유형 또는 장애, 동기, 불안, 정신장애, 인지 능력 등이 포함된다. 이 원칙에 따르면 이런 요인들은 치료과정에서 내담자의 상호작용에 영향을 준다. 결국 이런 상호작용은 개인에 대한 개입의 효과성에 영향을 미치게 된다. 따라서 가장 효과적인 성범죄자 치료 프로그램은 개인별 특성에 맞는 방법으로 제공되는 것이다. 예를 들면, 읽기와 쓰기에 문제를 가진 내담자는 글쓰기 작업이 요구되는 치료 프로그램을 잘 수행하지 못할 것이다. 따라서 치료자는 내담자가 프로그램에서 요구하는 것을 완성할 수 있도록 다른 작업 기회를 찾아주어야 한다. 치료자의 창의적인 치료 방법의 예로, 읽기쓰기 문제를 가진 내담자가 집단에 참여하고 있는 다른 구성원에게 도움을 받을 수 있도록 맡기거나, 글쓰기가 요구되는 작업을 줄이거나 혹은 글쓰기 작업보다 그림을 이용한 작업을 할 수 있도록 하는 방법이 있다. 유사하게, 치료자는 치료에 대한 효과적인 참여를 최대화하기 위해 프로그램을 전달하는 방식과 유형을 조정해야만 한다. 예를 들면, 2장에서 보겠지만 부인, 최소화 또는 문제행동을 인식하지 못하는 내담자에게 치료 전 혹은 치료 중간에 추가적으로 동기를 강화하는 작업이 필요하며, 이를 통해 변화과정에 완전히 참여할 수 있게 된다. 다음의 사례를 살펴보자.

사례: 반응성 원칙

　빌은 원주민 보호구역에서 가족들과 함께 사는 미국 원주민이다. 빌은 치료에서 전반적으로 권위와 영미문화에 대한 불신을 보였는데, 그가 경범죄를 저질러 법원으로부터 자신의 자녀들을 방문할 권한을 제한받았기 때문이다. 비록 이 판결이 치료자에게는 분명한 경고성 조치로 보일 수 있겠지만, 빌에게 이런 규제는 앵글로색슨족으로 인해 미국 원주민이 이주했던 뼈아픈 역사적 기억을 떠올리게 되는 계기가 될 수 있다. 유사하게, 그의 가족들도 '제도'에 의한 불공평한 치료라고 생각하기 때문에 빌의 치료 노력에 부정적이다. 치료자에 대한 빌의 불신은 치료자가 있는 그대로 빌을 믿기보다 경찰 진술에 더 많은 무게를 두게 되면서 악화되었다. 결국 빌이 치료에 참여하고 싶지 않다는 것은 놀라운 일도 아니다. 간략한 평가에서 빌은 분류되지 않은 주의력결핍 과잉행동장애(undiagnosed attention deficit hyperactivity)로 나타나, 치료에 의미 있는 참여가 어려울 것으로 보였다.

　이 사례에서 볼 수 있듯이, 빌이 치료에 참여하는 것과 치료자에 대한 자신의 걱정을 탐색하고 해결할 수 있을 때까지는 치료에 성실히 참여하기 어려울 것이다. 치료자는 빌의 걱정에 대해 공감적 관심을 갖고 경청하고 있다는 것을 빌에게 확인받고 싶을 것이다. 빌은 영국계 미국인 치료자와 함께 치료에 참여한다는 것에 양가적인 감정을 가지게 될 것이고, 그 스스로 치료를 문화차이에 대한 사회적 통제 수단에 불과하다고 여긴다면 치료 참여에 대한 자신의 의지에 많은 의문을 품게 될 것이다. 치료자는 단순히 법원 명령을 준수하는 것보다 빌의 핵심이 되는 관점을 수용하고 적절한 개인적 변화에 초점을 두는 치료를 실시해야 한다. 이런 접근은 빌의 사례에서 매우 중요한 것으로 보이며, 만약 이와 같은 점이 적용되지 않는다면 치료자와의 치료동맹은 형성되지 않을 것이고, 빌은 치료에서 얻을 수 있는 많은 이점을 얻지 못하고 결국엔 중도 탈락할 수 있다. 또한 치료자는 빌의 치료를 실패한 것으로 간주할 수 있다. 치료자는 빌과의 치료적 관계를 세심하게 살펴야 하고, 이런 관계를 당연한 것으로 받아들여서는 안 된다. 치료를 통해 안정을 유지하고 치료 시작을 구축하는 것을 치료적 관계라고 쉽게 생각할 수 있다. 그러나 이러한 관계의 형성은 성범죄자의 경우 치료 초기에 좀처럼 발생하지 않기 때문에 관계 형성과 유지를 위해 지속적으로 작업해야 한다. 빌의 치료자는 빌이 어떻게 지내고 있는지에 대해 물어보면서 그의 안부를 자주 확인하고 싶을 것이고, 치료과정을 통해 그들의 작업관계가 개선되고 강화될 수 있도록 할 것이다.

또한 치료자는 빌의 문화를 고려한 접근 방식과 치료 형태를 찾을 필요가 있다. 예를 들어, 만약 빌의 문화가 개인주의적인 성향보다 집단주의적인 성향을 띤다면, 빌은 개인에게 초점을 둔 일반적인 심리적 구성개념으로는 어려움을 겪을 수 있다. 만약 이런 경우, 치료자는 빌이 심리적 구성개념들을 좀 더 집단적인 것으로 해석할 수 있도록 잘 전달되고 있는지 확인해야 한다. 예를 들면, 빌이 피해자에게뿐만 아니라 그의 행동으로 원주민 공동체에 피해를 끼쳤다는 문화적 신념을 갖고 있다면, 자신의 피해자에 대한 공감을 높이는 데 어려움을 겪을 수 있다. 따라서 빌이 치료에 완전히 참여하게 하기 위해서는 빌의 피해자뿐만 아니라 그가 속해 있는 원주민 공동체에도 초점을 두는 공감작업을 하도록 해야 한다.

빌이 주의력결핍 과잉행동장애(ADHD) 진단을 받지 않아, 치료자는 ADHD에 대한 부가적 진단과 가능한 치료를 받을 수 있도록 적절한 의뢰가 필요할 수 있으며, 문화 및 대인관계에 대한 부분은 위에서 언급된 이유로 매우 신중하게 다뤄져야 한다. 치료자는 치료 회기에서 충분한 휴식 시간을 갖고 상황에 따라, 빌 자신의 삶을 변화시키기 위한 시도로 전반적인 기능뿐만 아니라 치료 참여를 높이기 위해 자신에게 초점을 두는 기술훈련(예: 바이오피드백 또는 뉴로피드백)을 할 수 있도록 한다.

치료자는 또한 ADHD가 없는 다른 내담자뿐만 아니라 치료에 집중하지 못하는 빌을 이해할 필요가 있으며, 이에 적절히 반응해야 한다. 예를 들면, 치료자가 빌의 낮은 주의력이나 무관심한 행동을 해석하지 않는다면, 이러한 치료자 자신의 모습을 확인하기 위해 모니터링이 필요하다. 치료자는 빌이 치료에서 산만한 모습을 보일 때 도울 수 있는 전략을 찾을 필요가 있다. 다른 집단 구성원도 빌을 돕도록 지원해야 한다. 만약 치료자가 '방해하는' 행동에 대해 벌칙을 주고 집단 규칙을 강요하며 위협한다면, 이런 행동들은 비효과적이고 빌의 자연스러운 불안을 무시하는 것으로 쉽게 지각될 수 있으며, 이러한 불안이 부적절하고 가치 없는 것으로 느끼게 한다.

마지막으로, 치료자는 빌의 가족 상황에 대해 매우 세심하게 바라볼 필요가 있다. 어떻게 보면, 치료자는 빌의 삶에서 일부분에 지나지 않지만, 빌의 가족들은 빌에게 의심할 여지 없이 가장 중요하다. 빌은 가족에게 해가 될 수 있거나 가족들의 관계 또는 자신과 가족의 관계를 위험에 빠뜨릴 수 있는 등 자기 삶의 일부를 개방하는 것에 대해 상당한 스트레스를 경험할 것이다. 빌의 가족 구성원이 빌을 이해할 수 없고, 위선적이며, 권위적인 사람으로 여겨 불신하게 될 수도 있다.

전반적으로 빌의 치료자는 빌이 그의 삶에 대해 고민하고 실제적인 변화를 위해 실천하기 전에 반응성 요소가 부족하지 않도록 살펴봐야 한다. 치료자는 치료방법들을 추가로 조정해야 하는 지점에서 빌의 욕구와 그가 표현하는 염려를 치료에 적용할 때 주의해야 하고, 비참여적이거나 부정적인 반응을 면밀히 살펴보아야 한다. 만약 그렇게 하지 않으면 빌의 잠재적 치료효과는 줄어들게 될 것이다.

전반적으로 위험성/욕구/반응성 원칙 측면에서, 일반적인 교정 치료는 이 원칙을 고수할 때 가장 효과적이고 비용 면에서도 효율적인 것으로 나타났다(Andrews & Bonta, 2007; Correctional Service Canada, 2009; Gendreau & Goggin, 1996, 1997; Gendreau, Little, & Goggin, 1996; Gordon & Nicholaichuk, 1996; Hanson et al., 2009; Nicholaichuk, 1996; Prentky & Burgess, 1990). 더불어, 최근 이 원칙을 적용한 성범죄자 치료에 대한 메타분석 연구에서, 치료에 한 가지 또는 두 가지 원칙만을 적용한 것에 비해 세 가지 원칙 모두를 적용한 프로그램이 가장 효과적인 것으로 나타났다(Hanson et al., 2009). 그러나 위에서 언급한 것과 같이, 위험성/욕구/반응성 모델에서 확인된 문제는 특히 문제 상황 및 위험성 관리에 중점을 두기 때문에, 이 모델은 범죄자의 참여 동기를 충분히 강화시키지 못하며, 치료과정 및 결과에서 비범죄 유발 욕구의 영향을 고려하지 않는 것으로 나타났다(Ward et al., 2007). 이런 잠재적인 문제점들은, 내담자가 치료에 점차적으로 참여하도록 동기를 강화하는 것(2장)과 좋은 삶 모델(3장)에서 좀 더 자세히 논의될 것이다.

치료 구성요소

· · · · · ·

연구에서 특정 문제는 성범죄자 치료에서 개입을 위한 적절한 목표로 밝혀졌다. 이런 요인들이 범죄 혹은 재범 발생과 관련된 것으로 나타났다. 그 외의 치료 목표에 대한 연구는 상대적으로 적지만, 여전히 임상적으로 관련성이 있는 것으로 확인되었기 때문에 많은 치료 프로그램에 포함된다. 일반적인 치료 목표는 다음과 같은 것을 포함한다.

성적 자기조절/일탈
성적 환상, 성적 각성 및 관심

일탈된 성적 환상, 각성 및 관심은 초기 발달학 및 신경생리학적 요인들, 관찰학습, 모델링, 강화, 성적 흥분이나 혹은 공격성과 함께 나타나는 일탈된 성적 자극 그리고 이런 요인들 간의 상호작용 결과로 인해 발달한다는 가설이 세워졌으며, 각 요인은 일탈적인 성적 관심과 행동의 발달 및 유지에 영향을 끼친다고 가정되었다(Abel & Rouleau, 1986; Hanson, 1999; Laws & Marshall, 1990; Marshall, Anderson, & Fernandez, 1999; Ward & Beech, 2006; Wilson & Yates, 2005; Yates, 2002, 2003).

중요한 점은 일탈적인 성적 흥분만으로는 성범죄 행동을 설명하지 못한다는 점이다. 이러한 각성은 성적으로 공격적인 행동을 실질적으로 표현하게 하는 다른 변인들과 함께 발생한다. 특히 성적 공격성은 다양한 맥락적 요인, 정서적 요인, 신경생물학적 요인 및 인지적 요인에 따라 부정적 기분, 힘과 통제에 대한 욕구, 동의하지 않은 성행동에 대한 성적 선호, 자기조절 결핍 및 과도한 음주 등과 결합해서 나타난다(Barbaree, Marshall, Yates, & Lightfoot, 1983; Blader & Marshall, 1989; Groth, 1979; Johnston, Ward, & Hudson, 1997; Marshall et al., 1999; Marshall & Barbaree, 1988; Marshall & Darke, 1982; McKibben, Proulx, & Lusignan, 1994; Pithers, Beal, Armstrong, & Petty, 1989; Proulx, McKibben, & Lusignan, 1996; Ward & Beech, 2006; Ward, Keenan, & Hudson, 1998; Yates, 1996, 2002, 2003). 따라서 치료에서는 필요에 따라 약물 개입을 하는 것뿐만 아니라 부적절한 자극에 대한 성적 흥분을 감소시키고, 적절한 연령대의 파트너가 동의하는 것과 같은 적절한 자극에 대한 성적 흥분을 높이는 방법(Abel, Becker, & Cunningham-Rathner, 1984; Lockhart, Sanders, & Cleveland, 1988)을 사용하며, 일탈적 성적 선호만을 주된 목표로 하기보다는 광범위한 치료 접근을 취할 수 있다. 달리 말하면, 개인은 다양한 원인으로 성범죄를 저지르며(Ward, Polascheck, & Beech, 2006), 내담자와 관련된 원인이 있다면 반드시 치료에서 다루어야 한다.

인지

성범죄 행동을 포함한 모든 행동은 태도, 신념, 인지과정 및 정보처리의 영향을 받는다
는 것이 연구에서 밝혀졌다(Hanson & Scott, 1995; Johnston & Ward, 1996; Stangor & Ford,
1992; Ward, Hudson, Johnston, & Marshall, 1997).

전통적으로, 성범죄자 치료는 내담자의 인지왜곡을 주요 목표로 하는데, 이러한 왜곡이 내
담자의 환경과 상호작용하면서 성범죄를 일으키는 데 주요한 역할을 하기 때문이다(Abel
et al., 1984; Barbaree, 1991; Johnston & Ward, 1996; Laws, 1989; Marshall & Pithers, 1994;
Murphy, 1990; Stermac & Segal, 1989). 인지왜곡은 성범죄를 일으키는 왜곡된 성적 행동에
대한 가정, 신념, 사고 유형 또는 자기진술로 정의된다(Abel & Rouleau, 1986; Plaud & New-
berry, 1996; Ward et al., 2006). 인지왜곡의 예로 범죄행위 또는 피해자에게 입힌 피해에 대
한 최소화, 정당화 혹은 부인으로 나타나는 특정 진술 등이 있다.

기존 치료에서는 두드러진 인지왜곡에 초점을 두었으나, 최근에는 인지도식에 초점을
두고 있다. 인지도식은 직접적인 인지적 활동과 행동을 위해 입력된 정보를 처리하고, 조
직화하고, 해석하며, 평가하는 기능의 광범위한 인지 구조로 정의된다(Beck, 1964, 1967,
1976). 개인의 이전 경험을 토대로, 도식은 특정 주제, 태도, 신념, 고정관념, 귀인 그리고 자
기(self)와 외부 세계 및 타인에 대한 가정을 포함한다. 도식은 특정 상황에서 기분 및 행동 반
응을 일으키고, 정보처리에 영향을 미친다. 사회정보처리 모델(social information processing
model)에서(Augoustinos & Walker, 1995; Fiske & Taylor, 1991; Gannon, 2009; Gannon,
Ward, Beech, & Fisher, 2007), 개인은 이전부터 존재하던 신념의 맥락에서 비교적 자동적이
고 무의식적으로 입력되는 정보에 반응하는 인지적 구두쇠(cognitive misers)로 제시된다.
즉, 애매하거나 위협적인 상황에 직면했을 때 개인은 기존의 인지도식을 통해 이런 정보를
걸러 내며, 신념을 확인하여 정보를 처리하고 도식과 일치하지 않는 정보를 무시함으로써 입
력되는 사회적 정보에 개별적으로 부호화하고 해석하며 반응한다(Barber, 1988; Fiske & Tay-
lor, 1991; Welford, 1960).

간단한 예를 들자면, 이전에 논의했던 빌의 이야기로 돌아가 보자. 빌은 성범죄자 치료 및
치료를 담당하는 치료자에 대한 여러 신념을 가지고 있다. 그의 신념과 태도는 많은 치료자
에게 힘겨운 일이 될 것이다. 예를 들면, 만약 빌이 세상은 위험한 곳이라는 신념을 가지고

있다면, 빌이 치료자의 배려하지 못하는 모습을 발견하게 될 때, 이를 증거로 삼아 치료자의 제안에 즉각적으로 반응할 것이다. 빌은 치료자의 "도움을 드리겠습니다." 혹은 "당신이 무슨 말을 하는지 이해합니다."와 같은 말을 거짓으로 지각하게 될 것이고 결국 역효과가 날 것이다. 빌에게는 이미 자신과 세상에 대한 인지적 신념체계가 자리 잡혀 있다. 그의 신념들은 불신과 두려움으로 특정된다. 빌은 이러한 진술들을 치료자가 도와주려는 시도보다는 치료자가 정직하지 못한 것의 확실한 증거로 이해할 가능성이 더 크다. 빌도 다른 사람들처럼 그의 도식을 통해 치료자의 사회적 정보를 간단히 걸러 내는데, 이러한 작업은 매우 자동적으로 이루어진다. 이러한 반응은 치료자가 빌의 세상에 대한 해석을 인식하고 반응하는 것뿐만 아니라 치료과정 동안 치료적 관계를 형성하고 재형성해야만 하는 이유 중 하나다.

인지도식은 모든 사람이 가지고 있다. 인지도식은 진화적 기능으로 작용하며, 도전적인 상황에서 빠른 결정을 내리기 위한 틀을 제공함으로써 생존적 가치를 가진다(Beck, Freeman, & Davis, 2004). 예를 들면, 과거 경험(예: 치안 상태가 좋지 않은 공공장소에서 모르는 사람과 이야기했던 경험)을 토대로 불특정 상황에서 빠른 사회적 판단을 내릴 수 있는 능력은 안전과 심각한 위험의 차이를 구분할 수 있게 한다. 유사하게, 의심스러움을 반영하는 도식과 세상이 위험한 곳이라고 믿는 신념(예를 들면, 위에서 설명한 빌의 경우)은 초기 발달과정 동안 학대 혹은 불안정한 것으로 특정되는 환경에 노출된 개인에게는 적응적 기능으로 작용될 수 있다. 인지왜곡, 귀인 및 자기언어화(self-verbalization)와 같은 인지도식의 산물은 광범위한 도식의 표시이며, 이러한 인지도식의 산물은 특히 애매모호하거나 위협적인 상황에서 상황적 단서가 존재할 때 활성화된다(Mann & Shingler, 2006).

외부 사회와 기타 다른 단서들을 해석하는 데 있어서, 개인은 기존에 가지고 있던 신념과 맞춰 보는 방법을 사용한다. 사람들은 자신이 가진 신념을 확증하는 증거를 찾고, 자신의 신념에 맞지 않으면 증거를 무시하게 된다(Harris, 1991; Williams, Watts, Macleod, & Mathews, 1997). 예를 들면, 성범죄자 치료자를 냉혹하고 처벌적인 시스템의 대리인으로 바라보는 내담자는 치료자의 이런 법률적 시행을 그의 신념에 대한 추가적 증거로 쉽게 해석할 수 있다. 이런 상황에서 내담자는 치료자의 다른 동기강화를 제안하는 진술과 행동을 무시하기 쉽다. 유사하게, 여성은 믿을 가치가 없다는 강한 신념을 가진 내담자라면 사실상 솔직하고 정직한 여성을 쉽게 무시할 가능성이 있으며, 이 도식을 지지하는 정보에만 관심을 기울이고 이 신념과 모순되는 증거는 무시하게 된다.

성적 공격성을 포함한 공격성과 관련된 인지도식은 적대감, 기만, 의심 혹은 성적 특권의식과 같은 내담자의 태도들을 포함한다. 연구자들은 발달적 경험과 강화의 결과로 이러한 태도를 보인다는 가설을 세웠고, 이러한 태도들은 역기능적인 관계뿐만 아니라 세상을 지각하고 반응하는 데 있어서 부정적 양식을 낳는 것에 매우 큰 영향을 끼친다고 가정한다(예: Beck, 1999; Beck et al., 2004; Hanson, Gizzarelli, & Scott, 1994; Huesmann, 1988; Malamuth & Brown, 1994; Malamuth, Heavey, & Linz, 1993; McFall, 1990). 이와 같은 도식은 당면한 상황에서 적절한 행동 방침으로써 공격적인 행동을 선택할 가능성을 높인다(Mann & Beech, 2003).

사례: 인지도식의 영향

라모스는 성관계에서 여성이 '싫다'고 말하는 것이 사실은 '좋다'는 것을 의미한다고 믿고 있으며, 결국 여성들이 의도적으로 자주 자신을 기만한다고 믿는다. 또한 라모스는 수단과 방법을 가리지 않고 성관계를 할 수 있다고 믿는다. 라모스의 불안정한 가족관계는 그가 매우 어린 나이 때부터 적대적인 도식이 생기도록 하였다. 역경 속에서 자란 많은 사람이 그들의 역기능적 신념에 도전하도록 배우지만, 라모스는 더 많은 증거를 통해 여성은 믿을 수 없다고 인식하고, 실제로 여자가 잘못되었다는 견해를 일관적으로 가지고 있다. 또한 자신이 원하는 대로 행동하기 위해 정당화하면서 여자가 잘못이라고 여기고 그에 반대되는 주장은 빠르게 무시한다.

유사하게, 암묵적 이론(implicit theory)의 개념은 최근 성범죄자의 인지왜곡에 대한 도식 이론의 발전을 이끌었다. 성범죄자 중 자신을 피해자로 여기는 것뿐만 아니라, 불만, 통제 및 특권의식과 같은 특정 도식은 특정 여성을 비하하고 아동을 성적 대상으로 바라보게 한다(Keenan & Ward, 2003; Mann & Hollin, 2001; Neidigh & Krop, 1992; Polaschek & Gannon, 2004; Polaschek & Ward, 2002; Ward, 2000; Ward & Keenan, 1999). 암묵적 이론은 여성, 아동 및 특정 피해자에 대한 구체적인 가정뿐만 아니라 사람과 세상에 대한 일반적인 가정까지도 고려한다.

성범죄자들에게서 확인된 특정 도식 혹은 암묵적 이론(Ward & Keenan, 1999)은 다음과 같은 것들을 포함한다.

- 성행위에 동의하고 결정할 수 있는 성적 대상으로 아동을 바라본다.
- 범죄자는 타인에게 미칠 영향에 상관없이 자신이 선택한 어떤 행동도 할 수 있다는 특권의식을 가진다.
- 범죄자는 세상은 위험한 곳이며, 타인이 자신 혹은 자신의 관심사 등에 반대할 것이라고 믿기 때문에 타인에게 피해를 당하기 전에 자신이 먼저 행동을 할 수 있다고 믿는다.
- 범죄자는 자신의 성격과 성(sexuality)을 통제할 수 없다고 믿기 때문에 해롭거나 일탈된 성적 충동을 통제하려는 시도를 하지 않게 되고, 변화할 수 없다고 믿는다.
- 범죄자는 동의하지 않은 성행위일지라도 비성적 폭력을 상대방에게 사용하지 않았다면 해롭지 않다고 믿는 신념 때문에 자신의 행동을 성범죄로 여기지 않는다.

비록 내담자의 인지왜곡을 수정하는 것이 여전히 치료에서 중요한 부분을 차지하지만, 더 광범위하고 많은 신념 구조를 나타내는 도식과 함께 인지도식의 산물과 같은 왜곡들을 살펴보는 것이 훨씬 효과적이다. 이런 구조들은 인지왜곡으로 나타나는 특정 신념들로부터 그 토대가 만들어진다. 예를 들면, 어떤 사람은 아동이 성행위에 동의할 수 있는 성적 대상이라고 믿을 수 있다(인지도식). 아동을 성행위 대상으로 여기는 범죄자는 특정 상황에서 아동이 성적으로 도발적인 행동을 했고 성행위를 하고자 했다고 주장할 수 있다(인지왜곡). 이 사례에서, 도식은 아동의 천진난만한 행동을 성적인 것으로 해석하는 것을 통해 틀이나 암묵적 이론을 제공하며, 추후 범죄행위는 인지왜곡을 통해 자신과 타인을 정당화한다. 강으로 비유하자면, 강을 거슬러 올라가다 인지왜곡이 발생하는 '상류'의 합류 지점에서 인지와 도식이 서로 영향을 주고받게 되는 것이다. 이면도식(underlying schema) 없이는 연관된 인지왜곡이 존재하지 않는다. 그런 도식과 개인적 인지 모두 치료에서 변화를 위한 중요한 목표가 된다(Gannon & Polaschek, 2006; Mann & Beech, 2003; Ward & Keenan, 1999; Yates, 2009b).

사회적 기능, 애착, 친밀감 및 대인관계

성범죄자에 대한 문헌은 성범죄자가 친밀감 결핍, 대인관계 형성과 유지의 어려움과 같은 사회적 기능 및 관계 문제, 자존감 문제 그리고 외로움을 경험한다고 보고한다. 그러나 이러한 모든 특성이 재범과의 연관성에 관한 연구에서 반드시 지지되는 것은 아니다(Garlick, Marshall, & Thorton, 1996; Hanson & Bussière, 1998; Hanson et al., 2007; Hanson & Morton-Bourgon, 2005; Keenan & Ward, 2000; Marshall, 1996; Marshall & Barbaree, 1990; Marshall, Bryce, Hudson, Ward, & Moth, 1996; Marshall, Champagne, Brown, & Miller, 1997; Marshall & Hambley, 1996; Marshall et al., 1999; Seidman, Marshall, Hudson, & Robertson, 1994; Smallbone & Dadds, 2000; Ward, Hudson, Marshall, & Siegert, 1995). 예를 들면, 문제해결의 어려움 및 친밀감 결핍은 성폭행과 직간접적으로 연관되는 반면(Hanson et al., 2009), 자존감 및 외로움은 연관성이 없다(Hanson & Bussière, 1998; Hanson & Morton-Bourgon, 2005). 그러나 성범죄자는 자신들의 낮은 자존감, 외로움, 우울과 같은 요인이 범죄 행동을 촉발하거나 혹은 그 근간이 되는 것 같다고 보고한다. 따라서 이 같은 비범죄 유발요인은 특정 재범과정을 다루어야 할 때 변화 능력 및 동기강화에 많은 영향을 줄 수 있다. 예를 들면, 연구에서 낮은 자존감은 재범과 직접적으로 연관되어 있지 않은 것으로 나타났지만, 자신에 대한 긍정적 신념을 갖지 못하여 치료의 진전이 어려울 수 있다. 자존감을 고취시키는 것은 내담자 스스로 자신의 삶을 의미 있게 변화시킬 수 있다는 긍정적인 기대감과 신념을 불러일으킬 수 있다. 더불어 3장에서 논의되는 것처럼 이런 요인들은 좋은 삶 모델 치료에서 필수적이다.

초기 부정적인 발달 및 학습 경험으로, 성범죄자는 타인과 문제가 있는 애착을 형성하게 되며, 이는 결국 타인과 효과적으로 관계하는 데 어려움을 유발할 수 있다. 이런 초기 경험들은 또한 관계에 대한 두려움, 관계에서의 불만족, 친밀감 부족 및 성적 공격성을 야기할 수 있다(Marshall et al., 1999; Ward et al., 1995; Ward et al., 1999). 더불어 연구에서 아동 성범죄자는 종종 애정, 친밀감 및 친근함에 대한 욕구에 의해 범죄를 저지르는 것으로 나타났다 (Finkelhor, 1986; Hudson, Wales, & Ward, 1998; Ward, Hudson, & France, 1993). 아동 성범죄자와 강간범 간의 친밀감 결핍은 모든 관계에서 일반적인 친밀감 부족과 관련되는 것으로 나타났고(Bumby & Hansen, 1997), 부정적인 사회적 영향은 재범의 역동적 위험요인으로 밝혀졌다(Hanson et al., 2007).

연구들에서 자존감은 대조집단보다 성범죄자에게 유의미하게 더 낮게 나타났으며 (Marshall, 1996; Marshall & Mazucco, 1995), 치료 이후 향상된 자존감이 공감, 친밀감, 외로 움 및 왜곡된 성적 선호와 같은 다른 치료 목표의 변화에 유의미한 상관을 보였다(Marshall, 1997; Marshall et al., 1997). 낮은 자존감이 재범과 직접적인 관계가 없는 것으로 나타났지만, 재범과 관련된 다른 위험 요인의 변화에 영향을 줄 수 있다.

일반적으로 성범죄자 치료는 애착 유형, 관계와 친밀감 결핍, 외로움 경험 그리고 낮은 자 기가치감에 대한 이해를 포함하고 있다. 이러한 내담자를 위한 치료의 목표는 효과적인 대 인관계 기술과 그 전략을 개발하고 강화하며, 자기효능감을 구축하도록 하는 데 있다.

정서조절

전형적으로 초기 치료 프로그램은 분노조절 기술 개발을 목표로 한 내용들을 포함하였다. 최근 연구자들과 치료자들은 치료에서 분노 하나에 초점을 두는 것보다, 좀 더 광범위한 정 서조절이나 관리에 초점을 두어야 한다고 하였다. 정서조절은 자신과 타인 간의 효과적인 감정 전달과 확인, 통제, 관리 등을 포함하는 광범위한 정서적 유능성과 관련된 부분을 포함 한다(Ward et al., 2006; Yates et al., 2000). 일반적인 자기조절은 성적·비성적 재범 모두에서 연관되어 발견되는 역동적 위험요인이다(Hanson et al., 2007; Hanson & Morton-Bourgon, 2005).

비록 정서조절과 범죄의 관계에 대한 연구가 많지는 않지만 연구자들은 많은 성범죄자가 그들의 감정을 효과적으로 확인하고 관리하는 기술이 부족하다는 점을 지지한다(예: Miner, Day, & Nafpaktits, 1989). 게다가 범죄자의 불안, 죄책감, 외로움 등의 부정적 감정 상태와 왜 곡된 성적 흥분 및 환상은 서로 연결된다고 보고한다(Hanson & Bussière, 1998; McKibben, Proulx, & Lusignan, 1994). 뿐만 아니라 다양한 긍정적·부정적 정서 상태와 정서의 변 화는 범죄과정 동안 여러 단계에서 성범죄 행동과 관련이 있는 것으로 나타났다(Hall & Hirschman, 1991; Johnston & Ward, 1996; Marshall, Hudson, Jones, & Fernandez, 1995; Pithers, 1990; Ward, Louden, Hudson, & Marshall, 1995). 중요한 것은 부정적 정서에 대한 개인의 대처 능력은 부정적이거나 스트레스를 받는 삶의 사건에 직면하게 되었을 때 일반적인 심리적 건강에 중요한 역할을 한다는 것이다(Endler & Parker, 1990).

범죄자는 범죄과정 동안 시시각각 다른 정서 상태를 경험할 수 있다. 예를 들면, 범죄자 중에는 성범죄를 통해 긍정적 정서가 지속적으로 상승하는 것을 보여 주기도 한다(Johnston & Ward, 1996; Ward & Hudson, 1998). 이런 범죄자에게는 성범죄가 바람직하고 즐거운 것으로 강화되기 때문에 더 빈번하게 발생한다고 가정한다. 반대로, 어떤 범죄자는 부정적 정서 상태를 벗어나기 위한 시도로(Ward et al., 1995) 또는 정서조절의 어려움 때문에 범죄를 저지를 수 있다. 예를 들면, 자신감이 부족하고 외로움을 경험하는 어떤 아동 성범죄자는 성인과의 관계에서 두려움을 느끼거나 혹은 성인보다 아동과의 관계에서 더 편안함을 느낄 수 있다. 부정적 정서 상태를 벗어나기 위한 성범죄 행동은 적어도 일시적으로 부정적 정서 상태를 완화시키기 때문에 강화될 수 있다.

위에서 보듯, 치료는 성범죄 행동과 연관된 정서적 결핍 영역을 목표로 하며 또한 개인의 성범죄 패턴에서 나타나는 다양한 감정에 대한 정서조절 기술의 개발과 강화에 초점을 둔다(Yates et al., 2000). 지금까지 논의된 다른 치료요소들과 마찬가지로, 인지행동치료에서 정서 관리는 내담자의 다양한 정서 상태에 대한 인식을 높이는 것으로 시작한다. 그래서 내담자는 자신의 정서 상태를 경험하고 관리하는 것이 어렵다는 것을 이해할 수 있게 된다. 치료를 통해 내담자는 이러한 문제들이 그들의 성적 공격행위, 인지과정, 인지왜곡, 대인관계, 공감 및 일탈적 성적 각성과 어떻게 연결되었는지 이해하게 된다. 특히 내담자는 성범죄 행동에 기여했고 미래의 범죄에 영향을 줄 수 있는 정서를 확인하는 것을 배운다. 정서적 각성을 관리하는 전략을 이때부터 배우고 연습하게 되는 것이다(Yates et al., 2000). 정서적 경험 간의 관련성을 알고, 만족스러운 삶을 달성하며, 개인의 목표를 성취하는 것이 좋은 삶 모델에서의 목적이다(Ward & Maruna, 2007).

이 영역에서의 치료 목표는 내담자가 효과적으로 감정을 알아차리고, 관찰하며, 이해하고, 관리하도록 돕는 데 있으며, 범죄와 좀 더 일반적인 삶의 문제들에 영향을 미치는 정서적 상태를 관리하는 기술을 개발하고 강화하는 데 초점을 둔다. 내담자는 감정을 이해하고 확인하며, 자기 행동의 영향을 학습하고, 생리학적 기술(예: 이완 기술), 인지적 기술(예: 부정적 생각에 도전하기 또는 중단하기) 및 행동 기술(예: 자기주장, 분노 관리 및 갈등 해결과 같은 정서 표현에 대한 의사소통)을 배우게 된다(Hudson et al., 1998). 또한 일차적 덕목(primary goods)과 이차적 덕목(secondary goods)(3장, 4장 참조), 목적 그리고 정서 간의 밀접한 관계에 대해 탐색하는 것도 중요하다. 즉, 목적은 내담자의 가치에서 파생되며 특정 맥락에서 가치를 취득하는 방법을 설명한다. 정서는 내담자의 목적을 얻기 위한 방향으로 나아갈 것인지 아닌지에 대해 알려 주고 행동을 조직한다(Ward & Nees, 2009). 이와 같이 애정, 불안 또는 실망과 같은 정서 상태는 특정 목적에 대한 진척 정도의 신호가 될 수 있다(Ward & Maruna, 2007).

좀 더 광범위한 자기조절 측면의 치료에서는 타인에 대한 관심 결여, 효과적인 문제해결, 충동성 관리와 같은 능력을 개발하도록 돕고, 결국 이러한 각각의 능력은 재범을 예측해 왔다(Hanson et al., 2007). 자기조절 이론과 범죄 간의 관계는 2장에서 좀 더 논의하게 될 것이다.

피해자 인식 및 공감

성범죄 피해자에 대한 공감을 개발하는 것은 전통적으로 성범죄자 치료에서 주요 목표로 여겨져 왔다. 결과적으로, 대부분의 치료 프로그램은 피해자 공감요소를 포함한다(Schwartz, 1992; Wormith & Hanson, 1991). 그러나 공감은 재범에 직접적으로 연관되지 않는 것으로 나타났다(Hanson & Bussière, 1998; Hanson & Morton-Bourgon, 2005). 일부 연구에서는 성범죄를 저지른 사람은 공감 기능이 부족하고 피해자의 느낌 및 경험을 이해하지 못하는 것으로 나타났다(Barbaree & Marshall, 1991; Hudson et al., 1993; Marshall et al., 1995, 1996; Mulloy, Smiley, & Mawson, 1997; Rice, Chaplain, Harris, & Coutts, 1994; Williams & Khanna, 1990). 예를 들면, 아동 성범죄자는 피해자의 감정과 고통을 알아차리고 자신의 피해자에 대한 감정을 확인하는 데 어려움을 경험한다는 것을 발견했다(Marshall et al., 1995, 1996; Williams & Khanna, 1990).

연구에서는 또한 일부 성범죄자가 타인에 대한 공감이 결핍되어 있다는 것과 치료가 타인에 대한 공감 능력을 향상시키는 데 긍정적인 효과가 있다는 것을 발견했다(Marshall, Hudson, & Hodkinson, 1993; Pithers, 1994; Williams & Khanna, 1990). 그러나 일반인, 비성적 범죄자, 성범죄자 간의 비교연구에서는 공감능력 결핍에 있어 그 차이가 일관되게 나타나지 않았고, 공감 능력 부족과 장기간의 재범 간 관계도 증명되지 않았다(Hanson & Bussière, 1998; Hanson & Morton-Bourgon, 2005; Hudson et al., 1993; Langevin, Wright, & Handy, 1988; Pithers, 1994; Rice et al., 1994).

공감은 공격성을 억제하는 것뿐만 아니라 친사회적이고 이타적인 행동과의 연관성을 통해 행동을 조절한다고 가정된다(Hildebran & Pithers, 1989; Miller & Eisenberg, 1988; Moore, 1990; Pithers, 1993; Prentky, 1995). 그러므로 공감 부족은 피해자 고통의 증거가 분명함에도 불구하고 범죄를 저지르도록 허용하거나 용납되는 인지왜곡으로 인해 범죄를 저지르게 된다고 추정되며(Fernandez, Marshall, Lightbody, & O'Sullivan, 1999; Marshall, O'Sullivan, & Fernandez, 1996), 따라서 공감은 성범죄와 간접적으로 관련된다(Barbaree & Marshall, 1991; Mulloy et al., 1997; Rice et al., 1994). 마지막으로, 공감은 자기조절을 고취시켜 사회적 통제력을 촉진시킬 수 있다(Scully, 1988).

치료에서 공감은 전형적으로 성폭력과 성폭력 피해에 대한 피해자 경험을 이해하고 개인의 인식을 높임으로써 피해자의 관점을 취하는 능력을 개발하고, 타인의 고통을 알아차리며, 그 고통을 완화시키는 능력을 발달시키도록 하고, 공감 부족이 인지와 행동에 어떤 영향을 주는지 이해하는 것들을 목표로 한다(Hanson, 1997; Hanson & Scott, 1995; Marshall et al., 1996; Pithers, 1991; Williams & Khanna, 1990; Yates et al., 2000). 또한 치료의 목표는 범죄와 관련된 부분에서 뿐만 아니라 전반적인 영역에서 타인의 관점을 이해할 수 있는 전략을 개발하기 위해, 공감하는 데 있어 장벽과 '장애물'을 확인하고 이러한 장애물과 관련된 인지왜곡도 확인하는 것이다. 일반적으로 공감은 내담자의 특성을 그대로 두면서 공감을 주입시키려는 시도보다는 치료에서 인지적 관점을 취하는 기술을 개발하는 것(즉, 피해자 및 타인의 관점을 갖는 것을 배우기)이 가장 좋은 방법으로 받아들여진다.

마지막으로, 일부 연구에서는 확실하지 않지만, 치료자와 내담자 모두에게서 타인에 대한 배려심, 대인관계의 개선, 타인에 대한 착취 또는 학대의 감소 그리고 앞으로 성공적인 지역사회 재통합과 같은 점들을 통해 공감을 설명해 왔다(Ward & Salmon, 인쇄중). 이런 결과들은 공감이 상대적으로 단순하거나 혹은 기초적일지라도 치료자가 공감을 설명하고 내담자의 공감을 드러내도록 강화하는 것 모두가 중요한 부분임을 설명한다.

재발방지

이 이론적 모델이 가지고 있는 많은 문제점과 성범죄자에게 적용한 연구들이 부족함에도 불구하고(Hanson, 1996, 2000; Laws, 2003; Laws, Hudson, & Ward, 2000; Laws & Ward,

2006; Ward, Yates et al., 2006; Yates, 2005, 2007; Yates & Kingston, 2005), 사실상 성범죄자를 위한 모든 치료 프로그램은 재발방지 구성요소를 포함하고 있다(Freeman-Longo, Bird, Stevenson, & Fiske, 1994; Laws, Hudson, & Ward, 2000; Polaschek, 2003). 이런 문제들은 다른 성범죄자 연구 문헌 등에서 구체적으로 논의되고 있기 때문에, 여기에서는 반복적으로 다루지 않겠다.

재발방지의 목적은 발생한 문제에 대한 다양한 대처 기술을 가르칠 뿐만 아니라 성범죄 행위를 되풀이하게 하는 고위험 상황과 문제를 확인하고 예상하도록 돕는 데 있다(Law & Ward, 2006; Marlatt, 1982; Marques et al., 1992; Pithers, 1990, 1991). 성범죄는 범죄 진행 순서에 개입할 수 있는 능력을 개발함으로써 중단시킬 수 있는 사건 사이클(cycle of events)로 보았다. 치료에서 범죄자는 고위험 상황을 확인하고 피하며, 실수(lapse)와 재발(relapse)을 방지하는 특정 기술을 개발하는 것을 배우게 된다. 전형적으로 치료는 다시 범행을 하지 못하도록 하는 재발방지 계획을 개발하는 것을 포함한다.

이 모델에서 확인된 많은 문제를 이 책에서 모두 다루지는 못했지만, 3장과 다른 책자에서 구체적으로 다루고 있다(Law et al., 2000; Ward, Yates, et al., 2006; Laws & Ward, 2006; Yates, 2005, 2007; Yates et al., 2000; Yates & Kingston, 2005; Yates & Ward, 2008). 이런 문제점을 극복하기 위해 범죄과정에 대한 자기조절 모델(Self-Regulation Model)이 개발되었고(Ward & Hudson, 1998), 몇 년 후 좋은 삶 모델과 통합되었다(Ward & Gannon, 2006; Ward & Stewart, 2003). 이 책에서 초점을 둔 이러한 통합모델(Yates & Ward, 2008)은 범죄가 일어나는 다양한 경로를 더 상세히 탐색하고(단일의 재발방지 경로와 비교하여) 범죄자의 목적, 가치 그리고 범죄가 발생하는 요소들 간의 관계를 살펴본다. 이 모델은 또한 개인의 다양한 생활환경적 측면에서 범죄가 발생한다는 점을 고려한다. 좋은 삶/자기조절 통합모델 접근 치료의 목적은 개인의 중요한 목적(가치)을 이루고 더 높은 수준의 웰빙을 얻도록 범죄자를 도와주면서 재범의 위험을 관리하는 데 있다(Ward & Gannon, 2006; Ward & Stewart, 2003; Ward, Yates, et al., 2006; Yates & Ward, 2008). 이러한 접근은 치료에서 개인의 결핍 또는 문제뿐만 아니라 강점, 목적 및 열망을 포함하며, 긍정심리학 접근을 취한다(Aspinwall & Staudinger, 2003; Linley & Joseph, 2004). 또한 치료는 중요한 목적을 성취하는 데 범죄가 더 이상 필요 없게 되어 그들 삶을 향상시키는 역량을 개발하는 것뿐만 아니라 재범을 막는 특정한 범죄 전략을 개발하도록 돕는다(Ward & Gannon, 2006; Ward & Stewart, 2003). 이 모델의 기본적인 원칙은 3장에서 구체적으로 다루었으며, 이 모델의 치료 적용과 관리감독은 이 책의 영역 Ⅲ과 영역 Ⅳ에 포함되어 있다.

출소 준비 및 유지

치료 방향에 상관없이, 교도소 혹은 구금시설에서 출소하게 될 때 현실적인 계획을 세우고, 치료에서 배운 개선점들을 유지하고 강화하며, 위험관리 기술을 효과적으로 활용하고 위험 상황에서 변화를 관찰할 수 있도록 하는 것은 필수적이다. 좋은 삶/자기조절 통합모델에서 계획 세우기는 자신의 위험을 줄이는 것과 더불어 개인적 목적을 성취하도록 돕고 자신감을 쌓도록 하는 좋은 삶 계획 방식을 취해야만 한다. 이런 접근은 범죄자의 좋은 삶 계획을 성취할 수 있도록 하며, 중요하고 가치 있는 덕목을 얻고 그들의 삶에서 목적을 성취하기 위해 이러한 전략을 활용해 보도록 하게 한다(3장 참조). 객관적인 관찰과 기술을 실행하기 위해, 많은 치료 프로그램은 관리감독을 포함한 후속 유지 프로그램을 포함한다(Cumming & McGrath, 2000, 2005; Wilson, Stewart, Stirpe, Barrett, & Cripps, 2000; Yates et al., 2000). 이 같은 출소 계획은 전형적으로 지역사회 재통합 및 적응을 위한 전략 개발을 포함하는데, 여기에는 출소 후 지역사회의 반응을 예측하고, 가족 및 지인들과의 관계를 회복하며, 긍정적 지지 시스템을 개발하는 것이 포함된다.

부가적 치료
· · · · ·

이 책의 목적은 치료자에게 좋은 삶 모델과 자기조절 모델을 시행하고 이 모델을 성범죄자 치료에 적용하도록 정보와 기술을 제공하며, 더불어 앞서 기술한 것처럼 인지행동적 개입의 특정 요소들을 다루는 데 있다. 각 사례에서 요구될 수 있는 추가적인 요소는 여기에 포함되어 있지 않지만 이러한 치료요소는 다른 자료들에서 얻을 수 있을 것이다. 그러나 교육 및 고용과 같은 일반적 영역뿐만 아니라 물질 남용, 정신장애, 가족 재통합 및 회복적 사법과 같은 영역의 부가적 개입으로 특정 내담자를 위한 중요한 치료의 한 형태가 될 수 있을 것이다. 이러한 점은 성범죄 통합모델에 부합되며(Ward & Beech, 2006), 이와 같은 결과는 생물학적 요인, 사회적·문화적·개인적 상황, 신경심리학적 요인 같은 다양한 요인이 성범죄를 포함한 모든 행동에 영향을 주고 상호작용하는 것을 시사한다. 비록 이 책에서 모든 것을 다룰 수는 없지만, 다른 영역에 대한 추가적 개입은 좋은 삶 모델과 자기조절 모델에 적용될 수 있으며, 이 책을 통해 좀 더 많이 탐색하게 될 것이다.

 ## 요약

연구에서 인지행동적 방법을 적용한 프로그램이 성범죄자에게 있어 가장 효과적으로 재범을 줄일 수 있다고 밝혀졌다. 또한 효과적인 개입은 위험성/욕구/반응성 원칙을 적용하는 것이다. 비록 연구에서, 몇몇 영역에 대해서는 결론이 나지 않았지만, 일반적인 자기조절, 성적 자기조절, 인지 및 인지도식, 사회적 및 대인관계 기능, 정서조절, 공감, 재범방지, 치료 후 유지, 필요한 부가적 치료 등은 치료에서 중요한 요소들이다. 그러나 이러한 방법 및 원칙은 치료과정에서 변화와 참여에 대한 내담자의 진정한 동기가 없다면 아무 소용이 없다. 내담자의 동기강화는 다음 장에서 논의될 것이다.

2장

동기강화와 효과적인 내담자 참여

앞 장에서는 성범죄자 치료의 구체적인 방향과 치료목표에 대해 살펴보았다. 1장에서 간략히 설명했듯이, 치료적 개입에서 효과적인 방법을 사용하고 동기를 강화하는 것은 내담자를 치료에 참여하게 하고 치료효과를 높이는 데 필수적이다. 이 장에서는 동기강화 이론과함께 효과적인 치료자 특성을 살펴볼 것이다. 이러한 원칙과 방법은 인지행동적으로 위험성/욕구/반응성(RNR) 접근을 사용하는 위험성 기반 프로그램에서 시행될 수 있고, 특히 좋은 삶/자기조절(GLM/SRM-R) 통합모델을 시행할 때에는 더욱 중요하다. 또한 이 장에서는 이러한 기법의 내용(즉, 치료목표)을 포함하는 구체적인 치료 기법을 설명한다.

동기강화와 효과적인 치료 기법

성범죄자 치료에서 치료과정의 중요성은 더욱 강조되고 있다. 치료과정은 치료의 시행방법과 동기강화 및 치료결과에 대한 효과적인 치료자의 영향을 포함한다(Blanchard, 1995; Hanson, 2006; Kear-Colwell & Pollack, 1997; Marshall, 2005; Marshall et al., 2003; Yates, 2009a; Yates et al., 2000). 초기 성범죄자 치료 문헌에서는 평가자와 치료자가 항상 통제적이어야 함을 강조했다(예: Salter, 1998). 때로는 이러한 기법이 엄격하고 직면적인 치료 방식으로 해석되는데, 기존 연구에서 이러한 태도는 피해자를 비난하고 사건을 축소시키며 책임을 수용하는 부분에 도움이 되지 않는 것으로 밝혀져 왔다. 또한 적대적이고 처벌적인 접근은 치료적 관계를 해칠 수 있다(Garland & Dougher, 1991; Marshall et al., 2002). 이는 내담자와의 신뢰를 무너뜨릴 수 있고, 치료에서 불필요할 뿐만 아니라 웰빙(well-being) 증진에도 방해가 된다(Beauchamp & Childress, 2009).

내담자를 위한 일반 심리치료의 효과 연구에서는 대부분의 관련 변인이 무시되었고(Teyber & McClure, 2000), 특히 인지행동 기반의 성범죄자 치료 연구에서는 더욱 그러했다. 그러나 이러한 과정 또는 관계 요인은 치료적 변화에 중요한 영향을 줄 수 있다(Marshall et al., 2002, 2003; Marshall, 2005; Miller, Hubble, & Duncan, 2008; Wampold, 2001). 이와 유사하게, 내담자의 변화에 대한 준비도, 의지, 능력에 대한 기대감은 일반 심리치료 문헌의 주요 관심사가 되고 있으며(Snyder, Michael, & Cheavens, 1999), 최근에는 성범죄자 치료 문헌에서도 주목받고 있다(Moulden & Marshall, 2009). Snyder 등(1999)은 목표달성을 위한 내담자의 능력뿐 아니라 그 내담자가 목표를 어떻게 달성할지에 대한 생각을 포함하는 희망 이론(Hope Theory)을 설명하고 있다. 저자들은 변화 가능하다는 내담자의 기대가 목표를 달성할 수 있는 방법을 찾을 수 있게 하는 내담자의 능력을 향상시킬 수 있다고 기술한다. 따라서 변화가 일어날 수 있다는 희망을 갖게 하는 것이 치료에서 중요한 부분이 되고 있다.

연구 결과에서, 대부분의 상담 프로그램을 가르치는 데 공감, 인정하기(validation), 협력, 유연성을 포함한 기본 원리는 일반 심리치료 내담자들에게 효과적인 결과를 낳을 수 있다는 것을 보여 준다(Teyber & McClure, 2000). 이것은 치료적 동맹이 성공적인 치료의 밑바탕이 된다는 것을 나타내며(Miller, Hubble, & Duncan, 2007), 일반 심리치료 문헌에서 최근의 연구들도 이를 입증하고 있다. 예를 들어, 한 연구에서는 내담자들의 피드백을 얻기 위한 구조화된 시도(예: 그 회기가 내담자에게 중요한 목표와 주제를 다루었는지 또는 치료자의 접근 방식이 적합한지와는 상관없이 내담자들이 치료 회기 동안 얼마나 존중받고 잘 들어 주며 이해받았다고 느끼는지)는 치료자들로 하여금 보다 나은 결과물을 만들어 내도록 돕는 것으로 나타났다(Miller et al., 2008).

반대로, 몇몇 과정 변인은 성공적인 치료를 방해하거나 치료적 동맹 형성과 긍정적인 결과를 방해하는 것으로 나타났다. 이 부정적 과정(negative process)은 치료자가 내담자들의 적대적ㆍ저항적ㆍ냉소적인 감정 표현에 효과적으로 반응하지 못했을 때(Binder & Strupp, 1977; Teyber & McClure, 2000), 혹은 내담자들의 말을 치료자가 경청하지 않았을 때 발생한다(Miller & Rollnick, 2002; Snyder et al., 1999). 어떠한 이론적 배경과 상관없이 치료자는 내담자들의 분노나 정서적 철회 또는 교묘한 거부 등과 같은 부정적 성향에 일반적으로 반응하게 된다(Binder & Strupp, 1997). 성범죄자 치료자는 이러한 부정적 반응에 특히 취약할 수 있는데, 왜냐하면 성범죄자들은 치료 장면에 비자발적으로 참여하기 쉽고, 저항, 부인, 변화에 대한 동기가 부족한 상태로 치료에 참여하는 경우가 흔하기 때문이다(Drapeau, Körner, Granger, Brunet, & Caspar, 2005; Jenkins-Hall, 1994; Jennings & Sawyer, 2003; Marshall, Thornton, Marshall, Fernandez, & Mann, 2001; Serran, Fernandez, Marshall, & Mann, 2003; Winn, 1996). 게다가 미묘한 형태의 낙인은 치료자가 내담자들의 저항적인 행동에 대한 해석에 부정적인 영향을 줄 수 있으며, 이로 인해 내담자는 더욱더 부정적으로 반응하게 된다(Willis, Levenson, & Ward, 인쇄중). 부정적 과정에 대한 연구는 거의 없지만 이것은 모든 치료 유형에 걸쳐 치료 실패에 대한 많은 것을 설명한다(Binder & Strupp, 1997). 부정적인 치료과정의 결과인 치료 실패(즉, 치료 중단)는 성범죄자들의 재범률을 상승시키는 것과 관련된다는 점에서 중요하다(Hanson & Bussière, 1998). 모든 성범죄자 치료자는 내담자의 저항을 '변화에 대한 두려움'으로 볼 것인지, 내담자가 대인관계를 다루는 치료자의 능력을 시험하려는 시도로 볼 것인지에 대해 의문을 가지는데(Drapeau et al., 2005), 이는 치료자가 내담자의 상황을 이해하지 못한 것으로 판단할 수 있다(Miller & Rollnick, 2002; Prescott, 2009).

최근 몇 년 사이에, 동기강화면담(Miller & Rollnick, 2002; Prescott, 2009)이 교정 분야에서 근무하는 전문가들 사이에 널리 사용되고 있다. 동기강화면담은 치료자로 하여금 내담자가 그들의 삶에 변화를 만들고 싶은 이유와 방법을 탐색하도록 도와주는 안내 방식으로 활용된다. 동기강화면담에서는 타인과 협조적으로 지내는 장을 제공한다(협력하는 마음가짐, 자율성에 대한 지지, 직면시키기보다는 환기시키기, 변화하기). 더 나아가, 동기강화면담에서 치료자는 기준점(anchor points)으로 쓰일 수 있는 기본적인 원리만을 준다(즉, 자기효능감 지지하기, 공감 표현하기, 저항과 함께하기, 현재 모습과 이상적인 모습 간의 불일치감 만들기). 또한 면담 기술(예: 열린 질문, 명료화, 반영, 요약)도 알려 주는데, 이로써 임상가들은 별로 도움이 되지 않는 대화방법을 대체할 수 있고, 추가적인 정보를 더 이끌어 낼 수 있다. 동기강화면담의 요소는 이 책의 전반적인 사례에서 사용된다. 또한 이 책의 후반부에서 살펴보겠지만, 이러한 기법들은 성범죄자 치료를 위한 좋은 삶 모델과 상당히 일치하며, 이를 지지한다(McMurran & Ward, 2004; Yates, 2009a).

궁극적으로, 전문가들이 협력에 대한 분명한 의도로 상호작용하고, 내담자의 자율성을 존중하는 마음으로 임할 때 좀 더 효과적일 수 있다. 여기서부터 치료자는 내담자가 변화에 대한 자신의 의견을 이야기할 수 있는 상황을 조성할 수 있다. 실제 몇몇 연구는 내담자가 노력에 대한 선택권을 자신이 어느 정도 가지고 있다고 인식하는 경우에 훨씬 순응적이라는 것을 보여 준다(Bem, 1972). 변화를 위한 노력은 주로 외부의 압력으로 시작되긴 하지만, 장기적인 변화는 자기결정(self-determination)을 통해서 유지된다(Ryan & Deci, 2000).

예를 들면, 1장에서 소개했던 빌의 사례를 다시 보자. 빌은 북미 원주민으로, 앵글로색슨 족의 권위를 굉장히 불신하며, 주의력결핍 과잉행동장애(ADHD)를 갖고 있는 것으로 보인다. 따뜻하고, 공감적이고, 존중적이고, 보상적이며, 방향 제시적인 방식이 최선의 결과를 가져올 것이며 또한 내담자의 성향에 맞는 치료 기법을 사용해야 한다는 반응성의 원리를 염두에 두면서 치료자는 치료의 시작에 좀 더 주의를 두어야 한다. 앞에서 언급했듯이 처음에 변화에 대한 동기를 보이는 것은 단순한 고민을 반영하거나 변화과정 및 치료적 관계에 대한 불안을 반영할 수 있다. 치료자가 직면적 자세일 때보다 반영적 경청을 할 때 더 효과적일 수 있다.

빌:　치료받는 것은 내 생각이 아니에요. 당신이 나에게 해 줄 수 있는 게 뭐가 있나요?

치료자:　당신은 오로지 법원에서 당신을 여기로 보냈기 때문에 왔다는 거군요.

빌:　맞아요. 그리고 내겐 나를 필요로 하는 아내와 아이들이 있어요. 지금 이럴 시간이 없어요. 가족들도 불공평하게 대우받고 있다고 느끼고 있어요.

치료자:　가족이 당신에게 굉장히 의미가 있고, 당신도 그들에게 매우 중요하다는 건 분명하네요. 또한 당신의 말을 들어 보니 나는 그저 정부의 도구일 뿐이고, 당신이 장기적으로 잘 살기 위해서 필요한 사람이 아니라고 생각하시는군요. 내 말이 맞나요?

빌:　네, 바로 그거예요.

치료자:　그래서 이 상황이 당신을 초조하게 하는군요. 당신은 빨리 여기에서 나가 당신의 가족을 위해 최선을 다하고 싶고, 또 한편으로는 내가 그것을 이해하지 못할 거라고 생각하는군요. 사법체계가 당신에게 불공평하다고 느끼고도 있고요.

빌:　맞아요.

치료자:　우리가 서로 다른 배경을 가졌다는 것을 염두에 두면서, 이 작업을 함께하기 위해

> 가장 좋은 그리고 가장 안전한 방법은 무엇이라고 생각하세요? 제가 당신에 대해
> 더 알아야 할 것은 무엇이 있나요?

이러한 접근이 시간을 낭비하는 것처럼 보일 수 있지만, 직면적인 접근과 비교해 보면 치료 시작 전에 내담자의 세계에 대해 훨씬 더 깊고 풍부하게 이해할 수 있는 시간을 갖게 한다. 이는 추후 실질적인 치료시간을 줄여 줄 수 있다.

> 치료자: 지금까지 이야기한 부분을 정리해 볼게요. 당신은 아내와 아이들에게 좋은 가장
> 이 되고 싶어 하는데 이 치료는 그 시간을 빼앗아 가고 있어요. 한편으로는 당신
> 은 더 좋은 남편과 아빠가 되기를 원하는군요. 그리고 과거 당신 민족에게 학대적
> 이었다고 믿는 사법체계에 구속되어 있다는 것도 염려하고 있네요. 당신은 나와
> 이 치료에 관련된 다른 사람들을 믿을 수 있을지, 어떻게 믿을지 모르기도 하고요.
> 당신은 자신이 치료에서도 앉아만 있지 않는 행동 지향적인 사람이라고 말했어
> 요. 마찬가지로, 치료에 참여하는 것은 더 나은 인생을 설계할 수 있다는 장점이
> 있어요. 또한 당신이 진정으로 변화하기 시작할 때 가족들이 부정적인 반응을 보
> 일 수도 있어요. 어떻게 할래요?
>
> 빌: 아마도 치료를 받는 것이 낫겠군요. 어떤 것도 마음에 들지 않지만, 이 프로그램
> 을 끝내지 않으면 문제만 더 생기겠네요.

이 사례에서 치료 프로그램에 남아 있기로 결정한 사람은 바로 빌이다. 치료자는 빌의 이야기를 반영하면서, 그가 이해받고 있다는 것을 확신할 수 있도록 요약을 해 주었고, 새로운 방향으로 나아갈 수 있도록 열린 질문으로 이끌었다. 비록 치료 초반에는 빌의 최초 동기가 대부분은 외적 요인이었지만, 연구 결과에서는 일단 치료를 시작하면 사람들은 변화를 위한 그들 자신만의 내적 동기를 찾아낸다고 말한다(Ryan & Deci, 2000).

만약 치료자가 치료 프로그램의 장점을 말하거나 개인의 변화에 대한 생각을 고쳐시켰다

면 빌은 그 두 의견에 대한 반대 의견을 말하고 싶었을 것이다. 사실, 이 반응은 새로운 내담자에게는 꽤 자연스러운 반응이다. 체중을 감량해 봤던 사람이나 해로운 습관을 버리려 시도해 봤던 사람이라면 이러한 반응을 잘 알 것이다. 친구가 걱정을 해 주며 몇몇 행동 변화에 대한 조언을 해 줄 때("몸무게를 줄이면 네 자신이 훨씬 좋아질 거야."), 그대로 수용하기보다는("네 말이 맞아. 난 시간을 내어야 하고 규칙적으로 운동을 해야 해."), 주로 그 말에 반박하는 것("운동하기 너무 힘들어. 난 잘 못할 거야. 시간이 없어.")이 훨씬 쉬울 수 있다. 이러한 미묘한 차이는 치료자에게 상당히 중요한데, 특히 내담자의 변화를 위한 내적 동기를 자각시켜 주기보다는 주로 직접적으로 변화를 이끌어 내려 하는 치료자에게 중요하다. 변화-지지 입장을 주장하는 치료자는 변화-반대의 입장을 주장하는 빌("백인들의 프로그램에서 나는 아무것도 할 수 없어.")과 같은 내담자의 위험성을 수용하지 못할 수 있다.

구체적 치료활동

● ● ● ● ● ● ●

프로그램에서는 준비 정도와 동기 수준이 다양한 내담자를 다루기 때문에 치료의 시작 단계에서는 주로 이 부분에 초점을 두게 되며, 성폭력에 대한 개인력은 거의 다루지 않는다. 초기 단계는 치료 프로그램에 대한 정보 제공과 준비를 위한 단계다(O'Brien, Marshall, & Marshall, 2009; Yates et al., 2000). 또한 프로그램 참여를 위한 개인의 준비도를 탐색하는 활동도 포함된다(Cullen & Wilson, 2003). 이와 더불어 초기 단계에서는 자기관리 능력을 향상시키고 성격장애와 관련된 요인을 개선시키기 위한 전반적인 활동을 포함할 수도 있다. 치료의 목표는 인지적 기술, 심리교육, 해로운 행동을 가져오게 한 사고과정의 탐색, 가치 탐색과 명료화 등을 포함할 수 있다(예: Wilson, 2009). 치료과정에서의 기준점은 내담자가 프로그램의 참가자로서 의미 있게 기능할 수 있는 능력, 문제해결 기술 능력을 실제로 사용해 보고 비효율적인 사고 패턴을 확인하며 다룰 수 있는 능력, 자신의 감정을 효과적으로 다루고 적절한 대인관계 기술을 사용할 수 있는 능력, 프로그램의 규칙과 요구를 따를 수 있는 능력 등이다.

내담자와 치료자 모두 이 초기 단계의 중요성에 대해 의문을 가질 수 있다. 결국, 이 단계에서는 성범죄를 직접적으로 언급하는 것처럼 보이지는 않는다. 그러나 명심해야 할 점은,

치료의 초기 단계는 내담자뿐만 아니라 치료과정 자체로서도 상당히 취약한 기간이라는 점이다. 치료에서 내담자의 사적인 개인력을 너무 일찍 공개하도록 하는 것은 대부분은 아닐지라도 많은 내담자에게 상당한 불안으로 느껴질 수 있고, 심지어는 치료에 저항을 초래할 수도 있다. 치료자들의 이해를 위해 치료자 자신이 인생에서 가장 사적인 부분에 대해 말하도록 강요당하는 상상을 해 보는 것도 도움이 된다(Mann, 2009). 치료자는 치료 집단(개인적으로 안전하다는 느낌이 들지 않을 수도 있는)에서 치료자가 기록을 하고 있는 가운데, 매우 취약한 주제에 대해 상세히 이야기하도록 강요받는 상상을 할 필요가 있다. 때로 치료자는 자신의 행동이나 인생사(life history)의 일부를 역할연기로 재연하도록 요구받을 수도 있다. 또한 치료자는 자신에 대한 치료 기록을 법률 분야 담당자들이 보게 된다거나 그들의 장래에 대한 의사결정에 그것이 결정적인 자료로 사용되는 것도 충분히 가능하다는 것을 알아야 한다. 게다가 치료자의 가족과 친구들이 치료자가 수치스러워하는, 과거에 진실하지 못했던 것과 관련된 행동에 대해서도 알게 될 수도 있다.

요약해 보면, 내담자의 관점에서는 개인적인 정보를 공개함으로써 얻는 것보다 잃는 것이 많아 보일 것이다. 따라서 많은 내담자가 상황적 맥락에 따라 자신의 인생에 대해 손쉽게 거짓을 말하는 것도 놀라운 일이 아니다. 이러한 거짓말은 치료 프로그램을 진행하는 데 심각한 장애물이 될 수 있다. 자신의 인생에 대해 거짓말을 하는 것은 진정으로 의미 있는 변화에 큰 장애가 될 뿐 아니라 내담자 스스로 진실을 말할 수 있는지 또는 말해야 하는지에 대해 더욱 혼란을 느끼게 할 수도 있다. 범죄에 대한 세부 내용을 인정하는 것과 그것에 대해 거짓말을 한 것에 대해 인정하는 것은, 그것이 비록 자기방어적 차원에서 이루어진 것이라 할지라도 또 다른 차원의 일이다. 결국 치료의 첫 번째 단계에서는 내담자에게 이후 치료 단계에서 요구되는 것을 다룰 수 있는 기술을 개발하도록 돕고, 성범죄의 재범에 기여하는 것으로 알려져 있는 반사회적 특성이나 행동을 조절, 통제할 수 있도록 도와줌으로써 재범 위험성의 감소에 중요한 목적을 제공한다(Hanson & Morton-Bourgon, 2004).

치료의 두 번째 단계는 범죄관련 성향을 가진 개인의 신념, 태도, 감정, 인지도식, 행동 특성을 형성하는 데 영향을 준 사건에 대한 자서전을 쓰는 것으로 구성된다. 이 단계에서는 보통 발달적 경험(예: 가족관계, 초기 성적 발달), 방임 또는 학대 경험, 성관계 및 친밀한 대인관계의 역사, 주변 친구들의 영향, 어린 시절 범죄행동(성적, 비성적 행동도 포함), 교육 수준, 직업 등을 포함한다. 좋은 삶/자기조절 통합모델의 치료에서, 이 단계는 내담자의 목표, 가치,

삶의 포부 등에 대한 탐색을 포함하며, 자기조절 능력의 발달과 결핍에 구체적인 초점을 둔다(9장 참조).

이와 유사하게, 치료의 세 번째 단계는 일반적으로 개인의 성범죄 이력에 대해 동의된 수준에서 표현해 보는 것으로 구성된다. 대부분의 치료가 내담자의 반복적인 성범죄 패턴을 이해하기 위한 탐색인 범죄 '사이클(cycle)'에 초점이 맞춰지는 반면, 좋은 삶/자기조절 통합 모델에서는 이와 초점이 다르다. 이 모델은 내담자가 성범죄를 통해서 얻으려고 시도한 것이 무엇인가에 대한 관점에서부터 범죄의 과정 및 범죄력으로 접근한다. 추후에 내담자에게 중요한 목표와 개인적인 지위를 성적 학대의 방식이 아닌 친사회적인 방식으로 획득할 수 있도록 치료 프로그램이 도울 수 있다. 범죄력에 대한 자기조절 모델의 요인은 다양한 측면에서의 범행과정에 특히 초점을 두는데, 내담자로 하여금 성범죄에 이르게 만든 요인으로부터 범죄과정을 유발한 특정한 삶의 사건, 성범죄가 발생한 후에 그 행동과 자기 자신에 대한 내담자의 평가까지 다룬다(10장 참조).

전통적으로 이러한 작업의 목적은 내담자의 성범죄에 영향을 미친 요인들을 확인하기 위함이다. 연구문헌에서는 이러한 요인이 종종 역동적 위험요인과 중첩된다고 보고하는데, 예를 들면 성적 일탈, 가학적인 성적 관심, 성범죄를 지지하고 성범죄의 원인이 되는 태도, 사회·정서적 대인관계 기능(친밀한 관계 포함) 그리고 물질남용이나 비효과적인 대처 방식의 변화를 포함하는 자기관리 기술 등이 있다(Knight & Thornton, 2007; Thornton, 2002 참조).

이 단계에서는 또한 일반적으로 몇몇 범죄를 깊이 있게 탐색하는 과정도 포함하는데, 이는 범행과정에 개입된 특정한 행동을 이해하기 위함이다. 때로는 이를 '능동적 설명(active account)'이라고 부르는데, 근본적인 목적은 범죄를 탐색해서 내담자로 하여금 수동적인 자세에서 더욱 능동적인 자세로 움직이도록 하기 위함이다. 예를 들어, 수동적 설명은 다음과 같다. "그녀는 나를 아이돌보미로 고용했고, 얼마 지나지 않아서 아이와 나는 만지작거리며 재미있게 놀았어요." 시간이 지나면서 이 진술은 범죄에 대한 더욱 능동적인 설명으로 바뀔 수 있다. 예를 들어, "나는 처음 그녀를 만났을 때, 그녀가 취약하다는 것을 알았어요. 나는 그녀의 아이에게 접근하는 것에 훨씬 관심이 있었어요. 사실 내가 아이돌보미를 하겠다고 제안을 하려던 것은 아니었는데, 우연히, 내가 젊었을 때 아이돌보미를 했다는 말을 했지요. 결국 그녀가 나에게 요청할 것을 알고 있었어요. 심지어 나는 그녀의 집에 비디오 게임기를 가져갔고, 그렇게 하면 아이의 신뢰를 더 쉽게 얻을 수 있다는 것을 알고 있었어요."

개인의 범죄과정 탐색의 목표는 사건사슬을 형성하게 된 훨씬 더 심층적인 삶의 경험에서 시작된 사건들의 연결고리를 밝혀내는 것, 피해자와 범죄에 접근하는 것 그리고 범죄 발생 후 범죄에 대한 반응과 자신의 행동에 대해 검토하는 것이다. 좋은 삶/자기조절 통합모델의 관점에서, 이 과정은 범죄와 관련된 목표, 인지, 행동뿐만 아니라, 특정 환경에서의 자기조절 방식, 내담자가 범죄를 통해 얻으려 했던 것에 대한 이해까지도 포함한다. 예를 들면, 어떤 내담자는 성적 만족을 찾는 과정에서 범죄를 저질렀는데, 이는 그것이 자신을 행복하게 해 줄 것이라 믿었기 때문이다(좋은 삶 모델 용어에서 '행복'이라는 일차적 덕목). 또 다른 내담자는 친밀감이나 관계를 추구할 수 있다('관계' 또는 '우정'이라는 일차적 덕목)(3장 참조). 또한 전문 가들은 이 점을 특정 범죄 발생 기간 동안 따랐던 자기조절 범죄 경로(self-regulation offense pathway)를 평가하는 데 사용하기도 한다(5장 참조).

이러한 개방 작업은 또한 그 내담자가 자신의 과거 및 현재의 삶 속에서 가장 가치를 두는 것, 즉 내담자의 좋은 삶 계획(good life plan) 또는 좋은 삶이 무엇인가와 그것을 이루기 위한 비전을 파악하는 역할도 수반한다. 내담자와 치료자는 또한 내담자가 개선시키거나 향상시키고 싶어 하는 삶의 측면과 그들이 과거에 달성하고 싶었으나 달성할 수 없었던, 그래서 포기해야만 했던 목표들, 좋은 삶을 이루는 데 방해가 되었던 내·외적 요인들에 대해서도 탐색한다. 이 책의 4장, 5장, 8장에서는 이러한 정보를 얻고 좀 더 세부적으로 치료에서 이 요인들을 다룰 수 있는 전략을 기술하였으며, 9장에서는 구체적으로 개인력(예: 자서전)을, 10장에서는 좋은 삶/자기조절 통합모델의 맥락에서 범죄과정을 검토한다.

치료의 네 번째 단계는 내담자가 범죄에 기여한 자기 삶의 요인을 관리하고, 건강한 대안적 행동들을 연습해 보는 것에 초점을 맞춘다. 이 과정은 유발되는 감정과 상황에 대처하는 새로운 전략을 연습해 보고, 범죄의 원인이 되는 태도와 정당화를 재평가하는 것도 포함한다. 또한 일탈적 성적 각성과 성적 관심을 적극적으로 다루고, 다른 건강한 대처행동으로 대체시키는 것도 포함한다. Wilson(2009)은 Haaven(2006)의 연구에 기초하여 이 단계의 치료 구성요소를 다음과 같이 언급했다.

- '과거의 나'에 대한 표상 만들기
- '미래의 나'에 대한 표상 만들기
- '미래의 나'에 대한 역할 연기하기

- 균형 있게 행동하기, 자기결정적 삶의 방식을 검토하기
- '미래의 나'를 시작하기

사례: 호세

호세는 치료에서 그가 할 수 있는 최선의 결과를 얻기로 결심했다. 좋은 아버지, 열심히 일하는 직장인 등과 같이 유지하고 싶은 부분도 분명히 있었지만 그는 범죄를 저질렀을 때의 모습으로 남고 싶지 않다는 결심이 확고했다. 더불어 그는 범죄를 저지르게 만든 측면에 대해 토론하는 것과 함께, 범행 당시 자신의 모습을 시각적으로 표현한 '과거의 나'를 콜라주로 만들었다. 그것은 그가 신문과 잡지에서 찾아낸 눈에 띄는 이미지들로 만들어졌다. 집단치료에서 그는 이 콜라주를 모아서 각각의 이미지가 그에게 의미하는 바에 대해 표현했다. 그는 자신이 만들고 싶어 하는 변화를 상기시킬 수 있도록 콜라주를 가까이에 두었다.

이와 비슷하게, 호세는 자신이 될 수 있고, 또 되고 싶은 이미지인 '미래의 나'를 콜라주로 준비했다. 이 콜라주 작업은 호세로 하여금 그가 변하고자 하는 자신의 모습을 바꾸도록 하고, 열정적으로 일하는 모습처럼 변할 필요가 없는 자신의 모습은 유지하도록 했다. 각 이미지를 설명하는 과정에서 호세의 치료자와 집단원은 그가 앞으로 다가올 미래에서 마주할 다양한 상황을 어떻게 다룰 수 있는지에 대해 역할연기를 해 볼 것을 제안했다. 이 의견에 따라서 그는 다른 사람들과 함께 균형 있고 자기결정적인 삶의 방식이 자신에게 어떻게 보이고, 어떻게 성취될 수 있을지에 대해 집단원과 작업했다. 작업의 마무리에서 그는 에세이도 썼고, '앞으로 펼쳐질 길'에 대한 인생지도도 그렸다. 그에게 특별한 로드맵이 필요한 것이 아니라, 그가 가지고 있는 생각과 노력이 중요한 것이다. 다양한 표현방법(예: 시각적 표상화, 토론, 역할연기)을 통한 이 작업의 통합은 호세를 좀 더 깊은 수준에서 이해하는 데 도움을 주었다.

Wilson(2009) 역시 내담자가 타인과의 관계에 대해 더 잘 이해하는 것이 얼마나 중요한

지를 강조한다. 많은 프로그램이 특정 활동을 통해서 내담자들의 타인(피해자를 포함한)에 대한 공감 능력 개발의 필요성을 강조하지만, 내담자들은 일상적인 삶 속에서 일반적인 방법으로 타인과 공감적으로 관계를 맺는 것을 연습하는 것이 더 도움이 될 수 있다. 이 과정에는 다음의 내용이 포함될 수 있다.

- 좀 더 풍부하고 이전과 차별화된 감정 경험을 증가시키기
- 문제가 발생된 일반적 및 특정한 상황에서 그들이 말하고 행동한 것을 상대방이 어떻게 해석할지 살펴보는 조망수용 능력 향상시키기
- 건강한 방식으로 타인과 감정을 공유하고 이해하는 능력 향상시키기
- 타인의 고통에 대해 도움이 되지 않거나 건강하지 않은 반응 줄이기(예: 자기동정, 아무 반응하지 않기)
- 친밀한 관계에서 공감 능력을 개발시키고 탐색하기

앞에서도 언급했듯이, 1장에서 설명된 다양한 치료요인이 각각의 치료 단계에 잘 포함되어 있다. 예를 들면, '미래의 나'에 대한 개념화 과정은 내담자의 좋은 삶 계획 개발의 일부분인 것이다(Ward & Stewart, 2003, 12장 참조). 이 과정은 내담자가 원하는 삶의 유형을 성취하기 위해 필요한 목표와 전략에 대한 로드맵을 만들고, 자신에게 무엇이 중요한지, 또 자신의 능력 안에서 무엇을 성취할 수 있을지에 초점을 둔다.

일반적으로 치료의 마지막 단계는 변화 유지와 범죄자의 상황에 따라 지역사회로 돌아갈 출소 준비 및 추수 치료나 관리감독 등을 포함한다. 이러한 유지 프로그램의 목적은 내담자가 지역사회로 복귀할 때 겪는 위험성을 관리하고 평가하여, 그의 계획이 실행될 수 있도록 도와주는 것이다(Cumming & McGrath, 2000, 2005; Wilson et al., 2000; Yates et al., 2000). 특히 좋은 삶/자기조절 통합모델 접근에서 유지의 목표는 자기조절 기술을 연습하고, 좋은 삶 계획의 실행을 점검해서 그 진척의 정도를 확인하고, 필요하다면 약간의 조정 작업도 해 주는 것이다.

어떤 내담자는 지역사회 재통합을 어렵게 한 행동의 대가로 상당한 제한을 받을 수 있다. 이러한 경우, 이전의 범죄 발생에 영향을 주었던 요인들이 다시 발생할 수 있는 가능성을 예측해 보는 것이 중요하다. 예를 들어, 정서적인 외로움이나 무능감으로 인해 범죄를 저지르

게 된 내담자라면, 지역사회의 제한 또는 거주 문제는 이런 요인을 대처하도록 새롭게 개발
한 대처 능력에 어려움을 줄 수 있다. 이와 더불어 지역사회 제한 조치가 많은 관할지역에서
는, 치료자와 관리감독자들이 내담자의 중요한 덕목들과 새롭게 개발한 좋은 삶 계획의 목
표들을 성취하도록 돕는 것에 창의적일 필요가 있다.

그 예로, 앞에서 본 호세의 사례를 다시 살펴보자. 호세의 성범죄가 타인과의 정서적 교류
에 대한 욕구에서 동기화된 측면이 있다고 가정하고, 또한 미래의 그의 목표 중에서 중요한
것이 일과 놀이에서의 유능성이라고 가정해 보자. 호세가 미래에 이루고 싶은 모습을 어떻
게 성취할지에 대해 결정하기 시작할 때, 치료자와 집단원들은 호세가 직면하게 될 사실적
인 규제에 대해 반드시 알려 주어야 한다. 그를 범죄로 이끌었던 정서적 외로움은 그의 거주,
이동, 활동들에 대한 제재에 의해 더 악화될 수 있음을 예상해야 한다. 결과적으로 그들은 호
세가 삶의 목표를 성취할 수 있는 대처 방안을 함께 탐색해야 한다. 다른 사람들이 그의 범
죄에 대해 알게 될 수 있고, 어떤 관할지역에서는 그의 이름, 얼굴, 거주지도 인터넷에 공개
될 수 있다. 이러한 상황에서는 타인과의 정서적 교류를 목표로 정하는 것뿐만 아니라 이러
한 좌절에 대해 계획하고 이용 가능한 자원 목록을 만들어 놓는 것만으로는 충분하지 않다.
호세는 불가피하게 마주해야 할 좌절감을 다루거나 치료에서 얻은 것들을 온전하게 유지하
기 위한 창의적이고 구체적인 계획을 세우는 것 등에서 스스로 유능해지는 경험이 필요하
다. 이런 이유로 치료는 단순히 관련 없는 목표들을 통합하는 것이 아닌, 목표와 기술을 씨줄
과 날줄로 엮어 만든 벽걸이 융단과 같다. 다음의 사례에서 이 부분을 좀 더 명확히 알 수 있
을 것이다.

▌▌ 사례: 대런

대런은 성범죄 재범으로 치료에 참가했다. 대런은 여러 명의 사춘기 이전 남자아이를
성폭행했다. 대부분의 경우 대런은 보육시설의 입주생활교사나 아이돌보미로 일했다.
대런에게도 성적으로 피해를 입은 다수의 경험이 있었다. 그의 부모는 반유목 스타일의
삶을 살았는데, 다양한 약물관련 행동과 연루되어 여러 지역을 유랑한 것으로 보인다.

대런은 부모의 동료에게 최초로 피해를 당하고 나서 위탁가정에 맡겨졌고, 이번에는

그 위탁가정의 양아버지에게 피해를 당했다. 그러나 아이러니하게도 대런은 양아버지를 그가 긍정적인 관계를 맺었던 몇 안 되는 사람 중 한 명으로 기억했다. 18번째 생일날, 아동보호기관은 얼마 되지 않은 대런의 양육 지원을 끊었다. 대런은 낮은 임금을 받는 꽃집에서 일자리를 구했다. 그는 손님들과 잘 지냈고, 아이가 있는 많은 여성을 만나기도 했다. 많은 경우, 부모의 부재를 틈타 잠깐씩 아동과의 관계를 형성할 수 있었다.

첫 번째 치료 프로그램에서 대런은 자신이 매우 의욕적이며, 그가 돌본 아이들을 사랑했을 뿐이라고 주장했다. 그러나 그는 아동에 대한 성적 환상을 비밀로 묻어 두고, 그 환상을 떠올리며 한 달에 수회 자위행위를 했다. 개인적으로 그는 치료자가 자신이 아이들을 사랑했던 방식을 이해하지 못할 것이며, 심지어는 이것을 가끔 말하기도 했지만 이 점에 대한 후속 조치는 없었다고 확신했다. 대런은 자신이 치료 프로그램을 상당히 피상적인 수준에서 단지 즐기고 있음을 발견했다.

대런은 심리교육 과제를 완성했고, 그가 미래의 범죄를 어떻게 방지할지 계획을 세우는 모습에서 제법 진지해 보였다. 그의 치료목표에는 성폭력이 피해자들에게 어떤 영향을 미치는지 이해하고, 성범죄와 관련된 인지왜곡을 도전·수정하며, 그의 행동에 대해 책임을 수용하고, 그가 성폭행한 아이들에게 접근한 방법을 탐색하며, 미래에는 좀 더 안전하게 살도록 재범방지 계획을 만드는 것들이 포함되어 있었다.

대런은 매우 어려운 내담자다. 인지행동치료가 성범죄자들에게 경험적으로 강력하게 지지되는 프로그램이지만, 대런의 사례에는 잘 들어맞지 않는 것 같다. 그의 사례에서, 그가 자신을 치료 프로그램을 완수할 동기가 있는 사람으로 소개한 것이 그가 변화를 위한 진실한 동기를 갖고 있다는 것을 의미하지는 않는다. 대런은 예를 들어 그가 부적절한 수단을 통해 채우고자 했던 자신의 삶의 목표나 욕구들처럼, 삶의 긍정적인 측면을 찾아낼 만큼 충분히 자신의 범행을 의미 있게 탐색하지 않았다. 그는 끝까지 아동 성폭행을 자신의 협소하고 제한적인 삶의 틀 안에서 존재하는 긍정적인 경험으로 평가했기 때문에 자신에게 해롭지 않으며, 단지 재범방지의 기술만이 필요할 뿐이라고 생각했다. 게다가 치료 프로그램 동안, 치료자는 대런이 치료에 훨씬 더 의미 있는 자세로 참여하도록 만들 수 있는 치료관계를 형성하지 않았고, 치료팀들이 자신을 이해하지 못한다는 그의 언급을 간과했다. 이러한 믿음은 다뤄지지 않은 채 남아 있었고, 아동에 대한 성적 환상으로 자위행위를 지속하면서 그것을 강화시켰다. 대런의 인지도식은 그의 삶 속의 대부분의 관계가 일시적이라는 것과 타인은 자신을 이해할 수 없을 것이라고 느낀다는 사실과 관련이 있었다. 즉, 치료가 그의 욕구에 반응하여 적절히 맞아떨어지지 않았던 것이다. 대런을 위한 이후 치료는 그의 태도가 아동에 대한 자기지각적 정서 일치(self-perceived emotional congruence)와 더 관련이 있는 것은 아닌지에 대해 탐색해야 한다.

대런의 치료 실패는 위험성/욕구/반응성 원칙을 능숙하게 적용하지 못한 결과다. 그는 자신을 적절한 것으로 표현하였지만, 대런의 치료 프로그램은 그의 위험성, 반응성 수준에 잘 맞지 않았다. 이러한 불일치는 프로그램이 심리교육적인 특성을 갖고 있다는 점과 프로그램의 유일한 초점이 더 나은 삶과 범죄 없는 삶을 위한 긍정적 목표 설정보다는 재범 방지에만 맞춰져 있다는 데 있다. 또한 이 불일치는 대런의 내적인 동기를 적절히 활용하지 못한 것으로 증명된다. 사실 대런은 자신을 실제보다 덜 위험한 사람으로 보이기 위해 치료 개념을 전략적으로 사용했다. 더 나아가 그는 자신의 범행을 탐색해 볼 수도 있었고, 미래에 이러한 범죄를 다시 저지르지 않기 위한 계획을 만들 수 있었음에도 불구하고, 프로그램은 욕구의 원칙을 다루지 않았고, 많은 중요한 역동적 위험요인이 언급되지 않은 채 남겨졌다. 또한 분명히 그의 잘못된 인지도식과 목표뿐 아니라 대런의 장기적인 관계 유지 능력이나 자기조절 능력도 다루지 않았는데, 이 두 가지는 앞으로의 안정적이고 자기결정적인 삶을 만들 수 있는 것들이었다. 비록 대런과 치료팀원 모두 이와 같은 욕구 영역을 다루지 않았지만, 이런 요소들은 주의가 필요한 확고한 범죄 유발 욕구다. 게다가 대런의 내재된 동기를 적절히 다루지 않음으로써 프로그램은 반응성 원칙을 위반하였고, 그에게 적절한 변화 동기를 제공해 주지 않았다.

결국, 이러한 원칙을 치료에 잘 적용하지 못하였기 때문에 대런의 사회적 기능, 친밀감, 정서적 조절 또는 타인과의 공감적 관계형성 능력을 의미 있게 향상시켜 주려는 치료자의 모든 시도 역시 실패로 돌아갈 것이다. 대런은 그 단어는 배웠겠지만, 진정한 변화의 의미, 더 나은 자기결정적인 삶의 의미에 대해서는 배우지 못할 수 있다. 만약 대런의 치료자가 그의 인지도식(삶의 비밀 영역을 유지하려는 경향성과 더불어 초기 삶에서 배웠던 태도와 신념을 포함)에 대해 더 잘 이해했다면, 치료는 다르게 진행되었을 것이다. 또한 대런의 치료자는 치료적 관계에서 반드시 필요한 작업인 내담자에 대한 모든 정보 수집을 위해 노력하지 않았다는 치명적인 실수를 했다. 비록 대런이 범죄와 관련된 성적 환상으로 자위행위를 지속했다는 사실로 타인의 관심을 끌었지만, 그는 종종 타인이 자신을 이해하지 못한다는 느낌을 언급했다. 대런의 치료팀을 위한 중요한 교훈은 진실한 개인의 내적 변화와 치료 기간을 완수하는 것을 혼동하는 것이다.

대런의 사례에서, 앞으로의 치료자는 다음의 질문을 고려해야 최선의 치료를 할 수 있을 것이다.

- 대런이 성범죄를 통해 얻고자 했던 일차적 덕목은 무엇인가?
- 대런이 그의 삶의 다른 영역에서 얻고 싶어 하는 덕목은 무엇인가?
- 이러한 목표를 고려할 때, 그의 삶이나 대인관계는 지금보다 어떻게 달라지기를 원하는가?
- 대런에게 삶의 일차적 덕목을 성취하는 것이 얼마나 중요했는가?
- 더 이상의 성범죄 없이 이런 덕목을 얻을 수 있다는 것을 얼마나 확신하는가?
- 대런이 치료에서 발견한 강점과 긍정적 자원으로는 무엇이 있는가?
- 대런이 변화하기 시작하고, 어려운 시기를 지나 안정된 자리에 설 때까지 자신의 강점을 어떻게 사용할 수 있는가?
- 대런의 삶에서 지금까지는 없었지만 그가 열망하는 것은 무엇인가?
- 대런의 변화를 위해 동기를 부여할 수 있는 중요한 것은 무엇인가?

이러한 고려사항과 관련된 내용은 8장에서 더 자세히 논의될 것이다.

 ## 요 약

성범죄자 평가와 치료 분야에 대한 이론과 실제는 최근 몇 년간 극적으로 발전해 왔다. 임상가들은 아직 해결되어야 할 과제가 많이 남았다고 지적하고 있지만, 위험성/욕구/반응성 원칙을 따르는 인지행동적 기법은 상당한 지지를 받아 왔다. 더 건강한 삶과 더 안전한 사회를 구축하기 위한 작업에 대해 최근 부각되는 합의점에도 불구하고 분명한 것은, 치료자들이 내담자와 의미 있는 수준에서 동맹을 맺지 않는 한 그들의 노력은 수포로 돌아갈 것이라는 점이다. 진정한 공공의 안전은 내담자들이 다른 사람들과 똑같은 일차적 덕목을 현실적으로 추구할 수 있는 기회를 제공하는 것에서부터 시작된다.

3장

좋은 삶, 자기조절 그리고 통합된 모델의 원리

임상 장면에서 효과적인 치료를 위해 치료자는 치료모델과 목적 및 방법을 숙지하는 것이 중요하다. 앞에서 언급한 바와 같이, 이 책에서는 성범죄자 치료에 있어 위험성에 기초한 인지행동 치료의 전반적인 개관이나 지침을 제공하지 않는다. 이 장에서는 특히 좋은 삶 모델 (Good Lives Model)과 자기조절 모델(Self-Regulation Model) 및 좋은 삶/자기조절 통합모델(GLM/SRM-R)의 이론적 기초에 대해 설명한다. 좋은 삶 모델은 광범위한 사회복귀 이론 또는 틀인 반면, 개정된 자기조절 모델(SRM-R)은 특정 치료모델이다. 즉, 좋은 삶 모델은 성범죄자와의 작업에서 치료자에게 유연한 틀을 제공한다. 좋은 삶 모델은 치료의 목적과 치료의 핵심가치 및 범죄의 원인에 대한 일반적 가설을 서술하고, 범죄자와 작업하는 방법에 대한 지침을 제공한다(Ward & Maruna, 2007). 이에 비해, 개정된 자기조절 모델은 좋은 삶 모델 내에 포함되어 있으며 일반적인 생각들을 구체적인 치료방법과 기법으로 설명한다. 이 장에서는 좋은 삶 모델과 개정된 자기조절 모델의 임상적 적용에 중점을 둔 개관을 제공하고자 한다. 이 모델에 대한 보다 자세한 내용은 다른 문헌에서 찾아볼 수 있다(Ward & Gannon, 2006; Ward & Hudson, 1998, 2000; Ward & Maruna, 2007; Ward & Stewart, 2003; Ward et al., 2004, 2006; Yates & Kingston, 2005; Yates et al., 2009; Yates & Ward, 2008).

좋은 삶 모델의 기본 원리

• • • • • • • • • •

초기 좋은 삶 모델은 사람들이 자신의 삶에서 중요한 것을 얻을 수 있는 기회나 능력이 부족하기 때문에 성범죄를 저지른다고 전제했다(Ward & Gannon, 2006; Ward & Maruna, 2007; Ward & Stewart, 2003). 성범죄는 다양한 개인적·생리적 및 사회적 조건이 범죄를 통해 삶의 목표를 성취하도록 이끌 때 발생한다. 범죄를 저지르지 않는 다른 사람들은 그와 같은 행동을 선택하지 않는다(Ward & Beech, 2006). 최근에 좋은 삶 모델은 성범죄자 치료에서 인지행동적 접근과 완전히 통합되었고(Yates & Ward, 2008), 재범을 줄이는 데 효과적이라는 연구들이 있다(Hanson et al., 2002; Lösel & Schmucker, 2005). 앞에서 언급한 바와 같이, 좋은 삶 모델은 치료에서 강조되어야 할 기본 가치를 규정하는 중요한 사회복귀 이론이다. 이러한 가치는 두 개의 주요 요소로 구성되는데, (1) 내담자의 목표와 목적, 성범죄 행동 간의 관계의 중요성, (2) 위험성을 감소시키면서 내담자가 자신의 욕구를 충족할 수 있도록 치료에 초점을 두는 것이다. 또한 치료에서 오직 위험성에만 기반을 둔 접근의 명확한 한계를 어떻게 극복하는가도 중요하다(Ward & Gannon, 2006; Ward et al., 2006, 2007; Ward & Stewart, 2003).

좋은 삶 모델은 성범죄자의 치료에 있어 긍정심리학적 접근을 취한다(Aspinwall & Staudinger, 2003; Ward, Mann, & Gannon, 2007). 따라서 좋은 삶 모델의 중요한 토대는 성범죄자도 다른 사람들처럼 목표 지향적이고, 자신의 일상에서 특정 경험과 성취 및 존재(being)의 상태를 추구한다는 것이다. 좋은 삶 모델에서는 이러한 목표를 일차적 덕목(primary human goods)이라 한다. 모든 개인이 이러한 일차적 덕목의 성취를 추구하는 것은 그것을 성취하는 것이 일반적으로 더 나은 심리적 건강과 좋은 삶으로 이끌기 때문이다(Kekes, 1989; Ward & Stewart, 2003; Ward et al., 2006). 이러한 분야의 연구(Aspinwall & Staudinger, 2003; Cummins, 1996; Deci & Ryan, 2000; Emmons, 1999; Linley & Joseph, 2004; Murphy, 2001; Nussbaum, 2000)에서는 사람들은 최소 10개의 일차적 덕목을 얻으려 한다고 제시한다.

- **삶과 생존**(Life): 건강한 생활과 건강한 기능 – 삶의 기본 욕구
- **지식**(Knowledge): 자신과 세상에 대하여 정보와 지식을 추구하려는 욕구

- **일과 놀이에서의 유능성**(Excellence in Play and Work): 숙달 경험을 포함
- **자주성**(Excellence in Agency): 자율성, 독립성, 자기주도성
- **내적인 평화**(Inner Peace): 정서적 혼란과 스트레스 상태로부터 편안해짐
- **관계**(Friendship): 친밀한, 낭만적인, 친근한 관계를 통해 다른 사람들과 교류함
- **공동체 활동**(Community): 자신의 관심사를 공유할 수 있는 집단에 소속감을 갖는 것
- **영성**(Spirituality): 삶의 의미와 목적을 찾고자 하는 것
- **행복**(Happiness): 자신의 삶에 전반적으로 만족하는 상태, 즐거움을 경험하는 것
- **창조성**(Creativity): 자신의 삶을 새롭고 혁신적으로 만들고자 하는 욕구

일차적 덕목이 다소 추상적인 개념이지만, 좋은 삶 모델에서는 이러한 높은 수준의 덕목을 얻기 위해 시도하는 구체적이고 분명한 방법인 **도구적 덕목**(instrumental goods) 또는 **이차적 덕목**(secondary goods)과 구분한다. 도구적 덕목의 예로는 지식을 얻기 위한 특정 활동(즉, 수업 참여), 창조활동(즉, 예술 활동), 새로운 삶의 기술 개발과 같은 자율성을 지지하는 활동(또는 성범죄자의 경우, 타인을 지배하거나 조종함) 등이 있다.

내담자는 자신에게 중요하고 얻으려고 하는 일차적 덕목을 잘 인식하지 못한다. 예를 들어, 일부 범죄자는 관계라는 일차적 덕목에 가치를 두고 이를 추구하기 때문에 아동과 성적 활동을 하는 것이다. 이러한 개인에게 섹스는 친밀한 관계의 일부이기 때문에 일차적 욕구를 채우기 위해 아동과 성적으로 하나가 되려고 한다. 그러나 치료과정에서 내담자는 관계라는 보다 폭넓은 구성개념보다는 이차적 덕목으로 이야기할 가능성이 더 크다. 마찬가지로, 자주성(즉, 자율성 또는 개인의 능력)이라는 일차적 덕목에 강한 욕구가 있는 일부 개인은 성폭력 또는 타인을 지배하고 통제하며 조종하는 것을 통해서만 덕목을 성취할 수 있는 것으로 안다. 따라서 평가와 치료에서 내담자의 가치인 일차적 덕목은 추론과정을 통해 명확해지며, 평가 실시요강은 일차적 덕목을 확인하는 데 활용될 수 있다(Yates et al., 2009). 일차적 덕목의 평가와 개인에게 있어 일차적 덕목의 가치 및 범죄에서 일차적 덕목의 역할은 4장에서 더 논의될 것이다.

좋은 삶 모델의 원리는, 모든 사람에게는 행복, 좋은 삶, 웰빙(well-being)을 경험할 수 있는 조건이 무엇인지를 보여 주는 내재된 좋은 삶 계획이 있다는 것이다. 사람마다 다양한 일차적 덕목에 무게를 다르게 두기 때문에 각각의 좋은 삶 계획은 매우 개인적이다. 예를 들면,

어떤 개인은 좋은 삶에서 가장 중요한 목표 중의 하나로 가족에 가치를 두는 반면, 다른 사람은 일에서의 높은 유능성을 더 중요하게 여긴다. 좋은 삶 모델에 따르면, 각 개인의 삶에서 문제가 발생하는 것은 개인이 원하는 덕목을 성취하는 것을 방해하는 특정 결함이나 문제 때문이다(58쪽에 설명됨). 성범죄 측면에서, 이러한 결함은 결과적으로 일차적 덕목을 추구하기 위해 사회적으로 수용될 수 없는(그리고 종종 개인적으로 좌절감을 주는) 시도를 하게 만든다. 따라서 치료에서 치료자의 역할은 (1) 개인의 중요한 일차적 덕목을 확인하고, (2) 이러한 덕목 또는 목표의 중요성을 강화시키며, (3) 내담자가 덕목을 성취하기 위해 장애물을 극복할 수 있도록 돕고, (4) 일차적 덕목과 범죄 및 삶의 문제들 간의 관계를 이해하는 것이다. 또한 (5) 범죄를 저지르지 않고 사회적으로 수용 가능한 방법으로 이러한 덕목을 성취하도록 내담자의 능력을 향상시키는 것이다. 더불어, 2장에서 설명한 '과거의 나(old me)'와 '미래의 나(future me)'를 확인하는 것과 비슷하게, 좋은 삶 모델은 모든 개인이 서사적 정체성(a narrative identity)[1] 또는 개인적 정체성(a personal identity)[2]을 구성할 것을 제안한다. 좋은 삶 모델 치료에서 중요한 것은 각 내담자가 자신의 방식대로 더 적응적이고 만족스러운 개인적 정체성을 창조하도록 돕는 것이다(예: Maruna, 2001; Ward & Marshall, 2007).

이전 장들에서 설명한 것과 같이 좋은 삶 모델에서 치료는 평가 및 치료 계획에 대한 기초를 형성하는 종합적인 사례 개념화와 함께 시작된다(7장 참조). 사례 개념화는 치료의 기본 요소와 위험성을 관리하는 것뿐만 아니라, 내담자에게 중요한 다양한 일차적 덕목과 자신의 삶과 환경 및 맥락을 고려하여 덕목을 성취하도록 돕는 계획을 포함한다. 좋은 삶 모델의 치료 계획은 내담자의 강점과 목표 및 개인적 환경을 고려하고, 내담자를 자율적인 사람으로 수용하며, 내담자 스스로 어떤 결정을 할 수 있는 능력을 가진 존재로 존중한다. 이 철학은 성범죄자 치료에서 이전에 소개했던 활동들과는 직접적으로 대비되는데, 기존 치료에서는 범죄자가 의사결정에 참여하는 것을 치료자가 허용하지 않도록 주의를 주었고(예: Salter, 1988), 범죄자가 '치료'를 수동적으로 받아들이는 동안 치료자는 '전문가'의 역할을 취했다.

---

1 역주: 인간은 자신만의 고유한 이야기를 구성하는 주체로 자신의 이야기를 구성하는 과정에서 '나는 누구인가?'에 대한 답을 발견하게 되는데, 서사적 정체성(narrative identity)은 자신의 이야기 속 주인공인 '나'에 대한 긍정적 및 부정적 태도에 따라 달라질 수 있으며, 지속적으로 자신의 이야기를 해석 및 재해석함으로써 자신이 누구인지를 인식하고 새롭게 만들어 가는 것을 의미한다.

2 역주: 개인적 정체성(personal identity)은 자아정체감(ego identity)보다 좁은 의미로 시간이 경과하거나 상황이 변함에 따라 다소 다른 모습으로 존재할지라도 그와 관계없이 여전히 '나'로 인식하는 것을 의미한다.

이러한 접근이 내담자의 동기부여를 얼마나 방해하는지 쉽게 알 수 있다. 반대로, 좋은 삶 모델 접근은 치료과정에서 내담자의 참여를 높이고, 치료 참여를 위한 동기강화를 하는 데 목적이 있다. 또한 좋은 삶 모델 접근은 치료가 내담자의 반응성을 고려하여 만들어질 필요가 있음을 강조한다(Ward & Maruna, 2007; Yates, 2009a).

또한 좋은 삶 모델 접근은 단순히 위험성을 고려하는 것뿐만 아니라 성범죄의 원인을 설명하려고 한다. 간단히 말해, 개인은 자신의 삶에서 중요한 것을 성취할 기회나 능력이 부족할 수 있고, 또는 초기 삶의 경험과 같은 다양한 요인의 결과로서 반사회적인 방식으로 행동하기도 한다. 예를 들면, 이러한 영향요인에는 부모에 대한 모델링이나 아동기 방임 또는 내담자가 겪은 학대가 포함된다. 좋은 삶 모델은 위험요인의 중요성은 인정하지만, 이러한 요인들을 일차적 덕목 성취를 방해하는 내·외적 장애물로 간주한다(Ward & Stewart, 2003). 이러한 장애물에 대한 개인의 반응은 삶 전반에 걸쳐 학습된다. 게다가 좋은 삶 계획에서 덕목을 성취하는 개인의 능력은 특정 결함에서 비롯된다. 좋은 삶 모델은 효과적이고 해롭지 않은 방법으로 일차적 덕목을 성취하는 내담자의 능력을 향상시키기 위해 치료에서 다루어지는 수단(means), 영역(scope), 충돌(conflict), 능력(capacity) 등 4가지 주요 결함을 제시한다(Ward & Maruna, 2007; Ward et al., 2006).

좋은 삶 계획에서의 결함

이전에 언급했듯이 좋은 삶 모델 접근의 치료에서 개인의 주된 목표(예: 행복, 즐거움, 자율성 등의 성취)가 문제가 되는 것은 아니다. 따라서 치료에서 치료자의 역할 중 하나는 이러한 욕구를 변화시키고 없애려는 것보다는 강화하고 공고히 하는 것이다. 문제가 되는 것은 이차적 덕목, 즉 내담자가 특정 일차적 덕목을 성취하기 위해 사용하는 활동이나 전략이다. 이렇게 덕목을 성취하려 할 때 4가지 문제(좋은 삶 계획의 결함)가 두드러지게 나타난다.

1. **덕목 성취를 위해 사용하는 수단**: 이 문제는 특정 덕목이나 덕목을 얻기 위해 부적절하거나 해로운 전략을 사용할 때 발생한다. 예를 들면, 관계라는 일차적 덕목을 성취하기 위해 아동과 사귀는 것(전략)이다.

2. **좋은 삶 계획에서 영역의 부족**: 이 결함은 좋은 삶 계획이 중요한 덕목을 무시하고 너무 편협할 때 발생한다. 예를 들어, 자율성이라는 덕목을 무시하게 되면 결과적으로 주도성이 상실된 느낌과 만성적으로 부적절감을 경험할 수 있으며, 너무 한 가지 덕목에 집중해 결국 범죄를 저지를 수 있다.

3. **일차적 덕목 간의 충돌**: 이 문제는 두 개의 일차적 덕목 간 또는 개인이 일차적 덕목을 성취하려는 방법 사이에 충돌이 존재할 때 발생한다. 충돌은 심리적 스트레스와 불행감을 초래하고 어떠한 덕목도 성취하지 못하게 한다. 예를 들어, 친밀감과 자율성 둘 다에 강한 욕구가 있는 사람은 파트너를 통제하고 지배하려고 함으로써 둘 다를 얻으려 할 수 있다. 또한 이러한 접근은 충돌을 일으킬 뿐만 아니라 두 덕목 모두 성취할 가능성을 떨어뜨리는 결과를 초래한다. 좋은 삶 모델에서 이 접근은 추구하는 덕목 간의 일치성 부족이라고도 한다.

4. **내·외적 능력의 부족**: 이 결함은 특정 일차적 덕목을 성취하기 위한 기술이나 기회가 부족할 때 발생한다. 예를 들어, 삶 속에서 계획을 세우고 문제를 해결하는 데 필요한 기술이 부족한 사람과 삶의 사건에 충동적으로 반응하는 사람은 내적 능력에 문제가 있음을 보여 준다. 게다가 충동적이기 때문에 타인으로부터 소외될 수 있고, 결과적으로 사회적 대인관계(외적 능력에 문제가 있는)를 맺지 못하게 된다. 자신의 욕구가 충족되지 못하는 것뿐만 아니라, 이러한 상황은 좌절 수준을 높일 수 있다.

좋은 삶 모델 접근의 치료

좋은 삶 모델을 사용하는 치료는 8장에 자세히 설명되어 있다. 간단히 말하면 치료는 내담자가 일차적 덕목을 성취하고, 좋은 삶 계획의 결함을 극복하도록 하며, 재범 위험성을 관리하고 줄이도록 돕는 데 주력한다. 따라서 위험요인을 변화시키고 내담자의 위기관리 능력을 구축하는 것과 더불어 치료의 주요 초점은 내담자가 기술, 가치관, 태도 및 다른 삶, 즉 타인에게 해를 끼치지 않고 의미 있고 만족스러운 삶을 사는 데 필요한 자원들을 개발하도록 돕는 데 있다. 간단히 말해, 치료는 내담자가 자신의 삶에서 가치 있는 것을 이해하고, 이러한 목표를 성취하는 데 있어 장애물을 극복하는 방법과 효과적이고 적절하게 일차적 덕목을 성취할 수 있도록 돕는 것에 초점을 둔다. 치료는 내담자가 자신의 핵심 가치를 확인하고 표현할 수 있는 좀 더 실질적인 의사결정자가 되도록 돕고, 일관성 있게 계획을 수립해서 가장 효과적인 방법으로 이러한 가치를 성취하고, 현실적이고 맥락에 민감한 방법으로 자신의 계획을 실행하도록 돕는다(Laws & Ward, 인쇄중).

좋은 삶 모델의 중요한 구조는 **접근 목표**(approach goals)에 대한 개념이다(Austin & Van-couver, 1996). 치료는 전반적으로 위험성을 감소시키기 위해 회피 목표(avoidance goals)를 개발하는 데 초점을 둔다. 예를 들어, 내담자는 치료에서 범죄의 위험에 놓이게 되는 상황을 관찰하는 방법과 이러한 상황으로부터 회피하거나 벗어나는 법을 배운다. 이와 같이 내담자는 혼자되는 것을 피하는 것과 혼자되는 것을 피하려는 노력에도 불구하고 발생하는 외로움에 대처하는 것을 배울 수 있다. 좋은 삶 모델 치료에서 초점은 내담자가 스스로 만족하는 것뿐만 아니라, 자신의 목표 및 욕구를 충족시키는 상황과 삶의 조건에 적극적으로 다가가도록 돕는 것이다. 예를 들면, 치료는 위험하거나 외로움이 발생할 수 있는 상황을 피하는 것 외에도 내담자가 타인과의 관계에 대한 욕구를 충족시킬 수 있는 상황을 찾는 방법과 외로움을 적게 경험하는 삶을 구축하도록 돕는다. 이러한 접근을 사용함에 있어 위기관리 회피 목표와 욕구 충족을 위한 적극적인 접근 목표 사이의 균형을 새롭게 만들어 내는 것이 중요하다. 다른 형태로 하는 것은 치료자와 범죄자에게 사회적 및 개인적으로 엄청난 결과를 초래할 수 있다. 위험성을 관리하지 않고 덕목을 촉진하는 경우 내담자는 행복하고 적응은 잘하겠지만 여전히 위험하고 재범의 위험성이 남아 있게 된다. 반대로, 덕목의 증진이나 웰빙(well-being)에 대한 고려 없이 위험성 관리에 집중하게 되면 치료가 처벌적으로 될 수 있으며, 내담자 일부가 탈락되고 참여 동기를 떨어뜨릴 수 있다.

이전의 간략한 논의를 통해 알 수 있듯이, 좋은 삶 모델 치료는 건설적이고 긍정적이며, 인본주의적 접근을 적용한다. 그래서 범죄자를 모든 사람처럼 자신이 직면하고 있는 주어진 특정 환경에서 자신이 할 수 있는 최선의 방법으로 의미 있고 가치 있는 삶을 살려는 사람으로 간주한다. 좋은 삶 모델에서 치료자는 내담자의 변화 능력을 신뢰할 뿐만 아니라 내담자를 치료자에게 존중받을 수 있는 목표 지향적인 사람으로 간주한다. 범죄행동은 그들의 삶에서 중요한 것을 성취하는 데 직간접적으로 관련된 시도로 여겨지며, 치료자는 내담자가 더 나은 삶을 살 수 있도록 도움이 되는 변화의 조력자가 된다. 바꾸어 말하면, 좋은 삶 모델에서 치료는 협력적이고, 동기강화적이며, 긍정적인 방향으로 작업하는 것을 목표로 한다.

자기조절 모델의 기본 토대와 개정된 자기조절 모델

성범죄에 대한 자기조절 모델(Self-Regulation Model: SRM)은 자기조절 이론(Self-Regulation Theory)에 토대를 두고 있다(Baumeister & Heatherington, 1996; Carver & Scheier, 1981, 1998). 자기조절 이론은 광범위한 이론인 반면, 자기조절 모델은 성범죄 과정에 대한 특정 모델이다. 자기조절 모델은 전통적인 재발방지 모델(Relapse Prevention Model: RPM)과 재발방지 모델의 단점에 대한 대안적 접근을 제공하기 위해 개발되었다(Ward & Hudson, 1998; Ward et al., 1995, 2004; Yates, 2005, 2007; Yates & Kingston, 2005).

자기조절 이론은 목표 지향적 행동과 의사결정의 복잡한 과정에 대한 다면적이고 통합적인 이론이다(Baumeister & Heatherton, 1996; Baumeister & Vohs, 2004). 이 이론은 행동을 안내하거나 이끄는 수많은 내·외적 과정을 설명한다(Karoly, 1993). 이 과정에서는 행동을 계획하고, 관찰하고, 평가하고, 수정하는 것에 집중한다. 또한 자기조절 이론은 자기조절에 실패했을 때, 자신의 목표와 부합하지 않는 방식으로 행동할 때 등과 관련된 복잡한 과정을 구체적으로 제공한다.

자기조절 모델(Ward & Hudson, 1998; Ward et al., 1995)의 개발과정에서 성범죄에 적용할 때 고려했던 사항은, 이전에 활용했던 것(즉, 재발방지 모델)보다 좀 더 종합적으로 성범죄 과정을 이해하고, 더 넓은 범주의 치료적 접근을 개발하기 위해 성범죄자들이 추구하는 특정한 동기와 경로를 제공하고자 한 것이다(Ward & Hudson, 1998; Ward et al., 1995).

개정된 자기조절 모델(Yates & Ward, 2008)은 범죄관련 목표(offense-related goals)의 조합에 기초한 4가지 각기 다른 범죄 경로와 이러한 목표를 성취하기 위해 사용한 개인 전략을 포함하는 범죄과정에 대한 10단계 모델이다. 또한 개정된 자기조절 모델은 사회복귀 이론과 더 일치되도록, 일차적 덕목과 범죄 간의 관계를 포함하여 좋은 삶 모델의 요소를 통합했다. 10단계 모델은 배경 및 취약요인 그리고 범죄 후 두 개의 단계를 거쳐 범죄 욕구를 촉발하는 삶의 사건 발생부터 범죄과정의 전개를 설명한다. 범죄 후 단계에서 개인이 자신의 행동을 평가하고 미래 범죄에 대한 자신의 태도와 의도를 계획하는데, 이는 개인이 성범죄에 취약하게 된 요인을 고려하는 과정이다([그림 3-1] 참조).

개정된 자기조절 모델이 **범죄자 유형**(offender typology) 모델이 아닌 **범죄과정**(offense process)에 대한 모델이라는 것에 유의해야 한다. 즉, 자기조절 모델은 특정 범주나 유형으로 가해자를 분류하는 것을 목표로 하지 않고, 오히려 범죄의 기저에 있는 동기와 역동을 이해하는 데 사용하기 위한 것이다. 이와 같이 개정된 자기조절 모델은 결국 범죄로 이끈 인지, 행동, 정서 및 상황적 요인을 확인하기 위해 성범죄 또는 연쇄범행 동안 발생된 범죄과정이나 사건 사이클을 설명한다. 자기조절 모델과 개정된 자기조절 모델이 4가지 범죄 경로를 제안하지만, 이러한 경로는 범죄자의 유형보다는 특정 상황에서의 인지와 행동 패턴을 나타낸다. 따라서 회피 또는 접근 경로에 따라 개인의 범죄행동을 분류하는 것이 적절하고 개인의 전반적인 기능, 개인적 특성 및 자기조절 유형에 대한 회피 지향적 또는 접근 지향적인 사람으로 간주하는 것은 옳지 않다. 치료에서 개정된 자기조절 모델을 사용하는 목적은, 치료자가 개인에 맞춰 치료를 계획하고 시행할 수 있도록 범죄 상황에서 행동의 다양한 측면을 이해하는 것이다. 개정된 자기조절 모델은 범죄관련 목표와 범죄행동 간의 연결된 전략을 포함하며, 이러한 원리를 좋은 삶 모델(좋은 삶/자기조절 통합모델)에 결합하여 아래에 설명하였다(Yates & Ward, 2008). 개인력('자서전') 준비를 위한 모델 사용은 9장에 설명되어 있고, 사건개방 활동은 10장에 제시되어 있다. 개정된 자기조절 모델 사용에 대한 치료방법은 이 책의 영역 Ⅲ에 설명되어 있다.

자기조절 모델에는 성범죄에 적용되는 2가지 문제가 되는 자기조절 방식과 기능적인 혹은 정상적인 자기조절 능력이 있다(Baumeister & Heatherton, 1996; Carver & Scheier, 1990; Ward & Hudson, 1998; Ward et al., 2006; Yates & Kingston, 2005). 이러한 자기조절 방식은 다음과 같다.

- **부족한 자기조절력**(under-regulation): 이 자기조절 방식은 행동조절 실패와 관련이 있다. 특정 상황에서 통제를 시도하지 않는 탈억제적 방식의 행동을 낳는다.
- **잘못된 자기조절력**(mis-regulation): 이 자기조절 방식은 행동을 통제하려는 시도를 포함하지만 그 시도는 잘못되거나 역효과를 낳는다. 잘못된 조절력은 목표성취 실패와 통제시도가 실패할 때 통제력 상실을 초래한다.

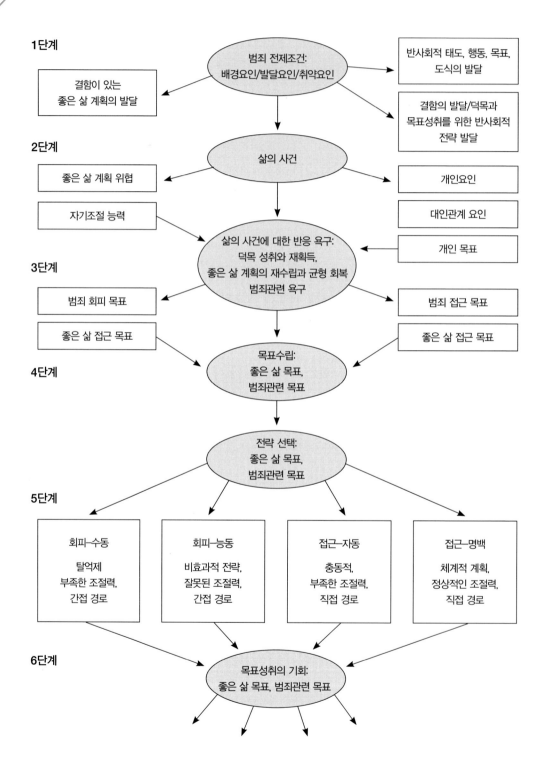

1단계

범죄 전제조건:
배경요인/발달요인/취약요인

결함이 있는
좋은 삶 계획의 발달

반사회적 태도, 행동, 목표,
도식의 발달

결함의 발달/덕목과
목표성취를 위한 반사회적
전략 발달

2단계

삶의 사건

좋은 삶 계획 위협

자기조절 능력

개인요인

대인관계 요인

개인 목표

삶의 사건에 대한 반응 욕구:
덕목 성취와 재획득,
좋은 삶 계획의 재수립과 균형 회복
범죄관련 욕구

3단계

범죄 회피 목표

좋은 삶 접근 목표

범죄 접근 목표

좋은 삶 접근 목표

목표수립:
좋은 삶 목표,
범죄관련 목표

4단계

전략 선택:
좋은 삶 목표,
범죄관련 목표

5단계

회피–수동

탈억제
부족한 조절력,
간접 경로

회피–능동

비효과적 전략,
잘못된 조절력,
간접 경로

접근–자동

충동적,
부족한 조절력,
직접 경로

접근–명백

체계적 계획,
정상적인 조절력,
직접 경로

6단계

목표성취의 기회:
좋은 삶 목표, 범죄관련 목표

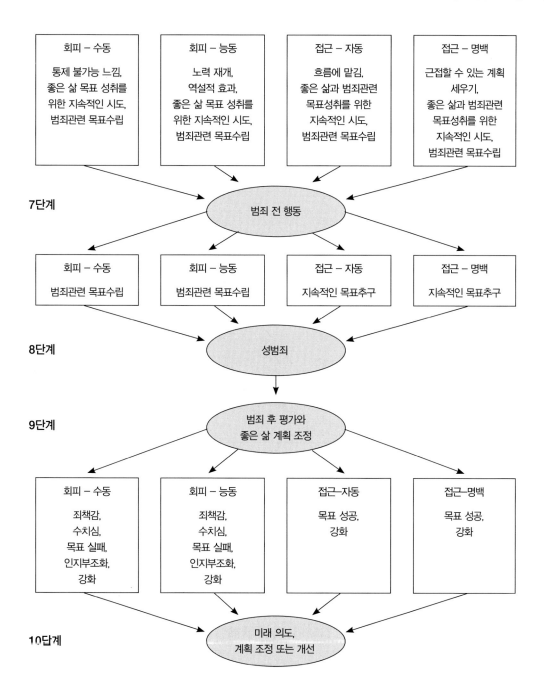

[그림 3-1] 성범죄 과정에 대한 개정된 자기조절 모델

(이 그림은 2008년도에 Yates와 Ward의 허가로 재판되었다.)

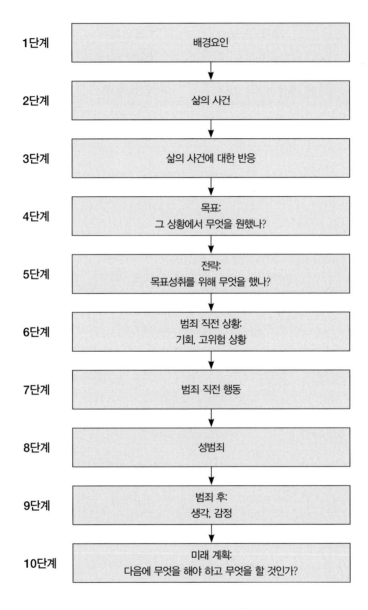

[그림 3-2] 범죄사슬[3]

───────────

3 역주: [그림 3-1]에 대한 이해를 돕기 위해 이 책의 워크북인 *Building a Better Life*(Yates, David, & Ward, 2011,214)에서 범죄사슬(offense chain)에 대한 설명을 수정·보완하여 첨가하였다.

- **정상적인 자기조절력**(intact self-regulation): 이 자기조절 방식은 자기통제에 대한 역기
  능적인 면을 고려하지 않는다. 즉, 이 방식을 갖고 있는 사람은 효과적인 자기조절 전략
  을 사용하거나 또는 원하는 목표를 성취함에 있어 통제력을 발휘할 수 있다. 이러한 경
  우 자기조절 자체의 결함보다는 개인의 목표(예: 반사회적 도식이나 신념)가 문제가 되기
  때문에 개입이 필요하다.

범죄관련 목표

좋은 삶 모델의 경우와 같이 성범죄자로 한정할 때, 자기조절 이론과 개정된 자기조절 모
델에서 목표는 중요한 구성개념이다. 좋은 삶 모델이 일차적 및 이차적 덕목 성취 맥락에서
목표를 강조하는 반면, 개정된 자기조절 모델은 범죄과정 동안 성범죄 행동과 특별히 더 관
련된 목표를 강조한다. 좋은 삶/자기조절 통합모델에서 좋은 삶 목표는 범죄행동을 이해하
는 데도 통합된다. 이것은 Ward의 초기 분석을 통해 더 깊이 이해할 수 있는데, 범죄자는 성
범죄와 연합되어 나타나는 결과를 추구하는 것에 몰두하거나, 동시에 성범죄 그 자체가 그
들에게 중요하기 때문에 몰두한다는 것을 보여 주고 있다(Ward & Maruna, 2007). 개정된 자
기조절 모델에서는 이러한 목표를 **범죄관련 목표**(offense-related goals)라 하는데, 이는 좋은
삶 모델 목표보다 역동적 위험요인과 좀 더 밀접하게 관련된다. 개정된 자기조절 모델에서
의 역동적 위험요인이 범죄과정 및 범죄 동기와 관련된 필수적인 정보를 제공하는 반면, 좋
은 삶 모델에서 역동적 위험요인은 자신에게 중요한 것(즉, 좋은 삶 계획)을 얻기 위한 개인적
능력의 결함을 나타내는 지표다. 어떤 의미에서는, 역동적 위험요인 또는 범죄 유발 욕구는
이전에 언급한 좋은 삶 계획의 4가지 결함 형태로 개인이 추구한 이차적 덕목을 반영한다.
예를 들어, 반사회적인 사람과 어울리는 것을 선택하는 것은 다른 사람과의 관계 또는 사회
적 기술 결핍에 대한 그 개인의 외적 기회 부족에서 생긴 결과다.

개정된 자기조절 모델에서 범죄관련 목표는 회피기반 또는 접근기반 중 하나가 될 수 있
다(Cochran & Tesser, 1996).

- **범죄관련 회피 목표**는 개인이 원치 않은 결과, 특히 성범죄에 대한 결과를 피하거나 방

지할 수 있는 행동으로 이끈다.

• **범죄관련 접근 목표**는 범죄과정 동안 원하는 상태나 결과물을 얻기 위한 행동으로 이끈다.

따라서 일부 성범죄자는 이런 상황에 놓였을 때 범죄를 피하거나 방지하려고 애쓰고, 이를 위해 자신의 행동을 통제하려고 한다. 어떤 개인은 가치 있는 성과를 확보하기 위해 범죄에 접근하는데, 이러한 접근은 고의적이거나 범죄과정 중에 나타나는 확고한 인지, 행동 패턴 및 각본의 결과로 드러난다(Ward et al., 1998, 2004, 2006; Yates & Ward, 2008).

▌ 사례: 범죄관련 회피 목표 대 범죄관련 접근 목표 ▌

리카르도는 20세이고 여자친구와 동거 중이다. 그들은 최근 몇 주 동안 돈 때문에 다투었고 리카르도는 여자친구가 차갑고 멀게 느껴졌다. 리카르도에 대한 여자친구의 냉담함은 문제를 더 악화시켰다. 그는 스스로 진정하려고 노력했지만 재정적 문제로 힘들었고, 여자친구가 이전보다 자신과의 섹스를 멀리한다는 생각을 자주 하게 되었다. 리카르도는 자신이 집에서 대마초를 피우고 있을 때, 여자친구가 대마초를 살 돈이 어디서 생겼는지 묻자 매우 화가 났다. 곧바로 싸움이 일어났고, 여자친구와 강제로 성관계를 했다. 그는 곧 후회했고, 자신의 행동에 당황했다.

리카르도의 처음 의도는 성폭력이 아니었다. 그는 비록 실패할지라도 자신의 관계 안에서 문제에 대처하려고 노력했다. 이 상황에서 그의 즉시적 목표는 순간적으로 평정심을 되찾는 것이었고, 여자친구와의 관계에서 자신이 '남자'로 인정받는 것이었다.

앤드류는 혼자 살면서 제지공장에서 야간 근무를 한다. 그는 직장의 다른 사람들과 어울리지 못하는 것처럼 느꼈고, 어떤 부분에서는 자신을 결함이 있는 사람으로 생각했다. 그는 여러 해 동안 남자아이에게 성적으로 끌리는'것에 대해 스스로 단념하려고 노력해 왔다. 토요일 아침, 직장에서 교대 후, 앤드류는 운동장에서 놀고 있는 어린 남자아이를 보고, 더 이상 자신의 충동과 싸울 수 없다고 생각했다. 앤드류는 몇 달에 걸쳐 그 남자아이를 관찰했고 아이가 좋아하는 것이 무엇인지 알게 되었다. 앤드류는 아이에게 접근하기 위해 스포츠 관련 트레이딩 카드를 파는 전문 가게에 갔다. 만약 아이에게 가까이 접근할 수 있다면, 포르노를 보여 주는 것으로 섹스에 관심을 갖게 할 수 있다고 믿었다. 앤드류는 남자아이에게 깊이 빠져들고, 아이와의 섹스에 사로잡힌 후, 매우 만족해하면서 남자아이에 대한 성적 접근을 유지하는 다른 방법을 생각하기 시작했다.

리카르도는 회피-수동 경로를 따랐다. 이 경로는 범죄를 피하려는 그의 욕구를 분명히 드러내는데, 통제력을 다시 발휘하려는 노력과 관련이 있다. 반대로 앤드류는 접근-명백 경로를 따랐다. 경험을 통해 그의 명백한 의도는 남자아이와 섹스를 하는 것이었다. 리카르도가 자신의 범죄행동을 부정적으로 평가한 반면, 앤드류는 그것을 긍정적인 경험으로 평가했다.

범죄관련 전략

• • • • • •

목표성취를 위해 개인이 선택한 전략은 그들의 자기조절 능력과 연관되어 있으며, 행동에 대한 조절력이 **부족한지, 잘못되었는지, 정상적인지**와 관련이 있다. 개인은 범죄관련 목표를 성취하기 위해 범죄과정에서 수동적 또는 능동적 전략 중 하나의 전략을 사용한다.

- **수동적 전략**은 범죄를 막기 위한 전략 실행에 실패하는 상황을 포함한다. 이러한 경우, 개인은 범죄관련 욕구 또는 충동을 무시하거나 그 상황에서 전략을 사용하지 않을 수 있다. 또한 수동적 전략은 빈약한 계획 또는 특정 상황의 단서에 비교적 자동적으로 반응하는 충동적인 전략을 포함한다.
- **능동적 전략**은 범죄과정에서 범죄 발생을 방지하기 위해 사용된다. 능동적 전략은 위험한 상황에서 벗어나도록 하는 선택이나, 왜곡된 성적 충동이 나타나는 것과 같은 범죄와 관련된 격한 정서 상태에 대처하려는 시도를 포함한다. 또한 능동적 전략은 개인이 명백하게 범죄를 계획하고 그 목표를 성취하기 위한 전략을 실행할 때 일어난다.

사례: 범죄관련 수동적 전략 대 범죄관련 능동적 전략

　　라파엘은 하루 종일 직장에서 일하고 집에 돌아와 샤워를 했다. 그때 남동생의 여자친구가 왔다. 라파엘은 샤워를 마친 후에 성적으로 각성되었고, 그 순간 그녀를 보게 되어 놀랐다. 그는 비록 적절하지 않다는 것을 알았지만 만약 그녀가 최소한 '바람 피우는 것'에 관심이 있다면 해 볼 만하다고 생각했다. 그렇지만 그녀는 라파엘의 성적 접근을 거절했고, 그래서 그는 그녀를 무시하고 TV를 보러 다른 방으로 갔다. 그때 그녀가 방으로 들어와 그에게 말을 걸었고, 그는 자신의 목욕가운을 벗고 그녀의 가슴과 음부를 더듬기 시작했다. 그녀가 두 번째 거절했을 때 그는 자신이 실수했음을 알아차렸다.

　　프랜시스는 아동과 성관계를 '진짜로' 할 의도는 없었지만 정기적으로 아동 포르노를 보고 수집했다. 그러던 어느 날 이웃이 프랜시스에게 몇 시간 동안 자신의 딸을 돌봐줄 것을 요청했다. 프랜시스는 범죄 의도가 없었지만 여자아이를 보았을 때 아동 포르노를 보는 동안 일어났던 그의 모든 환상이 갑자기 생각났다. 프랜시스는 상상 속의 아이가 상처받지 않았기 때문에 이웃의 딸도 그럴 것이라고 혼잣말로 되뇌었다. 그런 후 그가 아이를 애무하기 시작했을 때 이웃이 돌아왔고 경찰을 불렀다.

　　라파엘은 성범죄를 저지르려는 계획을 세우지 않았다. 그는 성적으로 동생의 여자친구에게 접근하지 말아야 한다는 것을 알고 있었다. 그래서 한번 시도한 후 단순히 그녀를 무시하려 했고, 스스로 그 관심을 떨치기 위해 TV를 보려 했다. 이 두 전략은 모두 수동적 전략이다. 라파엘은 **회피-수동** 범죄 경로를 따랐다. 반대로, 프랜시스는 그 환경(즉, 자신의 성적환상을 유발한 이웃 딸의 존재)에서 상황적 단서에 반응했다. 아동은 성행위로 해를 입지 않는다는 자신의 인지도식으로 해석한 단서에 기초해 충동적으로 행동했다. 프랜시스는 **접근-자동 경로**를 따랐다.

　　범죄관련 회피 목표를 가진 개인이 범죄과정에서 전략이 없거나 수동적 전략을 사용했을 때 이 범죄 경로를 **회피-수동 경로**(avoidant-passive pathway)라 한다. 반면에, 범죄관련 회피 목표를 가진 개인이 범죄과정에서 범죄방지를 위해 능동적 전략을 사용할 때 이 범죄 경로를 **회피-능동 경로**(avoidant-active pathway)라 한다. 범죄관련 접근 목표를 갖고 있는 개인이 범죄과정에서 수동적 전략을 사용할 때(범죄에 성공하는 것) 접근 목표에 대한 범죄 경로는 **접근-자동 경로**(approach-automatic pathway)다. 범죄관련 접근 목표를 갖고 있는 개인이 범죄과정에서 능동적 전략을 사용했다면(범죄에 성공하는 것) 그 범죄 경로는 **접근-명백 경로**(approach-explicit pathway)다. 이 4가지 경로는 다음에서 설명한다.

범죄 경로

초기 자기조절 모델과 개정된 자기조절 모델은 둘 다 4가지 범죄 경로가 있다. 알다시피 각 경로는 **범죄관련 목표**(접근 대 회피)의 조합으로 구성되어 있고, **전략**은 개인이 범죄 상황(수동/자동 대 능동/명백)에서 목표성취를 위해 선택하는 것이다. 각 경로는 다른 자기조절 방식과 관련이 있고, 내담자가 따랐던 각 경로에 대해 다양한 치료적 접근과 목표(이 책의 영역 III 참조)가 요구된다. 앞에서 언급한 것처럼, 개정된 자기조절 모델은 범죄과정에 대한 모델을 제공한다. 따라서 개인은 다양한 범죄 유형에 대해 다양한 경로를 따를 수 있다. 예를 들어, 성인과 아동 모두에 대해 범죄를 저지른 사람은 아동을 대상으로 범죄를 저지를 때는 회피-능동 경로이지만 성인을 대상으로 범죄를 저지를 때는 접근-자동 경로일 수 있다. 범죄자가 사용하는 경로가 어떤 것인지는 평가(5장 참조) 기간과 치료(영역 III 참조) 기간에 확인한다. 개정된 자기조절 모델의 4가지 범죄 경로는 다음과 같다.

회피-수동 경로

이 경로는 자기조절 방식에서 부족한 조절력과 관련이 있다. 이 경로를 따르는 사람은 성범죄 발생을 방지하기 원한다(그래서 범죄에 대한 회피 목표를 유지함). 그러나 행동에 대한 조절력이 부족하기 때문에 자신의 행동조절에 실패하고, 범죄과정을 멈추기 위한 조치를 취하지 않기 때문에 범죄가 발생하게 된다. 기껏해야 자신의 충동을 부인하거나 범죄과정에서 최소한의 방법으로 주의를 분산시키려 할 뿐이다. 범죄과정에서 이들은 일반적으로 사건 또는 이러한 사건에 대한 반응 및 자신의 해석에 대해 자각하지 못한다. 또한 자신이 억제하지 못하게 될 때와 인지적 몰락이 발생할 때 즉각적 만족을 위해 더 높은 수준의 목표(범죄를 억제하는 것)를 포기해 버린다(Ward et al., 1995). 범죄 후에는 부정적인 정서 상태를 경험하고, 부정적인 평가와 인지부조화를 경험한다(즉, 범죄를 피하기 위한 자신의 목표와 범죄라는 실제 행동이 불일치하기 때문에). 이들은 범죄를 저지르지 않을 것을 결심하지만 위험 상황이 발생했을 때 그렇게 할 수 있는 전략이 준비되어 있지 않다.

▐ 사례: 개정된 자기조절 모델의 회피─수동 범죄 경로 ▐

더그는 집에서 부모님이 성관계하는 것과 마약하는 것을 보면서 성장했다. 그의 누나는 행동 문제로 집을 떠나 거주 프로그램(residential program)에 들어갔다. 누나가 집으로 돌아왔을 때 더그는 19세였다. 누나가 돌아온 지 얼마 지나지 않아 그는 누나에게 마약과 술을 주었고, 그 프로그램에 대한 누나의 경험을 물었다. 마약을 하며 술을 마시는 것이 밤 늦은 시간까지 계속되었고, 더그는 점점 성적으로 흥분되었지만 누나가 그를 매력적으로 느낄지는 확실하지 않았다. 그는 자신의 충동을 무시하고 부인하려고 했지만 그것은 계속되었다. 더그는 누나의 개방적인 이야기를 성적 관심으로 해석했고 그래서 팔을 뻗어 누나에게 키스했다. 누나가 움직이는 것이 두려워 그 자리에 꼼짝 못하고 있을 때, 더그는 그것을 자신의 성적 접근에 대한 무언의 수용으로 이해했다. 더그는 재빨리 그녀의 옷을 벗기고, 그녀와 성관계를 시작했다. 더그의 마음속에서 누나가 "안 돼." 라고 말하지 않았다는 사실은 누나가 자신과의 성관계가 괜찮고 그것을 즐기는 것을 의미하는 것 같았다. 더그는 그 경험에서 만족감을 기대했지만 그렇지 못했다. 그는 누나와 자신의 생각이 결코 같지 않음을 깨달았다. 그는 그 사건을 후회했고 다시는 그러지 않겠다고 말했다.

이 사례에서 더그는 자신의 누나를 성폭행하려는 마음이 없었다. 처음에는 자신의 성적 충동을 부인하려고 했지만 그 과정에서 멈추기 위한 노력을 거의 하지 않았다. 그는 억제하

지 못하게 되면서 범죄를 저지르지 않겠다는 자신의 목표를 빨리 포기했고 성적 행동에 몰두했다. 그 상황에 대한 그의 범죄 후 평가는 부정적이었다. 그는 다시는 비슷한 상황이 일어나는 것을 원하지 않았다. 엄밀히 말하면, 더그는 회피-수동 범죄 경로를 따른 것이다.

회피-능동 경로

이 경로는 잘못된 조절력과 관련이 있다. 회피-수동 경로를 따르는 개인과 비슷하게, 이 경로를 따르는 개인은 범죄가 발생하는 것을 방지하기 원한다. 그러나 회피-수동 경로를 따르는 개인과는 대조적으로, 이들은 범죄를 저지르지 않겠다는 자신의 목표를 성취하기 위해 충동이나 각성을 억제하는 것과 같이 강력한 통제를 시도하려는 능동적 전략을 실행한다. 기분을 조절하기 위해 약물을 사용하거나 포르노를 보는 전략을 사용하지만 결국 효과가 없다. 사실상 그러한 전략들은 실제로 범죄의 위험성을 증가시킬 수 있다. 예를 들면, 포르노를 보는 것은 왜곡된 성적 관심을 증가시키고 견고하게 하며, 약물을 사용하는 것은 개인을 억제하지 못하게 할 수 있다. 그의 전략이 범죄예방에 실패할 때, 탈억제와 인지적 몰락이 발생하고, 자신의 즉각적인 만족을 위해 보다 높은 수준의 목표(범죄를 피하는 것)를 포기한다. 범죄 후에는 범죄를 저지르지 않겠다는 목표를 이루는 데 실패한 자기 자신과 자신의 행동을 부정적으로 평가하게 된다.

사례: 개정된 자기조절 모델의 회피-능동 범죄 경로

폴은 29세이고, 여자친구 안나와 가벼운 관계에 있다. 그녀는 자주 다른 남자에 대해 이야기하곤 했고, 폴이 쉬지 않고 일만 하는 것에 불만을 드러냈다. 안나로서는 폴과 자신과의 관계가 어느 방향으로 가는지 불확실했다. 폴은 저녁에 안나와 시내에 가는 것이 관계 회복에 도움이 될 수 있다는 생각을 했다. 그들은 시내 클럽에 가서 춤을 추었고 옛 친구들과 함께 시간을 보냈다. 그날 저녁 내내 폴은 안나가 다른 남자들과 시시덕거리고 있다고 생각했다. 그는 이런 생각들을 하지 않으려고 노력하면서 저녁 시간을 즐기려 했지만 그녀는 자신보다 계속 다른 남자들에게 더 많은 관심을 보였다. 더 심각하게는 그와 보낸 1년의 시간보다 더 즐거운 시간을 보내고 있는 것처럼 보였다. 그는 점점 질투심이 생기기 시작했다. 그는 자신이 옳은지 아닌지 알기 위해 친구에게 이야기했지만, 친구는 의식하지 말고 다른 곳에 주의를 돌리라고 이야기하면서 걱정할 것 없다고 말했다.

이야기하는 것이 좋겠다고 결정한 폴은 안나와 대화하기 위해 집으로 향했다. 그들이 도착했을 때, 안나는 폴과의 관계에서 자신이 무엇을 원하는지 확신할 수 없다며 좌절스러운 목소리로 말했다. 자신의 남성성에 모욕을 느낀 폴은 안나의 얼굴을 때렸다. 그는 바로 사과했고, 한 발 물러섰다. 안나는 충격을 받고 잠시 서 있다가 폴을 때렸다. 폴은 그녀와 실랑이를 하면서 다시는 때리지 않겠다고 말했지만, 폴은 그녀를 성폭행했고 곧 이어 자신을 떠나지 말아 달라고 애원했다.

이 사례에서 폴은 그날 저녁 안나를 성폭행하겠다는 계획을 세우지 않았다. 그와는 반대로 그의 목표는 안나와의 관계를 다시 회복하는 것이었다. 그날 저녁 내내 악화된 폴의 질투심은 자신에 대한 조절력보다 더 커졌다. 그는 자신의 기분 상태를 관리하기 위해 미숙한 인지 기술을 사용하려 했고, 비록 성공적이지는 못했지만 친구들에게 자신의 지각을 확인하려고 시도했다. 안나를 성폭행하겠다는 폴의 결정은 그녀가 그를 때리는 반응으로 갑자기 나타났다. 그 지점에서 폴은 안나를 지배하고 통제하기 위한 단기목표를 위해 안나와의 관계를 개선시킬 장기목표를 포기했다.

접근-자동 경로

이 경로는 부족한 조절력과 관련이 있고, 범죄에 대한 **획득**(acquisitional) 목표 또는 **욕구**(appetitive) 목표와 관련이 있다. 즉, 이 경로를 따르는 개인은 범죄를 피하는 것을 원하지 않는다. 범죄는 상대적으로 자동적인 방식으로 발생하지만 이들은 적극적으로 성범죄 기회에 접근한다. 이들은 범죄가 진행되는 동안 억제하지 못하게 되고, 자신의 행동을 조절하는 데 실패하게 된다. 이 경로를 따르는 개인이 저지르는 범죄는 즉시적인 상황에서 단서나 유발요인에 의해 활성화되고 충동적으로 나타날 수 있다. 계획한 것이 분명하다면, 보통은 초보적이고, 단순하며, 은연중에 내포된 것이다. 범죄가 진행되는 동안 접근-자동 경로를 따르는 개인은 그들이 의식적으로 자각하든 자각하지 않든 간에 범죄를 지지하는 뿌리 깊은 인지적 및 행동적 도식에 의해 영향을 받는다. 이 경로는 욕구 목표(즉, 자신이 원하는 상태를 추구하고 성범죄에 대한 긍정적 견해를 반영하는)가 특징적이기 때문에 이 경로를 따르는 개인은 성범죄에 이르는 단계와 범죄가 일어난 후 둘 다에서 주로 긍정적인 정서 상태를 보인다. 부정적인 정서 상태일 때는 안도감을 느끼기 위해 불만, 적대감, 앙갚음, 분노 등과 연관되는 성향이 있다. 이러한 범죄자는 목표성취에 성공해 왔기 때문에 범죄 후 자신과 자신의 행동을 평가할 때 긍정적으로 평가하는 태도를 보인다.

▌ 사례: 개정된 자기조절 모델의 접근–자동 범죄 경로

제임스는 유부남이고, 부인을 포함한 다른 성인 여성에게 매력을 느낌에도 불구하고 사춘기 이전의 여자아이가 항상 매력적으로 느껴졌다. 그는 시골에 살면서 자신의 집을 항상 파티와 다양한 이웃 모임을 위한 장소로 제공했다. 오후 모임은 술을 마시고 모닥불을 피우면서 밤늦게까지 계속되었다. 제임스는 과거에 자신의 딸을 성적으로 학대했고, 딸에게 아무에게도 말하지 않는 것이 최선이라고 설득했다. 게다가 집이 더러울 때면 아들에게는 매우 엄한 사람이었다. 그는 가끔 아무 이유 없이 화를 내고 폭력을 휘둘렀지만, 밖에서 다른 사람들에게는 꽤 인정받는 사람이었다.

어느 날 오후 제임스와 많은 이웃 아이가 숨바꼭질 게임을 하고 있었다. 그는 이웃 여자아이와 집 뒤에 숨었고 재빨리 그녀의 옷 속에 손을 넣어 가슴과 성기를 만졌다. 그는 웃으면서 이것은 게임의 한 부분이고 별것 아니라고 설명했다. 그러고는 그 아이에게 앞마당으로 돌아가 다른 아이들과 어울려 놀라고 부추겼다.

이 사례에서 제임스는 스스로 범죄를 막으려는 시도를 하지 않았다. 비록 그가 상당히 고의적인 계획을 세우지는 않았지만 꽤 충동적으로 범죄를 저질렀다. 제임스는 일반적 및 성적 자기조절력이 부족하며, 자신의 주변 환경에서 일어나는 성적 만족을 위한 기회를 포착하는 것이 빠르다. 다른 사람들에게 그는 꽤 충동적인 것처럼 보일 수 있다. 제임스의 범죄행동은 성적 활동에 대한 욕구로 활성화되었고, 그는 이러한 경험을 긍정적으로 평가하는 것으로 보인다.

접근-명백 경로

이 경로는 정상적인 자기조절력과 관련이 있고, 범죄에 대한 접근 또는 획득/욕구 목표와도 관련이 있다. 범죄과정에서 이 경로를 따르는 개인은 범죄에 대한 자신의 목표를 성취하기 위해 자신의 행동을 관찰하고, 평가하고, 수정하는 능력에는 결함이 거의 없거나 전혀 없음이 분명하다. 따라서 범죄는 자신의 행동을 조절하기 위한 어떤 능력의 결함보다는 오히려 반사회적 목표를 얻기 위한 개인의 명백하고, 의도적이고, 적극적인 시도의 결과로 발생한다. 초기 학습과 다른 경험에서 생기는 개인의 목표는 성폭력을 지지하는 인지도식의 발달로 이어진다(Ward & Hudson, 1998; Ward & Maruna, 2007). 이 경로에 위치해 있는 개인은 보통 범죄과정 내내 긍정적인 정서를 보이며, 범죄에서 사용한 전략은 잘 계획된 것이다. 사실상 접근-명백 경로를 따르는 범죄자는 범죄 조건이 '적절'하지 않다면(즉, 목격자가 있을 가능성), 일반적으로 범죄를 통제하고 지연시키는 것이 가능하다. 이 경로를 따르는 개인은 자신의 목표달성에 성공함으로써 자신과 자신의 행동을 긍정적으로 평가한다. 범죄과정에서 인지부조화 및 억제는 나타나지 않고, 범죄자는 '전문가'로 존재한다(Ward & Hudson, 1998).

사례: 개정된 자기조절 모델의 접근–명백 범죄 경로

톰은 그가 기억하는 한 오랫동안 아동과의 성적 접촉에 관심을 보여 왔다. 정규직의 정보기술 전문가로 일하는 그는 범죄경력도 없다. 최근 몇 년 동안 그는 아동과의 성관계에 관심 있는 사람들과 교류하기에 적당한 컴퓨터 기술을 개발했고, 그들과 함께 아동포르노에 대한 파일을 공유하는 데 몰두해 있었다. 또한 그는 '토미12'라는 온라인 대화창에서 만나는 아동과의 성적 대화에 몰두해 있었다.

톰은 교회활동에 적극적으로 참여하였고, 선교활동을 하면서 세계의 빈곤지역을 여행하기 위해 자신의 휴가를 아꼈다. 그곳에서 체류하는 동안 그는 아동을 찾아 그들과 성

> 관계를 했다. 가끔 톰은 국제적 인맥을 이용하여 사전에 이러한 만남을 계획했다. 몇몇
> 가난한 나라에서 톰은 그의 교회가 있는 도시에서 일하는 아동 매춘부를 찾았다.

이 사례의 경우, 톰은 사전에 분명하고 명백하게 범죄를 계획하고 자신의 계획을 능숙하고 신중한 방식으로 실행한다. 그는 아동과의 성적 활동을 원하고 즐기며, 자신의 범죄행동을 포함하여 대부분의 삶에서 정상적인 자기조절력을 갖고 있다. 톰은 범죄 고유의 위험성을 알고 있고, 범죄를 계획할 때 이러한 점들을 고려할 수 있다. 예를 들면, 그는 법 집행이 거의 되지 않는 지역을 여행할 수 있을 때까지 자기 행동의 많은 부분을 지연시키는 것이 가능하다. 그의 목적이 범죄이고, 그의 계획이 명백하기 때문에 그는 범죄에서 접근-명백 경로를 따르는 것이 분명하다.

범죄 경로는 좋은 삶/자기조절 통합모델(Yates & Ward, 2008)에서 다음에 설명된 10단계의 범죄과정 모델을 사용하여 결정한다.

범죄과정 모델
· · · · · ·

초기 자기조절 모델은 단독 성범죄 행동에 초점을 둔 범죄과정에 대한 9가지 단계 모델이었고, 일차적 덕목과 같은 다른 목표를 포함하지는 않았다(Ward & Hudson, 1998; Ward et al., 1995, 2004). 개정된 모델은 좋은 삶 모델의 요소를 명시적으로 통합하고 범죄행동의 관계를 분석하는 10단계 모델이다(Yates & Ward, 2008). 이 개정된 모델의 단계는 다음에 설명되어 있고, [그림 3-1]에 제시하였다.

1단계 범죄 전제조건: 배경 및 취약요인

이 단계는 그 자체로 범죄과정의 일부를 형성하지는 않지만, 개정된 자기조절 모델에 추가되었다. 왜냐하면 초기 모델은 범죄과정에 대한 범죄자 개인의 배경과 취약요인 및 이러한 요인의 영향을 포함하지 않았기 때문이다. 사람마다 발생하는 삶의 사건에 다르게 반응

하는데, 성범죄자들은 이러한 삶의 사건에 성적인 방식으로 반응하기 쉽다(2단계). 특정 반응은 개인의 발달과 학습 이력 및 성범죄를 저지르는 데 있어 개인의 위험성에 영향을 미치는 심리적·사회적·생물학적 요인에 달려 있다. 예를 들면, 초기 발달과정에서 학대 경험이 있는 내담자는 타인을 학대할 가능성이 더 크다. 부모 간 학대 또는 다른 파트너 간 학대를 목격한 내담자는 자신과 친밀한 관계에서 폭력을 사용하기 쉽다. 하지만 그 선택은 개인의 삶에서 다른 요인과 경험에 의존한다. 예를 들면, 그러한 사람의 경우 친밀한 관계의 목적은 친밀감 회복 또는 관계 회복에 대한 욕구를 유발할 수 있는데, 그때 통제와 성적 폭력 또는 다른 폭력으로 자신의 관계 욕구를 회복하려는 시도를 초래할 수 있다. 이러한 중요 취약요인들은 개정된 자기조절 모델에 밝혀져 있고 치료에 포함되어 있다(9장 참조).

2단계 삶의 사건

범죄과정의 시작 단계에서 발생하는 삶의 사건은 그 사건에 대한 반응으로 욕구(성적 또는 기타)를 유발한다. 삶의 사건은 사실상 상대적으로 작은 것(예: 논쟁) 또는 더 중요한 것(예: 실직)이 될 수 있다. 범죄과정을 유발하는 사건은 각 내담자에게 고유하고 개인적이다. 사람들은 사건 자체뿐만 아니라 자신의 경험과 인지도식 안에서 그 사건을 살피고, 평가하거나 해석한다. 예를 들면, 세상이 적대적이고 위험한 곳이라는 생각을 갖고 있는 개인은 모호한 사건을 위협적인 경험으로 해석할 가능성이 더 크다. 그러한 평가는 곧바로 자기보호 욕구를 유발하거나, 자신이 피해를 당하기 전에 타인을 해치고 싶은 마음을 갖게 할 수 있다. 그는 상황에 대한 자신의 개인적 인식에 반대되는 증거를 무시하거나 버릴 수도 있다. 모든 인간이 비슷한 과정에 참여할 수 있지만, 이러한 요소는 성학대를 이해하는 데 있어 특히 중요하다.

범죄관련 욕구뿐 아니라 삶의 사건은 특히 일차적 덕목(범죄행동과 관련이 있을 수도 있고 없을 수도 있는)을 성취하기 위한 욕구를 유발할 수 있다. 예를 들면, 대인관계의 잠재적인 상실은 관계라는 일차적 덕목을 위협하는 결과를 초래한다. 이는 성적으로 범죄 성향이 있는 개인의 경우 이러한 삶의 사건이 좋은 삶 계획을 위협할 뿐만 아니라 범죄과정을 유발할 수 있기 때문이다.

3단계 삶의 사건에 대한 반응 욕구

2단계에서 언급한 바와 같이, 삶의 사건과 사건에 대한 내담자의 해석은 특정 욕구를 유발한다. 게다가 이 단계에서는 자신의 반응이 사건이 되는 것을 결정하는 것처럼 욕구를 견디는 자신의 능력도 평가한다. 이 단계에서 욕구는 사실상 성적이거나 비성적인 것이며 일탈적이거나, 공격적이거나, 부적절한 것이다. 예를 들면, 위협적 관계에 대한 반응으로 친밀감을 회복하고자 하는 개인은 범죄과정 중 이 단계에서 적절한 목표를 보여 준다. 그렇지 않으면 삶의 사건이 동의에 의한 성적 활동의 욕구를 유발한 때와 마찬가지로 유발된 욕구는 성적인 것(그러나 일탈되지 않은)일 수 있다. 비슷하게, 개인의 목표가 친밀감에 대한 회복일 때와 마찬가지로 욕구는 비성적일 수 있다. 게다가 욕구는 삶의 사건이 성충동 대신 분노나 적대감 또는 복수에 대한 욕구를 유발할 때 비성적·비일탈적일 수 있다. 마지막으로, 욕구가 개인의 좋은 삶 계획에서 구성요소를 재수립하기 위한 것인 경우에는 그 욕구가 적절할 수 있다. 왜냐하면 이러한 욕구는 결국 범죄과정에서 나중에 성범죄를 초래하는 개인의 취약요인이 되기 때문이다.

4단계 목표수립

삶의 사건이 욕구를 유발하면 개인은 그 욕구에 대한 반응으로 목표를 수립한다. 3단계에서 설명한 대로, 이러한 목표는 적절하고 친사회적인 목표(일차적 덕목 재획득을 위한 목표의 경우와 같이)가 될 수도 있고 범죄관련 목표가 될 수도 있다. 예를 들어, 삶의 사건을 통해 관계라는 일차적 덕목을 재성취하려는 욕구가 생긴 개인은 그 덕목(즉, 관계 재수립-이차적 덕목) 성취에 직접적으로 도움이 될 수 있는 목표를 이 단계에서 수립한다. 이 선택은 비록 최종 결과가 성범죄를 저지르는 것일지라도 영향요인이 될 수 있다. 다른 방법 또는 부가적으로 범죄 발생을 막기 위한 욕구(범죄관련 회피 목표)를 가진 개인이나 적극적으로 범죄를 일으키는 행동을 계속(범죄관련 접근 목표)하기를 원하는 개인은 범죄과정 중 이 단계에서 범죄관련 목표를 수립한다. 범죄관련 목표와 비범죄관련 목표는 이 단계에서 공존할 수 있다. 예를 들면, 범죄에 대한 회피 목표를 갖고 있는 개인은 동시에 일차적 덕목 추구에 대한 접근 목표도 갖고 있다. 따라서 개인은 범죄관련 욕구를 피하면서 특정 비범죄 목표를 추구한다. 예를 들어, 아동에게 성적으로 행동하는 것을 자제하려는 목표가 있는 개인은 동시에 적절하게 성취할 수 있는 능력이나 기회가 부족한 상태에서 친밀감이나 성적 만족감을 얻으려는 목표가 있을 수 있다. 이러한 충돌 상황이 전개됨에 따라 개인은 인지부조화를 경험하고, 범죄과정을 계속하기 위해 인지도식과 행동수립 및 자기조절 패턴에 의지하게 된다. 따라서 범죄를 그만두고 적절하게 목표를 성취(친밀감 또는 성적 만족)하길 원하지만 결국 범죄를 통해 성취하게 된다.

앞에서 설명한 바와 같이, 범죄과정에 대한 이 단계의 목표는 목표성취를 위해 선택했던 전략(5단계)과 함께 그가 범죄를 저지르는 동안 따랐던 범죄 경로를 확인하는 것이다.

5단계 전략 선택

범죄과정 중 5단계에서, 개인은 4단계에서 수립한 목표를 성취하기 위해 사용할 전략을 선택한다. 이 전략은 개인이 일차적 덕목 성취와 같은 다른 목표를 갖고 있을지라도 대부분 범죄관련 목표와 관련이 있다. 이 단계에서 선택한 전략은 이러한 범죄관련 목표를 제공한다. 따라서 범죄관련 회피 목표를 갖고 있는 개인은 이 목표를 성취하기 위해 수동적 또는 능동적 전략 중 하나로 실행한다. 예를 들어, 아무것도 하지 않거나 단순히 부인하려 할 수 있고, 또는 범죄 신호에 대한 충동을 무시하거나(수동적 전략), 그 상황에서 스스로 벗어나는 것과 같은 특정 전략(능동적 전략)을 실행시키려는 시도를 통해 범죄를 적극적으로 방지하려고 노력한다. 어떤 경우이든 범죄방지에는 비효과적이고 범죄과정을 진행시킬 뿐이다.

범죄관련 접근 목표를 유지하는 개인은 범죄와 좀 더 가까워지는 전략을 수립한다. 이러한 전략은 상대적으로 자동적이고 어떤 경우에는 충동적으로 선택되거나 명백하게 선택될 수 있다. 예를 들어, 어떤 개인은 특정 상황을 잘못 인식하여 학대나 공격에 대한 전략을 충동적으로 선택할 수 있다. 반면, 다른 사람들은 고의로 피해자를 찾거나 범죄기회를 포착하기 위해 피해자를 찾을 수 있다.

6단계 목표성취의 기회

전통적으로 많은 범죄 모델에서는 이 단계에서 고위험 상황이 발생한다고 설명한다. 그러나 좋은 삶/자기조절 통합모델에서는 적절한 목표성취(즉, 일차적 덕목)에 집중하기 때문에 범죄과정 중 이 단계의 목표성취를 위한 기회는 4단계와 5단계에서 수립한 목표와 전략의 결과로 나타난다고 개념화한다. 따라서 비록 이 단계에서 삶의 사건이 범죄 발생에 대한 위험성을 내포하고 있지만 동시에 다른 적절한 목표를 성취하기 위한 기회도 존재할 수 있다. 예를 들어, 친밀감이라는 일차적 덕목을 얻을 수 있는 잠재적 기회가 생기지만, 범죄를 통해 목표를 성취하기 때문에 이러한 기회에는 아동이나 원하지 않는 성인이 포함될 수 있다. 범죄를 피하고 싶지만(4단계), 그럼에도 범죄 상황을 친밀한 관계를 수립하는 기회로도 간주할 수 있다.

특히 범죄관련 목표에 대해 범죄과정 중 4단계에서 회피 목표를 수립한 개인은 기본적으로 회피 목표 이상으로 성적으로 만족할 수 있는 상황에서 즉각적인 만족을 위해 더 높은 수준의 목표를 포기한다. 이 경로를 따르는 개인에게 기회의 발생은 실패와 목표 간의 충돌 신호다. 즉, 그들은 회피 목표 성취에 실패하고 점차 범죄에 접근한다. 그리고 그 상황에서 주로 부정적 정서 반응과 탈억제 및 인지적 몰락을 경험한다. 범죄관련 접근 목표를 갖고 있는 개인에게 기회는 목표와 부합되고 그 목표를 성취하는 성공 신호이며 대부분 긍정적 정서 상태와 관련이 있다.

7단계 범죄 전 행동

범죄과정 중 7단계에서 개인은 범죄를 초래하는 특정 행동에 몰두한다. 범죄관련 회피 목표를 갖고 있는 개인은 억제하지 못하게 되고, 일시적으로 범죄관련 접근 목표로 바꾼다. 이 단계에서 개인의 행동은 범죄관련 행동 또는 일차적 덕목 성취를 위한 행동 둘 다 또는 둘 중의 하나로 나타난다. 결국, 범죄관련 목표나 다른 목표의 본질과는 상관없이 개인이 이 단계에 몰두하는 것은 범죄에 대한 심각한 위험성을 만들어 내는 역할을 하게 된다. 이 단계에서 개인이 고의로 잠재적 피해자에게 접근하는 방법을 만들어 내거나, 보복하기 위해 공격적으로 행동하는 것과 같은 행동에 몰두하는 것은 성적 행동화와 관련이 있다.

8단계 성범죄

성범죄를 저지르는 동안 개인은 비록 해롭고 비적응적인 방식이지만 범죄관련 목표를 성취할 수 있고 범죄를 저지르지 않는 좋은 삶 목표를 성취할 수도 있다. 범죄관련 목표에 대해 회피 경로를 따르는 개인은 실행하지 못한 전략(수동적 경로)이나 시도했던 전략(능동적 경로)이 효과적이지 못했기 때문에 범죄를 저지른다. 또한 범죄관련 접근 목표를 갖고 있는 개인 중에는 성범죄 행위가 범죄과정뿐만 아니라 성취목표에 대한 성공 경험의 의도된 최종 결과임을 보여 준다. 어느 경우라도, 성범죄를 저지르는 것은 일차적 덕목을 성취하는 수단으로 나타난다. 게다가 범죄는 일차적 덕목을 획득하는 방법으로서 개인의 좋은 삶 계획의 일부분이 될 수 있다.

9단계 범죄 후 평가와 좋은 삶 계획 조정

범죄 후 두 개의 단계 중 첫 번째로, 9단계는 범죄 후 즉시적으로 발생한다. 9단계는 개인이 자신의 행동을 평가하는 시기이고, 강화 수반성(reinforcement contingencies)이 존재하는 시기다. 행동에 대한 강화는 행동 발생을 견고하게 하고 증가시키는 강력한 과정이기 때문에 개인이 범죄로부터 얻게 되는 것을 치료에서 다루는 것이 중요하다. 심지어 범죄관련 회피 목표를 갖고 있는 개인은 성적 만족과 같은 강화(정적 강화)를 경험하거나, 부정적인 정서 상태가 완화되는 강화(부적 강화)를 경험할 수 있다. 비록 이러한 이득이 일시적이거나 순간적일지라도 그것은 행동에 대한 강화를 제공하며, 미래에도 이러한 행동을 반복할 가능성을 높인다. 일차적 덕목을 성공적으로 성취한 개인은 범죄를 긍정적인 경험으로 생각하고, 좋은 삶 계획 내에서 자신의 행동에 대해 적어도 부분적으로 긍정적인 평가를 하게 된다.

특히 범죄관련 목표에 대해 회피 경로를 따르는 개인은 자신의 행동이, 더 높은 수준의 목표 및 자신의 견해와 불일치하기 때문에 부정적인 정서와 인지부조화 등을 경험한다. 접근 경로를 따르는 범죄자들은 자신의 행동이나 의지에 대해 부정적인 평가를 경험할 가능성이 거의 없고, 오히려 꽤 긍정적인 경험으로 평가한다.

10단계 미래 의도, 계획 조정 또는 개선

범죄과정 중 범죄 후 두 번째 평가는 부가적으로 범죄에 대한 장기적 의도와 관련이 있다 (반면, 9단계의 평가는 범죄 후 즉시적으로 일어난다). 이 단계에서 개인은 범죄에 대한 미래 의도 와 기대를 발달시키고, 개선하고 계획한다. 이 과정은 행동을 더 견고하게 하는 것을 동반하 거나 행동 변화 및 범죄를 용인하는 태도를 유발할 수 있다. 보통 회피 목표를 가진 개인은 조 절력을 강화하려고 하고, 미래에 범죄를 저지르지 않으려고 결심한다. 그러나 이러한 목표를 성취하기 위한 조건과 능력이 부족하다. 반대로 처음에 회피 경로를 따랐던 개인이 이 목표를 포기하고 미래 범죄에 대해 더 접근-지향적 목표를 취할 수도 있다. 접근 목표를 유지하는 개 인은 범죄 경험으로부터 배우고, 자신의 개인적 정체성에 범죄를 접목시켜 목표성취를 위해 사용할 전략들을 재정비한다. 역으로 접근 목표를 따랐던 개인은 범죄를 부정적인 것으로 경 험하고 평가하며, 범죄에 대한 회피 목표를 발달시킬 수도 있다. 결국 범죄관련 목표와 관계없 이 개인은 자신의 좋은 삶 계획을 성취하기 위해 미래의 계획, 의도 및 기대를 형성할 수 있다.

요약

좋은 삶 모델에서 성범죄는 다양한 개인적·생리적 및 사회적 조건이 범죄를 통해 삶의 목 표를 성취하도록 이끌 때 발생한다고 가정한다. 이 모델은 모든 사람이 다양한 방식으로 성 취하고자 하는 10개의 일차적 덕목과 이러한 일차적 덕목을 추구하는 사람들의 4가지 잠재 적 결함을 포함하고 있다.

개정된 자기조절 모델은 4개의 범죄 경로와 범죄 상황 전반에 걸쳐 범죄에 대한 의사결정 과 다양한 역동을 반영하는 10개의 단계로 구성된 범죄과정에 대한 모델이다. 이 모델은 부 족한 자기조절력, 잘못된 자기조절력 및 정상적인 자기조절력을 포함한 자기조절 방식을 분 석한 연구에 기반을 두고 있다. 뿐만 아니라 사람들이 그것들을 성취하기 위해 사용한 접근 기반 범죄관련 목표 및 회피기반 범죄관련 목표와 능동적 및 수동적 전략들을 분석한 연구 에 기반을 두고 있다. 이러한 모델을 적용함에 있어 다음 장에서는 개입에 대한 기본 원리인 평가에 집중한다.

영역 II

평가와 치료 계획

4장

좋은 삶의 구성요소 평가

3장에서 설명한 바와 같이 치료는 개인의 범죄행동에 포함된 다양한 요인에 대해 종합적인 평가를 완료하고 시작한다. 좋은 삶/자기조절(GLM/SRM-R) 통합모델 접근(위험성/욕구/반응성 요인이 포함된)에서의 이러한 평가는 개인의 일차적 덕목과 일차적 덕목을 얻기 위해 사용한 이차적 덕목을 이해할 수 있는 자료수집도 필요하다. 또한 개인의 자기조절 능력과 구체적인 범죄 경로에 대한 평가도 필요하다.

3장을 상기해 보면, 모든 개인이 만족스러운 삶을 성취하기 위해 추구하는 일차적 덕목에는 10개의 유형이 있다.

- **삶과 생존**: 건강한 생활과 건강한 기능 – 삶의 기본 욕구
- **지식**: 자신과 세상에 대하여 정보와 지식을 추구하려는 욕구
- **일과 놀이에서의 유능성**: 숙달 경험을 포함
- **자주성**: 자율성, 독립성, 자기주도성
- **내적인 평화**: 정서적 혼란과 스트레스 상태로부터 편안해짐
- **관계**: 친밀한, 낭만인, 친근한 관계를 통해 다른 사람들과 교류함
- **공동체 활동**: 자신의 관심사를 공유할 수 있는 집단에 소속감을 갖는 것
- **영성**: 삶의 의미와 목적을 찾고자 하는 것
- **행복**: 자신의 삶에 전반적으로 만족하는 상태, 즐거움을 경험하는 것
- **창조성**: 자신의 삶을 새롭고 혁신적으로 만들고자 하는 욕구

이전에 언급했던 것처럼, 내담자들은 이러한 덕목을 명확하게 식별하는 데 어려움이 있다. 내담자가 중요하게 여기는 덕목과 이러한 덕목을 얻기 위해 사용한 수단을 이해하는 것은 치료자의 추론활동(inferential exercise)을 통해서다. 그래서 일차적 덕목에 대한 평가는 치료과정 동안의 관찰을 통해서뿐만 아니라 면담과정에서도 이루어진다(Yates et al., 2009, 반구조화된 면담과 코딩 실시 요강 참조). 이 평가에는 다음과 같은 내용이 포함된다.

- 내담자에게 중요한 덕목(일차적 덕목)
- 일차적 덕목을 얻기 위해 내담자가 참여하는 활동(이차적 덕목)
- 특정한 덕목을 얻으려는 내담자의 시도와 성범죄를 저지르는 것 간의 관계
- 이러한 덕목달성을 방해하는 내담자의 좋은 삶 계획에 존재하는 문제 또는 결함

일차적 덕목 평가

면담 초기과정에서 치료자 또는 평가자는 내담자의 좋은 삶 계획을 토대로 형성된 주요한 일차적 덕목을 확인하기 위해 노력해야 한다. 목표는 내담자에게 중요한 삶의 질이 무엇인지를 이해하는 것이다. 이러한 덕목들은 만족스러운 삶과 적절한 수준의 개인적 웰빙을 내담자가 성취하도록 돕기 위해 치료 장면에서 다루어진다. 평가는 내담자가 일상생활에서 전력을 쏟았던 자신의 삶과 행동 중에서 내담자에게 중요한 활동, 상황, 경험에 대한 깊이 있는 구체적 질문을 통해 이루어질 수 있다. 이와 더불어, 두 번째 평가 전략은 내담자의 범죄와 관련된 행동뿐만 아니라 그의 전반적인 삶의 기능 둘 다에서 분명하게 나타나는 목표가 무엇인지 추론하는 것이다. 평가는 그 목표에 대하여 과거 지향적인 측면과 미래 지향적인 측면 모두를 한다. 전자는 개인의 범죄패턴과 관련된 발달력을 검토하는 과정에서 분명하게 나타나는 것임에 비해, 후자는 범죄자의 열망, 미래 계획, 자신의 미래와 관련된 초기서약(fundamental commitments)을 확인하는 임상가의 시도를 반영한다. 동기를 강화하는 것과 마찬가지로 목표는 치료자가 범죄자와 협력적인 방법으로 관계를 맺도록 하는 데 있다.

일차적 덕목과 관련한 개인의 가치에 대한 몇몇 예시가 〈표 4-1〉에 제시되어 있는데, 이는 단지 예시로 이해를 돕기 위한 것이다. 구체적인 일차적 덕목과 그 가치는 각 개인에게 독특

하게 나타난다.

〈표 4-1〉일차적 덕목과 관련한 개인의 가치

일차적 덕목	덕목에 적합한 가치지표 예시
삶과 생존	• 주거생활과 같은 기본적 욕구에 중요성을 둠 • 음식과 영양 섭취, 운동에 중요성을 둠
지식	• 교육에 중요성을 둠 • 특정한 정보 또는 자신과 관련 있는 지식(예: 일과 관련된)에 중요성을 둠 • 자신의 행동 또는 타인의 경험을 이해하려 함
일과 놀이에서의 유능성	• 여가활동 또는 레크리에이션 활동에서 성공과 만족에 중요성을 둠 • 일에서의 숙달 또는 경력 향상에 중요성을 둠 • 즐거움을 주는 활동에 참여하려는 욕구를 가짐
자주성	• 자립성과 독립성에 중요성을 둠 • 자신의 가치, 신념, 원칙과 일치하는 삶을 사는 것에 중요성을 둠(친사회적이든 또는 반사회적이든)
내적인 평화	• 정서적 또는 심리적 안정감과 깨달음을 얻는 것에 중요성을 둠 • 정서적 상태에 대처하거나 대처하려고 시도함
관계	• 친구, 가족, 배우자, 자녀와의 관계에 중요성을 둠
공동체 활동	• 사회집단 또는 공통의 관심을 가진 집단의 일원이 되는 것에 중요성을 둠 • 자신의 지역사회에 기여하는 것에 중요성을 둠
영성	• 더 고귀한 존재 또는 더 폭넓은 영적 자각과 관련된 것에 중요성을 둠 • 더 큰 세계의 일원이 되는 것에 가치를 둠 • 공통의 광범위한 목적을 추구하거나 공유하는 집단에 참여함(예: 환경 문제에 대한 관심)
행복	• 보편적인 삶의 실현과 만족에 중요성을 둠 • 목적 있는 삶에 중요성을 둠 • 즐거움을 경험하는 것에 중요성을 둠
창조성	• 예술적 또는 창조적 활동 및 작품을 창조하는 것에 중요성을 둠 • 새로운 경험에 중요성을 둠

이 평가 영역은 개인이 만족감을 얻기 위해 자신의 삶에서 필요했던 것이 무엇인지와 관련된 개인의 좋은 삶 계획의 기본적인 요소를 이해하는 데 있다.

사례: 일차적 덕목 평가

스콧은 22세 남성으로 자신의 파트너 패트릭에 대한 성학대로 최근에 유죄선고를 받았다. 초기면담에서 스콧은 불안과 절망감을 보였다. 그는 항우울제 투약이 필요한지 여부를 검토하기 위해 정신과 의사의 진료를 권유받았다.

면담자: 어서 오세요. 스콧 씨. 우리가 직접 만나러 갔으면 좋았을 텐데 이곳으로 오게 해서 괜찮으신지요?

스콧: 괜찮은데요.

면담자: 내가 보기에 최근에 힘든 시간을 보내고 있네요.

스콧: 네. 몇 주 전에 나에게 일어났던 일이 믿어지지가 않네요. 나의 모든 것을 잃어버렸어요.

면담자: 어떻게 된 일인가요?

스콧: 당신도 알다시피 나는 남자친구와의 성관계로 체포되었어요. 이러한 성관계가 일반적이지는 않지요. 제 파트너 패트릭과는 우리가 16세였을 때부터 서로 잘 어울려 지냈어요. 우리는 함께 자랐고, 서로에게 전부였어요. 우리 둘 다 여기에서 북쪽으로 한 시간 정도 벗어난 조그마한 마을에서 자랐어요. 게이로 성장하면서, 우리는 서로 모든 것을 함께했어요. 그 이후에 우리는 마을에서 가까운 지역으로 옮겼어요. 그곳은 고향처럼 느껴져서 아주 좋았어요. 조그마한 지역이었지만 게이 공동체가 긴밀했거든요. 그런데 뭔가 문제가 일어나기 시작했어요. 패트릭이 전과 다르게 변하고 있었고, 우리 관계는 점점 멀어졌어요. 우리는 때로 함께 지내기도 했고, 때로는 어떤 일들로 힘들기도 했어요. 그렇게 2년 정도는 잘 지냈어요. 어떤 점에서는 점점 더 좋아지는 것처럼 보였는데 그때 패트릭이 2주 동안 어디론가 사라져 버렸어요. 그가 집을 나간 거죠. 전화와 메시지에도 답장이 없었고, 나는 무슨 일이 생겼는지 알 수도 없었어요. 미칠 것 같았어요. 패트릭은 내 인생의 전부였어요. 내 친구들 중 어느 누구도 무슨 일

이 일어나고 있는지 나에게 말해 주지 않아서 정말로 뭔가 잘못된 것으로 알았어요. 무슨 일인가 일어나고 있었고, 모든 친구가 갑자기 나를 이전과 다르게 대했어요. 나는 시내 주변을 배회하며 돌아다니기 시작하면서 대부분 술집에서 많은 시간을 보냈어요.

면담자: 진심으로 패트릭을 그리워했고, 당신에게 소중한 사람이었다는 것으로 들리네요.

스콧: 그는 내 인생의 전부였어요. 어쨌든 2주 후에 패트릭은 마침내 집에 돌아왔어요. 나는 집에 오는 길에 맥주를 약간 마셨어요. 패트릭은 미안하다고 말했는데 나는 그가 어디에 있었는지 알고 싶었어요. 패트릭이 나에게 내가 알고 싶었던 것을 말해 주지 않아서 미칠 것 같았어요. 나는 그를 심하게 때렸어요. 내가 할 수 있는 모든 방법으로 그를 강간했고, 그러고는 그를 더 많이 때렸어요. 내 삶에서 이런 적은 한 번도 없었어요. 나는 그런 사람이 아니에요[흐느낌]. 나는 패트릭에게 상처를 주었고, 내가 지금까지 만나면서 친하게 지냈던 친구들을 잃었으며, 오랫동안 가족과 패트릭의 소식은 듣지 못할 거예요.

면담자: 자신의 감정을 다루는 것에 그리고 발생했던 일을 다루는 것에 문제가 있었고, 당신이 패트릭에게 고통을 주었다는 것으로 들리네요. 내 말이 맞나요?

스콧: 예, 아마도. 그런 것 같아요.

면담자: 또한 친구들과 가족을 잃게 되고 패트릭도 잃을 것 같아 마음이 아프다는 것으로도 들리네요. 내가 잘 이해했나요?

스콧: 네. 그렇게 느끼지 않을 사람이 어디 있겠어요?

면담자: 그리고 이 일이 다른 사람들과 당신의 미래에 미칠 영향에 대해 걱정하는 것으로도 보이네요.

스콧: [긴 침묵] 예.

면담자: 내가 이해하는 것이 맞는지 보세요. 당신과 패트릭은 둘 다 조그마한 마을 출신이에요. 두 사람은 함께 자랐고 마침내 파트너가 되었어요. 작은 마을에서 게이로 정말 힘들게 자랐고, 그래서 몇 년 동안 서로 함께 지내

고 있는 것을 행운으로 여겼어요. 그리고 둘 다 좀 더 나이가 들었고 당신은 게이 공동체에서 사람들과 진정한 유대감을 느꼈어요. 오랜 시간 동안 외롭게 살다가, 마침내 당신은 사람들이 당신을 이해해 주고 있다고 느꼈어요. 그러나 이러한 모든 발전은 패트릭의 관심이 시들해진 것처럼 보이고 심지어 2주 동안이나 나타나지 않았을 때 큰 대가를 치르게 되었어요. 내 말이 맞나요?

스콧: 예, 내 이야기를 잘 정리해 주셨네요. 그 이후에 모든 것이 엉망이 되어 버렸어요.

면담자: 당신은 가장 사랑하는 사람을 폭행하고 성폭행도 했어요. 당신의 파트너와 공동체, 자유를 잃은 것에 대해서도 걱정하고 있고요. 내가 잘 정리했나요?

스콧: 예.

면담자: 그리고 모든 것이 잘 될 수 있도록 다른 사람들과 함께 이를 탐색하려는 의지를 여전히 가지고 있네요. 이것은 큰 발전이에요. 앞으로의 일에서 염려하는 것은 무엇인가요?

스콧: 사실, 내 생활을 어떻게 유지할 수 있을지 걱정이에요. 지금까지 오직 막노동 일만 했거든요. 이제 성범죄자로 등록되어 내가 어떤 일을 할 수 있을지 모르겠어요. 솔직히 말해서, 내 자신을 돌볼 수 있을지에 대해서도 확신이 없어요. 여기 생활이 끝나면 내가 살았던 지역에서 일자리를 구하고 싶어요.

면담자: 당신은 돈을 버는 것에 중요성을 두고 있네요. 지금의 당신의 삶에서는 당신이 누구이고 그리고 누구와 함께 지낼 것인지가 어떤 직업을 선택할 것인지보다 더 중요하고요.

스콧: 무슨 말인지 잘 모르겠네요. 나는 단지 일을 원해요. 일을 하게 되면 내가 어떤 것을 잘하는 것 같은 느낌이 들 것 같아요.

면담자: 당신이 무엇을 성취할 것인지에 대해서는 아주 까다롭지는 않지만 어떤 것이든 성취하고 싶군요.

스콧: 그래요.

면담자: 그래서 우리가 지금까지 살아왔던 당신의 삶의 방식을 살펴보았을 때, 당신의 삶에서 정말 중요하고…… 그래서 열심히 노력했던 것과 조금이라도 비슷한 주제들이 있었는지 궁금하네요. 우리가 대화를 나누었던 것처럼, 당신은 내적으로 평화롭고 안정적인 느낌을 원했던 것으로 보여요. 일부 사람에게는 직업이 모든 것인 데 반해 당신은 다른 사람들과 달리 내적인 평화가 중요하군요.

스콧: 예. 내가 패트릭을 강간했을 때, 정말로 편안한 느낌이 없었어요. 나는 패트릭이 돌아오기를 원했고, 좋은 관계로 회복되기를 원했어요. 당신이 '내적인 평화'라고 말하는 것을 위해 내가 다른 사람들에게 너무 많이 의지했던 것 같아요.

면담자: 당신에게 어떤 의미이든 우리는 그것을 내적인 평화로 말할 수 있어요. 작은 마을에서 게이로 성장하면서 내적인 평화를 많이 제공받지 못했고 관계에서도 어려움이 있었던 것 같아요. 공동체의식을 갖는 것 또한 당신에게 매우 중요한 것으로 보여요. 당신이 체포된 것보다 더 중요한 것은 유일하게 잘 맞는 것으로 느꼈던 집단의 사람들과 당신의 가족을 잃어버리는 것에 대한 두려움이었네요.

스콧: 당신 말이 맞아요.

면담자: 물론, 당신에게 있어 관계는 가장 중요한 것이지요. 당신 이야기에서 벗어난 것이 있다면 말해 주세요.

스콧: 아니에요, 당신 말이 맞아요. 나는 많은 관계를 맺지 못했어요. 그것이 나를 이렇게 고통스럽게 하는 이유 중의 하나이기도 해요.

면담자: 마지막으로, 당신은 정말로 행복해지고 싶고 즐거움을 느끼기를 원해요. 당신에게 즐거움이 없고 외로움이 느껴질 때, 마시고 싶은 것보다 훨씬 더 많은 술을 마실 가능성이 높아요. 내가 이해한 것이 맞나요? 술을 마시는 것이 당신에게 내적인 평화를 줄 수는 있었지만 반면에 그것이 또한 패트릭과의 상황을 일어나게 하지 않았나요?

스콧: 예, 단지 행복하게 살고 싶어요. 나는 결코 그런 일에 대해 생각해 본 적이 없어요. 하지만 확실한 것은 내가 술을 마시지 않았더라면 절대로 패트릭

> 을 고통스럽게 하지 않았을 거라는 거예요. 나는 패트릭을 사랑해요! 그
> 런데 내가 그를 폭행하기 바로 직전에 술을 약간 마셔서 기분이 좀 더 올
> 라가 있는 상태였고, 좀 더 이완되어 있었어요.
>
> 면담자: 좋아요, 감사해요, 스콧. 당신이 나와 이야기하려고 노력해 준 것에 감사
> 해요.

이 사례에서, 면담자는 스콧에게 중요한 것이 무엇인지에 대해 적극적으로 경청하는 자세로 면담을 시도하였다. 면담자는 스콧의 중요한 덕목 지표에 대해 적극적으로 탐색하였다. 스콧이 덕목을 직접적으로 언급하지는 않았지만, 면담자는 명확한 단서로 그에게 덕목에 대한 실마리를 제공해 주었고, 가장 중요한 것이 무엇인지를 찾을 수 있도록 했다. 스콧의 관점을 명료하게 해서 확실히 알 수 있도록 면담자는 열린 질문을 사용했고, 이후에 스콧이 했던 말을 다시 요약해 주었다. 또한 면담자는 자신이 들었던 것을 바탕으로 어떤 짐작을 하기보다 자신이 정확한 결론을 내렸는지 확인하였다. 일차적 덕목을 인식하는 것이 스콧에게 중요하기 때문에 면담자는 재범 위험성을 감소시키기 위한 치료 작업을 위해, 그리고 좋은 삶의 방향으로 나아가기 위한 기회를 증진시키기 위해 작업할 수 있도록 스콧의 개인적 이야기를 영역으로 요약해서 다시 생각할 수 있도록 했다. 지금까지 스콧은 내적인 평화와 공동체 활동, 관계, 행복 등 그에게 중요한 일차적 덕목의 일부를 알게 되었다. 흔히 그렇듯이, 이러한 요소는 그의 범죄에 포함되어 있다. 또한 면담자는 스콧이 초기에 언급했던 일차적 덕목보다 낮은 순위에 있지만 그에게 중요했던 직업에 대해 토론하면서 그의 자주성에 대해 탐색했다. 즉, 스콧은 유능성 또는 성취감에 대한 욕구보다 관계의 측면에 그의 삶이 더 많이 추동되었던 것으로 나타났다.

이차적 덕목 평가

• • • • • • • •

일차적 덕목을 평가하는 동안 면담자는 내담자가 일차적 덕목을 얻기 위해 추구하고 사용한 이차적 덕목의 지표(indication)에 주의를 기울여야 한다. 앞에서 언급했던 것처럼, 이차

적 덕목(도구적 덕목으로 알려진)은 일차적 덕목을 얻기 위해 개인이 추구하는 구체적인 활동 또는 수단이다. 예를 들어, 놀이에서의 유능성이라는 덕목(일차적 덕목)을 추구하는 것으로 는, 내담자가 단체경기에 참여할 수 있고, 효과적인 놀이활동을 위해 신체적으로 건강한 상 태를 유지할 수 있도록 하는 것으로, 이것은 그 사람이 놀이에서의 유능성을 달성하려는 수 단이다.

그래서 이 부분의 평가 목표는 내담자가 자신에게 가치 있는 일차적 덕목을 얻기 위해 시 도하고 있는 구체적인 수단을 이해하는 것이다. 이차적 덕목은 내담자에게 더 분명하게 보 일 수 있으며, 일차적 덕목에 비해 이차적 덕목에 대한 좋은 정보들을 더 잘 제공할 수 있다. 하나의 일차적 덕목 영역에서 다양한 이차적 덕목의 지표는 개인이 높은 가치를 두고 있는 특별한 덕목일 수 있다. 이차적 덕목을 검토하는 데 있어 면담자는 추론되는 어떤 일차적 덕 목에 주의를 기울여야 하고, 그 이후에 내담자에게 이를 다시 반영해 주어야 한다. 모든 효과 적인 면담에서처럼 평가자는 이러한 추론들에 대하여 지레짐작을 하지 않아야 하며 그 추론 이 정확한지 확인하기 위해 가능한 부수적인 정보들을 고려할 뿐만 아니라 추론에 대해 항 상 내담자와 사실 확인을 해야 한다.

이차적 덕목에 대한 약간의 일반적 지표들은 〈표 4-2〉에 제시되어 있다. 일차적 덕목과 마 찬가지로 이러한 지표는 단지 예시이며 구체적인 이차적 덕목 또는 도구적 덕목은 각 내담 자에 따라 독특할 수 있다.

〈표 4-2〉 이차적/도구적 덕목지표

일차적 덕목	이차적/도구적 덕목지표 예시
삶과 생존	• 기본적인 욕구 충족을 위해 일 또는 범죄행위와 같은 활동에 참여함 • 규칙적으로 운동을 함 • 충분한 영양 섭취를 추구함 • 건강 문제를 관리함 • 스트레스를 낮추는 활동에 참여함
지식	• 학교 또는 교육과정에 참여함 • 자신과 타인을 이해하려고 적극적으로 시도함 • 치료에 참여함
일과 놀이에서의 유능성	• 스포츠와 레저, 레크리에이션, 취미 활동 등에 참여함 • 일을 하거나 일자리를 구하려고 노력함, 일에서 성공하려고 노력함

자주성	• 자립성을 보장하는 활동에 참여함 • 다른 사람들과 함께 자신의 권리를 적극적으로 주장함, 욕구의 표현 • 타인을 통제하고 지배함, 타인을 공격하고 조종하는 것에 참여함
내적인 평화	• 정서 상태를 조절하기 위해 또는 균형을 이루기 위해 구체적인 활동에 적극적으로 참여함(예: 운동, 스트레스 감소 기법, 성적 활동) • 감정을 조절하기 위해 또는 정서에 대처하기 위해 물질을 사용함 • 충동성을 조절하려고 시도함
관계	• 사회활동에 참여하거나 친구와 함께 시간을 보냄 • 다른 사람들과 중요한 문제를 의논함 • 친밀감을 형성하기 위해 또는 낭만적인 파트너를 만들기 위해 시도함
공동체 활동	• 공동체 활동이나 자원봉사 활동에 참여함(예: 사회봉사단체) • 소아성애에 찬성하는 집단의 회원이 됨 • 필요한 시기에 다른 사람에게 실제적인 도움을 제공함 • 집단 구성원 간의 응집력에 기여하는 치료활동에 참여함
영성	• 공식적인 종교행사/영적인 행사에 참여함(예: 교회, 사원), 명상/기도와 같은 활동에 참가함 • 개인의 철학을 성장시키고 실현하기 위해 적극적으로 시도함
행복	• 만족감, 평온함, 성취감을 얻을 수 있는 활동에 참여함 • 즐거움을 얻을 수 있는 활동에 참여함(예: 레저 활동, 섹스) • 목적 있는 삶에 기여하는 활동에 참여함(예: 일, 우정, 가족) • 치료에 참여함
창조성	• 새로운 또는 기발한 경험에 참여함 • 창조적인 활동에 참여함 • 판에 박힌 것을 좋아하지 않음

이 부분의 평가는 일차적 덕목에 대한 추가 정보를 통해서 그리고 이러한 덕목을 성취하려는 내담자의 노력을 충분히 이해했을 때 알 수 있다.

사례: 이차적/도구적 덕목 평가

이 사례는 앞의 사례에서 면담자가 스콧과 면담을 계속한 것이다.

면담자: 스콧 씨, 지난번에 내적인 평화의 중요성에 대해 그리고 패트릭에 대한 당신의 행동이 어떤 역할을 했던 것으로 생각되는지에 대해 이야기 나누었죠. 그 이야기를 좀 더 할까요?

스콧: 그래요.

면담자: 당신의 삶에서 내적인 평화가 있었던 시기에 대해 좀 더 말해 주겠어요?

스콧: [웃으며] 나에게 그런 시기가 있었는지 싶네요. 무슨 말인가 하면, 나는 교회를 다니지 않았어요. 신조차도 거의 믿지 않았어요. 요가를 배우려고는 했지만 아무 데도 가지 않았어요. 솔직히 말해서, 가능하면 나는 대부분 그저 약간의 맥주를 마시며 즐겼어요. 당신도 알다시피 친구들과 함께 마시기도 하고, 때로는 혼자 마시기도 했어요. 그리고 섹스하는 것을 좋아했어요. 이런 말을 하기는 그렇지만, 섹스는 항상 나를 편안하게 해 주었어요. 지금 여기에서는 심호흡이나 이와 같은 것들을 하려고 노력하고 있지만 아주 잘되지는 않네요. 아마도 연습을 더 해야 할 것 같아요.

면담자: 내적인 평화가 정말 중요한데, 그것 또한 당신이 하고 싶었던 만큼 당신의 삶에서 그렇게 많이 하지는 못했군요. 몇 가지 이완 기법에 대해서 생각했는데 연습을 좀 더 했더라면 도움될 수 있었을 거라고 느끼고 있고요.

스콧: 예. 실제로 내적인 평화를 위한 시간을 거의 갖지 못했어요. 야구를 하곤 했는데 언제나 정말 좋았어요. 정말로 야구를 좋아했어요.

면담자: 그래서 다른 것보다도 내적인 평화를 유지하기 위해 좀 더 친밀하게 지내는 시간을 가졌네요. 이것이 당신이 삶에서 생각했던 것이고 원했던 것이기도 했고요.

스콧: 예. 그런 것 같아요.

면담자: 그리고 실제로 스스로를 잘 돌보고 있었을 때, 심지어 외로움을 느끼고,

> 성장했던 마을에서 진정한 구성원이 되지 못했다고 느꼈을 때조차도 내
> 적인 평화를 어느 정도 경험할 수 있었네요. 내 말이 맞나요?
>
> 스콧: [재미있게 웃으며] 당신 말이 맞을 수 있겠네요. 뜻이 있는 곳에 길이 있지
> 요.
>
> 면담자: 앞으로의 삶에서 적절한 내적인 평화는 어디에 있을 것 같나요?
>
> 스콧: 글쎄요. 내 생각에 여기에서 운동을 다시 할 수 있는 시간을 가질 수 있을
> 것 같아요. 명상이나 태극권(Tai Chi)과 같은 몇몇 수업이 있는 것을 보았
> 어요. 한번 시도해 보려고 해요. 내가 누군가와 가까워지기 전에 내 자신
> 을 돌보는 것이 필요해요. 그리고 내 생각에 패트릭은 지금 내 삶에서 떠
> 나 있고요.
>
> 면담자: 당신의 삶에서 이 부분에 대해 진지하게 생각하는 시기로 보이네요. 과거
> 에 일부는 성공했고, 그것을 다시 한 번 해 보려는 의지가 있네요.
>
> 스콧: 예. 당신도 알다시피, 내 자신을 좀 더 돌볼 수 있다면 이러한 모든 일이
> 다시는 일어나지 않을 것 같아요.

이 면담에서 스콧은 그의 삶 전반에서 내적인 평화가 중요했음을 보여 주고 있다. 정서적 균형감을 가지는 것은 그에게 상당한 가치(그의 범죄에서 하나의 요인이 되고 있는 것 이외에도)가 있다. 그는 내적 균형감을 얻기 위해 운동과 섹스, 요가, 명상과 같은 몇 가지 수단을 통해 노력했다. 스콧은 정말로 그의 삶에서 내적인 평화를 얻고 싶어 했고, 이러한 목표를 이루기 위해 다른 수단이나 이전에 사용했던 수단(즉, 운동)을 시도해 보려는 의지를 보이고 있다. 또한 자신을 좀 더 잘 돌보기를 원한다고 말하고 있는 점에서 삶의 일차적 덕목에 대한 가치를 보여 주고 있다.

또한 이 시점에서 면담자는 범죄에서 부정적인 정서 상태와 충동성에 대처하기 위해 섹스를 사용하는 것과 같이 내적인 평화와 관련된 위험요인과의 연결을 시작해 볼 수 있다. 게다가 스콧이 위험성을 감소시키고 있는 동안에 자신에게 중요한 것을 얻을 수 있는 역량을 습득할 수 있도록 치료가 도움을 줄 것임을 그가 알게 함으로써 강점을 지향하는 좋은 삶 모델을 명확하게 알릴 수 있다.

성범죄와 일차적 덕목의 관계

· · · · · · · · · · · ·

좋은 삶 모델에서 평가의 세 번째 요소는 범죄, 특히 성범죄에서 각 일차적 덕목의 역할에 대한 평가를 포함한다. 세 번째 단계는 범죄 이전과 범죄 당시에 내담자에게 특별히 중요했던 또는 범죄와 관련되었거나 연관된 일차적 덕목에 대한 평가를 포함한다. 또한 이 과정에서는 내담자가 그 덕목을 얻기 위해 사용했던 특정한 도구적 수단을 확인하는 것도 포함된다. 이러한 수단들 중의 일부는 범죄에서 내담자의 역동적 위험요인으로 나타나기 때문이다.

이러한 부분의 평가를 수행하는 데 있어, 평가자는 범죄과정(10장 참조)을 검토하고, 범죄과정을 통해 그들 스스로 보여 준 다양한 환경과 기회에서 사용했던 전략들뿐만 아니라 범죄과정과 관련된 내담자의 특정 활동을 탐색한다. 이와 함께 좋은 삶 모델 치료자들은 범죄를 저지르게 했던 것으로 평가자들이 보았던 주제에 대해 주의 깊게 살펴볼 것을 권유한다. 예를 들어, 면담자는 친밀감, 자기조절, 정서조절, 즐거움, 호기심 추구, 보복 등과 같은 관련된 특정 주제가 범죄를 발생하게 했는지 여부에 대해 질문하는 것이 필요하다. 이러한 주제를 검토하면서 범죄와 관련된 내담자의 특정 인지도식을 평가할 수 있고, 일차적 덕목을 추론할 수 있으며, 이러한 덕목을 얻기 위해 사용한 수단과 성범죄의 연결을 이해할 수 있다.

사례: 성범죄와 일차적 덕목의 관계 평가

이 사례에서 면담자는 스콧과의 대화를 계속 이어 가고 있다.

면담자: 패트릭과의 일이 있었을 때 내적인 평화는 어땠나요?

스콧: 간단히 말하자면 아무것도 하지 않았어요. 전혀 하지 않았지요. 자포자기 상태에 있었고, 2주 동안은 암벽 타기를 했어요. 어떻게 해야 할지 몰랐어요. 밤에는 평상시보다 술을 더 많이 마시기도 했고요. 변명하려는 것은 아니지만 정말로 기분이 좋지 않았어요. 그때 패트릭을 만났어요. 완전히 롤러코스터를 타는 기분이었어요! 내가 사랑하는 사람이 다시 돌아왔다고 생각했

는데, 그는 어디에 있었는지 말하려 하지 않았어요. 사실, 거리감이 느껴졌어요. 패트릭이 누군가와 놀아난 게 분명했어요. 지금도 그 사람이 누구인지 모르겠어요. 내가 그 당시 원했던 모든 것은 그가 나에게 돌아오는 것이었는데, 그가 내 앞에 있었을 땐 상처받고 화가 나 있었어요. 그가 다른 누군가의 사람인 것 같았어요. 나는 단지 그가 돌아오기만을 원했고, 어떻게 그가 나에게 이럴 수 있었는지 알고 싶었어요. 순식간에 내가 바닥에 있는 양탄자를 집어 올렸어요. 그래서 우리는 소리 지르며 싸우기 시작했고 내가 그를 때렸어요. 그는 누구와 어떻게 지냈는지 나에게 말하지 않으려 했던 것에 대해 말하기 시작했어요. 나는 그를 더 때렸고, 바로 그때 다른 남자와 함께 있었을 기에 대한 생각이 끊임없이 떠올랐어요. 미친 소리로 들린다는 거 알아요. 그러나 이것이 나를 성적으로 각성시켰어요. 나는 그가 돌아오기만을 원했는데, 정말로 심하게 때렸고 그와 섹스를 했어요. 웃기는 일은 섹스가 그 순간에 전혀 적절하지 않았다는 거예요. 그렇게 했을 때의 내적인 평화요? 이게 그 당시 모든 생각이에요. 내적인 평화는 없었어요.

면담자: 지난번에 내적인 평화가 당신에게 얼마나 중요한지에 대해 말했던 것으로 기억해요. 당신의 관계에 대한 느낌은 어떤지요? 그것이 당신에게 얼마나 중요한지 많은 이야기를 나누었는데, 패트릭과의 그 상황에서는 얼마나 적절했던 것 같아요?

스콧: 우스운 것은, 모르는 사람과 섹스를 하는 패트릭을 생각하는 것만으로 내가 그를 더 원하게 되었다는 것이에요. 나는 그것을 떠올리고 있었고, 그런 상상을 하는 것이 싫었지만 그 상상이 그때 그곳에서 내가 바로 섹스를 하고 싶도록 만들었어요. 내가 사랑하는 사람이 누군가와 함께 있다고 생각하는 것이 나를 성적으로 점점 더 미치게 했어요. 그것이 가장 큰 부분이에요. 그리고 약간 취해 있어서 그런 치졸한 느낌이 들었어요.

면담자: 이 부분에 대해 많은 시간 동안 생각했네요. 다른 누군가와 함께 있는 패트릭을 생각하는 것만으로도 성적으로 각성되기는 했지만, 동시에 분노를 느꼈고 가슴이 찢어지는 듯한 아픔도 있었네요.

스콧: 맞아요.

이 사례에서 일차적 덕목과 범죄의 관계가 좀 더 명확해지고 있다. 내적인 평화, 관계, 행복이 스콧의 범죄 요인으로 확인되었다. 그는 이러한 덕목을 다시 얻으려고 시도했다. 또한 스콧은 그의 좋은 삶 계획(관계가 중요하다는 점에서)에 위협을 느꼈음을 보여 주고 있다. 스콧은 그 범죄가 자율성을 다시 확립하려고 했던 것과 관련될 수 있고―이 사례에서는 성폭행을 통해―성적 자기조절에 대한 역동적 위험요인과 관련될 수 있다는 것도 알게 되었다.

사례: 성범죄와 일차적 덕목의 관계

필은 46세 남자로 드러나지 않은 많은 아동 성범죄 과거력이 있다. 그는 이번에 처음으로 성범죄 유죄판결을 받았다.

면담자: 당신의 삶에 대해 나와 함께 나눌 수 있는 것은 무엇인가요?

필: 여기에 오는 것과 이러한 평가를 하는 것, 치료에 참여하는 것에 대해 오랜 시간 동안 힘들게 생각했어요. 있었던 사실을 조금이라도 축소하려 하지는 않을 거예요. 내 자신에 대해 여기에서 말하고 앞으로 내가 정말 다시 자유로워질 수 있을지 모르겠어요. 나는 남동지역의 조그마한 도시에서 자랐어요. 나의 아동기는 재앙이었어요. 위탁보호(foster care)를 받았고, 헛간에 불을 질러서 문제를 일으켰으며, 마지막 기회로 거주시설(residential school)에 가게 되었어요. 그곳에서 말과 행동을 조심해야 한다는 것을 배웠어요. 젊었을 때에 잠시 동안 한 여성과 가깝게 지내며 데이트를 했는데 잘되지는 않았어요. 제기랄, 43세나 될 때까지 어머니와 함께 살았어요! 나는 단지 성인들을 많이 좋아하지 않았을 뿐이지 범죄를 하지는 않았어요. 아이들과 강아지를 좋아했어요. 성인들보다 아이들이 더 좋은 친구들이에요. 그렇지만 문제는 내가 어떤 것을 얻고 싶을 때에 내가 원하는 어떤 이야기도 만들 수 있고, 어떤 것을 내 속셈대로 완전히 다양하게 할 수 있다는 거예요. 예를 들면, 많은 한부모 여성과 친하게 지냈는데 그것은 그들의 자녀에게 접근하기 위해서였어요. 당신도 알다시

피, 여성에게는 정말로 관심이 없었지만 그들과 친하게 지내고, 잔디 깎는 것을 도와주고, 식료품을 사다 주고, 그들의 아이들을 돌봐주는 일은 정말 잘했어요. 솔직히 말해서, 어느 누구에 대해서도, 심지어 제 어머니조차도 결코 잘 보살핀 적이 없었거든요.

면담자: 그렇다면 어떤 것들이 당신에게 중요했나요?

필: 만일 당신이 내가 체포되기 전에 물어보았다면, 내가 지금까지 존재했던 최고의 성범죄자들 중 한 사람이라고 당신에게 솔직하게 말했을 겁니다. 나는 실제로 최고였어요. 사람들에게 믿음을 주는 것은 내가 정말로 잘 할 수 있는 것이에요. 취미 같은 것이기도 하고, 하나의 세트로 구성된 기술이라고도 할 수 있지요. 신문과 책을 읽으면서 다른 사람을 다루는 방법을 배웠어요. 내가 읽었던 신문과 책의 그 사람들보다도 나는 훨씬 더 창조적이었어요. 내가 어떤 일을 일어나게 할 수도 있고, 사람들이 더 많이 원하게도 할 수 있다는 것에 굉장한 자부심이 있었어요. 언젠가는 잡힐 수도 있겠다고 항상 생각했지만, 괜찮았어요. 내가 이런 사람이에요. 이것이 세상에서의 나의 위치이고요. 내가 진실로 성취했다고 말할 수 있는 유일한 것이에요.

면담자: 그러니까 어떤 것을 잘하고 있다고 느끼는 것이 당신에게는 정말로 중요하군요. 제 말이 맞나요? 한편에서는 언젠가는 문제가 될 수도 있음을 알고 있었지만, 다른 한편에서는 이러한 활동이 숙달감과 즐거움, 능숙함을 당신에게 주었네요.

필: 네. 내가 말했다시피, 말씀하신 것보다 덜하지는 않을 겁니다.

면담자: 그래서 이전에 우리가 말했던 용어를 사용하자면 유능함과 숙달감, 창조성, 행복, 즐거움, 지식을 가지는 것이 당신에게 중요한 모든 것이고, 이를 위해 그런 행동을 했네요. 제 말이 정확한가요?

필: 예. 끔찍한 말인 줄은 알지만, 내가 뭔가 하려고 그곳에 있을 때 그리고 그 것을 할 때 이러한 모든 것이 저를 매우 강력한 존재인 것처럼 느끼게 했어요.

면담자: 범죄는 당신이 이러한 것을 얻었다는 느낌을 들게 하는 유일한 방법이었

> 네요.
>
> 필: 맞아요.
>
> 면담자: 그리고 당신에게 중요성이 적기는 하지만 약간 다른 것도 있네요. 예를
>   들면, 성인들과의 관계에서요.
>
> 필: 그런 것 같지는 않아요. 내가 성인들보다 강아지나 아이들과 더 밀접하게
>   지낸다고 말했는데 그것은 내가 성인들을 진정으로 신뢰하지 않았기 때문
>   이에요. 언젠가는 친구로 지낼 수 있다는 것을 배제하지는 않겠지만요. 그
>   렇지만 지금 생각해 보니 내가 그들을 이용하려고만 했던 것은 아니었네요

필은 성범죄를 통해 숙달감과 창조성, 지식을 얻을 수 있었고, 자신이 그것에 상당히 유능하다고 보았다. 그는 자신의 좋은 삶 계획의 한 부분으로서 범죄를 통해 자율성이라는 일차적 덕목을 추구했던 것으로 나타났다. 그러나 이후의 평가에서 타인과의 관계에도 어느 정도 가치를 두었음을 보여 준다.

이러한 환경에서 좀 더 깊게 탐색하기 위해 임상가가 사용할 수 있는 한 가지 방법은 선택목록(options menu)이다([그림 4-1] 참조). 실제로 이 그림은 원이 2장의 종이에 있다. 일차적 덕목이 포함된 몇 개의 원은 이 책을 통해 기술되었다. 다른 원은 빈 공백으로 내담자에게 중요한 부가적 덕목이 있는 경우에 사용한다. 이러한 형태의 목적은 어떠한 위계적 형식도 없다는 점을 목록에서 제공하는 것이다. 예를 들어, 일차적 덕목에 대한 단순한 기록이 첫 번째에 기록된 덕목이 가장 중요하다거나 또는 각각의 덕목에 순위가 있다는 인상을 줄 수 있다. 위에서 제공한 자료가 분류되어 있는 것은 치료자와 내담자에게 명확성을 주고, 시각교재로 제공하려는 것이다.

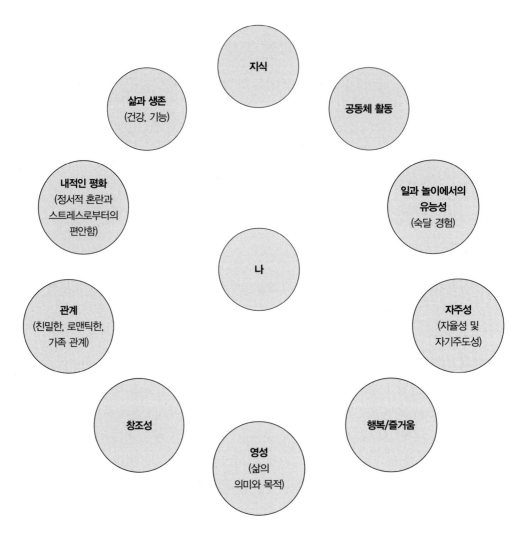

[그림 4-1] 일차적 턱목 선택목록

실제로 이러한 원을 사용하는 임상가는 다음과 같은 방법으로 실행할 수 있다.

면담자: 필, 여기에 있는 메뉴의 영역은 모든 사람이 한번쯤 목표로 사용하는 것이에요.
여기에서 나와 나누고 싶은 하나의 영역이 있나요?

필:　영성에 대해 이야기할 수 있겠네요.

면담자: 좋아요, 고마워요. 왜 영성을 선택했나요?

필:　사실, 지금까지 교회에 전혀 다니지 않았기 때문이에요. 어릴 적에 엄마를 만나러 갔을 때 가끔 엄마와 함께 가기는 했지만요. 여기에 있는 이 용지(sheet)에서 말하고 있는 것과 대부분 같아요. 인생에서 나의 의미와 목표는 사람들에게 좋지 않은 방법으로 그들의 삶에 내가 들어갈 수 있도록 그들을 납득시키는 것이었어요. 내가 상당히 잘했던 일이에요. 당신에게 말했던 것처럼 그것에 대해 자부심을 가지고 있어요. 지금 이것에 대해 거짓말하는 것은 쓸데없는 일이잖아요.

면담자: 0에서 10까지의 점수로 생각해 보자면, 0은 전혀 중요하지 않은 것이고 10은 매우 중요한 것이에요. 당신의 삶에서 영성에 대한 중요성은 몇 점으로 표현할 수 있을까요?

필:　종교를 의미하는 것이라면 매우 높지는 않아요. 미래가 어떻게 될지 알 수 없기 때문에 삶의 목적과 의미를 발견하는 뜻이라면 지금 이 순간 정말 높아요. 8점으로 말할 수 있어요.

면담자: 사람들과의 생활이 당신에게 어떤 의미와 목적이 되도록 그들을 계속 설득하려고 했기 때문에 다른 사람들에 대해 많이 신경 쓰지 않았다고 말했는데, 당신 자신에 대한 평가는 낮지 않은 편이네요?

필:　내 생각에 성인들과 아주 조금이라도 접촉하기를 원했기 때문이기도 하고, 특히 지금 여기에서도 성인들과 함께 많은 시간을 보내려고 하고 있어서요. 그리고 모든 것이 변화된 지금 내 인생에서 무엇을 해야 할 것인지 생각할 필요가 있는 것 같아서요.

이 사례에서 필은 영성에 대해 자신의 현재 상태를 좀 더 분명하게 하고 있다. 그는 자신의 삶의 의미 및 목적의 중요한 자원의 하나인 성범죄를 포기하는 것에 대하여 양가적이다. 동시에 자신이 가고자 하는 삶의 방향에 대해 그리고 주변 세상에서 자신을 비난하는(second-guessing) 것에 대해 걱정하고 있다. 또한 필의 많은 고민은 공동체 활동과 관계라는 일차적 덕목과도 중첩되어 있다. 평가자와 치료자는 일련의 평가와 치료면담에서 이러한 덕목을 탐색할 수 있다.

사례: 성범죄와 일차적 덕목의 관계

크리스는 19세로, 14세에 그의 여동생을 성추행하고 거주시설(residential facility)로 가게 되었다. 법적으로 성인이 되기 몇 개월 전에 그 시설에서 크리스를 그룹홈(group home)으로 보냈는데, 프로그램 치료자는 크리스가 할 수 있을 만큼 충분히 성취했다고 느꼈다. 그 기대는 크리스가 지역사회에서 독립적인 생활을 할 수 있도록 스스로 준비하는 것이었다. 그런데 크리스는 부모 집으로 몰래 도망을 갔고, 감독 기관에서는 그에 대한 사례관리를 종료했다. 크리스는 자신의 집에서 파티를 하는 동안 여동생 친구의 가슴을 동의 없이 만진 사건으로 인해 최근에 성범죄로 체포되었다.

면담자: 무슨 일이 있었는지 말해 줄래요?

크리스: 우리가 파티를 하고 있었는데 그녀는 정말 취해 있었고, 그래서 그녀를 만졌어요. 알아요, 그렇게 해서는 안 된다는 것을. 나는 그녀가 그것을 즐길 것이라고 생각했어요. 그런데 아니었어요.

면담자: 열광적인 시간이었던 것으로 들리네요.

크리스: 네, 파티를 좋아해요. 집에서 친구들, 여동생과 함께 보낼 때가 제일 신나는 시간이에요.

면담자: 그래서 친구들, 여동생과 함께 많은 시간 동안 파티를 하며 지냈네요.

크리스: 네. 내 말은, 내가 직업을 구할 수 없었다는 거예요. 아무도 나를 고용하지 않을 거니까요. 내가 가장 원하는 것은 자립해서 돈을 버는 것인데 여기 주변의 모든 사람은 내가 누구이고 어디에서 지냈는지 알아요.

면담자: 자신의 힘으로 자립하는 것이 당신에게 중요하군요. 그런가요?

크리스: 정말로 우울하게 지냈어요. 나는 젊기 때문에 성공할 수 있는 기회가 있으면 좋겠어요. 그 일을 하면서 조금이라도 즐겁게 살고 싶어요. 내가 정말로 하고 싶은 일은 프로 스톡카(stock car) 선수가 되는 것이에요. 그러나 내가 그것을 할 수 있게 도와줄 일을 찾을 수가 없어요. 사실은 운전면허증조차도 없거든요. 그리고 지금은 여동생 친구를 겁탈하려다가 문제

가 생겼고요. 어떻게 할 수가 없네요. 나는 정말로 그녀가 나와 데이트해
주기를 원했는데, 이제는 그런 일이 생길 것 같지 않아요. 약간이라도 즐
거운 시간을 보내고 싶었는데 문제가 생겨서 즐겁지도 않아요. 모든 사람
이 내가 이전보다 더 많이 나빠졌다고 생각해요.

면담자: 하고 싶은 것이 많았는데 모든 것에서 서로 충돌이 생긴 것 같네요.

크리스: 네. 내가 또 너무 빨리 가고 있었어요.

면담자: 또한 당신을 실패자로 생각하는 것이 싫다고 말한 것도 진심인가요?

크리스: 물론이지요! 누가 그렇게 생각하겠어요?

현재 크리스의 좋은 삶 계획은 행복(주로 즐거움을 통해)과 관계(여자친구를 사귀려는 시도),
일에서의 숙달, 자주성이라는 일차적 덕목에 초점을 두고 있다. 이러한 일차적 덕목은 후기
청소년기의 특징이다. 그러나 크리스는 범죄를 일으킬 수 있는 부적응적이고 부적절하게 표
현된 수단을 통해 그 덕목을 얻으려고 시도했다.

좋은 삶 계획에서 결함에 대한 평가

좋은 삶 모델의 평가 부분에서 마지막 구성요소는 계획을 실행하려고 했을 때 문제를 일으
킬 수 있는 4가지 결함(수단, 영역, 충돌, 능력)에 대한 내담자의 좋은 삶 계획을 검토하는 것이다.

일차적 덕목을 얻기 위해 사용했던 내담자의 수단(means)을 평가하는 것은 성공적인 전
략과 부적절하고 역효과를 초래했던 전략 둘 다를 결정하는 것을 포함한다. 또한 평가자는
범행을 저질렀을 때뿐만 아니라 내담자의 전반적인 삶에서 사용한 수단을 평가하는 것이 필
요하다. 예를 들어, 아동과의 성적 관계를 통해 친밀감을 얻으려고 추구했던 개인은 일차적
덕목(관계)을 얻기 위해 부적절한 전략(아동과의 관계)을 사용함으로써 수단에서의 결함을
보여 주고 있다.

평가자는 내담자의 좋은 삶 계획이 영역(scope)에서 제한적인지 여부를 평가해야 한다.
즉, 하나 혹은 소수의 일차적 덕목을 얻는 것에는 좀 더 초점을 둔 반면 다른 것에는 소홀히

하는지 등이다. 예를 들어, 자율성과 숙달은 지나치게 강조하지만 관계를 무시하는 개인은 친구 또는 파트너가 부족하여 만성적인 불만족이 있을 수 있다.

덕목 간의 충돌(conflict)평가는 내담자에게 서로 공존할 수 없는 목표 혹은 가장 중요한 것이 나타나는 상황을 탐색하는 것이다. 예를 들면, 로맨틱 파트너와의 정서적 친밀감에 대한 욕구(일차적 덕목에서 관계)가 있는 반면, 동시에 다양한 파트너와 성적 자유로움을 추구하는 욕구(일차적 덕목에서 즐거움으로 나타나는 행복)도 있을 수 있다.

좋은 삶 계획을 실행하는 내담자의 능력과 역량을 평가하는 것은 내담자가 이용할 수 있는 외적 기회뿐만 아니라 내적 능력 혹은 기술 둘 다를 포함한다. 예를 들어, 그는 결혼을 하고 싶고 자녀를 갖기(일차적 덕목에서 관계) 원하지만 소심하고 내성적이어서 성인 파트너에게 다가서지 못하는 상태일 수 있다. 이 경우에, 그는 이러한 관계를 형성하는 데 필요한 내적 기술이 부족할 수 있다. 부가적으로, 내담자가 갈 수 있는 장소에 제한이 있을 수 있는데, 예를 들면 외적 능력 문제로 적절한 파트너를 만날 수 있는 활동을 하지 않는 경우다.

사례: 좋은 삶 계획의 결함 평가

앞의 필 사례에서, 숙달과 창조성, 행복, 지식에 대한 그의 목표는 자율성에 대한 목표와 충돌했던 것으로 나타났다. 구체적으로 말하면, 그의 행복에 대한 추구는 주로 혼자 시간을 보내며 생활하고 있어 목표와 충돌한다. 더욱이, 숙달에 대한 그의 목표는 자율성 및 자기주도성과 직접적으로 충돌한다. 즉, 행복을 얻기 위한 그의 시도들은 일상적으로 혼자 있기를 원했을 때 다른 사람들과 협력하고 신뢰하는 것으로 되어야 함을 의미한다. 마지막으로, 그의 지식에 대한 성취는 자유롭게 혹은 개방적인 방법으로 성취할 수 없기 때문에 자주성에 대한 욕구와 충돌한다. 필도 말했듯이, 결국 이러한 목표를 성취하기 위한 그의 시도는 법적으로 문제가 될 수 있고, 자신뿐만 아니라 다른 사람에게도 장기적으로 심각한 위험을 초래할 수 있다. 즉, 그는 이러한 목표들을 성취하기 위한 하나의 수단으로 성범죄를 사용하게 되고, 이러한 결정은 결국 그의 좋은 삶 계획에 부정적으로 영향을 미친다. 이후 평가에서는 관계와 같은 그의 삶 영역을 고려해서 좋은 삶 계획의 영역을 확장하는 것에 대해 탐색한다.

사례: 좋은 삶 계획의 결함 평가

크리스의 사례에서, 그의 좋은 삶 계획에는 4가지의 모든 결함이 포함되어 있다. 술에 취한 여성의 가슴을 만지는 것으로 관계를 이루려는 시도는 이러한 덕목을 성취하는데 문제가 있는 수단으로 나타났다. 게다가, 크리스의 목표는 프로 스톡카 선수가 되는것인데, 운전할 수 있는 면허증이 없다는 것은 일에서의 유능성을 달성하는 데 있어 외적 능력의 부족으로 보인다. 즉, 운전면허증과 훈련 없이는 이 목표를 성취할 수 없는 것이다. 비록 이 영역에서 크리스의 기술 혹은 역량이 있는지는 알 수 없지만, 이러한 목표(즉, 경주용 자동차 선수가 될 수 있는 기술)를 성취할 수 있는 내적 능력도 부족할 수 있다.

또한 크리스의 삶의 계획에는 일차적 덕목의 영역이 극히 제한되어 있다. 예를 들어, 그는 행복(즐거움)과 일에서의 유능성이라는 일차적 덕목에 중점을 두는 것으로 나타나고 있지만, 삶의 계획에서 많은 덕목을 빠뜨리고 있다. 그의 초점은 즉각적인 만족을 추구하는 것에 있는 것으로 보인다. 마지막으로, 이러한 중요한 덕목(즐거움 추구와 관계를 통한 행복)을 즉각적으로 추구하려는 그의 시도는 술에 취했다는 약점을 이용해서 여동생의 친구와 사귀려고 시도했을 때 명백하게 충돌했다(6장, 7장 참조).

종 합
· ·

좋은 삶 모델에 대한 평가가 완료되면, 삶의 가치는 무엇인지, 가치를 두고 있는 덕목이 범죄와 어떻게 연관되는지, 좋은 삶 계획을 실행하면서 일반적으로 부딪히는 문제는 무엇인지 등에 대해 평가자는 내담자에 대한 종합적인 그림을 완성해야 한다. 일차적 덕목을 달성하기 위해 주어지는 우선적인 치료는 그 개인에게 이러한 덕목의 중요성과 이러한 덕목이 범죄와 연관된 정도를 토대로 수립한다. 또한 좋은 삶 모델에 대한 평가는 종합적인 사례개념화 및 치료 계획(6장과 7장 참조)을 세우기 위해 관련 있는 자기조절에 대한 평가와 위험성/욕구/반응성 평가를 포함한 통합된 평가로 결합된다.

요약

평가에서는 내담자가 성취하려고 추구했던 일차적 덕목을 확인하고, 자신의 삶에서 만족감을 느끼기 위해 내담자가 가진 욕구가 무엇이었는지를 확인한다. 평가과정의 한 부분으로, 평가자는 일차적 덕목을 성취하기 위해 내담자가 추구하고 사용한 이차적 덕목의 지표에도 주의를 기울여야 한다. 평가의 세 번째 요소는 범죄를 저지르는 데 있어 각 일차적 덕목이 담당하는 역할과 관련된다. 또한 평가자는 각 덕목을 성취하기 위해 내담자가 사용한 특정한 도구적 수단을 검토한다. 이러한 일부 수단이 범죄를 저지르는 데 있어 내담자의 역동적 위험요인으로 나타나기 때문에 이 평가는 중요하다. 마지막으로, 좋은 삶 계획을 실행하는 데 있어 부딪히는 결함 또는 문제를 확인하고 평가한다. 이러한 요소를 이해하는 것이 내담자에 대한 종합적인 이해를 수립하려는 치료자에게 도움이 되며, 자기조절 및 위험성 평가와 통합되어 치료를 계획하고 실행하는 토대가 된다. 다음 장에서는 범죄를 저지르는 데 있어 자기조절 방식에 대한 평가와 범죄 경로에 초점을 둔다.

5장

자기조절 평가: 범죄 경로의 결정

4장이 일차적 덕목의 평가, 범죄에서 덕목 간의 관계 및 치료의 우선순위에 대하여 기술하였다면, 이 장은 범죄를 일으키는 자기조절 경로의 평가에 초점을 둔다. 이 책의 독자는 3장에서 기술된 자기조절 모델의 이론적 토대를 잘 알고 있어야 한다.

덧붙여서, 10장에서는 범죄과정의 1단계(범죄 유발요인)에 초점을 둔 개인력('자서전') 활동을 어떻게 실시하는지에 대해 세부적으로 기술하고자 한다. 10장은 좋은 삶/자기조절 통합모델을 사용하여 범죄 개방을 어떻게 다루는지 세부적인 설명을 제공한다. 특히 10장은 범죄과정의 2단계에서 10단계까지 초점을 두고, 참가자들은 범죄 후 평가를 통하여, 연속적인 범죄 진행을 촉발하는 삶의 사건에서 시작하여 범죄사슬 활동을 완성한다. 이 활동을 실시할 때, 참가자들은 범죄관련 목표와 이러한 목표를 성취하기 위해 개발된 전략을 검토하며, 이 같은 조합은 개인의 범죄 경로를 구성한다.

3장을 상기해 보면, 각 경로는 범죄자보다 범죄에 토대를 둔 경로이며, 개인은 개인력에 따라 또는 다른 유형의 성범죄를 저지를 경우 다른 범죄 경로를 따른다(세부적인 정보와 평가 실시 요강은 Yates et al., 2009 참조). 4가지 범죄 경로는 3장에 기술되어 있기에 여기에서는 세부적으로 반복하지 않았다. 간단하게 요약하면 4가지 경로는 다음과 같다.

회피-수동 경로

· · · · · · ·

범죄에서 회피-수동 경로를 따를 때, 개인은 성범죄 발생을 회피하거나 방지할 목적으로 범죄를 촉발하는 특정 상황에 놓이거나 직면하게 된다. 통찰력의 부족으로 이러한 상황을 쉽게 또는 명료하게 확인할 수 없지만, 행동을 하기 전 개인은 법적 규제를 지키려 노력한다. 그러나 충족되지 못한 욕구 또는 욕구를 만족시키고 목적을 성취하는 데 필요한 기술의 결핍과 같은 취약성 때문에 특정 상황에서 자기조절 능력이 부족하고 억제되지 않는다. 이러한 취약성으로 인해 개인은 즉각적인 상황에서 자신의 욕구를 만족시키는 데 초점을 두고, 범죄를 저지르지 않는 것에 대한 전반적인 목적에 초점을 두지 않게 된다. 상황에 대한 통찰력과 대처 능력이 결여되어 있기 때문에 이 경로를 따르는 개인은 범죄를 방지하는 확실한 전략을 사용하지 못하는 경향이 있다. 그들에게 '전략'은 잘해야 자신이 가진 문제를 단순히 무시하거나 부인하는 것 또는 손쉽게 그 상황에서 주의를 다른 곳으로 돌리는 것이다. 범죄 이후, 개인은 인지부조화(범죄 회피의 의도적 목적과 실제 행동 간의 불일치)를 경험할 수 있고, 범죄와 행동, 심지어 자기 자신까지도 부정적으로 지각할 수 있다.

▌ 사례: 회피-수동 경로

도미니크는 21세의 청년이다. 그는 이전 치료 프로그램을 종료한 후에 재범을 하여 새로운 치료 프로그램의 참여를 위해 평가를 받고 있다. 15세 때, 여동생이 섹스하는 것을 승낙하도록 만들기 위해 유인책을 사용하였으며, 상황이 진행되면 여동생도 즐기게 될 것이라며 그녀를 제압하고 자신에게도 말하면서 저항을 극복했다. 그는 거주 프로그램(residential program)으로 보내졌고, 그곳에서 일부 치료 프로그램에 참여하였다. 도미니크의 치료자들은 학대행동에서 자신이 한 역할을 인정하는 것에 어려움이 있다는 점을 염려하였다. 그러나 도미니크는 규칙을 준수하는 데 이따금 긍정적인 변화를 보였고 스스로 "화를 내는 것은 가치 없는 일이야!"라고 말함으로써 자신의 화를 관리하려고 노력하였다. 도미니크는 치료 프로그램을 마치기 전에 18세가 되어 석방되었으며, 이후에는 계속 어머니와 함께 살았다. 그 후로 최근까지 도미니크는 직업을 구하는 데 어려움이 있었다. 지금은 대부분의 시간을 집에서 보내고 있다. 그는 친구도 거의 없고 하루에 6~8병의 맥주를 마셨다. 스트레스를 받으면 스트레스가 없어지기만을 기다릴 뿐 아무것도 하지 않았다.

최근 범죄 이전에 도미니크의 여동생이 방문해서 오빠의 생활에 대해 걱정하였다. 도미니크는 여동생의 좋은 의도가 비성적이라는 것을 알았지만 그녀에 대한 성적 각성이 다시 일어나기 시작했다. 처음에는 그 감정을 무시하려고 노력하면서 더 이상 생각하지 않으려고 했지만, 그럴수록 각성 상태는 더욱더 강해졌다. 만약 섹스를 시작한다면, 여동생이 과거에 그랬던 것처럼 동의해 줄 것이라고 기대하기 시작하였다. 만약 그녀가 적극적으로 "싫어."라고 말한다면, 그는 멈출 것이라고 마음속으로 다짐하였다. 그러나 섹스를 하려는 충동적인 시도로 인해 각성이 증가되었으며 여동생이 허락하지 않는다는 사실에 대처할 수 없었다. 그녀는 분명히 고통스러워하였지만, 그 순간 도미니크는 오로지 섹스하는 것에 초점을 두었다. 사건에 대해 다시 이야기를 할 때, 도미니크는 혼란과 자기혐오를 표현하였다. 그 당시에 알았더라면 좋았겠지만, 그 순간에는 나쁜 것으로 생각하지는 못했던 것 같다.

도미니크의 치료 전 평가면담

면담자: 여동생이 방문하기 몇 시간 전으로 돌아가 볼까요? 무엇을 하려고 했고, 어떤 일이 있었나요?

도미니크: 모르겠어요. 상황은 그렇게 좋지 않았고 나는 지루했어요. 어머니는 내가 짜증이 많다고 생각했어요. 솔직히 말해서 나의 삶을 위해 무엇을 해야 할지 모르겠어요. 그날 밤, 여동생이 왔을 때, 나는 텔레비전을 보고 있었고 그 애는 나에 대해 걱정한다고 말했어요. 나는 섹스에 대해 생각하지 않으려고 상당히 노력하고 있었어요. 그러나 성적으로 흥분되어 갔어요. 나에게 무슨 감정이 밀려오는지는 알지 못했지만, 그다음 일은 알고 있었어요. 그녀와 섹스를 하려고 했어요. 그러

> 나 잘 받아들이지 않았어요.
>
> 면담자: 당신은 그것에 대해 생각하지 않으려고 노력했다고 말했어요. 그 밖에 어떤 시도를 할 수 있었나요?
>
> 도미니크: 모르겠어요. 나는 정말 생각하지 않으려고 했어요. 나에게는 그것만이 가장 좋은 방법이었어요.

도미니크의 초기 의도는 성범죄를 피하는 것이었다. 그러나 그것에 대해 생각하지 않으려는 단순한 시도를 제외하고 방지하기 위한 노력은 거의 없었다. 이 예에서, 그는 충동을 만족시키려고 하는 것과 재범을 피하려고 하는 것에 대해 충돌하는 목표를 조정할 수 있는 능력이 거의 없었다. 그는 생각이 없었다고 진술하였는데 어떤 측면에서 그러한 평가는 정확한 것이었다. 그는 각성되어서 성행동에 초점화되었고, 초조하여 스스로 주의를 전환할 수 없었다. 문제 상황을 다루는 데 있어 도미니크의 전략은 회피하거나 그것에 대해 생각하지 않는 것이었다. 치료자의 이후 평가는 도미니크의 자기조절 방식, 인지적 문제해결 기술뿐만 아니라 일반적인 기술에 초점을 둘 수 있다. 현재 진행되고 있는 평가에서 도미니크는 최근 범죄에서 회피-수동 경로를 따른 것으로 평가되었다. 다른 관련 요인도 역할을 했겠지만, 이 평가는 도미니크의 명백한 회피 목표(범죄를 저지르지 않으려는 욕구)와 이 목표를 달성하기 위해 여동생에 대한 성적 각성을 무시하려고 초기에 시도했던 수동적인 노력에 토대를 두었다.

회피-능동 경로

개인이 회피-능동 경로를 따를 때, 회피-수동 경로에서처럼 그의 목표는 발생되는 범죄를 회피하거나 방지하기 위한 것이다. 이를 달성하기 위해 개인은 특정 상황이 위험하다는 것을 인식할 때 통제하거나 욕구와 각성, 성적 환상을 억제한다. 그리고 행동화하는 것을 피하기 위한 행동(이러한 것이 궁극적으로 성공하지 못할지라도)으로 명백한 능동적인 전략을 사용한다. 따라서 이러한 경로를 따르는 개인은 문제가 되는 상황을 알 수 있고 이를 다루기 위한 행동을 취할 수 있기 때문에 범죄과정이나 범죄사슬에 대해 약간의 자각이 있다. 그러나 문제는 그들이 선택한 전략은 궁극적으로 잘못 조절된다는 것이다. 즉, 범죄를 방지하는 데 효율적이지 않을 수 있고, 실제로는 성범죄가 발생할 위험성이 증가할 수 있다. 예를 들어, 자신의 기분을 조절하기 위해 술을 사용하는 개인은 중독과 관련된 억제와 행동통제의 상실로 인해 범죄를 저지를 수 있다. 사건이 일어난 후, 이러한 경로를 따르는 개인은 인지부조화를 경험하고(범죄를 피하기 위한 개인의 의도적 목적과 그의 실제 행동 사이의 불일치) 자신의 행동과 범죄를 부정적으로 지각하는 경향이 있다.

사례: 회피-능동 경로

켄은 성적 지향에 대해 오랫동안 갈등을 겪었다. 신앙심이 깊은 그는 남성에게 성적 관심이 없다고 자신을 설득하는 데 삶의 많은 시간을 보냈다. 그는 21세에 여성과 결혼하였고, 교회활동에 적극적이었다. 이러한 상황에서 그는 성가대의 많은 젊은 남성에게 관심을 가지기 시작하였고, 주일학교에서도 봉사활동을 했다. 켄은 남자아이에게 매력을 느꼈을 때, 자신이 권위를 가지고 있다는 것을 알아차리고, 즉시 자신의 역할에 대한 중요성을 떠올리면서 교회활동에 좀 더 몰입하였다. 그럼에도 그는 교회 성가대의 14세 남자아이에게 범죄를 저질렀다. 남자아이의 아버지에게 바로 발견되어 켄은 4년형을 선고받았다.

치료 프로그램에 참여한 켄은 자신이 믿음을 지키지 못했고 강렬하지도 않았으며, 이러한 실패가 범죄의 일차적 요인이라고 빠르게 결론지었다. 실제로 켄은 다른 사람들에게 상담을 해 주는 비공식적인 종교지도자였다. 켄은 엄격한 종교적 계율의 준수가 미래의 범죄를 예방한다고 강하게 확신하게 되었다. 그는 젊은 남성에 대한 과거의 성적 끌림에 대해 혐오감을 표현하였다.

출소하게 되자, 켄은 이웃에 위치한 작은 근본주의(fundamentalist) 교회에 다녔다. 새로운 지역사회에 적응해 가는 몇 주가 지나자, 켄의 가족들은 이웃 주민들이 켄과 최소한의 접촉만을 원한다는 것을 알게 되었다. 교회에서 동료들도 거리를 두는 것 같아 그는 점차적으로 외로워지기 시작했다. 그는 자신이 교회 주변의 젊은 남성에게 성적으로 끌리는 것을 인식하고, 솔직하게 자신의 이야기를 터놓을 대상이 아무도 없다는 것을 느꼈다. 극단적으로, 그는 여러 젊은 남성과 만나면서 자신을 '악마와 투쟁하는' 용기 있는 사람이며 몇 해의 헌신적인 믿음을 통한 축적된 지혜로 혜택을 받을 수 있다고 스스로에게 말했다. 그러나 동성애에 대한 주제로 15세 남자아이와 토론을 할 때, 그의 저항력은 급속히 무용지물이 되었다. 이야기를 나누었던 남자아이가 켄의 성적 지향이 불확실한 것으로 보인다고 했을 때 켄은 명확해졌다. 켄은 좀 더 나은 판단을 할 수 있었음에도 불구하고 빠르게 성적인 접근을 하였고, 성행동을 하였다. 그 후, 켄은 자신의 성적 관심을 조절하려는 시도가 실패하였다는 것을 깨달았을 때 자포자기와 자기혐오에 빠져들었다. 켄은 예비 프로그램에서 재교육을 받기 위해 평가를 받았다.

켄의 평가면담

면담자: 무슨 일이 있었는지 말해 주시겠어요?

켄: 나는 몇몇 젊은 남성과 함께 교회활동을 열심히 했어요. 그들 중 한 명과는 섹스와 성(sexuality)에 대해 이야기를 나누었어요. 이것이 나쁜 상황으로 될 수 있음을 알았지만 나는 진정으로 그가 고통에서 편안해지고, 그와 연결되기를 원했어요. 나도 그가 고민했던 동일한 문제들로 고통받았어요. 나는 그와 성관계를 하는 것에 대해 점점 더 생각한다는 것을 알았어요.…… 그러나 이것을 알아차렸을 때는 너무나 많이 진척되었다는 것을 알았어요. 나는 생각을 멈추기 위해 노력했고 즉각적인 만족은 누구에게도 좋지 않다는 것을 상기하면서 치료에서 배웠던 재범 방지 기술들을 시도했어요. 그러나 이 상황은 달랐어요. 모르겠어요. 무언가 빠져나올 수 없을 것 같았어요. 이것에 대해 결코 계획은 하지 않았지만 흥분을 회피하는 방법에 대해 생각하면 할수록 섹스를 더 원하게 되었어요. 만약 내가 아동이 자발적으로 하도록 만들 수 있다면, 그것은 잘못된 것도 아니고, 죄가 되지도 않을 거라고 생각했던 것 같아요. 내가 잘 해 나가리라 기대했어요.

앞의 사례에서 도미니크는 재범을 피할 수 있는 기술이 거의 없었으며, 켄은 많은 인지적 기술을 사용하려고 적극적으로 노력했지만 불행하게도 결국에는 성공하지 못했다. 그가 시도했던 기술은 즉각적 만족과 관련된 자기 말(self-talk), 재범을 방지하기 위한 신앙심의 사용, 생각 멈추기 등이었다. 10대 남자아이와 가까이 근접해 있으면서 그들에 대한 성적 관심을 억제하려 했던 그의 시도는 실패했을 뿐만 아니라 재범을 더 용이하게 만들었다. 비록 영성이 좋은 삶을 만드는 데 필수적 역할을 하지만, 켄이 하나의 회피 전략으로 영성에 의존한 것은 잘못된 생각이었다. 결과적으로, 재범을 피하기 위한 그의 시도는 빠르게 실패했다. 전형적인 회피-능동 경로인 켄의 각각의 시도는 다른 상황에서 적용할 수 있었고, 그는 진실로 이러한 전략이 효과적이라고 믿었다. 삶의 많은 다른 영역(예: 사회적 고립감)에서 다른 일이 발생해도 하나의 기술로 사용하려는 그의 시도는 치료되지 않은 채로 남겨졌다. 이 주제는 11장에서 좀 더 자세히 설명할 것이다.

접근-자동 경로

개인이 접근-자동 경로를 따를 때에는 보다 적극적으로 범죄를 저지르며, 자신의 범죄를 방지하려고 시도하지 않는다. 접근-자동 경로의 경우, 개인은 비교적 자동적 방식으로 범죄를 저지르고, 자신의 행동이 어떠한 영향을 미치는지 고려하지 않는 경향이 있다. 자기조절과 관련한 행동은 부족한 조절력과 탈억제로 이러한 개인은 위험할 수 있는 상황에서 자신의 행동을 성공적으로 또는 효과적으로 통제하지 못하기 때문이다. 그들은 상황과 환경의 단서에 자동적으로 반응하는데, 일부의 경우에는 범죄로 진행하는 데 있어 그 행동이 매우 충동적으로 나타난다. 범죄는 비교적 자동적인 방식으로 행동을 이끄는 견고한 인지도식 또는 암묵적 이론에 따라 행동하게 되는 특정 상황의 개인적 지각과 해석으로 발생한다. 예를 들어, 여성은 언제나 성적으로 반응한다고 믿는 개인은 그러한 믿음을 가지지 않는 개인보다 여성의 친근한 행동을 성적 관심과 성적 의사 표현으로 해석하는 경향이 많다. 접근-자동 경로를 따르는 개인은 범죄를 계획하지는 않지만 피해자와의 초기 접촉은 계획할 수 있으며 그 이후에는 환경이나 상황적인 단서에 빠르게 반응하기도 한다. 그들은 그러한 단서를 의식적으로 자각할 수 없고, 또한 사건에 대한 지각, 해석, 반응에 대해서도 자각할 수 없다. 그들은 세상과 피해자, 다른 사람들에 대해 성적 각본이나 부정적인 관점에 의해 이끌릴 수 있고, 적대감과 보복, 분노로 반응할 수 있다.

사례: 접근–자동 경로

제이는 마약을 거래하는 아버지와 마약을 남용하는 어머니 밑에서 자랐다. 그의 부모가 법적으로 구속되었을 때, 제이는 때때로 친척들과 살거나 위탁보호를 받았다. 제이는 다른 사람들과 정서적인 유대를 거의 형성하지 못했고, 세상은 기회가 있을 때 즐겨야 하는 곳이며, 권위는 적대적이고 통제적이며 예측 불가능한 것이라고 보았다.

제이는 거주시설 프로그램에서 직원들이 교대하는 시간과 야간의 잠자는 시간에 어린 10대들에게 섹스를 강요해서 결국 소년원에 수감되었다. 출소 후, 거주시설에서 있었던 일에 대해 소년원에서 관리감독 없이 홀로 남겨졌을 때 사건이 발생하였다고 말을 바꾸기도 하였다. 제이는 이 시기 동안 과도한 공격을 계획하지는 않았다. 그는 갑자기 기분이 나빠졌을 때, 자신의 감정을 해소시킬 기회를 엿보았다. 제이는 터프가이라는 평판을 들었으며 다른 사람들이 그를 대우해 주었다. 그것이 그에게 우월감과 가치감을 주었다. 이러한 공격에 대한 그의 태도는 행동 그 자체가 즐거웠고 위험성도 가치가 있었다.

프로그램을 수료한 후, 제이는 술집의 폐점 시간 전 화장실에 갔던 여성에게 성폭행을 저질렀다. 그는 여성들이, 특히 성적인 문제에서 진심을 말하지 않는다는 일반적인 신념이 있었고, 그 여성이 자신에게 추파를 던졌다고 생각하였기 때문에, 그의 관점에서 '그녀가 그에게 신세진 것'이므로, 이것은 자신이 그녀를 폭행했다는 부분에는 약간의 의견 차이를 만들었다. 사실 그는 특별히 그날 저녁에 어느 누구에 대해서도 폭행을 계획하지 않았고, 그의 행동은 섹스와 알코올이 관련되었기 때문에, 자신의 행동을 호의적인 저녁 시간으로 간주했다. 다른 사람들에게는 이러한 공격이 난데없이 나온 것처럼 보였다.

교도소에서 제이의 행동은 다른 사람들을 화나게 했으며, 자신의 행동을 반성하지 않는 것처럼 보였다. 그는 직원들에게도 무례하게 추파를 던졌으며, 불법 성행동에 연루되었고, 다른 규칙도 위반하였다.

제이의 치료 전 평가면담

면담자: 술집에서 그날 밤 무슨 일이 일어났는지 말해 주시겠어요?

제이: 별거 없어요. 술집에 있었는데 그녀가 술에 취해 있었어요. 그래서 화장실에 가게 되었고 섹스를 했어요.

면담자: 그녀가 취해 있었다는 거죠? 당신이 어떻게 알았죠?

제이: 저도 그렇게 말을 했죠. 어디인지는 잘 모르겠는데 사람들이 학대라고 말해서 그만두었어요. 지난 저의 전과 때문이었을 거예요. 그녀는 그 후에 내가 마치 나쁜 짓을 한 것처럼 거짓말을 했어요. 그녀가 즐기기를 원했다면 나도 어쩔 수 없잖아요.

면담자: 당신 또한 즐기기 위해 나갔네요.

제이: 그렇지 않다면 내가 왜 나갔겠어요? 그녀는 즐기기를 원했고 나도 즐기기를 원했어요. 아무 문제도 없었어요.

면담자: 그래서 당신은 즐길 수 있는 기회를 찾으려고 시내로 나갔네요.

제이: 예. 보세요, 내 전과를. 누군가가 나를 감옥에 보내려고 한 것 같아요. 실제로 나는 할 수 있을 때 나에게 온 기회를 잡으려 한 거예요.

제이의 초기 삶의 경험에서 생긴 도식은 범죄를 저지르게 하는 원형(template)으로 작용했다. 그는 즐거운 경험을 추구하는 기회를 가지려고 노력하는 데 초점을 두었다. '모든 권위는 적대적이고 여성은 신뢰할 수 없다'는 세상에 대한 믿음으로 인해, 그는 자신이 원하는 것을 얻을 수 있는 기회를 다른 것에 비해 자동적으로 알아차렸다. 이로 인해 그의 행동은 충동적으로 보일 수 있고 다른 사람에게는 난데없는 것일 수 있다. 이 경로를 따르는 개인은 수업시간에 갑자기 반응을 보이는 전통적 의미의 충동성이 항상 있는 것은 아니며, 부적절한 상황에서 욕하는 것을 참지 못하는 것도 아니지만, 그들의 행동은 때때로 적당한 이유를 찾을 수 없다.

제이는 자신에게 편리할 때만 사회적 규범을 준수하기 때문에 그의 성적 공격성의 경우 주변 사람들이 보기에 갑작스럽고 충동적으로 여겨진다. 하나의 핵심적 양상은 그가 자신의 성적 공격행동을 긍정적으로 평가하는 것이다.

접근–명백 경로

• • • • • •

접근–명백 경로를 따르는 개인은 목표를 달성하기 위해 행동을 계획하며, 이러한 목표는 범죄에 옹호적이다. 그들은 매우 명백하고 계획적인 방법으로 접근해서 자신의 목표를 이룬다. 이 경로를 따르는 개인은 전형적으로 범죄에 지지적인 태도와 신념을 가지고 있으며, 상황과 자신의 행동을 관찰하는 능력도 있다. 그들은 특정 상황에서 최선의 전략이 무엇인가에 따라 자신의 행동을 주의 깊게 계획하고 억제할 수 있기 때문에 그 상황에서 정상적인 자기조절력을 가진다. 예를 들어, 경찰이 있어서 그 상황이 범죄를 저지르기에 위험성이 너무 크다면 범죄에 대한 충동을 억제할 수 있다.

사례: 접근–명백 경로

윌리엄의 가정교육은 평범하였다. 그는 아시아학 문학 석사학위를 받았고, 동양으로 여행을 자주 다니다가 그곳에서 아동을 성폭행했다. 그는 평화봉사단과 다른 자선단체의 선생님이 되어 아동과 접촉할 기회를 얻었다. 그의 행동은 교육 서비스 내에 있어서 아동의 가족들에게 신뢰를 얻었고 아동을 납득시킬 수 있었으며, 이러한 행동이 세계의 일부 지역에서는 용인되었다.

윌리엄은 아시아 국가의 법은 종종 북미와 유럽에서처럼 엄격하게 집행되지 않는다는 것과 성(sexuality)이 다르게 지각되고 있다는 것을 알았다. 그는 아동과의 성관계에 대해 서양과의 입장(가치관) 차이라고 단순하게 생각했다. 윌리엄은 바람직한 조건에서 아동과 성관계를 맺는 것은 사랑과 멘토십의 문제이며, 정부가 그 나라의 시민을 대신해서 결정할 수 있는 영역 밖의 일이라고 강력하게 믿었다.

윌리엄은 아시아에서 적발을 피하는 데 성공했다. 그는 대체교사로 북미의 집에 돌아가 있는 동안에 자신의 지위를 이용하여 많은 아동을 성추행한 후 결국 체포되었다. 체포되었을 때, 범죄 조사과정에서 그는 두 단체의 회원이었고, 아동과의 성관계를 수용 가능한 것으로 생각했으며, 아동성폭력과 관련한 사회의 법을 수용할 수 없다는 생각에 고쳐되어 있었던 것으로 나타났다. 아동들과 주고받은 서신을 보면, 그는 성추행을 아동과의 예술 작업으로 간주한 것이 분명했다. 그가 아동을 학대했던 사람들을 가끔 마주치게 되면 거만한 태도로 경멸함을 드러내었다.

윌리엄의 치료 전 평가면담

면담자: 아이들과 성적인 만남을 가졌던 하나의 사례에 대해 설명해 주실래요?

윌리엄: 그들과 우연히 만난 것은 아니에요. 이번 사건은 돌봄을 받는 멘토십 관계 안에서 일어났어요. 나는 수년 동안 선생님으로 있었고, 모든 학생에게 헌신적이었어요. 그들 모두와 성관계를 가진 것은 아니에요. 몇몇 학생은 깊은 수준의 접촉과 이해를 구했고요. 그들 중 일부는 발달과정의 일환으로 입문하기 위해 적극적으로 요청해서 내가 그들의 이해를 돕는 데 도움을 줄 수 있었어요.

면담자: 좋아요. 그것이 무엇이었을까요?

윌리엄: 자발적으로 나에게 접근해 오는 많은 학생이 있었어요. 학생들의 삶과 미래에 대해 많은 이야기를 나누었고, 성장하면 어떤 사람이 되고 싶었는지에 대해서도 물어보았어요. 많은 학생이 섹스에 관심을 가지고 있어서 다정하게 지속되는 관계의 맥락에서 성을 이해할 수 있도록 도와주었어요. 이것은 도움되는 관계였음을 이해해 주세요. 학생 중 어느 누구도 반대하지 않았어요.

윌리엄은 자신이 저질렀던 각 사건에서 명백하고 의도적인 성범죄의 경로를 따랐다. 윌리엄은 아동성학대가 주로 발각되지 않을 지역에 정기적으로 여행을 했고, 아동이 신뢰하고 밀접하게 접촉할 수 있는 지위에서 일했다. 그는 아동과 성관계를 맺는 것에 관심이 있는 다른 사람들과 네트워크를 만들었으며, 자신도 두 개 단체의 회원이 되었다. 이와 같은 행동(범죄 전, 범죄 기간 동안, 범죄 후)에 대한 윌리엄의 평가는 긍정적이었으며, 신중하게 이러한 행동을 할 기회를 탐색하였다. 전반적인 자기조절은 정상적이고 목적이 있었지만 목표는 부적절하고 해로웠다. 윌리엄은 사회적으로 아동과의 성관계를 비난하는 것은 잘못이라고 강력히 믿었다.

범죄 경로 평가

· · · · · ·

범죄 경로를 평가할 때, 평가자는 개인의 가장 최근 성범죄로 시작하고, 동종 범죄, 특히 최근 범죄에 대한 평가 실시 요강을 바탕으로 한다. 동종 범죄는 일반적으로 같은 경로를 따르는 것으로 예측된다. 개인이 저지른 모든 범죄에 대해 자기조절 경로를 결정할 필요는 없다. 이러한 작업은 지나치게 시간을 소비하게 되고 크게 도움이 되지도 않는다. 그러나 다음의 세 가지 경우는 다른 범죄에 대한 범죄 경로를 평가하는 것이 유용하다. 첫째, 만약 개인이 다른 유형의 범죄를 저질렀을 때, 각각의 범죄에 대해 다른 경로를 따를 수 있다. 예를 들면, 아동과 성인 둘 다에 대해 범죄를 저지른 혼합형 범죄자는 아동 대상의 범죄일 경우 접근-명백 경로를 따를 수 있지만 성인 대상의 범죄일 경우에는 접근-자동 경로를 따를 수 있다. 둘째, 다양한 범죄력을 가진 개인이 시간이 흐르면서 다른 범죄 경로를 나타낼 수 있다. 예를 들면, 초기 범죄에서는 회피 경로를 따를 수 있지만 시간이 경과한 후 좀 더 많은 사건을 경험한 이후에는 접근 경로로 바뀔 수 있다. 셋째, 치료를 받은 개인이 범죄와 관련된 목표를 효과적으로 변경(접근 목표에서 회피 목표로)했을 경우다. 그러나 이러한 개인은 전략을 사용하지 못하는 고위험 상황과 만나게 되고, 재범을 저지르게 된다. 이 경우 개인의 경로 변경은 치료 또는 개입의 결과로서 발생할 가능성이 있으며, 재범은 이전 범죄와는 다른 자기조절 경로와 관련이 있다. 그러나 일반적으로 범죄의 패턴을 찾고 최근 경로를 평가하는 것은 현재의 치료를 위해 중요하기 때문이다.

범죄 경로를 따르는 것에 대한 이해는 평가(공식적인 평가 실시 요강은 Yates et al., 2009 참조)를 통해 또는 범죄 개방과 연결된 평가(9장, 10장 참조)를 통해 이루어져야 한다. 선택된 방법이 어떤 것이든 상관없이, 다음의 정보는 범죄 경로를 결정하는 요인들을 설명한다.

범죄관련 목표

. . . . . .

앞서 기술한 것처럼, 범죄 경로를 따르는 것은 특정 범죄를 진행하는 개인의 목표와 이러한 목표를 이루기 위해 개인이 선택한 전략의 결합이다. 자기조절 경로를 평가하는 데 있어 평가자는 먼저 범죄가 일어났을 때 그 개인의 가장 중요한 목표를 검토한다. 좋은 삶 모델의 목표와는 달리, 여기에서 검토하는 목표는 자기조절 모델 범죄과정의 목표와 구체적으로 관련되어 있다(3장과 [그림 3-1] 참조). 목표에 대한 최종 결정(궁극적으로 경로)은 범죄과정에서의 사건사슬을 통해 개인행동에서 전반적으로 또는 두드러지게 발생했던 것을 토대로 한다. 즉, 범죄자는 회피 목표와 접근 목표 둘 다를 보일 수 있지만 목표를 결정하는 것은 범죄과정에서 가장 명백하거나 혹은 가장 두드러진 것이다.

범죄 목표를 평가하기 위해 다음에 기술된 4가지 요인이 고려된다.

1. 범죄를 방지하거나 회피하려는 개인의 욕구
2. 범죄에 대한 개인의 전반적인 태도
3. 범죄과정에서의 인지적인 왜곡
4. 범죄 후 자신과 범죄, 범죄과정에서 일어났던 행동에 대한 평가

범죄를 방지하려는 욕구

자기조절 모델에서, 욕구는 범죄과정의 3단계에서 공식적으로 분명하게 알 수 있다. 그러나 평가를 위한 정보는 다른 단계에서도 얻을 수 있다. 일반적으로, 면담자는 개인이 특정 범죄 상황의 전체과정과 초기과정 둘 다에서 범죄가 발생하는 것에 대해 방지하기를 원했거나 또는 범죄가 일어날 가능성에 대해 불안했음을 보여 주는 정보를 탐색한다. 이러한 태도는 개인이 범죄과정에서 이후에 실제로 범죄를 저지르는 것과는 별개의 문제다. 개인이 범죄를 원하지 않았다는 충분한 증거가 초기 단계와 범죄 후에 제시되었을 때 회피 목표임을 알 수 있다. 개인의 목표가 범죄를 지지한다는 충분한 증거가 제시되었을 때 접근 목표가 드러난

다. 다음은 범죄를 피하려는 욕구를 반영하고 있는 접근 혹은 회피 목표를 보여 주는 진술의 예다.

- "그녀에게 내가 어떻게 할까 봐 두려웠지만 그 상황을 감당할 수 있을지는 분명하지 않았어요. 내가 그렇게 하는 것은 원하지 않았지만 기분은 좋았어요."(회피 욕구/목표)

- "나는 그녀에게 정말로 화가 났어요. 그녀에게 잘 대해 주려고 노력했지만 그녀는 내 상황을 점점 더 어렵게 만들었어요. 예전에 배웠던 모든 분노관리 기술을 시도했지만 내 자신을 옹호하는 것이 필요한 상황이 되어 버렸어요."(회피 욕구/목표)

- "그녀가 나에게 '싫어.'라고 말했을 때 나는 생각했어요. 그렇게 하지 않도록 그녀를 가르쳐 주어야겠다고요."(접근 욕구/목표)

- "그녀를 만났을 때 기회가 있을 것임을 직감했어요. 그녀에게는 아이가 있고 많은 도움이 필요하다는 것을 알았어요. 그녀의 집 주변에서 도움을 줄 누군가가 필요하다는 것을 알았고 그것이 아이돌보미라고 예상했어요."(접근 욕구/목표)

범죄에 대한 태도

자기조절 모델에서, 범죄에 대한 범죄자의 태도는 자신, 타인, 피해자 그리고 세상에 대한 상대적으로 안정적인 핵심 믿음 또는 도식을 반영한다. 이러한 모든 믿음은 범죄에 대한 개인의 태도에 영향을 미친다. 범죄와 관련된 목표를 고려한 이러한 태도의 평가에서, 평가자는 좀 더 광범위한 신념체계(예: "혼자 술을 마시는 여자는 섹스 상대를 찾는 것이에요.")를 반영하는 생각의 패턴을 알아내기 위해 특별한 상황(예: "그녀는 술집에서 혼자 술을 마시지 않았어야 해요.")에서 특정한 인지왜곡을 넘어서 그 이상을 확인해야 한다. 범죄과정에서 범죄에 대한 태도의 영향을 평가하는 데 있어, 회피 목표는 범죄 발생을 지지하는 태도가 상대적으로 거의 없다는 것과 관련되어 있다. 이 평가는 범죄자의 범죄에 대한 욕구평가처럼 일반적인 태도평가와 범죄를 저지른 맥락에서의 평가 둘 다를 포함한다. 그 예는 다음과 같다.

- "내 자신을 통제할 수 없을 것 같아요. 그럼에도 그것이 잘못되었다는 것을 알아요. 아이들은 순진하고, 성관계를 가지기엔 나이가 너무 어려요."(회피 목표 태도)

- "나는 그와 단둘이 있는 것이 위험하다는 것을 알기는 했어요. 그러나 내가 멈출 수 있을 만큼 충분히 강하다고 생각했거든요. 내가 거기에서 벗어나려고 노력했지만, 그는 아주 많이 즐기고 있는 것처럼 보였어요. 나는 그것이 괜찮을 것이라고 생각했어요."(회피 목표 태도)

- "아이들은 성적인 친밀함에 동의할 수 있어요. 섹스와 관련하여 고상한 체하는 것은 현대사회일 뿐이에요."(접근 목표 태도)

- "나를 믿어 주세요. 만약 당신이 거기에 있었다면, 그녀는 당신이 말했던 것과 같은 피해자가 아니라는 것을 알았을 거예요."(접근 목표 태도)

인지왜곡

인지왜곡은 태도에 비해 상황 또는 사람의 상태에 좀 더 한정되어 있다. 실제로 이러한 왜곡은 인지적 '부산물'로 언급되기도 한다(Gannon, 2009). 달리 말하면, 왜곡은 좀 더 광범위한 인지도식, 태도 또는 핵심 신념으로부터 발생하며 특정 신념의 지표다. 예를 들어, 아동이 성적 행동을 유발했다고 책임감을 떠넘기는 것은 아동도 성적 존재라는 좀 더 일반적인 신념을 보여 주는 것이다. 대조적으로, 이러한 신념으로부터 발생하는 인지왜곡은 개인이 특정 상황에서 행동하도록(즉, 범죄를 일으키도록) 스스로에게 허용하며, 일부 사건에서 인지부조화를 줄이고, 범죄에 대한 책임을 전가한다. 범죄와 관련된 목표를 평가하는 데 있어 범죄에 대해 내적 책임감을 반영하는 인지왜곡 또는 범죄자가 죄책감이나 부조화를 줄이려고 사용하는 인지왜곡은 범죄와 관련된 회피 목표를 나타낸다. 반대로, 외재화와 비난, 책임감을 부인하는 인지왜곡은 그 행동이 일반적이고 수용할 수 있음을 나타내는 접근 목표를 반영한다. 그 예는 다음과 같다.

- "이렇게 하려고 했던 것은 아니에요. 나는 그저 우울했고 외로웠어요. 스스로 멈출 수 없다고 느꼈어요."(회피 목표 왜곡)

- "지난 치료 프로그램에서 배웠던 모든 것을 시도해 보았지만 제대로 되지 않았어요."(회피 목표 왜곡)

- "내가 뭘 잘못했나요. 어쨌든 그녀는 매춘부이고 늘 하던 것이잖아요. 단지 섹스를 거칠게 했을 뿐이고, 이것은 그들이 대부분 하는 방법이잖아요."(접근 목표 왜곡)

- "내가 당신과 다른 것은 아니에요. 나는 다른 사람의 문제를 통해 그들과 일하면서 돕는 것을 좋아해요. 그녀에게 이것이 해로웠다면 유감이네요."(접근 목표 왜곡)

범죄 후 평가

자기조절 모델은 범죄 후에 두 개의 단계가 있는데, 개인이 자신의 행동 및 그 범죄를 평가하는 과정과 미래에 유사하게 행동하는 것에 대하여 생각을 형성하는 과정이다. 범죄와 관련된 회피 목표를 가진 개인은 범죄를 저지르는 것에 대해 부정적으로 반응하는 경향이 있다. 그들은 부정적인 정서를 경험하며, 자신을 부정적으로 평가하고, 인지부조화 경향이 있다. 또한 미래에는 자신을 잘 억제할 수 있다는 욕구를 전형적으로 표현한다. 간략하게 요약하면, 자신의 초기 목표(즉, 범죄를 피하는)를 달성하지 못했기 때문에 그들에게 범죄는 하나의 실패다. 범죄와 관련된 접근 목표를 가진 개인은 긍정적으로 반응하고 그들의 목표를 충족시킨 성공적 경험으로 자신의 행동과 범죄를 평가하는 경향이 있다. 범죄 후 단계과정에서 목표에 대한 지표의 예는 다음과 같다.

- "이후에 내 자신이 혐오스러웠어요. 죄책감이 많았어요. 절대로 다시는 범죄를 저지르지 않을 거예요."(회피 목표 평가)

- "내 삶에 두려움이 없도록 할 거예요. 경찰이 왔을 때 정말로 안심이 되었어요. 비록 내

가 섹스를 원했을지라도 그것은 전혀 가치 없는 것이었어요."(회피 목표 평가)

- "그래요, 내가 그렇게 공격적이지 않아야 했어요. 나중에 내가 나빴었고, 그녀가 나를 무시하지 않았다는 것을 알았지만 그때는 정말로 화가 나 있었어요."(접근 목표 평가)

- "음, 이번 교훈으로 확실하게 깨달았어요. 경찰과 남의 일에 참견하는 사람이 많은 공원에는 가지 않아야겠다는 것을 알게 되었어요. 다음에는 같은 실수를 하지 않을 거예요." (접근 목표 평가)

범죄 전략

· · · ·

앞서 제시한 것처럼, 범죄 경로는 특정 범죄과정에서 개인의 목표와 이 목표를 이루기 위해 선택한 전략의 결합체다. 목표를 결정한 후, 평가를 위한 다음 단계는 목표를 이루기 위해 개인이 시작한 행동을 결정하는 것이다. 전략은 일반적으로 능동적이거나 수동적이다. 범죄와 관련된 목표를 결정하는 것처럼, 범죄 전략 평가는 범죄의 진행에서 가장 명백하거나 두드러진 것에 토대를 둔다. 목표를 이루기 위한 전략은 범죄과정의 5단계에서 선택되지만 선택했거나 사용한 전략에 대한 정보는 자기조절 모델의 다양한 단계를 통해 명백해질 수 있다.

범죄와 관련된 목표를 이루기 위해 사용한 전략의 평가에서는 다음에 기술된 3가지 요인을 고려해야 한다.

1. 개인의 자기조절 기술
2. 범죄 계획의 정도
3. 범죄행동에 대한 개인의 통제 또는 지각된 통제

자기조절 기술

자기조절 기술은 원하는 결과를 얻거나 원하지 않는 결과를 피하기 위해 목표 지향적인 행동에 참여하는 능력을 포함한다. 또한 그 기술은 분노, 외로움, 성적 각성/범죄에 대한 욕구 등과 같은 정서 상태에 대처하는 능력도 포함한다. 어떤 범죄 경로를 따르는지를 결정하는 데 있어, 평가자는 범죄자의 일반적인 자기조절 기술과 범죄가 진행되는 동안 보여 준 전략을 평가한다. 만약 개인이 삶의 사건에 대처하고, 정서 상태를 조절하고, 문제를 해결할 수 있는 약간의 또는 최소한의 기술이 있다면, 그는 목표를 이루기 위해 수동적 전략을 사용할 수 있다. 범죄과정에 있어, 수동적이거나 자동적인 전략의 지표는 발생하고 있는 범죄, 충동적인 범죄를 방지하려는 시도가 실패하는 것과 범죄와 관련된 욕구 및 사건에 대처할 수 있는 능력이 없거나 거의 없는 것을 포함한다. 능동적이거나 명백한 전략의 사용에 대한 지표는 비록 그것이 범죄과정에 있어 비효과적일지라도, 삶의 사건에 대처하고, 문제를 해결하고, 계획을 세우고, 개입하려고 시도하는 약간의 일반적 능력을 포함한다.

- "무슨 일이 일어났는지 정말 모르겠어요. 우리는 춤을 추고 있었고, 그녀와 함께 있고 싶어서 멈추기를 원하지 않았을 뿐이에요. 충동이 나를 조종하는 것만 같았어요."(수동/자동 자기조절 전략)

- "파티에 갔는데 정말로 취했어요. 그곳에 나의 오랜 친구가 있었어요. 거기에 있는 모든 사람이 나의 모든 것을 알고 있다고 생각했어요. 문제가 일어나지 않았어야 했어요."(수동/자동 자기조절 전략)

- "이웃집 아들과 함께 있으면서 충동을 느꼈을 때 내가 잘못되었다는 것을 알았지만, 인터넷에 들어가서 몇 개의 아동 포르노를 찾아보았고 자위행위를 했어요. 정말로 좋은 생각이 아니었어요. 다음날 내가 그 아이를 보았을 때 포르노그래피가 떠올라서 범죄를 저질렀기 때문이에요."(능동/명백 자기조절 전략)

- "나는 아무 문제도 없어요. 내가 어떤 것이 필요했다면 그것을 훔쳤을 거예요. 만약 내

가 원하는 그 무엇이 섹스였다면, 그것을 했을 거예요." (능동/명백 자기조절 전략)

범죄 계획

범죄과정을 통해서 살펴본 범죄 계획의 정도는 범죄와 관련된 목표를 달성하기 위해 사용한 전략에 대한 유형의 지표를 제공한다. 개인은 다각적으로 자신의 범죄를 계획한다. 일부는 계획이 없거나 최소한의 정도만 나타나지만, 다른 사람들은 능동적이고 명백하게 계획을 한다. 일부 사례의 경우, 범죄가 다른 것에 비해 충동적으로 발생하여 저지르게 되면 범죄를 계획한 증거가 없을 수 있다. 다른 사례의 경우, 내현적(예: 마음속으로 연습을 수행함)으로 또는 외현적(예: 사전에 피해자나 지역을 명확하게 선정함)으로 계획할 수 있다. 범죄 계획의 지표는 범죄과정을 통해 드러나며, 범죄를 저지르기 위한 의도적 증거, 전략 선택에서의 계획성, 계획에 대한 인식, 잠재적 피해자를 찾는 것을 포함한다. 특정한 회피 목표에서, 능동적 전략은 개인의 행동화를 자제하도록 도와주는 것과 범죄에 대한 욕구를 다루도록 도움을 주려는 의도를 포함한다.

- "여자아이에 대한 성적 환상이 있었지만 그것을 행동으로 옮긴 적은 없어요. 범죄가 일어났던 그날 밤에, 여자친구가 나를 떠나서 정말로 마음이 상해 있었어요. 그 여자아이를 보고 바로 사건이 발생했어요." (수동/자동 범죄 계획)

- "갑자기 우리만 남겨졌을 때 믿을 수가 없었어요. 그녀가 좀 더 마시기를 원한다는 것은 뜻밖의 일이었어요. 그녀의 여동생이 침대로 갔는데, 나와 섹스하기를 원하는 것만 같았어요." (수동/자동 범죄 계획)

- "대부분 아침에는 특별히 지하철을 타는 편이에요. 항상 붐비고, 무슨 일이 일어났는지 알아채기 전에 문지르고 사라지기가 쉽거든요." (능동/명백 범죄 계획)

- "이전에 그 아이들을 돌보았어요. 이때에 그 애들이 장난치고 싶도록 만들기 위해 레슬링 쇼를 함께 보고 확신을 주었어요." (능동/명백 범죄 계획)

범죄행동 통제하기

하나의 행동에 대한 통제 및 지각된 통제는 범죄 경로에 따라 다양하다. 일반적으로 자신의 행동을 통제할 수 없는 것으로 지각하는 개인은 수동적 전략을 사용하는 경향이 있다. 반면에, 자신의 행동을 통제할 수 있는 것으로 지각하는 개인은 능동적 또는 명백한 전략을 사용할 가능성이 있다. 범죄행동에서 통제를 평가하기 위해 평가자는 범죄자의 탈억제 정도, 범죄와 관련된 목표를 달성하기 위한 수동적 또는 능동적 노력, 자신의 전략 선택, 범죄과정에서 만족을 지연시키는 능력과 같은 요인들을 고려한다. 범죄과정에서 자신의 행동이 통제를 벗어났는지에 대한 범죄자의 증거를 고려하는 것과 함께, 면담자는 자신의 행동을 통제할 수 있었는지 없었는지에 대한 개인의 지각 또는 신념을 평가한다. 통제행동에 대한 범죄자의 역량에도 불구하고, 자신의 행동이 통제할 수 없는 또는 외적인 요인에 의해 영향을 받는다고 지각하는 개인은 목표를 이루기 위해 수동적 전략을 사용하는 경향이 더 많다.

- "내 자신을 통제하기 어려워요. 테스토스테론이 너무 많은 것 같기도 하고 비정상적으로 태어난 것 같기도 해요."(수동/자동 통제)

- "나 자신도 모르게 그곳에 가게 되었어요."(수동/자동 통제)

- "그날 밤 그녀가 혼자 있을 거라는 것을 알았어요. 만약 내가 그녀에게 갔다면, 자신의 실수로 내가 그녀 집에 간 것으로 알겠지요."(능동/명백 통제)

범죄 경로 결정

• • • • • •

앞에서 언급했듯이 하나의 범죄 경로를 부여하는 것은 범죄관련 목표와 이 목표를 이루기 위해 개인이 사용한 전략의 결합에 의해 결정된다. 각각은 분리해서 평가된다. 목표가 회피적이고 전략이 수동적일 때, 개인은 범죄 경로에서 회피-수동 경로를 따른다. 전략이 능동적일 때, 개인은 회피-능동 전략을 따른다. 접근 경로는 전략이 수동적일 때, 접근-자동으로

〈표 5-1〉 범죄 경로

목표 　　　전략	수동/자동	능동/명백
회피	회피–수동	회피–능동
접근	접근–자동	접근–명백

평가되고, 전략이 능동적일 때 접근-명백으로 평가된다. 이러한 선택은 〈표 5-1〉에 제시되어 있다.

하나의 경로가 결정되었을 때, 치료 방법과 목표는 정적 및 역동적 위험성, 일차적 덕목 그리고 개인의 반응성과 같은 다른 요인들과 결합하여 결정한다. 개인의 경로에 대한 맞춤형 치료는 11장에 기술하였다.

 # 요 약

이 장에서는 사고과정과 태도, 계획, 범죄 후 평가에 대한 주의와 함께 자기조절 모델에서의 4개의 경로에 초점을 두었다. 평가자는 개인의 가장 최근 성범죄로 시작해서, 이후에 이전의 동종 범죄를 통해 평가한다. 일반적으로 유사한 성범죄는 같은 경로를 따를 것으로 예상된다. 개인이 저질렀던 모든 범죄에 대해 자기조절 경로를 결정해야 하는 것은 아니다. 그러나 다음의 3가지 경우와 같은 특별한 범죄에 대해서는 범죄 경로를 평가하는 것이 유용하다. 하나는 개인이 다른 유형의 범죄를 저질렀을 경우, 두 번째는 시간이 흐르면서 폭넓은 범죄에 연루되었을 경우, 마지막으로는 이전의 치료로 인해 범죄관련 목표가 변화했을 경우다 (예: 접근 목표에서 회피 목표로의 변화).

6장

평가 통합하기

4장과 5장에서는 일차적 덕목과 자기조절 경로에 대한 평가를 어떻게 수행하는지, 그것들을 어떻게 달성했는지, 일차적 덕목과 자기조절 경로가 범죄와 어떻게 연결되었는지를 기술하였다. 이전에 언급했던 것처럼, 좋은 삶/자기조절(GLM/SRM-R) 통합모델은 위험성/욕구/반응성을 고려하는 포괄적인 인지행동치료 맥락에서 활용하도록 만들어진 것이다. 이 장에서는 개별 사례에서 다른 관련 요인과 임상 장면을 포함하는 전반적 평가를 개념화하기 위해 이러한 요소를 통합하는 과정을 다룰 것이다. 이 평가는 내담자의 삶에서 가치 있는 것이 무엇이며, 어떤 영역에서 문제가 있는지, 어떻게 범죄행동을 조절하는지, 범죄행동의 역동과 동기가 무엇인지에 대하여 치료자가 내담자에 대한 비교적 완벽한 그림을 그릴 수 있게 한다. 평가는 치료 시행(영역 Ⅱ 참조)뿐만 아니라 내담자에 대한 사례 개념화와 치료 계획(7장 참조)의 기초가 된다.

위험성 평가

이전에 언급했던 것처럼 개입에 대한 위험성/욕구/반응성 접근에서(Andrews & Bonta, 2007) 내담자들은 재범에 대한 위험성 수준에 차이가 있고 범죄와 관련된 위험성 요인에도 차이가 있다. 위험성 원칙에 따르면, 치료는 이 같은 요인에 맞추어져야만 한다(이 외의 반응성 특성은 1장과 2장 참조). 특히 재범 위험성이 높은 내담자는 치료 강도(즉, 기간, 횟수, 접촉 시간의 빈도)가 더 높아야 효과적인 반면에, 재범 위험성이 낮은 내담자들은 개입을 하지 않거나 최소한으로 해야 한다. 이러한 수준별 접근은 제한된 치료 자원을 가장 잘 사용할 수 있게 하고, 가장 필요하고 가장 효과적으로 고위험 수준의 개인에게 알맞은 초점화된 치료를 제공한다. 따라서 평가 목적의 하나는 특정 프로그램에 배치하기 위해 상대적인 위험성을 결정하는 것이다. 원칙적으로 각기 다른 강도의 개별치료 프로그램은 다양한 위험성 수준을 가지고 있는 내담자에게 적용할 수 있다. 다양한 치료 접근은 치료효과를 위해 필수적이지만 요구된 것보다 높은 수준으로 개입된 범죄자에게는 치료가 해로울 수 있고, 재범 가능성을 증가시킬 수 있기 때문에 위험성 수준의 차이를 고려하는 것이 중요하다(Andrews & Bonta, 2007; Gordon & Nicholaichuk, 1996).

위험성을 평가할 때는 정적 요인과 역동적 요인 둘 다를 평가해야 한다. 정적 위험요인은 개입을 통해 변화될 수 없는 것으로, 경험적으로 재범과 관련이 입증된 요인이다(Andrews & Bonta, 2007). 성범죄자에게 이와 같은 요인은 어린 나이, 남성에 대한 범죄, 이전의 성범죄, 비접촉성 성범죄, 성범죄 당시 비성적인 폭력행동 등이 포함된다(Hanson & Thornton, 1999). 역동적 위험요인 또한 평가한다. 역동적 위험요인은 경험적으로 재범과 관련된 요인으로 개입을 통하여 변화될 수 있으며, 치료에서 변화의 목표가 될 수 있는 범죄 유발 욕구를 나타내는 것이다. 역동적 위험요인에는 일반적이고 성적인 자기조절과 일탈적 성적 관심, 친밀감 결핍, 긍정적인 사회적 지지의 부족 등과 같은 요인이 포함된다(Hanson et al., 2007). 역동적 위험요인과 정적 위험요인의 통합은 내담자의 위험성 수준의 기저선을 설정하고 치료에서 배치를 결정하는 데 사용될 수 있는 반면에, 역동적 위험요인은 인지행동치료에서 위험성 기반 구성요소의 기초가 된다.

다음의 사례를 살펴보자.

▌사례: **위험성 요인과 치료**

제러미는 24세의 남성으로 여자친구의 어린 아들에 대한 성범죄로 수감되었고, 그 이후에 지역사회 감독을 받고 있다. 그는 19세에 이 범죄로 유죄선고를 받았다. 이전에 그는 이웃에 있는 많은 남자아이와 여자아이를 성추행했던 것이 13세 때 적발되어 시설 내 프로그램에서 대부분의 청소년기를 보냈다. 다른 사람에 대한 파괴적이고 폭력적인 행동 때문에 소년법원에서 제러미에게 점점 더 제한적인 조건들을 부과했다. 그러던 중 샤워기 배수관에 숨겨 둔 면도기를 포함하여 은닉한 다수의 무기가 발견되었다. 제러미는 세상은 단지 강한 사람만이 살아남을 수 있는 위험한 곳이라고 생각하는 도식을 가지고 있다.

최근 교도소에서 출소한 직후, 그는 두 아이가 있는 여성과 가까워지게 되었다. 몇 주후에, 그 여성은 제러미가 자신의 아이들을 성추행했음을 알았다. 제러미는 단지 그녀가 자신과 성관계를 하지 않은 것에 대한 보복이었다고 말하면서 범죄에 대해 그녀를 비난했다. 이유가 있어 보복한 것이므로 성범죄가 아니라고 하였다.

보험계리적 척도에서 제러미의 정적 위험성은 중간 범주에 해당한다. 첫 범죄 연령, 출소 예정 나이, 범죄의 지속성이 중간 위험군에 속하게 했다. 게다가 제러미는 남성 피해자가 있고, 다수의 성범죄에 연루되었다. 제러미는 광범위하고 다양한 범죄력이 있다.

제러미의 역동적 위험 수준은 높다. 그는 아동에 대한 강한 성적 관심과 매우 높은 수준의 성적 몰두를 보였다. 그는 안정적인 친밀한 관계가 없으며 높은 수준의 반사회적 특성이 있다. 제러미는 미래가 어떻게 될 것인지에 대해서는 거의 관심이 없고 지금 이 순간의 쾌락 추구만을 선호한다. 그는 성학대를 지지하는 많은 태도와 신념을 가지고 있고, 일반적인 자기조절과 성적 자기조절 둘 다를 포함하는 전반적인 자기관리 기술이 부족하다. 그는 분노 폭발 및 반추 경향도 있다. 그는 관계를 형성하고 장기적으로 유지할 수 있는 기술이 부족하고, 이러한 관계에 흥미가 생겼다 하더라도 필요로 하는 기술이 무엇인지 확실하게 알고 있지 않다.

제러미의 보호요인은 정신질환이 없는 것과 그의 교육 수준(수감 중에 고등학교 졸업장을 취득함)이다. 언어 능력과 지적 능력을 범죄에 이용했겠지만 언어 능력과 지적 능력이 우수하다는 것도 보호요인이다.

지금까지 제러미의 좋은 삶 계획은 행복(쾌락 달성을 통해서), 창조성(자기 마음대로 하는 다양하고 지속적인 수단의 개발을 통하여) 그리고 자주성(다른 사람에게 순응하지 않으면서 그의 자율성을 유지하는 것에 의해)에 초점이 맞추어졌다. 그의 계획은 일차적 덕목 중 영성, 관계, 일과 놀이에서의 유능성과 이 책 전반에 걸쳐서 언급되었던 다른 덕목들에도 무관심하다는 결함(영역에서 부족함이 나타남)이 있다. 제러미가 건강한 좋은 삶 계획을 개발하고 유지하는 능력을 가지고 있을지라도, 그는 현실적이고 장기적인 목표에 초점을 둔 어떤 의미 있는 시간도 갖지 않았다(내적 능력이 부족함을 알 수 있음). 따라서 그는 일차적 덕목을 얻을 수 있는 수단이 거의 없다. 일차적 덕목으로 제러미가 추구하는 행복(성적 쾌락을 통하여)과 자주성(또는 자율성)은 오랫동안 충돌이 있었는데, 이는 그의 행동이 자율성과 행복을 달성하는 데 있어 심각한 제한을 초래했다.

제러미는 성범죄와 다른 범죄행동에서 접근-명백 경로를 따른다. 그는 범죄를 지지하고 범죄를 적극적으로 계획하는 인지도식을 갖고 있다. 그는 범죄를 자제하려 하지 않았고, 일어나고 있는 범죄를 방지하기 위한 시도도 하지 않았다.

변화를 위한 제러미의 치료 프로그램 과정과 동기강화는 의심할 여지없이 도전적인 것이 될 것이다. 제러미에 대한 적절한 평가와 좋은 삶 계획의 개발은 10개의 일차적 덕목에서 각 항목에 관하여 그가 현재 위치하고 있는 곳과 그가 원하는 곳의 차이를 탐색하는 시간을 가질 것이다. 평가와 치료에서 어려움 중의 하나는 제러미가 오랫동안 즉흥적인 사고만을 해 왔다는 것이다. 게다가 권위에 대한 불신과 세상은 위험하다고 여기는 도식은 치료 작업이 더디게 진행될 수 있음과 이에 대해 치료자의 의지가 있어야 함을 의미한다. 다른 사람에 대한 학대와 범죄에 대한 그의 명백한 접근은 그의 인지도식에 도전할 필요가 있고 또한 많은 좌절과 함께 더디게 진행될 가능성이 있어 상당한 시간이 요구되는 과정이다. 제러미는 그의 삶에 지장을 주고 범죄를 초래한 인지도식과 그 방법을 검토하려는 동기가 있어야 한다. 또한 이 도식이 타당한 것인지에 대해 의문을 지녀야 하며 이 도식의 재구조화를 시작할 필요가 있다.

핵심 구성요소는 제러미가 치료 목표와 관련된 진척과정을 보여 주고, 변화를 만들어 낼 수 있는 치료 이외의 시간을 갖도록 보장하는 것이다. 치료자는 변화가 느릴 수도 있으므로 인내를 가져야 한다. 제러미의 관리감독에 포함되어 있는 부수적인 정보수집은 피드백과 자기보고를 위해 필수적이다. 이러한 모든 작업은 제러미의 유의미한 다양한 역동적 위험요인을 목표로 설정하는 데 있어 추가적 수행이 필요하다.

사례: 래리

래리는 37세 남성으로 자동차 부품 가게에서 일하지만 언젠가는 사냥과 낚시 가이드가 되려는 목표가 있다. 래리는 3년 동안 결혼생활을 유지하고 있고, 인터넷에서 15세된 여자아이와의 성적 만남으로 최근에 체포되었다. 그는 아내가 일하는 동안에 여러 개의 성관련 웹사이트에 방문하였으며 주변의 젊은 여성과 가깝게 지냈다. 그녀의 부모가래리에 대해 알게 되어 경찰에 신고했다. 래리에게 범죄 기록은 없었지만, 스트립 클럽에 다니는 것뿐만 아니라 비정기적으로 적당한(즉, 성인과 합의한) 포르노물을 보는 것으로 보고되었다. 면담과정에서 그는 자신이 '일반적인 사람보다 성에 더 집착'했음을 알게 되었다. 그의 부인은 상당히 당황하기는 했지만, 래리 곁에 머물렀고 치료에서의 그의 노력을 지지하였다.

초기 면담에서, 래리는 자신이 주변 사람들에 비해 유능하지 못하다는 생각을 자주 했다. 도전적인 상황에서는 회피하려 하거나 목표를 달성할 수 없을 것 같은 이유를 반추하면서 대처하는 경향이 있었다. 그의 부적절감이 결혼생활에 긴장을 자아냈고 아내가저녁에 일을 하기 때문에 자신에게 더 많이 거리를 두는 듯하여, 그는 포르노를 자주 보고 자위행위(1주에 10회 정도)를 하는 성적 자기조절 패턴을 갖게 되었다. 래리는 퇴근 후에 가끔 함께 술을 마실 수 있는 많은 친구가 있지만, 자신의 상황에 대체로 불만족스러워하며, 언젠가는 부인과 더 친해지기를 바라고 있고, 야생에서 사냥꾼과 낚시꾼의 가이드가 되는 것을 꿈꾸고 있다. 하지만 이 사업을 준비하는 데 비용이 많이 들었고, 자동차부품 판매업은 장래성이 없어 자신이 막다른 골목에 있는 듯한 기분을 느꼈다.

래리의 범죄는 회피-능동 경로를 따랐다. 그의 의도는 성범죄를 회피하는 것이다. 래리는회피와 반추, 과도한 자위행위를 통해 도전적인 상황에 대처하려 했다. 하지만 이러한 시도는 효과가 없었고 잘못된 방향으로 가게 되었으며 그의 재범 가능성도 증가했다. 래리의 행동에 대한 계획과 관찰, 평가 시도는 노력한 흔적이 있었지만(회피-수동 경로와 대조적으로)결국 성공하지 못했다. 래리는 자신의 범죄를 부정적인 경험으로 평가한다.

래리의 위험성은 보험계리적 척도에서 낮음-위험성 범주에 해당한다. 과거 성범죄도 없었고 다른 범죄력도 없었다. 그는 피해자와 안면이 있고, 2년 이상 친밀한 관계를 유지하며 살고 있었다. 그의 피해자는 여성이다. 젊은 남성과 비교했을 때 그의 나이는 현재 성적인 재범의 감소를 나타내는 범주에 있다. 그의 사이코패시 특성에 대한 평가는 낮게 나타났지만 면담과 남근혈류 측정(Phallometric assessment)에서는 사춘기 이전의 소녀들에 대하여 약간의 성적 관심을 보였다. 이러한 문제들과 그의 역동적 위험요인을 함께 고려할 때, 전반적인 위험성은 낮음에서 중간 정도 범주로 나타났다. 이러한 역동적 위험요인에는 일반적인 자기조절에서 다소의 어려움, 성적 몰두의 수준 그리고 정서적으로 친밀한 관계에 대한 기술의 부족이 포함된다.

래리에게는 최소한의 개입이 필요하며, 치료 기간 동안 다수의 역동적 위험요인에 대해 설명을 듣고 안내를 받음으로써 효과를 얻을 것이다. 이러한 요인들은 그의 부적절감, 대인관계 능력 부족(즉, 친밀감 결핍) 그리고 효과적으로 대처하는 능력을 포함한다. 치료는 이러한 영역과 성적 자기조절에 초점이 맞추어져야 한다. 래리에게는 직업 계획에 대해 작업하는 것과 가이드 사업을 현실적으로 준비하는 방법이 있을지, 만약 가능하지 않다면 다른 어떤 직업이 동일한 만족감을 줄 수 있을지 결정하는 것이 도움될 수 있다.

래리의 보호요인으로는 낮은 정적 위험요인과 그의 직업과 결혼을 유지하는 능력이 포함된다. 그는 일반적으로 친사회적 지향을 가지고 있고, 사춘기 이전의 아동 또는 동의하지 않은 파트너에 대한 성적 선호는 없다. 래리는 미래에 범죄가 없는 상태를 유지하기 위해 노력하겠다고 서약했고 가능한 모든 치료 프로그램에 참여하겠다고 하였다.

현재까지 래리의 좋은 삶 계획은 자주성, 관계, 내적인 평화, 일에서의 유능성에 중점을 두고 있다. 영성과 공동체 활동과 같은 영역에 대한 생각은 거의 없었지만, 그의 계획에서 영역이 부족한 것으로 나타나지는 않았다. 하지만 그의 좋은 삶 계획과 직장생활은 창조성이나 지식을 추구함으로써 발전할 수 있다. 이러한 방향이 치료에서 중대하게 초점을 두어야 하는 영역으로 요구되지는 않았다. 인터넷에서 불법적 관계를 추구하면서 내적인 평화를 얻으려는 래리의 시도는 합법적 체계와 충돌했다(수단의 문제). 더욱이 그의 행복에 대한 목표는 (인터넷 사용과 불법적 성 추구를 초래한) 결혼생활에서 관계 목표와 명확하게 충돌했다. 일에서의 유능성 목표는 외적인 능력 부족에 의해 위태롭게 되는 것으로 나타났다. 하지만 이 능력은 다른 영역에서 목표를 추구하고 고용의 가능성과 관련하여 그가 할 수 있는 다른 덕목들을 어떻게 잘하느냐에 따라서 변할 수 있다. 이 같은 주제들은 래리의 치료에서 중요한 초점이 될 필요가 있다.

래리는 전반적으로 위험성이 낮기 때문에 높은 수준의 치료 강도가 요구되지는 않는다. 낮은 강도의 심리-교육 구성요소를 결합한 인지행동적 치료 프로그램이 효과적이고, 치료에서의 위험성 원칙도 충족시킬 수 있다. 래리와 치료자, 래리 아내와의 주기적인 만남은 남편을 좀 더 잘 지지할 수 있도록 래리의 아내를 도울 것이다.

래리의 평가 결과 자주성, 관계, 내적인 평화, 일에서의 유능성, 특히 수단과 내·외적 능력에 중점을 두어서 관련된 목표를 설정하는 것이 좋은 삶 계획을 개발하는 데 도움되는 것으로 나타났다. 이러한 요소들은 관계 기능과 일반적인 대처 기술, 성적 자기조절에서의 역동적 위험요인을 관리하도록 도와줄 수 있다. 또한 일차적 덕목에서 지식, 창조성, 영성에 대한 영역이 부족하므로 이러한 영역을 탐색적으로 작업하는 것이 도움될 수 있다.

위험성 평가에서 고려할 사항

· · · · · · · ·

위험성을 평가할 때, 가장 중요한 것은 "무엇이 위험성인가?"라는 질문을 고려하는 것인데, 즉 내담자 중에는 새로운 성범죄를 저지를 위험성이 더 있을 수 있는 반면, 어떤 내담자는 비성적 폭력범죄를 저지를 위험성이 더 있을 수 있다. 여전히 내담자에게는 앞으로 두 가지 종류의 범죄를 모두 저지를 가능성 혹은 비성적 및 비폭력적 형식의 재범을 저지를 위험성이 존재한다. 예를 들어, 앞의 사례에서 제러미는 성적 및 비성적 모두에서 재범할 가능성이 있다. 그러나 만약 래리가 재범을 한다면, 그것은 성범죄일 가능성이 가장 크다.

물론 각각의 사례마다 고유한 특성이 있지만, 연구에서는 대체로 성범죄자 집단에서 비성적 재범 가능성이 가장 많은 것으로 나타났다. 예를 들어, 평가과정에서 위험성의 각 유형을 평가하는 것이 중요하며, 치료는 각 개인의 욕구에 따라 맞춰야 한다. 다양한 연구에 기반을 둔 측정은 이 같은 목적을 위해 평가자들이 이용할 수 있으며, 이에 대한 논의는 이 책에서는 다루지 않는다.[1]

---

1 일반적인 성범죄자 측정의 검토는 Yates와 Kingston(2007) 참조

사례: 마틴

마틴은 27세 남성으로 여자친구에 대한 성폭력으로 유죄선고를 받았고 이에 따른 평가에 동의했다. 그는 다양한 범죄력을 가지고 있었지만, 이 사건이 알려진 첫 번째 성범죄자다. 사실, 이전에 유죄판결을 받은 것은 불법으로 마약을 소지하고 유통시켰기 때문이었다. 가장 최근 범죄는 마약 거래 중 한 남자에게 심각한 손상을 입힌 일이다. 마틴은 그의 과거 범죄행위에 대하여 거의 걱정하지 않는 것으로 보고했고, 평가자가 긍정적으로 보고하기만을 바라면서 평가에 동의한 것으로 보인다. 이후 평가에서 마틴은 RRASOR(Rapid Risk Assessment Sexual offence Recidivism)(Hanson, 1997)과 Static 99(Hanson & Thornton, 1999) 같은 성범죄 재범에 대한 보험계리적 척도에서 매우 낮게 채점되었다. 하지만 그는 성범죄자 중에서 폭력 위험성을 조사하는 성범죄 위험성 평가(Sex Offender Risk Assessment Guide)(Quinsey, Harris, Rice, & Cormier, 2005)를 포함하여, 일반적이고 폭력적인 위험성 평가에서는 매우 높게 채점되었다. 이 시점에서 평가자는 딜레마에 빠지게 된다. 평가의 목적은 성범죄 치료 프로그램을 위해서다. 하지만 마틴은 일반적인 범죄와 비성적 폭력에 대한 위험성이 더 있는 것처럼 보이므로, 평가자는 재범 위험성을 줄일 가능성이 높은 것으로서 성범죄자 프로그램 대신 폭력 범죄자들을 위한 프로그램을 좀 더 신중하게 권할 것이다.

위험성 유형이 다양한 것과 더불어 다양한 위험성 요인은 평가에서의 가중치도 다르게 부여된다. 어떤 요인은 다른 요인들보다 미래 범죄에 더 강력한 예측인자가 되며, 다양한 요인은 성범죄 재범과 비성범죄 재범에 다르게 관련된다(Hanson & Morton-Bourgon, 2005, 2007).

성범죄 재범의 두 가지 강력한 예측인자는 일탈적인 성적 관심과 반사회적 경향이다. 반사회적 경향은 반사회적 성격, 사이코패시, 충동성과 같은 반사회적 특성과 일반적인 자기조절 문제, 물질남용, 무분별한 행동, 규칙위반 이력과 같은 문제들이다(Andrews & Bonta, 2007; Hanson & Morton-Bourgon, 2005). 성범죄 재범과 가장 강하게 관련된 역동적 위험요

인에는 성적 태도, 성적 일탈, 성적 몰두, 친밀감 결핍, 아동과의 정서적 일치가 포함된다.[2]

마지막으로, 일반적 위험성 요인으로 고려되었던 몇 가지 요인은 실제로 재범과 관련이 없는 것으로 나타났다. 여기에는 불우한 어린 시절, 부정적인 가족 배경, 일반적인 심리적 문제와 같은 요인과 부인 및 치료에 대한 낮은 동기와 같은 임상적 양상이 포함된다(Hanson & Bussière, 1998; Hanson & Morton-Bourgon, 2005, 2007; Yates, 2009b). 이 같은 복잡한 요인은 평가자와 치료자에게 딜레마를 일으킬 수 있다. 위험성/욕구/반응성 접근에 따르면, 이 같은 요인은 비록 그것들이 변화될지라도, 재범에 어떤 정적 영향을 초래하지 않는 비범죄 유발 욕구로 치료에서 다루지는 않는다. 하지만 좋은 삶/자기조절 통합모델 접근의 치료에서 이 같은 요인을 다루는 것은 강한 치료적 동맹을 이끌어서 내담자들을 도울 수 있게 하고 삶을 향상시키기 위하여 그들을 지지하는 점에서 매우 중요할 수 있다. 그래서 동기강화나 부인과 같은 일부 요인은 치료의 참여와 변화에 대한 능력에 영향을 미치는 유의미한 반응성 특성으로 볼 수 있다(Yates, 2009b).

위에서 언급한 것처럼 치료는 재범과 관련된 가장 강력한 위험성 요인에 집중되어야만 하고, 개인의 위험성 평가에 따라 가장 크게 관련될 수 있는 범죄행동의 유형들을 구별해야 한다. 재범과 관련이 적은 부가적 요인들은 비교적 덜 중요한 것으로 여겨지지만, 여전히 자기조절, 치료 계약과 참여(즉, 반응성 요인으로)에서의 작용 및 좋은 삶의 달성에 영향을 미치기 때문에 관련된 평가를 포함하여 결정한다.

위험성 평가와 치료 계획
· · · · · · · · · ·

많은 평가도구는 정적 및 역동적 위험성 평가와 치료 계획에 유용하며, 이것은 경험적 연구에 토대를 두고 검증되었다(Yates & Kingston, 2007). 특정 측정도구의 사용과 상관없이 대부분의 도구는 성범죄자 전체 집단에서 개인 범죄자를 비교하여 낮음, 중간, 높음 수준으로 위험성을 예측한다. 일부 평가 측정은 정적 위험 및 역동적 위험요인들을 결합해서 위험

---

2 비록 성적 재범과 가장 강력하게 관련되어 있을지라도, 이러한 요인 중 일부는 다른 요인들보다 재범에 영향을 적게 미칠 수 있다.

성을 결정하고 치료와 관리감독을 결정하기 이전에 가이드라인을 제공한다(예: Hanson et al., 2007). 그러나 앞에서 언급했던 것처럼 이러한 요인의 가중치는 치료를 계획하는 데 중요한 역할을 한다.

치료 계획을 위해 위험성 평가를 사용하는 데 있어, 정적 및 역동적 위험요인의 결합은 위험성 원칙에 따라 치료 강도를 결정하기 위한 기준이 된다. 예를 들어, 낮은 위험성을 보이는 내담자의 경우 개입을 하지 않거나 단기간의 심리-교육적 개입과 같은 최소한의 개입을 하며 정기적인 지역사회 감독을 받는다. 반면, 높은 위험성 범주로 평가된 내담자는 더 장기적이고 좀 더 많은 시간의 치료가 필요하다.

위험성 수준에 대한 기준이 설정되면, 치료의 강도는 인지적 기능 수준, 정신장애 같은 다른 요인들과 그 밖의 요소에 의해 조정될 수 있다. 예를 들면, 중간 수준의 위험성으로 평가된 내담자이지만 정신건강 또는 물질남용 영역에서 부가적인 치료가 필요하면, 성범죄자 치료 외에 부가적 치료가 요구되고, 높은 강도의 치료가 요구될 수 있다. 이 같은 요인은 성범죄자 치료 맥락에서 외부의 별도 프로그램이나 다른 치료자가 실시할 수 있다. 유사하게, 상당한 반응성 문제를 보이는 내담자의 경우 좀 더 집중적인 개입이나 개별적인 프로그램이 요구될 수 있다. 예를 들면, 학습장애를 가진 내담자나 낮은 인지 기능을 가진 내담자는 가능하면 그들의 기능 수준에 반응할 수 있는 방식으로 진행하는 개별적 프로그램을 받을 수 있도록 배치해야 한다. 이와 같은 배치는 다음에 설명되어 있는 부가적인 평가가 필요하다.

치료를 위한 부가적 평가

치료 강도와 관리감독을 결정하고 자원 할당(resource allocation)을 위한 정보를 제공하기 위해 위험성에 대한 적절한 평가가 필수적이라는 것에는 의문의 여지가 없다. 마찬가지로 평가는 위험성 원칙에 따라, 치료는 필요한 범죄 유발요인(역동적 위험요인)을 고려하여 수행해야 한다. 하지만 치료를 안내하기 위해서 필수적인 것은 반응성 원칙을 따르기 위해 정보를 제공하는 방법이다. 예를 들어, 지능검사는 프로그램 구성을 결정하기 위해 중요하다. 위스콘신 카드분류검사(Grant & Bergs, 2003) 같은 인지적 유연성 측정은 삶과 상황에 대해 사고하는 내담자의 능력에 관한 유용한 정보를 준다. 최근 연구는 성범죄자 중에서 주의력결핍

과잉행동장애, 자폐스펙트럼장애, 태아알코올증후군 같은 질환의 유병률을 강조한다. 이러한 조건을 평가하는 것은 치료의 성공 여부에 필수적일 수 있다. 더욱이, 학습장애 평가를 통해 치료 참여에 대한 내담자의 욕구와 유용한 서비스를 받을 능력이 있는가에 대해 중요한 정보를 얻을 수 있다. 성격측정도 매우 유용할 수 있는데, 이 측정도구가 잘 만들어져 있을지라도 위험성에 대한 정보는 제공해 주지 않는다. 물론 밀런 임상 다축성격평가(Millon, Millon, Davis, & Grossman, 2009) 같은 몇몇 성격 척도는 진정한 치료적 변화에서 내담자의 참여 깊이에 대한 중요한 정보가 나올 수 있고(예: 억압되거나 사회적으로 바람직한 변화), 치료에서 도식치료(Young, 1999)와 같은 깊이 있는 개입이 필요한지 알려 줄 수 있다. 또한 사이코패시 특성 평가는 내담자의 개인적 요구에 잘 맞는 서비스가 어떤 것인지에 대한 중요한 정보를 줄 수 있다. 예를 들어, 사이코패시 체크리스트(Hare, 2003)는 위험성 평가 도구는 아니지만, 치료에서 반응성과 위험성을 고려하는 데 유용한 정보를 제공할 수 있다. 예를 들어, 과도한 자존감과 얕은 감정에 높게 채점된 내담자들은 치료에 좀 더 의미 있는 참여가 어려울 수 있다. 더욱이, 충동성과 성마름('행동 통제력 부족') 둘 다와 관련된 항목에서의 높은 점수는 화가 나거나 혹은 화나게 하는 상황에서 내담자들이 어떻게 행동하는지에 대한 정보를 알 수 있다. 이 도구에서 요인 2는 사회적 일탈과 일탈 가능성에 대한 측정으로, 자신을 관리하는 내담자의 전반적인 능력(즉, 자기조절)에 대한 정보를 제공한다. 더욱이, 내적 정서 상태와 대인관계 양식에 대한 요인 1에서의 높은 점수는 치료 순응에 대한 중요한 정보를 제공하며, 내담자가 보이는 이러한 특성에 가장 좋은 방법으로 반응할 수 있도록 치료자를 안내할 수 있다.

평가 통합과 치료 계획

앞서 말한 바와 같이, 다양한 요인이 치료 전 평가에 포함된다. 이 외에도 좋은 삶/자기조절 통합모델에서는, 부가적 평가에 일차적 덕목과 범죄 경로(4장과 5장 참조)와 같은 요소의 평가를 포함한다. 모든 평가가 완료되면, 전체 평가는 각 내담자의 치료 계획을 위한 기초자료가 된다. 이 같은 치료 계획은 좋은 삶/자기조절 통합모델에서 종합적이며 좋은 삶 계획의 윤곽을 구성한다. 이 접근은 긍정적이고 접근 지향적인 치료 계획으로 내담자들이 충족된 삶과 그들의 목표를 성취하도록 훈련하는 것으로 치료를 개념화한다. 위험성 관리도 이러한 맥락에서 설명될 수 있는데, 덕목을 성취하고 위험성을 다루는 것 둘 다 치료에는 필수적이기 때문이다. 치료의 후반부에서 내담자들은 자신의 개인적인 좋은 삶 계획을 세우는데, 좋은 삶/자기조절 통합모델에서 이러한 작업은 기존의 재발방지 계획을 대신한다. 이 작업은 12장에 설명되어 있다.

앞에서 언급했듯이, 효과적인 치료는 종합적인 평가를 기반으로 한다. 이 책을 통해서 강조하는 것처럼, 내담자의 정적 및 역동적 위험, 좋은 삶 구성, 범죄과정에 관한 자기조절을 포함하는 철저한 평가가 필요하며, 각 내담자의 기능 수준, 욕구에 따른 부가적인 영역이 추가될 수 있다. 위험성에 기반을 둔 접근이 대부분 역동적 위험요인의 변화에 우선적으로 초점을 맞추었다면, 여기 기술된 포괄적인 접근은 치료 계획이 포괄적일 수 있고 또한 좋은 삶을 달성하고 위험성을 관리하는 목표에 부합하기 위해 설계되었다.

1장에서 알 수 있듯이, 치료 프로그램에서의 일반적인 역동적 위험 영역에는 성적 일탈(성적 관심의 유형/특성과 강도 둘 다 포함하여), 반사회적 경향(자기조절과 역기능적 대처를 포함하여), 친밀감 결핍, 관계에서 유능감을 느끼는 범죄자의 능력을 포함한 대인관계 기능 등이 포함된다(Hanson et al., 2007; Knight & Thornton, 2007; Marshall et al., 2006; Yates et al., 2000). 치료 프로그램은 대개 내담자가 문제해결과 인지기술 능력을 개발하도록 돕는다. 아울러 인지왜곡을 다루며 대인관계를 발전시키고 정서조절 역량의 개발을 모색한다. 프로그램은 또한 치료와 관리감독에서 규칙과 요구에 대한 순응, 건강한 성적 기능, 자기 시간의 건설적인 사용, 집단 장면에서의 긍정적이고 응집력 있는 행동(예: 지지적인 피드백 제공하기, 다른 사람 이야기 경청하기)에 초점을 둔다(Prescott, 2009; Wilson, 2009). 좋은 삶/자기조절 통합모델에서, 이러한 능력은 좋은 삶 계획을 탄탄하게 하고, 더 구체적으로는 범죄자의 가장 중요한 덕목을 고려한다. 이러한 덕목은 핵심서약(core commitments)과 관련되며 그의 실제적 정체성(practical identities)에 근간을 두고 있다(Laws & Ward, 인쇄중).

종합적인 치료 계획에서는 각 내담자와 분명하게 관련되는 모든 요인에 대해 설명하는 것이 필요하다. 또한 좋은 삶/자기조절 통합모델에서의 이러한 접근은 내담자가 자신의 삶에서 가장 가치 있는 것을 획득하도록 명시적이고 적극적으로 도울 수 있는 치료 계획의 개발을 포함한다. 예를 들어, 일탈적 성적 관심과 친밀감 결핍, 충동성과 같은 영역이 치료의 목표이며, 치료는 또한 성적 욕구를 적극적으로 충족시키고, 자신의 삶에서 친밀한 관계를 유지하며, 중요한 목표를 성취하기 위해 문제해결 기술을 사용하는 것에 집중한다.

치료 계획의 개발에서, 치료자는 이용 가능한 모든 정보를 통합해서 각각의 개인 내담자에게 적합한 계획을 설계한다. 치료는 전형적으로 미리 결정된 계획에 따른다. 예를 들면, 흔히 집단 규칙 세우기로 시작되며, 관련된 개인력 발표(즉, '자서전', 9장 참조), 위에 기술된 위험성 요인을 설명하는 특정 모듈, 범죄과정 공개(10장 참조), 위험성 관리 계획과 재범방지의 개발(12장 참조) 등으로 진행한다. 이러한 절차는, 현재 표준화되어 있고, 충분히 지지된 치료 요소다. 하지만 좋은 삶/자기조절 통합모델에서의 치료 계획은 이 같은 표준화된 요소 그 이상이다. 치료의 구조가 시행할 때마다 비슷할지라도, 내담자가 좋은 삶을 얻기 위해 필요하다고 보는 요소와 목표달성 방법을 정하는 데 필요하다고 보는 요소 모두를 포함하는 것이 아주 중요하다. 더욱이 이러한 구조에서, 치료는 각 내담자의 반응성 특성과 자기조절 경로 및 유형에 맞추어져야 한다. 이러한 특성 및 경로와 관련된 치료는 다음 장에서 좀 더 자세하게 다룬다. 치료는 지금까지 기술된 모든 원칙에 충실하기 위해 구조화하는 것이 필요하지만, 문제가 되는 위험성 영역을 다루는 것이 일반적이다. 이러한 구성에서, 치료자는 유연성을 가지고 내담자의 관심에 민감하고 적절한 방식으로 치료를 수행해야 한다. 이 접근의 목적이 각 개인의 일차적 덕목 및 실제적 정체성과 관련된 특정 치료 구성요소를 포함하는 것이기 때문에 이 조정 단계는 좋은 삶/자기조절 모델 접근으로 통합하게 된다(Laws & Ward, 인쇄중). 요약하면, 치료자들이 설정된 치료과정과 내용에 따라 훈련받는 것을 권하지만, 치료자들은 이러한 구성에서 유연하게 가장 효과적인 방법을 선택할 수 있다. 이와 다르게 하는 것은 치료 시행에서 위험성을 가진다. 즉, 범죄 유발 욕구를 치료 목표로 하지 않고, 결과보다 범죄과정에만 치중하는 것은 범죄자를 치료에 참여하지 못하게 하고, 더 가치 있는 삶을 제공할 수 없으며, 이러한 모든 것은 행동 변화에 비효과적이다. 이러한 치료는 범죄자들의 행동을 변화시키는 데 효과적이지 못하다(Hanson & Yates, 2004 참조). 덕목 증진과 위험성을 줄이는 독특한 결합은 범죄자의 사회복귀에 대한 좋은 삶 모델 접근의 핵심이다(Ward & Gannon, 2006; Ward & Maruna, 2007; Ward & Stewart, 2003).

치료 계획은 구체적이고, 측정 가능하고, 달성할 수 있고, 현실적이고, 시간이 한정된 목표를 사용하여 임상가가 준비할 때 효과적이다. 그래서 '성범죄의 위험성을 줄이는 것'으로 목표를 설정하는 것은 가장 중요한 이 원칙에 어긋난다(즉, 그것은 애매모호하고, 측정이 어렵고, 시간 제한이 없다). 이러한 원칙은 좋은 삶/자기조절 통합모델 구조에서 작업할 때 특히 중요하다. 마찬가지로 이 같은 요인들은 과정을 평가하기 위해 조작적으로 정의해서 설명할 수 있어야 한다. 예를 들어, 치료자는 내담자가 덕목을 성공적으로 얻을 수 있게 작업하는 것과, 인지도식 또는 일차적 덕목을 달성하는 계획과 같은 특정한 치료 영역에서 작업을 잘하도록 하는 방법 그리고 범죄 유발 욕구를 다룰 수 있는 최선의 방법에 대해 명확하게 하는 것이 필요하다. 이와 다르게 하는 것은 수립된 목표를 측정할 수 없게 하고, 의사결정 목적을 위해 이러한 정보를 요구하는 형사사법체계의 치료자나 직원이 입증할 수 없는 위험성에 내담자가 놓이게 될 수 있다.

치료 계획을 세우는 것에는 많은 방법이 있겠지만, 그 형식을 가능한 한 단순하게 하는 것이 제일 유용할 수도 있다. 즉, 특정 문제 치료 영역에 대한 설명과 신중하게 정해진 목표, 목표 달성을 위한 몇 가지 전략, 각 전략에 책임 있는 사람은 누구인지에 대한 기술, 구체적이고 측정 가능한 지표를 포함한 진행과정에 대한 조작적 정의로 구성한다. 이것은 강조되어야 하지만, 이러한 계획은 또한 포괄적이고, 일관성이 있고, 범죄자의 기본적 욕구와 핵심서약을 다룰 수 있어야 하며, 위험성 요인을 줄일 수 있는 참여방법이어야 한다. 이 같은 계획은 구체적이어야 하고 치료가 전개됨에 따라 정기적으로 보완되어야 한다.

내담자가 자신의 치료 계획을 세우는 것에 적극적인 역할을 할 때 가장 의미 있고 적절하게 될 수 있다. 내담자를 적극적인 협력자로 참여시키는 데 실패하는 것은 강제적 접근이라기보다 범죄자의 존엄성과 자주성을 존중하는 포괄적 접근인 좋은 삶/자기조절 통합모델의 정신에 사실상 반하는 것이다. 이러한 이유 때문에, 임상가는 내담자의 자율성과 자기효능감을 가장 극대화할 수 있도록 격려하는 협력적 자세를 최고로 유지하려고 노력해야 한다. 성범죄에 관한 전문성을 가지는 것이 치료자의 업무이지만, 내담자들은 자신에 관해 최고의 전문성을 가지고 있다. 그래서 치료를 계획할 때에는 평가를 기반으로 한 범죄유발 욕구와 내담자가 적극적이고 직접적으로 개입해서 좋은 삶 계획을 개발하려는 욕구 둘 다를 고려하는 숙련된 연출이 필요하다. 이 과정에서 임상가는 내담자가 바라는 개인적 정체성과 미래의 상태를 경청하고, 일차적 덕목과 역동적 위험요인이 서로 어떻게 관련되었는지를 탐색해야 한다. 예를 들면, 다음과 같다.

> 치료자: 존, 평가자들이 당신의 치료시간에 다루는 것이 중요하다고 말한 요인의 목록을 모아 두었어요. 보다시피, 모든 인간이 언젠가 또는 자신의 다른 삶에서 성취하려

고 하는 영역의 목록이에요. 당신의 평가과정에서도 이것에 대해 이야기했을 거예요. 많아 보일 수 있지만 이 생각은 향후 몇 달 동안 우리가 작업할 것에 대해 계획을 마련해 놓은 것이죠. 잊지 마세요. 치료의 초점은 좀 더 나은 삶을 살도록 당신을 돕는 것이에요. 더 진행하기 전에 나는 이 개념에 대하여 당신이 어떻게 생각하는지 알고 싶어요.

존: 당신이 괜찮다면, 이 항목을 함께 살펴볼 수 있어요. 내가 가장 걱정하는 것은 신뢰예요. 내가 이 체계를 믿을 수 있을지 또는 사람들과 함께 작업할 수 있을지 모르겠어요.

치료자: 치료가 당신에게 위협적으로 느껴지나요?

존: 그래요, 내가 이전에 치료를 시도했는데 잘되지 않았어요. 집단에 맞지도 않았고, 내 사적인 일에 대해 집단에 있는 다른 사람에게 이야기해야 되잖아요.

치료자: 당신이 소속되어 있다고 느끼는 것은 정말 중요해요. 그것은 당신과 다른 사람의 관계를 더욱 견고하게 만들어 주지요.

존: 맞아요.

치료자: 사실상 공동체에 속해 있고 당신이 다른 사람과 관계를 맺고 있다고 느끼는 모든 생각은 내가 전에 말했던 좋은 삶을 구성하는 영역들의 일부이지요.

존: 알겠어요.

치료자: 지금, 당신이 다른 사람을 신뢰할 수 있을 때 그것을 좀 더 잘 판단할 수 있는 목표를 설정하는 것은 어떨까요? 이야기할 부분은 미래에 적절한 신뢰를 어떻게 할 것인지에요. 이러한 문제는 치료에서 당신이 탐색해야 하는 상황이 될 수도 있고, 어쩌면 신뢰가 당신의 문제 발생에 약간의 역할을 했을 수도 있지요.

존: 좋아요. 치료에서 이러한 모든 중요한 문제에 대해 이야기할 수 있어요. 이러한 문제들을 내가 잘 다루어야 하기 때문에 치료 계획에서 이것을 확실하게 하고 싶어요.

이 사례에서 주목할 점은, 치료자가 존의 진술을 적극적으로 경청하는 것과 그의 관심과 관련된 가치를 부드럽게 끌어내는 것이다. 존의 진술을 토대로 한 치료자의 추론은, 존에게 일차적 덕목 중 자주성 영역이 매우 중요하기 때문에 이 목표를 달성할 수 있도록 존의 치료 계획을 수립했다는 것이다.

더불어 주목할 점은 진행과정에서 내담자의 의견을 존중하는 것과 동시에 치료자는 내담자의 변화 방향을 안내해야 한다는 것이다. 치료자의 역할은 변화가 실현될 수 있도록 치료적 기반을 만드는 것이다. 그러나 치료자가 강압적이거나 거만할 때 또는 치료자가 듣지 않으려 하고, 추론하며, 확인하지 않고 내담자에게 중요한 것이 무엇인지 추측하는 분위기에서는 그것이 진정으로 만들어질 수 없다. 유사하게, 만약 임상가가 치료 의제 설정을 내담자에게 그냥 맡긴다면, 치료가 비효율적으로 진행될 가능성이 많고, 확실성이 결여될 것이며 (내담자의 실제 관심과 서약을 놓치게 됨으로써), 중요한 치료 목표를 다루는 것에 실패할 수 있다.

임상가는 치료 목표를 달성하기 위한 계획을 수립할 때 내담자의 자기조절 경로를 염두에 두고 치료를 계획한다. 예를 들면, 변화 동기가 있는 회피-능동 또는 회피-수동 경로를 따르는 내담자에게는 내현적 민감화나 생각 멈추기 같은 성적 각성을 관리할 수 있는 행동적 방법을 제공하는 것이 적절할 수 있다. 이러한 기술은 자기조절의 첫 번째 단계일 수 있지만, 이 기법은 폭넓은 접근 목표 맥락 내에 있어야 한다. 회피-수동 경로를 따르는 내담자에게는 학대와 관련된 성적 관심에 대한 자각을 높이는 것이 과업에 포함되겠지만, 회피-능동 경로를 따르는 내담자에게는 성적 각성 관리에 필요한 기술 목록의 개발에 특별한 관심이 요구된다. 회피-능동 내담자는 일탈적 각성 패턴을 인식하는 것에는 어려움이 있는 반면, 적절한 자기조절 능력이 부족하다는 것을 인식하는 것으로 흔히 나타난다.

더불어 치료자는 학대와 관련된 성적 관심을 적절한 시기에 신중하게 다루기를 원할 것이다. 회피-수동 내담자는 가장 먼저 전반적인 대처와 자기조절 기술을 증진시키는 것이 필요할 수 있고, 회피-능동 내담자는 일상생활에서 스트레스에 대처하는 방법에 대한 자각을 높이는 것이 우선적으로 필요할 수 있다. 예를 들어, 부정적 정서 상태를 다루기 위해 일탈적 환상으로 자위행위를 하는 내담자에게는 성적 관심으로 바로 시작하기 이전에 좀 더 건강한 정서조절 기술을 개발하는 것에 초점을 두는 것이 효과적일 수 있다. 이와 다르게 하는 것은 내담자를 대처 기술이 없는 상태로 남겨 두는 것으로 그것 자체가 위험성 요인이 되는 것이며, 또한 내담자의 자위행위의 기능과 일차적 덕목에서 관계 간의 관련성을 감지하는 데 실패할 수 있다.

접근-자동 경로를 따르는 내담자의 경우에는 먼저 자각을 높이고 그들의 삶에서 관심, 신념, 바람(desires), 욕구(needs)를 되돌아볼 수 있게 도와주는 메타인지(meta-cognition) 조절
이 필요하다(Wells, 2000; Wells & Matthews, 1994, 1996). 접근-명백 경로를 따르는 내담자
는 범죄를 통해 그들이 얻었던 일차적 덕목을 탐색하는 것이 우선적으로 필요할 것이다. 예
를 들어, 아동과의 성적 활동을 통한 관계의 추구는 친밀감뿐만 아니라 자유와 자주성을 유
지하려는 시도마저 방해할 수 있다. 또한 내담자가 아동과의 관계 욕구를 충족시킬 수 있는
방법을 탐색하고자 하는 것은, 자신의 삶에서 친밀감의 수준을 불만족스러운 상태로 남겨
두는 것뿐만 아니라 아동이 성장해서 범죄자를 떠나게 되는 역효과를 가져올 수 있다. 이처
럼 직접적으로 초점화하기 위해서는 수용적인 치료자와 함께 내담자가 자신의 행동, 사고,
신념, 태도, 환상을 개방적으로 공개할 수 있는 강력한 치료환경과 작업동맹이 요구된다. 이
러한 치료 초점 영역은 내담자에게 문제로 간주되지 않을 수 있다. 따라서 이러한 요인이 범
죄에 어떻게 기여했는지와 자신의 경험이 다른 사람들과 어떻게 다른지, 이러한 요인이 좋
은 삶을 달성하는 데 어떻게 방해가 되는지에 대해 내담자의 자각을 높여야 한다.

　친밀감 결핍 문제는 회피기반 범죄자와 접근기반 범죄자의 목표가 다양하고 그와 관련된
자원이 다양하기 때문에 치료결과에 차이가 있을 수 있다. 회피 경로를 따르는 동기가 있고
위험성이 낮은 내담자의 경우에는 건강한 성(sexuality)에 초점을 둔 심리교육 프로그램이 매
우 유용할 수 있고 자주 필요할 수 있다. 또한 대인관계 증진을 위해 설계된 프로그램도 매우
유용할 수 있다. 회피-수동 내담자의 경우, 친밀감 결핍에 대한 치료는 과거의 대인관계를 탐
색하는 것과 대인관계를 어떻게 다룰 것인지에 대한 내담자의 자각을 높이는 것이 포함될 수
있다. 치료과정에서는 기술을 습득하도록 도와주며 친밀한 대인관계를 개발하고 유지할 수
있도록 훈련시킬 수 있다. 하지만 회피-능동 경로를 따르는 내담자 치료의 경우에는 새로운
기술의 습득과 훈련뿐만 아니라, 그가 이미 가지고 있는 기술을 가장 좋은 방법으로 사용하
고 있는지 알아보기 위해 대인관계를 개발하고 유지했던 과거의 시도를 검토하는 것이 필요
할 수 있다.

　반면, 접근 경로를 따르는 내담자의 경우에는 내담자가 자신의 현재 상태와 원하는 미래
상태 간의 불일치감을 볼 수 있도록 상당히 세밀하게 대인관계와 관련된 자각을 높이고, 친
밀감과 관련된 주제와 대인관계와 관련된 인지도식을 분석하는 것이 필요할 수 있다. 이러
한 접근은 흔히 과거를 탐색하는 것으로 이루어질 수 있다.

치료자: 제이, 당신의 전체적인 삶을 되돌아보았을 때, 당신이 누군가를 정말로 가깝다고 느낀 경험이 있었는지 궁금하네요. 엄마, 아빠, 큰형, 누구라도 가장 가까웠던 적이 있는지요?

제이: 모르겠는데요. 왜 물어보는 거죠?

치료자: 당신은 다른 사람들과 너무 가까이하고 싶지 않다는 것에 대해 많이 이야기했지요. 나는 좀 의아해요. 이 프로그램에 참여한 몇몇 사람은 자신의 삶에서 다른 사람들과 관계를 가장 잘 맺었던 시기에 대해 이야기해요. 한 내담자의 경우에는 자신이 그렸던 그림을 어머니에게 보여 주었는데 어머니가 그를 자랑스럽게 여겼을 때였어요. 다른 내담자의 경우에는 아버지가 자신에게 자전거 타기를 가르쳐 주었을 때였어요. 당신처럼 많은 어려움이 있었지만 누군가와 가깝게 지냈던 어떤 좋은 시간들을 기억해요.

제이: 그래요. 나에게도 있어요. 아빠가 나를 영화관에 데리고 간 적이 한 번 있죠. 그것이 어떤 영화인지는 기억나지 않지만 아빠와 내가 있었어요. 항상 왜 그것이 기억나는지는 모르겠어요. 크리스마스나 뭐 그런 때라고 생각할 수도 있겠죠. 영화와 아빠. 물론, 그것은 아빠가 수감되기 전이었고요.

치료자: 그때 같이 영화 보러 가는 것은 어땠나요?

제이: 괜찮았죠. 그 당시 아빠는 나에게 중요한 사람이었죠.

치료자: 당신에게 아버지는 정말 중요한 사람이었고, 두 사람이 정말로 가까웠던 시간이었군요.

제이: 음. [한숨, 목소리가 작아지고 낮아지면서 차분해짐]

치료자: 누군가와 가까워지는 방법은 많아요. 당신과 나 둘 다 성인인 것을 알지요. 나는 여전히 궁금한데, 만약 당신이 25년 후의 미래를 바라볼 수 있는 유리구슬을 갖고 있다면, 거의 알아보기 힘들 정도의 하나 혹은 두 개 정도의 조그마한 거리가 있는데, 당신은 어디에서 누구와 가까이 있을까요? 옛 친구일 수도 있고, 파트너 혹은 가족 구성원일 수도 있어요. 나는 완벽한 세상에 대하여 이야기하는 것은 아니에요. 당신이 볼 수 있는 것은 무엇일까요?

제이: 나에게 많은 기회가 있지 않다는 것을 알고 있기 때문에 그것에 대하여 생각해 볼

> 게요.
>
> 치료자: 당신의 관계를 생각해 보려는 좋은 이유가 생긴 것처럼 들리네요. 여기에서 어떤 부분을 치료 계획에 포함시키고 싶은지 궁금하네요.

　이 사례에서, 제이의 치료자는 제공된 정보를 토대로 제이에게 중요한 관계라는 일차적 덕목에 대해 적극적으로 경청하고, 추론하고, 확인하였다. 핵심은 내담자가 중요한 일차적 덕목을 얻었던 그 시기(어느 때든)를 탐색하는 것이고, 이후에는 미래에 그 덕목을 다시 얻기 위해 무엇을 해야 하는지 탐색하는 것이다. 만약 내담자가 갑자기 아침에 일어나서 이 덕목을 얻었다면, 그가 주목해야 할 첫 번째는 무엇인가? 만약 그가 미래에서 현재로 자신의 삶을 되돌린다면 이러한 덕목을 얻는 데 있어 차이는 무엇이 될 것인가?

　마지막으로, 성적 몰두는 범죄와 관련된 목표를 유지하고 있는 사람들에게 하나의 도전이 될 수 있다. 회피기반 경로를 따르는 많은 내담자는 항안드로겐과 같은 약물을 사용하는 개입에 잘 따를 수 있지만, 다른 많은 내담자는 따르지 않을 것이다. 일부 사례에서 내담자들은 불행스럽게도 이러한 약물을 외관상 노력하고 있음을 보여 주기 위해 사용하거나 다른 모든 개입이 실패했을 때 마지막 노력의 하나로 사용한다. 이러한 약물을 복용하는 다른 내담자들은 과거 성적 배출 통로가 없는 삶과 성적 욕구가 감소된 삶에 어떻게 대처해야 할지 스스로 혼란스러워한다. 만약 성적 활동이나 즐거움이 내담자에게 하나의 중요한 목표이고 특히 개인적 정체성에 중요한 부분이었다면, 치료에서 자신의 삶의 양식을 빠르게 변화시키는 것이 어려울 뿐만 아니라 위협감과 고통을 느낄 수 있다. 예를 들어, 접근 경로를 따르는 내담자가 이 영역에 위험성 요인이 있을 때 특히 확고한 태도와 행동을 가질 수 있다. 일반적으로 이 영역에서의 변화는 느릴 수 있어서, 치료자는 인내하며 격려해 주는 것이 필요하고, 연속적 접근과 같은 단계적인 방식의 진행으로 강화하는 것이 필요하다. 더욱이 어떤 내담자들은 성적 몰두가 성격으로 고착된 것으로 보인다. 다음은 이 문제의 해결을 시작하는 한 가지 방법일 수 있다.

> 치료자: 제이, 우리 잠깐 성적 욕구에 대하여 이야기해도 괜찮을까요?

제이: 당신도 이것을 없애려고 하지는 않겠죠? [웃음]

치료자: 당신은 성적 욕구가 이곳에서 허락되는지 궁금하지 않나요? [미소를 지으며] 그리고 좋든 나쁘든 간에 성적 욕구는 지금까지 당신의 삶에서 큰 부분이잖아요.

제이: 음, 만약 당신이 성적 욕구를 다룰 수 있다면, 나는 개인적으로 당신에게 훈장을 주고 싶군요.

치료자: 글쎄요, 그렇게 작업하지 않는다는 것은 우리 둘 다 알고 있잖아요. 질문이 있어요. 당신의 성적 욕구에 대해서 어떤 말을 해 줄 수 있나요? 어떻게 된 것이죠?

제이: 음, 성적 욕구가 범죄는 아니잖아요. 그것은 내가 남자로서 누구인가에 관한 것이기도 하죠. 내가 다른 사람들과 관계를 맺고 친해지는 방식이에요. 그래요, 나도 인정해요. 때때로 내가 할 수 있는 것보다 더 많은 섹스를 상상해요. 인생은 짧잖아요. 나는 성행위를 할 권리를 가지고 있어요.

치료자: 그렇군요. 섹스는 정말 당신에게 큰 부분을 차지하고 있군요. 어떤 프로그램도 그것을 없애려고 하지는 않을 것 같네요.

제이: 맞아요!

치료자: 궁금한 것은 만약 당신의 성적 욕구가 조금이라도 문제가 될 수 있다면, 그것은 무엇일 것 같아요? 그런 문제가 일어나게 하는 것은 무엇일까요?

제이: [긴 침묵] 나쁜 패거리들과 어울려 다니는 것이 될 수 있겠네요. 내 자신에게 괜찮다고, 잡히지 않을 거라고, 내가 원하는 것을 얻으려면 모든 위험은 가치 있는 것이라고 말할 거예요.

치료자: 그래서 만약 당신의 성적 욕구가 좋지 않은 것을 원하게 된다면 그것은 당신의 친구에게, 당신의 의사결정에, 당신의 가치에 영향을 미치게 되겠지요. 내 말이 맞나요?

제이: 예.

치료자: 그렇다면 약간 다른 것을 물어볼게요. 만약에 당신의 성적 욕구로 인한 문제가 조금이라도 줄어들기를 바란다면 무엇이 필요할까요? 염두에 둘 점은, 당신의 성(sexuality)에 대한 관심을 버리라고 말하는 게 아니라는 거예요. 단지 그것에 대해 당신이 걱정하는 것을 약간이라도 덜어 주기 위해 물어보는 거예요.

제이: 당신이 말하고자 하는 것을 알아요. 같은 것일 수 있겠어요. 내가 어울리는 사람을 주의해야 하고, 결정을 내릴 때 신중해야 하고, 장기적으로 나에게 중요한 것이 무

엇인지 생각해야 하겠지요. 내가 그럴 준비가 되어 있는지는 확신할 수가 없네요.

치료자: 당신은 이것에 대해서 두 가지 방식으로 느끼고 있어요. 이러한 영역에서 당신을 위해 할 수 있는 것도 일부 있고, 당신은 그것을 하고는 싶지만 확실하지 않네요.

제이: 맞아요. 이것을 탐색해야 한다는 것을 알고 있어요. 그리고 이 모든 방법을 생각해 볼 의지도 있고요. 치료 계획에 이 부분도 넣을 수 있겠어요.

치료자: 모든 사람이 당신의 성에 대해 바람직하지 않은 것만을 보는 것으로 여겨질 때, 이 모든 것에 대해 말할 수 있는 용기를 가져야 해요. 이 영역에서 건강하게 변화할 준비와 의지가 있다면 어떤 것도 당신을 막을 수 없을 거예요.

이 예에서, 치료자는 한 사람이 문제를 더 악화시킬 수 있다면, 또한 그는 조금씩 더 좋아지게도 할 수 있다는 기본 원칙을 추구하고 있다. 또한 치료자는 제이의 삶에 성적 즐거움의 중요성을 인정하면서 치료의 목적이 성적 즐거움을 없애는 것이 아니라 자신의 삶을 향상시키는 것임을 분명하게 전달하였다.

 ## 요 약

평가와 치료 계획을 통합하는 것은 성범죄자에게 제공되는 예술이며 과학이지만, 이것은 평가자나 치료자에게 쉬운 일은 아니다. 전반적인 평가에 기초하여 수립된 통합적 치료 접근은 각 원칙의 강점을 활용한다. 게다가 그 원칙과 치료과정에서 내담자의 동기를 강화하고 내담자의 욕구를 반영하는 활동은 도전이 될 수 있다. 평가와 치료 계획을 통합하는 것은 좋은 삶/자기조절 통합모델이 평가와 치료에서 접목될 때 특히 어려울 수 있는데, 이러한 통합은 평가에서 부가적인 요소가 추가될 뿐만 아니라 전통적인 성범죄자 치료에 도전하는 것이기 때문이다. 평가자와 치료자는 위험성과 문제에만 초점을 두지 않도록 하는 것이 필요하다. 또한 그들은 적극적이고 비판단적으로 내담자에게 경청하고 내담자의 강점과 욕구를 알아차릴 수 있어야 한다. 어려움이 있을지라도 이 접근은 더 건강한 삶과 더 안전한 지역사회를 만들기 위해 발전해 나가야 한다.

7장

사례 개념화와 치료 계획 수립

　이전 장들에서는 좋은 삶/자기조절(GLM/SRM-R) 통합모델을 활용하는 것과 이러한 구성 요소를 위험성과 같은 다른 관련요인에 연결하여 전반적으로 통합하여 평가하는 데 초점을 두었다. 이미 언급되었듯이, 치료 전 평가는 치료의 토대가 되므로 치료 시행에 필수적이다. 종합평가의 목적은 치료자가 내담자와 내담자의 강점 및 욕구 영역에 대하여 완전한 그림을 그릴 수 있도록 하는 것이다. 평가는 또한 내담자 개인의 위험성 수준, 범죄 유발 욕구 및 반응성 원칙에 따라 치료를 조정하는 위험성/욕구/반응성(RNR) 원칙을 따르기 위하여 필요하다.

　또한 좋은 삶/자기조절 통합모델의 목적에는 내담자의 삶 속에서 중요한 것과 그것을 성취하는 방법 및 자기조절, 성범죄, 다양한 삶의 문제와 관련된 평가가 포함되어 있다. 이 접근은 또한 성범죄를 저지르는 내담자의 자기조절 방식을 이해하는 것을 목표로 삼는다. 치료는 이 방식을 고려하여 결정될 수 있으며, 이 방식과 내담자의 범죄 경로 모두를 고려하는 기술이 필요하다. 이 장에서는 평가 자료를 전형적인 사례 개념화에 통합하고, 이 책의 영역 Ⅲ에서 설명했던 대로 치료의 토대가 되는 개념화를 바탕으로 치료 계획을 다룬다.

종합적 사례 개념화 수립

　사례 개념화는 개별 내담자가 성범죄를 저지르도록 하는 취약요인을 기술해야 한다. 이전 장들에서 언급된 평가가 완료되었다면, 치료 중 이 단계나 치료 전 단계에서 치료자는 개별

치료 계획을 세우기 위해서 내담자에 대해 종합적으로 이해해야 한다. 그러나 치료 중 내담자의 또 다른 양상과 행동이 발견되지 않을 것이라고 추측하지 말아야 하며, 새로운 정보가 제시되면 유연하게 사례 개념화를 보완하거나 수정할 필요가 있다.

좋은 삶/자기조절 통합모델을 사용하는 것과 다른 치료방법의 차이점은 사례 개념화의 지향점이 좋은 삶이라는 것이다. 기존의 사례 개념화(그에 수반한 치료 계획)는 위험성 기반 접근으로 대개 내담자의 결함과 문제, 단점, 위험성 요인에 초점을 맞춘다. 이러한 구조를 가진 치료 계획들은 대부분 문제점 개선, 특정 상황 회피, 대처 기술 확립, 위험성 관리에 중점을 둔다. 이러한 접근은 상대적으로 부정적 경향을 띠고 있으며 치료 프로그램에 참여하거나 자신들의 삶과 행동을 바꾸도록 내담자들에게 동기를 부여하는 것이 쉽지 않다(Yates, 2009a).

이러한 접근들은 또한 회피중심이 되기 쉬우며, 이와 같은 치료 목표하에서 사례 개념화는 내담자가 관여할 수 없는 모든 생각과 행동 등이 기술된다. 이와 대조적으로 좋은 삶/자기조절 통합모델의 사례 개념화와 치료 계획은 내담자의 삶에서 중요한 것들과 그의 강점이 무엇인지 이해하는 것을 지향한다. 이 접근을 사용하여 내담자와 치료자는 만족스럽고 충만한 내담자의 삶을 달성하기 위해 협력하여 계획을 수립한다. 치료는 내담자가 적극적으로 참여하도록 내담자의 활동과 환경, 상태 등의 긍정적 접근 목표에 토대를 두고, 치료자는 내담자의 목표 달성을 적극적으로 돕는다. 예컨대, 이 치료는 일탈적 성적 관심을 다룰 뿐 아니라 내담자가 위험성이 없는 성적 관계를 추구하고 얻도록 적극적으로 돕는다. 이 접근은 위험성 기반 접근보다 더 긍정적이며 내담자 변화에 대해 동기를 부여하는 데 효과적이다.

다음 사례를 보자.

사례: 스콧

4장에서 처음 언급되었던 스콧의 사례로 돌아가 보자. 그는 22세 남성으로 파트너 패트릭에 대한 성학대로 유죄 선고를 받았다. 첫 번째 면담에서 스콧은 불안해하였고 절망한 상태였다. 그는 자신의 파트너와 지역사회, 최근 가입한 게이 공동체처럼 자신에게 중요한 것들을 모두 잃게 된 것에 대해 걱정했다. 스콧의 알코올 섭취량은 패트릭과의 관계가 틀어질수록 증가했다. 스콧은 이 프로그램에 참여하게 되면서 항우울제 처방을 받기 위해 정신과 의사의 면담을 요청했다.

기존의 치료 접근에서 치료 계획은 대체로 스콧의 범죄와 관련된 위험성 요인을 중점적으로 다루었다. 이 요인에는 알코올 사용과 남용이 포함될 것이며, 치료 논의는 스콧의 범죄 '사이클'에 집중될 것이다. 분노관리에 주된 초점이 맞춰질 것이고, 파트너에게 성적으로 접근하는 데 있어 스콧의 특권의식뿐만 아니라 즉각적 욕구 만족을 평가할 것이다. 치료는 사과편지 쓰기와 스콧과 패트릭의 관계를 구체적으로 검토하지 않고 책임 수용에 초점을 둘 수 있다. 스콧은 더 나아가 자신의 행동이 패트릭에게 미친 영향을 자세히 설명하도록 요구받을 것이다. 스콧은 재범을 일으킬 수 있는 모든 방식을 설명할 수 있는 종합적인 계획을 작성하는데, 이 계획서에는 피해야 하는 구체적인 상황과 행동, 성행동에서 위험에 빠뜨릴 수 있는 생각과 감정, 잠재적으로 위험성이 증가하는 것을 알리는 '경고 신호' 목록 등을 작성하게 된다. 스콧의 치료 목표는 인지적 문제해결 기술의 향상을 포함하지만, 목적은 고위험 상황과 분노관리에 중점적으로 초점을 두고 있을 가능성이 크다. 그는 또한 공격적 행동과 관련된 인지왜곡에 대해 도전하고 수정하기를 요청받을 것이다. 스콧의 주요 치료는 성학대의 유해성에 대한 자각을 높이는 데 있다.

반대로, 좋은 삶/자기조절 통합모델 프로그램에서 스콧은 자신이 가장 가치 있게 생각하는 일차적 덕목이 무엇인지, 자신의 삶과 범죄에서 이 덕목을 어떤 방식으로 추구했는지, 어떤 도구적 덕목을 추구했고 실행했는지에 대한 질문을 받을 것이다. 주된 초점은 패트릭과의 관계의 본질과 어떻게 이 관계가 그의 일차적 덕목 추구와 일치하는지에 맞춰질 것이다. 이 관계가 스콧이 달성하고자 하는 일차적 덕목 사이에 충돌을 일으키는가? 이 관계가 덕목을 성취하는 능력이나 수단을 제한하는 양상을 가지고 있는가? 이 관계가 일차적 덕목을 획득하기 위해 스콧이 시도한 영역을 제한 또는 확대시키는가?

또한 치료자는 스콧에게 가장 적합한 치료 방향을 이끌어 낼 것이다. 일차적 덕목의 달성을 위해, 분노관리에서 덕목의 획득과 목표달성을 촉진하는 수단으로서 정서조절에 초점을 둘 것이다. 위험성 관리 목적만을 위해 인지적 문제해결 기술을 적용하는 것을 배우는 것보다, 스콧이 패트릭과의 관계나 또는 앞으로의 관계와 같은 개인적으로 의미 있고 그와 관련된 일차적 및 이차적 덕목을 획득하는 데 사용할 수 있는 기술이 무엇인지에 초점을 둔다. 치료의 목적은 인지왜곡을 발견하고 수정하는 것 이상으로 스콧의 폭넓은 인지도식을 확인하고 탐색하는 것이다. 이 과정에서는 도식이 그의 과거와 현재 행동에 어떻게 영향을 미쳤는지 알아보고, 그가 장차 어떻게 이 도식을 이해하고 목표달성을 위해 도식의 양상들을 바꾸는지 이해하는 것을 포함한다. 치료의 주요 초점은 또한 스콧의 범죄관련 목표와 전략(즉, 자기조절 경로), 범죄와 일반적 삶 둘 모두에서 일차적 덕목의 달성과 어떻게 관련되었는지, 이 자기조절 방식이 그의 삶에서 일반적인 형태인지 이해하는 것이 포함된다.

이 사례에서 명백히 드러나듯이, 좋은 삶/자기조절 통합모델의 치료는 기존의 위험성 기반 접근에 비해 내담자와 치료의 역할에 대해 더욱더 폭넓은 관점을 취한다. 사례 개념화는 내담자와 내담자의 목표 및 욕구에 대한 총체적이고 종합적인 그림을 바탕으로 하며, 치료 계획은 이와 함께 범죄 경로와 자기조절에서 개별성 또한 포함한다.

더불어 많은 치료 프로그램이 다양한 전달 방식을 갖추고 있지만, 대다수가 내담자의 욕구보다 지역사회의 안전을 우위에 둔다. 지역사회의 안전은 매우 중요한 요소이지만, 치료 프로그램이 지역 공동체의 안전과 내담자의 웰빙 모두를 증진시키는 구조에서 운영되는 것이 더욱 중요할 것이다. 다수의 프로그램은 치료과정에서 내담자의 참여가 혜택이며 권리가 아니라는 입장을 분명히 취하고 있다. 그래서 내담자는 능력이 되는 한 최대한 노력하는 참가자가 되거나 중도에 포기하는 대상자가 될 수 있다. 좋은 삶/자기조절 통합모델은 범죄자의 웰빙을 증진시키고 자기조절과 위험성 관리를 향상시킴으로써 지역사회의 안전에 기여한다는 명백한 이점이 있다. 이 과정의 시작은 내담자에 대한 종합적 이해를 구축하는 것과 그 이해를 토대로 사례 개념화를 준비하는 것이다.

사례 개념화 구성

1단계

사례 개념화 구성의 첫 단계는 내담자에게 중요하고 그가 능동적으로 추구하거나 삶에서 얻고자 하는 일차적 덕목을 포함하여 다룬다. 이 단계는 4장에 설명된 일차적 덕목 평가의 앞부분과 연결된다. 이 단계는 내담자가 과거에 한때 가치를 두었지만 가능성이 없거나 기회가 부족하다는 이유 등으로 더 이상 추구하지 않는 덕목도 포함한다. 내담자가 이 덕목을 다시 얻고자 한다면 그것은 사례 개념화와 치료 계획에 포함된다. 다음 사례를 보자.

▌ 사례: 사례 개념화 수립(1단계)

치료자: 잘 왔어요, 스콧. 지난 상담 시간에 당신의 현재 고민거리와 가치 있게 여기는 몇 가지 일차적 덕목에 대해 얘기를 나눴죠. 그 이야기를 계속해 볼까요?

스콧: 네. 전보다는 기분이 좀 나아졌어요. 좋은 시간이 될 것 같아요.

치료자: 잘됐네요. 지난 시간에 나눈 이야기에서 내가 이해한 것은, 당신은 이 도시로 이사 오면서 예전에 살던 북쪽의 작은 마을에서 느끼지 못했던 지역사회에 대한 진정한 소속감을 느낄 수 있었는데요. 이런 변화는 당신에게 매우 중요했고, 당신이 자란 고향에서보다 이 도시에서 좀 더 공동체의 일원이 된 듯한 느낌을 받은 것 같은데요. 맞나요?

스콧: 맞아요. 게이 공동체의 일원이라는 것은 제 정체성의 커다란 부분을 차지하죠. 공동체 활동이라는 일차적 덕목에 대해 생각할 때, 게이 공동체가 있는 도시가 제일 먼저 떠올라요.

치료자: 삶에서 가장 중요한 가치 중 하나는 신뢰로운 사람들과 함께 있을 때 평화로움을 느끼는 것이군요.

스콧: 네. 실제로 그게 다른 몇 가지 덕목과 연관이 있어요. 영성, 이건 삶의 의미와 목적을 가지는 것으로 정의되는 방식 같은데요, 이것 또한 매우 중요해요. 당신이 게이가 된다는 것은 안타깝게도 그 지역사회에 포함되지 못한다는 의미이고, 당신을 받아들이는 종교를 찾기 힘들다는 것을 의미하기도 해요. 이건 나에게 정말 중요한 내적인 평화에 대한 다른 일차적 덕목을 주는 것이기도 해요. 어렸을 때는 내적인 평화가 정말 없었는데, 그게 패트릭을 폭행한 주요 원인이 된 것 같아요. 제가 좋은 삶을 살기 위해서는 내적인 평화를 찾을 수 있는 방법이 필요해요. 문제는 방법을 잘 모른다는 거죠. 강아지들과 산책하거나 놀 때는 내적인 평화가 느껴지는데, 어디에서 그런 내적인 평화를 얻을 수 있는지는 잘 모르겠어요.

치료자: 당신의 목표들을 균형 있게 추구하면 결국 내적인 평화와 지역사회 그리고 영성을 얻게 된다는 말로 들리는군요. 패트릭이 당신의 삶에서 중요한 부분을 차지해 왔다는 것을 고려해 봤을 때 관계와 행복/즐거움은 어디에 적합할까요?

스콧: 그것들도 제게 너무 중요해요. 저는 누군가를 돌보는 것이 관계와 행복을 가능하게 해 주기 때문에 다른 무엇보다 우선적으로 신경 쓰고 싶어요. 저는 삶과 생존, 자주성에 충분히 가치를 두지 않았어요. 술을 너무 많이 마셨고, 장래성 없는 직업을 구할 정도의 지식과 교육밖에 받지 못했어요. 나중에 언젠가 더 나은 직장을 구할 수 있도록 지식과 창조성을 얻어야겠지만 우선은 다른 목표에 집중하고 싶어요.

스콧의 사례에서, 치료자는 그에게 중요한 일차적 덕목의 방향으로 내담자를 효과적으로 이끌었다. 치료자는 또한 분명히 치료가 내담자에게 이득이 되도록 효과적으로 틀을 잡았다. 이 단계가 완료되면 치료자는 어떻게 이 덕목을 성취할 수 있는지 파악하는 단계로 넘어간다.

2단계

2단계에서는 일차적 덕목 성취와 연관된 이차적(도구적) 덕목을 평가한다. 즉, 개인이 자신의 삶에서 중요한 것을 얻는 수단이다. 예를 들어, 삶과 생존의 일차적 덕목 성취에 대해 3장과 4장에서 언급했던 것처럼, 수입을 얻기 위해 일하거나 건강을 유지하기 위해 잘 먹는 것과 같은 활동과 관련될 수 있다. 이러한 이차적 덕목은 내담자가 삶에서 원하는 것을 성취하고자 일상생활에서 하는 활동을 말한다. 이 활동 중 몇 가지는 성범죄와 관련될 수 있다.

이 외에도 이 단계에서 내담자의 강점을 평가하는데, (1) 범죄를 저지르지 않고 성공적으로 얻을 수 있는 덕목들, (2) 삶에서 다양한 문제를 효과적으로 관리하는 방법, (3) 범죄를 저지를 수도 있었지만 그것을 억제했던 경험에 대해 초점을 둔다. 다음에 기술된 사례를 보자.

▌사례: 사례 개념화 수립(2단계)

치료자: 스콧, 당신에게 중요한 몇 가지 일차적 덕목에 대해서 얘기를 나눴죠. 특별히 공동체 활동과 영성, 내적인 평화들에 대해서요. 당신은 내적인 평화를 얻기 위해 더 많은 방법을 찾기를 원하고, 영성이 공동체 활동에 달려 있다는 말도 했죠. 이 덕목들을 얻기 위한 수단이나 방법으로는 무엇이 있을까요? 또 당신이 가지고 있고, 가지고 싶은 이차적 덕목은 어떤 것들이 있나요?

스콧: 글쎄요, 공동체 활동에 대해서는, 저에게 맞는 게이 공동체가 있는 도시지역이면 좋겠어요. 게이들이 휴가로 많이 가는 휴양지와 같은 작은 장소도 있지만, 제가 말하는 것은 그런 장소가 아니에요. 도시에서는 할 것도 많고 볼거리도 더 많아요. 제겐 그런 게 중요하거든요. 제가 자란 시골지역도 좋은 점이 많이 있었지만, 거긴 언제나 차를 몰고 갈 수 있으니까요. 영성도 마찬가지예요. 전 유니테리언(Unitarian) 교회를 다니는데, 그 교파는 대도시 외곽에서는 찾기 힘들어요. 가까운 곳에 유니테리언 교회가 있으면 해요.

가장 중요한 것은 내적인 평화예요. 전에도 얘기했지만 가끔씩 내적인 평화가 우연히 찾아오는 걸 제외하면 그런 경우는 거의 드물어요. 내적인 평화의 결핍 때문에 술을 너무 마시게 되는 것 같아요. 술 마시는 것은 내적 혼란에 대해 다루는 것보다 즐겁지는 않았어요. 내적인 평화를 찾은 사람들을 보면 전 그냥 뒤처져 있다고 느껴지거든요. 그래서 그렇게 말한 것 같아요. 전 폭력적인 사람은 아니지만 패트릭에겐 정말로 폭력적이었어요. 제가 그에게 심한 상처를 줬으니 다시는 저와 말하고 싶지 않겠죠. 내적인 평화를 찾기 위해 그에게 너무 의존했나 봐요. 아마 그랬을 거예요. 제가 건강하고 무언가 성취할 수 있는 삶을 살려면 내적인 평화를 찾기 위한 방법이 필요해요. 제가 좌절했을 때 제 자신을 제어할 수 있으려면 내적인 평화가 필요해요. [눈물 흘림]죄송해요. 저한테 좀 민감한 부분이라서요.

치료자: 이 프로그램에서는 언제나 눈물을 흘려도 좋아요. [긴 침묵]당신이 사용했거나 사용하고 싶은 다른 이차적 덕목이 궁금하네요.

스콧: 조만간 자주성, 지식 또는 일과 놀이에서의 유능성도 얻기 위해 교육을 받아야 할 것 같아요. 패트릭과 이곳으로 이사 오기 위해 많은 것을 미뤄 뒀는데요. 이제 그걸 좀 다르게 보게 됐어요. 저는 다른 이차적 덕목을 성취해야 하고, 결국 다시는 폭력에 의존하지 않게 될 거예요.

이 예에서 치료자는 스콧에게서 그의 일차적 덕목을 성취하는 이전 방법뿐만 아니라 이 방법에서 문제점까지 이끌어 냈다. 스콧은 또한 자신의 이차적 덕목을 털어놓았고 이것이 장차 그가 자신의 목표를 성취할 수 있도록 하는 데 더 나은 방법을 제시해 줄 수 있을 것이다.

3단계

3단계는 내담자의 좋은 삶 계획에서 눈에 띄는 문제들을 확인하는 단계다. 이와 같은 분석은 내담자의 성범죄 행동에만 제한하지 않고 내담자가 보고하는 삶의 전반적인 문제들까지 포함한다. 예를 들어, 내담자는 교육이나 기술이 부족해 직장을 얻거나 유지하는 데 어려움을 겪고 있을 수 있다. 이러한 영역에서의 결핍은 범죄와 연관성이 없을지도 모르지만 그에게는 중요할 수 있다. 그러므로 목표는 사례 개념화에서 확인되고 포함되며, 내담자가 치료에서 다루는 치료 대상을 나타낸다. 이와 대조적으로 내담자의 좋은 삶 계획에서 어떤 문제들은 개인이 성적 공격을 통해 성적 쾌락(행복이라는 일차적 덕목)을 추구하는 것처럼 직접적으로 성범죄와 관련이 있을 수 있다. 좋은 삶 계획을 실행하는 데 있어 이와 같은 문제들 또한 사례 개념화에 포함된다. 더불어, 개인의 좋은 삶 계획에서 결함은 영역, 수단, 충돌 또는 능력 등의 특정 문제를 잘 이해하여 모든 당사자를 돕기 위해 확인해야 한다. 또한 이와 같은 결함은 범죄로 이어질 수 있기 때문에, 계획을 실행할 때 내담자의 경험을 확인해야 한다. 다음에 설명된 사례를 보자.

치료자: 스콧, 이건 이미 전에 논의했던 것인데, 당신이 좋은 삶 계획을 개발하고 시작하는 데 있어 문제가 되는 것은 뭐라고 생각하세요? 우리가 논의한 대로라면, 능력이나 영역이 없거나 또는 서로 다른 목표 간의 또 다른 충돌 때문에 계획을 실행할 수 있는 수단이 부족한 것이 문제가 될 수 있겠네요.

스콧: 내적인 평화를 얻고 싶다고 전에 말했는데요. 지금 현재는 그저 제게 능력이 부족한 것 같아요. 사실 항상 그랬죠. 전 모든 생각이 열려 있어요. 지금은 공동체 활동, 내적인 평화, 영성에 집중하고 싶지만, 다른 목표들을 계획하거나 얻기 위해 노력하지 않는다면 갈등이 생길 수도 있다는 것을 알아요. 또 분명 제가 나중에 행복한 사람이 되겠지만, 소박한 재미를 얻을 수 있는 활동들도 필요할 거예요. 지금 현재는 패트릭에 대한 빚진 마음 때문에 모든 것을 심각하게 받아들이고 있어서 그런 것들을 바라볼 여유가 없어요. 원래는 다양한 곳에서 재미를 찾곤 했는데, 얼마 전부터 그만뒀죠.

치료에서 배운 대로 말하자면, 제가 학교로 돌아가지 않는 한 저를 조절하고 일을 잘하려고 노력하는 것은 제 삶과 생존, 지식, 창조성과 충돌할 거예요. 전에는 일에 대해 심각하게 받아들이지 않았어요. 그날 벌어 그날 먹고 살았는데, 언젠가는 더 나은 인생을 살고 싶어요. 그러기 위해서는 더 나은 사람이 되기 위한 방법과 수단을 찾아야겠죠.

마지막으로 관계와 내게 필요한 즐거움, 행복이 공존하는지 잘 살펴야 할 것 같아요. 이 문제는 전에도 있었어요. 제가 다른 사람과 관계를 맺거나 패트릭과 다시 잘되었을 때, 우리가 계획대로 균형 잡힌 좋은 삶을 함께 꾸려 가고 있는지 확실히 해야겠죠.

이 사례에서 치료자는 효과적으로 스콧의 좋은 삶 계획에 존재하는 결함들을 확인했고 그가 자신의 목표와 덕목들에 우선순위를 매기도록 도와주었다.

4단계

사례 개념화의 4단계는 성범죄에 내포된 모든 임상적 현상을 파악하는 것이다. 이 과정은 특히 범죄행위와 관련되고 앞선 세 단계의 사례 개념화에서 확인된 정보를 기반으로 하는 모든 요인(일차적·이차적 덕목, 위험성 요인, 범죄 경로 등)에 대한 분석을 포함한다. 사례 개념화에서 이 단계의 목표는 각 내담자에게 범죄에 영향을 주는 다양한 요인 간의 관련성뿐만 아니라 범죄행위와의 관련을 확인하는 것이다. 이 단계에서는 범죄가 개인에게 제공하는 기능을 확인한다. 즉, 개인이 범죄를 통해 직간접적으로 얻는 것이 무엇인가? 마지막으로 평가의 모든 영역에서 얻은 부가적인 정보(6장 참조)가 여기에 포함된다.

5단계

5단계는 내담자가 살고 있거나 치료가 완료된 후 살게 될 상황과 환경을 확인하는 단계다. 미래에 대한 고려는 치료 계획과 각 내담자마다 특정 기회와 제약을 고려한 출소 계획을 수립하게 한다. 예를 들면, 어떤 지역은 공동체 사회 내에서 이동하는 것을 제한하고 있으므로 개인의 치료 계획을 수립할 때 이러한 점이 고려되어야 한다. 다음의 사례를 보자.

사례: 사례 개념화 수립(5단계)

치료자: 스콧, 지금까지 일차적·이차적 덕목에 대한 주요 사항들과 과거와 현재의 좋은 삶 계획에 존재할지 모르는 결함들에 대해 이야기해 봤어요. 지금까지 우리가 이야기하지 않은 것은 이 계획이 수행될 상황에 대해서예요. 지역사회로 되돌아가는 것에 대해 어떻게 생각해요?

스콧: 두려운 마음도 어느 정도 들어요. 패트릭이 최근 어떻게 지내는지는 모르지만 친구들 중 대다수가 우리 일을 알고 있고, 아마도 나를 괴물이라고 생각할 거예요. 그러니 게이 공동체가 저를 다시 받아 줄지 확신이 없어요. 결국 전 어디에든 정착하겠지만 아무래도 해명해야 할 거리가 많겠죠. 직장을 구하는 데도 많은 노력이 필요할 거예요. 가족들이 도와주겠지만 힘든 일이 될 것 같아요. 또 다른 건, 제가 중요하게 생각하는 가치들은 도시에 산다는 것을 전제로 하는데, 제 거주지를 제한할 것이라는 뉴스 보도가 사실이라면 시 외곽에서 살아야 할지도 모르겠어요. 유니테리언 교회에는 성범죄자가 교인일 때 행하는 절차가 있는 것으로 알고 있는데, 기꺼이 그 절차를 따를 거예요. 제 출소 조건에 금주가 포함될 것 같은데 그건 괜찮아요.

가장 중요한 것들은 다른 사람들과 어울리고 '한번 성범죄자는 영원한 성범죄자'라고 생각하는 지역 주민들에게 잘 대처하는 방법이겠죠. 내적인 평화를 찾는 노력을 두 배로 기울여야 할 거예요. 이런 말이 너무 쉽게 나온다고 생각하실 수도 있지만, 그것에 대해 많이 생각해 봤어요. 이 상황에서 제게 가장 중요한 것은 집중해서 거주지나 직장에 대한 실망을 잘 다루는 거예요. 잘 해 나갈 겁니다. 이건 단지 제가 구축하고자 하는 삶의 일부분일 뿐이니까요.

마지막 예시에서 스콧은 그가 지역사회로 복귀했을 때 처하게 될 환경에서 공식적인 제한들을 포함한 그 외의 많은 제약을 확인했다. 스콧은 그가 지역사회로 복귀할 때 직면하게 될 장벽들에 대해 현실적으로 자각하고 있었고, 그것에 대처하기 위해 몇 가지 계획을 세웠다.

평가과정 중 이 단계에서 치료자는 내담자가 가치를 두는 덕목들과 이 덕목들을 성취하기 위한 방법, 좋은 삶 계획의 결함들, 덕목들과 범죄 간의 관계 등을 온전히 파악하게 된다.

6단계에서 치료자는 위의 고려사항들과 위험성 요인 및 자기조절 범죄 경로와 같은 평가 자료를 토대로 내담자를 위한 치료 계획을 수립한다. 이 과정에서 한 개인에게 만족스럽고 의미 있는 삶을 고려할 필요가 있다(즉, 일차적 덕목, 이차적 덕목, 자기조절 그리고 생활양식과의 관계 등). 여기에서는 내담자가 거주할 것으로 예상되는 환경뿐만 아니라 그 환경에서 실행할 합리적인 계획에 필요한 능력과 역량도 포함된다. 치료자와 내담자는 이제 치료 계획을 수립하기 위한 준비를 모두 마쳤다.

치료 계획 수립

앞서 보았듯이, 사례 개념화는 내담자의 개별적 치료 계획의 기반을 형성한다. 그것이 사례 개념화에 토대를 두고 치료 방향과 방법을 결정하기 때문에, 치료 계획은 종합적으로 수립되고 가능한 한 완료될 수 있도록 하는 것이 중요하다. 이미 언급한 대로 치료과정 중에 이 단계에서 새로운 정보가 밝혀질지도 모르지만, 치료자는 개선된 구체적인 치료 계획을 세울 수 있도록 이제까지 기술된 모든 평가 부분에서 내담자의 정보를 완성해야만 한다. 내담자와 협력하여 개발된 계획은 다음의 요소들을 포함한다.

- 위험성 평가에 토대를 둔 치료 강도(치료의 기간 및 빈도)
- 역동적 위험요인
- 반응성 요인과 위험성 요인을 다루기 위한 종합적인 계획
- 평가된 범죄 유발 욕구에 기초한 필수적인 특정 치료 구성요소(예: 정서조절, 성적 각성 재조건화 등)
- 역동적 위험요인을 토대로 한 치료 목표
- 범죄 경로, 자기조절 방식과 주제를 토대로 한 치료 목표

- 일차적 및 이차적 덕목과 좋은 삶 계획의 결함을 토대로 한 치료 목표
- 치료를 위한 내담자의 강점
- 치료과정에서 향상시킬 특정 기술과 전략
- 내담자와 협력하여 수립한 치료 목표, 재방문 기간 설정, 수정된 치료 목표
- 치료 경과에 대한 객관적이고 조작적으로 정의된 지표

치료 계획은 내담자와 치료자가 참여하는 명시적 활동이어야 한다. 임상가는 내담자의 평가 결과와 사례개념화를 숙지하고 치료 계획을 위한 면담에 임해야 한다. 그래야만 치료자는 일차적·이차적 덕목의 방향, 관련된 역동적 위험요인, 범죄 경로와 자기조절에 대한 논의를 이끌 수 있다. 내담자는 치료자와의 만남에 기대감을 갖고 열린 마음으로 임해야 한다. 치료자는 내담자가 다양한 질문에 반응하고, 그 질문에 대한 합리적인 근거를 제시하도록 내담자를 준비시켜야 한다. 치료 계획 과정에 포함된 이러한 질문은 내담자의 욕구를 충족시키고 위험성을 관리하는 데 도움이 된다.

좋은 삶/자기조절 통합모델에서 치료는 범죄자들이 자신의 삶에서 중요한 것을 성취하도록 설계된 활동들로 구성되어 있다는 것을 기억할 것이다. 치료자는 내담자에게 치료과정에서 삶의 어떤 영역에 집중하길 원하는지 질문하는 것으로 시작하게 된다. 내담자의 삶에서 의미 있는 것은 무엇인가? 살면서 갖고 싶거나 경험하고 싶었지만 못했던 것은 무엇인가? 이 질문은 내담자와 치료자 간에 발생할 수 있는 상호작용에 기초한다. 내담자는 그에게 무엇이 중요한지 말할 수 있고, 임상가는 내담자에게 일차적 덕목의 방향을 안내해 주기 위해 반영, 요약진술 및 열린 질문을 한다. 이렇게 주고받는 논의는 내담자의 이차적 덕목에 대한 욕구를 논의하면서 일차적 덕목으로 연결되는데, 이미 설명하였듯이 일차적 덕목은 내담자가 이야기한 이차적 덕목에서 추론할 수 있다.

임상가는 논의를 통해 내담자의 강점, 재능, 기술 및 기타 긍정적인 자질을 찾을 수 있다. 이 단계가 관례적으로 보일지라도, 치료자가 내담자의 기술과 강점들을 너무 쉽게 살펴봄으로써 내담자의 욕구와 결핍에 대해 성급하게 논의될 수 있다. 대다수의 임상가는 이전에 결핍기반 치료 계획으로 훈련받았기 때문에 치료 계획에 도움이 되지 않는 습관을 보일 수 있다. 예컨대, 치료자는 암묵적으로 내담자와 치료과정에서 잘못된 것에 지나치게 주의를 기울이게 되어 내담자의 강점을 무시하거나 최소화하게 되어 치료자의 전문성을 발휘하는 데

부정적 혹은 비판적 입장을 취할 수 있다. 예를 들면, 다음과 같다.

> 치료자: 당신의 강점에 대해 얘기를 나누어 봤으니 이제 당신이 개선해야 할 부분을 탐색해 볼까요? 치료에서 다룰 필요가 있다고 생각하는 것은 무엇인가요? 분노관리가 당신에게 가장 중요한 주제인 것 같은데요.

여기서 치료자는 내담자의 강점에 거의 관심을 두지 않고, 그 대신 그의 법적 책임을 강조하고 치료에서 다뤄야 할 내담자의 욕구가 무엇인지 추측한다. 처음에는 내담자의 생각을 이끌어 내는 듯 보이지만, 치료자는 곧바로 자신의 의견을 표현하고 조언을 시작한다. 강점을 탐색하는 작업은 내담자의 관심을 다루고 치료 계획을 수립하는 토대로서 내담자의 특성보다 심각한 문제에 초점을 두기 쉽다. 또한 임상가가 안건을 너무 빨리 다루는 것은 내담자의 치료 계획을 세우는 데 내담자가 충분히 개입하지 못하도록 하는데, 이런 치료과정은 협조적이지도 않으며 좋은 삶/자기조절 통합모델 접근과도 일치하지 않는다. 이런 제한적인 접근은 치료 계획을 세우는 데 내담자의 동기를 떨어뜨릴 수 있는 위험성이 있고, 실제로 내담자가 목표를 달성할 수 있는 가능성을 줄일 수 있다. 대신 처음에 내담자의 장점과 강점에 집중하고 그가 치료과정 중에 어떻게 이것들을 이용할지 질문을 던지는 것이 유익할 것이다.

> 치료자: 치료과정 중에 언급되었던 강점과 긍정적 특성에 대해 많이 생각해 보았는데요. 이 같은 강점은 틀림없이 당신이 바라는 변화와 그 변화를 유지시키도록 도와줄 거예요. 제가 보기에 당신이 가지고 있는 주요 강점 중 몇 가지는 지식에 대한 동기, 타인과 관계를 개선하려는 바람 그리고 당신 자신을 돌보는 방법을 확장하는 것 같군요. 이제 당신이 노력하고 싶고 성취하고 싶은 분야에 대해 얘기해 보죠.
>
> 내담자: 제가 바라는 것 중 하나는 가족과 관계를 회복할 방법을 찾는 거예요. 그게 가능한지도 알고 싶어요.

치료자: 가족을 무척 그리워하고 있군요. 이건 우리가 좀 전에 논의했던 긍정적 특성 중 하나와 일치하네요. 타인과의 관계를 개선하고자 하는 욕구 말이죠. 그럼 여기에 우리가 논의했던 강점들 중에 어떤 다른 것들을 포함시킬 수 있을까요?

내담자: [잠시 생각 후] 관계 개선을 위한 최선의 방법은 부가적인 지식을 얻는 것 같아요. 치료에서 가족들과 다시 연락할 수 있는 좋은 방법을 배우고 싶어요.

치료자: 당신과 비슷한 상황에 처했던 다른 사람들에게 배울 수도 있어요.

내담자: 그래요.

치료자: 알고 있을지 모르겠지만 치료 프로그램의 일부가 문제해결 기술을 중심으로 하고 있어요. 아마 그것도 도움이 될 거예요.

내담자: 네, 그럴 것 같아요.

치료자: 이 치료 프로그램의 주된 목표 중 하나는 내담자들이 타인들과 건강하고 충만한 관계를 형성할 수 있는 능력을 기를 수 있도록 돕는 거예요. 우리는 문제해결 기술과 다른 사람의 관점을 이해하기 그리고 그에 따라 행동하기와 같은 영역에 대해 논의할 겁니다. 괜찮을까요?

내담자: 좋은 생각이에요.

치료자: 가족을 포함해 다른 사람들과의 관계 개선을 목표로 정하는 건 어떨까요? 실행 계획에 가족과 연결하고 관계 회복을 준비하면서 밟아야 할 단계들이 포함될 거예요. 우선 몇 가지 문제해결 단계를 확인하고, 치료 집단 내의 다른 사람들에게 피드백과 아이디어를 수집하고, 이 관계들이 어떻게 당신의 과거와 일치될지 탐색하게 될 겁니다. 괜찮나요?

내담자: 좋아요.

이 사례에서 치료자는 부정적 언어(예: '사회적 기술 결핍'과 같은 용어)의 사용을 피하고 내담자가 원하는 긍정적 측면에 초점을 맞추었다. 치료자는 또한 내담자의 목표가 더 넓은 관계(일차적 덕목)를 지향하고 사회적 고립감(역동적 위험요인과 범죄 유발 욕구)을 줄이도록 안내한다.

치료 목표를 세우는 데 있어서, 각 임상가는 내담자가 다룰 수 있는 방법과 달성 기간을 정하여 다수의 목표를 설정해야 한다. 경우에 따라서, 어떤 사례에서는 치료에서 기대되는 결과에 초점을 두기보다는 더 관리할 수 있는 작은 목표부터 시작하는 것이 도움이 될 수 있다. 예를 들어, 치료자의 관심은 재범 위험성의 감소에 있는 반면, 내담자는 가족관계를 좀 더 증진시키고 다시 확립하는 목표를 이야기할 수 있다. 이런 경우, 치료자는 내담자의 목표가 궁극적으로 재범방지를 직접적으로 반영하지 않을지라도 내담자의 초기 목표로 치료해야 한다. 치료자는 차후 단계적으로 더 큰 목표들을 재검토할 수 있고, 내담자가 재범을 피하기 위해 필요한 변화를 받아들이게 되면, 그때 새로운 치료 목표를 수립할 수 있다. 그 외에 어떤 목표는 좀 더 구체화하기 위해 설명이 필요할 수 있다. 예컨대, 내담자의 치료 목표가 '더 나아지는' 것일 경우, 이 목표가 정확히 무엇을 의미하고 무엇을 수반하는가를 나타낸다. 마지막으로, 목표를 설정할 때는 반드시 객관적이고 측정 가능한 경과 지표와 성취 목표가 수립되어야 한다. 종종 치료 프로그램에서 내담자를 위한 혹은 내담자와 함께 목표를 세우지만 목표를 달성하거나 평가하는 방법을 동시에 시행하지 않는다. 예를 들어, '공감'을 증진하는 것이 내담자의 목표일 수 있다. 하지만 공감이 명확히 정의되지 않고 경과 지표가 설정되지 않는다면 치료자가 목표 달성을 인지하거나 입증할 방법이 없다. 이런 상황은 내담자의 출소나 경비 등급의 완화, 치료 완료 결정에서 그가 치료를 통해 도움을 얻었고, 치료 목표를 달성했다는 증거가 요구될 때 곤란한 문제를 야기할 수 있다.

특정 관할구역에서의 치료 계획은 허가 및 법적 요건에 따라 구성된다. 하지만 치료 계획은 가능한 한 단순하고 관리하기 쉽게 유지되어야 한다. 바람직한 최종 상태는 내담자가 의미 있는 계획을 세우고 그 계획의 달성에 만족스럽게 전념하는 것이다. 내담자가 자신의 치료 계획을 적합하고 중요하며 의미 있는 것으로 여기지 않는다면, 그 치료에 참여하고 계획에서 설정한 목표 성취를 위한 동기부여는 줄어들게 된다.

치료 계획은 흔히 구체적인 문제와 목표, 행동 계획의 형태를 띤다. 많은 경우 실행 계획의 책임자를 상세하고 명시적으로 언급한다(예: '심리학자는 과거의 성적 피해에 관한 개별 상담을 진행한다.' 또는 '종교 위원들은 가능한 한 종교활동의 포괄적인 일정을 제공한다.'). 이런 진술은 단순할 때 가장 좋다. 구조는 언뜻 보기에 단순한 것이 가장 바람직하다. 모든 부분을 다루려는 치료자의 시도보다 내담자가 성취할 수 있는 것이 중심이 되어야 한다.

사례: 치료 계획

짐은 38세이며 성추행으로 유죄를 선고받았다. 피해자는 짐의 이웃에 살고 있던 10세 남자아이였다. 짐은 그 남자아이의 가족과 잘 아는 사이였다. 범행 당시, 짐은 치료를 마치고 치료 후 유지 프로그램에 참여 중이었다. 그때까지 짐은 지역사회 생활에 부과된 제약하에 최선을 다해 위험성을 관리하고 좋은 삶 계획을 실행하며 성실히 생활해 왔다. 짐은 남성에 대한 성적 끌림을 받아들이고 위험성을 관리하며 남자아이들과의 접촉을 피하는 방법을 배웠다. 그러나 범행 직전 잠재적 연인에게 거절을 당했고, 외롭고 우울한 상태였으며, 유죄 선고를 받은 후 아직 직장을 구하지 못한 상황이었다(그는 자택 방문 요양사 훈련을 받고 15년 동안 그 일을 했다). 범행 당시 짐은 가족과 친구들로부터 무력감과 소외감을 느꼈다. 그는 지역사회 활동과 교회에 매우 적극적으로 참여했지만, 거주지 제한 때문에 더 이상 이 활동들에 참여할 수 없게 되었다. 이웃과의 관계에서 고위험 상황에 놓였다는 것을 깨달았을 때, 그는 처음에 자신의 성적 감정을 무시했고 집 밖으로 전혀 외출을 하지 않았다. 짐은 재범을 저질렀다는 생각에 충격을 받고 우울증에 빠졌다. 그는 다시 치료를 받고 있다.

이 사례에서, 짐은 치료를 마친 후 지역사회에서 성공적인 관리 기간을 보내고 나서 다시 범죄를 저질렀다. 그에게 중요했던 일차적 덕목들은 공동체 활동과 관계, 영성, 행복 등이었다. 가장 최근 성범죄와 관련된 일차적 덕목들은 관계(특히 친밀감)와 내적인 평화, 영성, 일에서의 유능성을 포함한다. 짐의 좋은 삶 계획은 일차적 덕목 성취를 위한 수단의 결함뿐만 아니라 내적 능력과 외적 기회 모두의 결핍을 보여 준다. 그의 역동적 위험요인들로는 성적 자기조절(일탈적 성적 선호)과 정서조절, 일반적 자기조절(문제해결), 친밀감 부족, 사회적 지지의 부족을 들 수 있다.

짐의 치료 계획 면담은 그가 가진 긍정적 자원을 검토하는 것으로 시작된다. 재범을 저지른 후 짐은 자신을 쓸모없는 인간이라 여길지 모르지만, 지역사회에서 생활하는 기간 동안 그는 범죄를 저지르지 않았다. 짐은 어떻게 그럴 수 있었을까? 이 기간 동안 그의 성공에 도움을 준 기술과 전략은 무엇인가? 그는 장차 범죄가 재발하지 않도록 어떻게 이 전략들을 사용할 수 있을까? 짐이 보유하고 있는 기술들은 치료 계획의 토대가 되는 강점들에 해당한다. 또한 위험에 처하게 되는 상황과 이 상황에 대처하는 방법을 이해하는 것이 짐에게 도움이 될 것이다.

그다음은 짐의 좋은 삶 계획을 검토하게 된다. 짐에게 가장 우선적으로 필요한 것은 무엇이며, 어떤 일차적 덕목들이 이와 관련되는가? 치료자는 짐이 치료를 시작하면서 좀 더 손쉽게 달성할 수 있는 목표들을 선택할 수도 있다는 것을 염두에 두어야 한다. 추후 치료 계획을 위한 면담에서 좀 더 도전적인 다른 목표들이 치료의 중심이 된다는 점을 명확히 해야 이와 같은 접근도 수용 가능하게 된다.

아래에는 짐에 대한 초기 치료 계획의 간편 버전이 제시되어 있다. 이것은 단지 간단한 예시일 뿐이라는 것을 명심해야 한다. 본격적인 치료 계획은 부가적인 상세 항목을 포함한다. 이 계획은 치료 전 과정에 걸쳐 정기적으로 짐과 함께 검토하고 수정한다. 비록 다음의 예시가 궁극적으로 짐의 치료 계획에 포함될 모든 목표를 포함하고 있지만, 처음부터 이와 같은 계획이 완벽하게 설계되기는 어려우며 이후 치료과정 중에 세부 계획을 수립한다.

짐의 치료 계획

- **필요한 치료 강도**: 중간(6~8개월, 일주일 세 번, 유지 프로그램 필요)

- **위험성 요인**: 짐은 일탈적 성적 선호, 남자아이를 대상으로 저지르는 범죄, 정서조절의 어려움, 일반적 자기조절 문제(특히 문제해결 영역), 친밀감 결핍, 사회적 지지의 부족 등 중요한 몇 가지 위험성 요인들을 보인다. 또한 치료 프로그램 이수 후 지역사회 감독 중에 재범을 저질렀는데, 이는 재범 위험성을 증가시키는 요인이 되었다. 사회적 지지 자원의 결핍은 일정 부분 관리감독과 제한조건에서 기인한다.

- **반응성 요인**: 짐은 쉽게 무가치감을 경험하고 우울해진다. 치료에서 이와 같은 상태의 발생에 관심을 두고, 짐의 기술을 능동적으로 강화하며 자기효능감을 증진시킨다. 항우울제 처방을 결정하기 위해 부가적 평가가 실시될 것이다. 짐의 성적 지향이 남성을 향

하고 있으므로 워크시트를 활용한 치료활동의 경우 이성애적 관계에만 초점을 두는 것은 수정되어야 한다.

- **필요한 구체적 치료 구성요소**: 짐의 위험성 요인들을 바탕으로 짐은 다음과 같은 치료 모듈에 참여하게 된다.
  1. 성적 각성 재조건화에 대한 필요성 재평가
  2. 범죄과정(그의 범죄과정이 이미 치료 프로그램에서 준비되었으므로, 현재 범죄만을 대상으로 한 검토와 갱신)
  3. 정서조절
  4. 회피-수동 경로에 대한 자기조절(문제해결과 자기관찰, 위험 상황에서 통제력 상실을 방지하기 위한 인지적 기술, 행동 시연 증진하기)
  5. 대인관계 형성과 유지
  6. 좋은 삶 계획 실행(다음 참조)

- **좋은 삶 계획**: 짐은 일차적 덕목 중 공동체 활동, 관계, 영성, 행복에 높은 가치를 둔다. 이 덕목들은 내적인 평화, 일에서의 유능감과 마찬가지로 그의 재범과 연결되어 있었다. 이 기간 동안 짐은 관계와 행복을 얻는 수단에서 결함을 경험하였고, 내적인 평화를 얻을 수 있는 내적 능력의 부족 및 모든 욕구를 충족시킬 외적 기회의 부족을 경험했다. 정서조절과 성적 각성 통제는 내면에 긍정적인 감정 상태를 성취하는 전략들을 심어주고, 성적이고 친밀한 관계 형성을 위한 기회를 제공하는 것과 함께 목표를 성취하기 위해 선택한 수단의 결함을 다루는 데 도움을 주게 된다. 관리감독 제한으로 이전 직장으로 돌아가지 못하므로, 그의 흥미와 전문지식에 따라 새로운 직장을 찾도록 도움을 받을 것이다. 짐은 영성에 대한 욕구 충족을 위해 안전한 계획을 세워 교회에 다닐 것이다. 또한 함께할 수 있는 공동체 활동에 참여하고, 대인관계를 형성하며, 행복하게 성적 관계를 맺을 기회를 얻고자 하는 욕구들을 충족시킬 외적 기회를 얻기 위해 게이 공동체에 다닐 것이다.

- **치료 목표**: 짐의 협력하에 위와 같은 치료 목표들이 설정되었다. 그렇지만 그가 게이 공

동체에 다니는 것에 다소 두려움을 느낀다는 것을 염두에 두어야 한다. 그는 부모와 자신의 성적 지향에 대해 대화를 나누어 본 적이 없으며, 그들이 이 사실을 받아들이고 자신을 지지해 줄지 확신이 없다. 그러므로 짐이 이 치료 목표를 편하게 생각하고 이 사실을 가족에게 알릴지 여부와 그 방법을 결정하도록 하기 위해 이후 치료과정에서 이 영역의 전략들은 수정되어야 할 것이다. 이 목표는 짐과 함께 30일 단위로 재고될 것이다.

- **치료 경과 지표:**

  1. 전반적인 범죄 패턴과 재범에 영향을 준 모든 요인의 이해를 기반으로 재범의 진행 과정과 경로에 대한 자각

  2. 성적 관심(예: 성적 환상과 자위 기록 일지를 기반으로) 통제에 대한 행동 시연과 문제가 되는 다른 성적 환상이나 상황의 개방

  3. 부정적 정서 상태의 재현과 내적인 평화 지표에 근거한 부정적 정서 상태를 관리하는 능력(예: 활동 참여하기, 울적한 기분 없애기, 부정적 상태 줄이기 그리고 짐과 치료자, 관리감독자, 관련자들이 제공한 모든 것, 부정적 정서 상태에 대처하는 기술과 전략의 실행 및 실천의 관찰 등)

  4. 재범과 범죄 패턴에서 일차적 덕목의 역할과 일차적 덕목에 대한 지식 쌓기

  5. 시도한 자기관찰의 제시[예: 자기관찰 기록 사용, 발생한 상황에서 문제해결 기술 적용, 조절력이 부족했던 행동의 자동수정(auto-correction), 관찰]

  6. 타인과 대인관계 수립하기(예: 우정을 쌓고, 가족 구성원들과 접촉)와 잠재적 피해자(즉, 짐의 선호 연령 범위 내의 남자아이들)와 접촉하지 않기에 대한 제시

  7. 교회에 다니기 위해 관계 형성, 교회활동에 참여하고, 새로운 우정을 쌓기, 게이 공동체에 다니고 그 속에서 대인관계 수립(위 참조), 다른 관심 공동체나 사회 집단과 관계 맺기, 긍정적 지지자들과 관계 형성(추후 결정)과 같은 짐의 좋은 삶 계획의 실행 제시

- **목표 검토 기간:** 30일

- **비고:** 위에 제시된 치료 목표를 시행하고 경과를 관찰하기 위해 짐에게 지역사회 관리

팀이 필요하다.

사례: 조지

조지는 10대 여자아이들을 대상으로 장기간 성학대를 해 온 51세의 범죄자다. 조지는 대학에서 품질관리를 전공했고, 이 분야의 높은 지식을 바탕으로 학교 구내식당을 감독하는 보건국 검사관으로 일했다. 그는 자신의 직업에 대해 대단한 자부심을 가지고 있다. 하지만 자신의 직업이 '섹시한 많은 여자아이'를 만날 기회를 제공한다는 것을 인정한다. 이들은 흔히 청소년기 위기로 고통을 겪고 있었기 때문에 이들과 친해지기는 쉬웠다. 남자친구와 헤어진 여자아이들, 조지에 따르면 특히 '매력적인 성인 남자'와 함께 있는 것을 보여 줌으로써 남자친구와의 관계를 '되돌리기'를 바라는 소녀들을 찾는 것은 그리 어렵지 않았다. 조지는 이 여자아이들과 친구가 되었고, 그들에게 쇼핑할 돈을 제공하고 선물도 사 주었다. 그는 매번 이들이 기꺼이 '그에게 적절한 방법으로 감사'를 표하고자 했다고 말한다. 조지는 결혼 경험이 없으며, 현재의 '활동'이 충분히 만족스럽다고 말한다. 매력적인 여자아이들과 수없이 많은 잠자리를 가질 수 있고 '그들에게 삶의 냉혹한 현실에 대해 가르쳐' 줄 수 있는 데다가 그들은 자기주장적이지 않고 '성인 여성처럼 지나친 요구를 하지 않기' 때문이다.

조지의 범죄와 관련된 역동적 위험요인은 친밀감 결핍(타인에 대한 관심 부족과 여성에 대한 적대감 포함), 성적 자기조절력 부족(성적 몰두 포함), 성학대에 대한 관대한 태도, 이와 관련된 인지왜곡과 도식, 의미 있고 긍정적인 사회적 영향력의 부족이다. 치료자는 치료를 통해 이 요소들을 더 깊이 탐색할 필요가 있다. 조지가 가장 가치 있게 생각하는 일차적 덕목은 행복(성적 쾌감을 통해서), 자주성, 일에서의 유능성(조지가 진정으로 그의 직업을 가치 있게 생각하는지, 아니면 그것이 단지 대다수의 범죄 기회를 제공하기 때문인지를 결정하기 위해 치료에서 더욱 깊이 있는 탐색이 필요하다)이다. 그의 범죄와 연관된 일차적 덕목은 행복, 관계, 자주성이다. 그의 좋은 삶 계획에 분명하게 나타나는 중대한 결함은 영역의 결핍(조지는 다른 일차적 덕목을

손상시키면서 대부분의 에너지를 직장과 10대 소녀들과의 관계에 쏟고 있다)과 결함 있는 방식(즐거움과 관계를 얻고자 하는 부적절한 시도는 다른 의미 있는 방식으로 그것들을 달성하는 것을 방해한다)이다.

아래에는 조지의 초기 치료 계획 모델의 간편 버전이 제시되어 있다. 이것은 단지 간단한 예시일 뿐이라는 것을 명심해야 한다. 본격적인 치료 계획은 부가적인 상세 항목을 포함한다. 이 계획은 치료과정에 걸쳐 정기적으로 조지와 함께 검토되고 수정될 것이다. 비록 다음의 예시가 조지의 치료 계획에 최종적으로 포함될 모든 목표를 다루고 있지만, 이와 같은 계획이 초기에 완벽하게 수립되기는 어려우며 그 대신 이후 치료과정에서 상세한 계획 수립이 이루어진다.

조지의 치료 계획

- **필요한 치료 강도**: 중간-높음(9~12개월, 일주일에 네 번, 유지 프로그램 필요)

- **위험성 요인**: 보험계리적 척도에서 위험성은 낮은 것으로 평가되었지만 조지는 몇 가지 중요한 위험성 요인을 보여 준다. 그는 심각하게 친밀감이 결여되어 있고 장기적 관계를 유지한 경험도 없다. 여성들에게 상당히 적대적인 태도를 보이며 비슷한 연령대 여성들이 과도하게 자기주장적이고 지나치게 많은 요구를 한다고 생각한다. 그래서 자신이 영향력을 발휘하기 쉬운 자신보다 훨씬 어린 여성들과 관계 맺기를 즐긴다. 조지는 성학대 행동을 뒷받침하는 다수의 인지왜곡과 도식을 가지고 있다. 또한 '수많은 매력적인 어린 여자아이'와 성관계를 가졌다고 말하며, 성적 몰두의 가능성을 보여 준다.

- **반응성 요인**: 조지는 치료 참여나 진정한 변화에 대한 동기가 낮다. 그는 미성년인 여성들과의 성적 행동으로 자신이 '완전히 만족'하고 있다고 말하며 변화가 필요치 않다고 느낀다. 따라서 조지의 주요 반응성 요인은 자신의 행동을 변화시키고자 하는 동기가 낮은 것이다. 따라서 동기강화 기법이 치료 시행에 필수적이다. 또한 사이코패시 영역에서 추가적인 평가가 요구된다. 만일 사이코패시로 평가될 경우 치료 강도와 기간을 재고해야 하며, 사이코패시는 재범 위험성과 관계 있기 때문에 조지의 사례에서 특히

일탈적 성적 관심이나 선호를 다루어야 한다.

- **필요한 구체적 치료 구성요소:** 위험성 요인을 토대로 조지는 다음 치료 모듈에 집중적으로 참여하게 될 것이다.
  1. 성충동 조절에 도움을 줄 가능한 약물치료 개입 평가하기
  2. 관련 있는 개인력 개방(자서전)
  3. 조지의 범죄과정 종합정리
  4. 접근-명백 경로에 대한 자기조절 능력 향상
  5. 인지도식과 이에 따른 인지왜곡을 확인하고 이것들이 범죄에 미치는 영향 확인
  6. 조지의 조망 수용 기술 개발(즉, '공감')
  7. 대인관계 형성과 유지 방법에 대한 학습 지원
  8. 좋은 삶 계획 수립과 실행 지원(다음 참조)

- **좋은 삶 계획:** 조지는 일차적 덕목 중 즐거움/행복, 자주성, 일에서의 유능성에 큰 가치를 두고 있다. 이 덕목들은 관계와 마찬가지로 범죄의 원인이 되었다. 이 덕목들을 달성하고자 하는 조지의 시도는 영역의 부족에 의해 결함이 생겼다. 그는 행복과 즐거움을 성취하는 다른 방법이나 그가 가치를 두는 다른 일차적 덕목보다 성적 쾌락 추구에 더 집중했다. 그의 좋은 삶 계획은 수단의 부족도 보여 준다. 다시 말해, 행복과 즐거움을 얻으려는 시도는 자신과 타인에게 유해하며, 이 시도들은 좀 더 의미 있거나 장기적인 방식으로 행복을 유지하는 것을 방해한다. 조지는 과거에 자신에게 중요했던 것과 현재 자신에게 중요한 것을 탐색하는 개인력 활동을 통해 도움을 받을 것이다. 이 과정은 그가 달성하고자 하는 일차적 덕목과 좀 더 균형 잡힌 좋은 삶 계획을 발전시킬 수 있는 방법을 탐색하기 위해 기반을 닦는 과정이다. 범죄과정 모듈은 조지의 범죄에 어떤 요인들이 관련되어 있는지 이해하고 장차 이 요인들을 관리할 방식에 대한 생각을 제공한다. 또한 이것은 더 나아가 범죄의 원인이 되는 일차적 덕목들을 탐색할 기회를 제공한다. 조지는 영역의 부족과 부적절한 수단의 결함이 없는, 균형을 세워서 스스로 결정한 좋은 삶 계획을 발전시키기 위해, 접근-명백 경로의 치료에 참여하여 얻게 되는 지식을 이용할 수 있을 것이다. 그다음 타인과 더욱 건강하고 만족스러운 관계를 유지

하기 위한 훈련을 통해 대인관계 기술을 향상시키게 된다. 그는 남은 치료시간을 좋은 삶 계획의 실행 방식을 검토하는 데 사용할 수도 있다. 관리감독과 제한에 따라 조지는 차후 청소년과 관련된 직장을 얻는 것이 제한될 것이므로 취업담당자와 학교를 제외한 장소에서 위생 감독으로 일할 방안을 모색하게 될 것이다.

- **치료 목표**: 위의 목표들은 조지와의 협력하에 설정된 것이다. 하지만 여전히 조지의 변화 동기 수준은 낮으며, 치료에 대하여 '두고 보자'는 식의 태도를 취한다. 따라서 동기 강화가 치료 준비의 기본적인 방향이 될 것이다. 그가 치료를 받을 준비가 되면 자신과 타인을 다른 시각으로 바라볼 수 있도록 상당한 도식 작업이 필요할 것이다. 이전 치료 단계를 토대로 변화를 고려하여 학습하는 것과 동기부여하는 작업이 필요하기 때문에, 이 목표는 아직 조지와 함께 설정되지 않았다.

- **치료 경과 지표**
  1. 개인력 활동 완료
  2. 범죄과정 모듈 완료
  3. 과거에 달성했던 일차적·이차적 덕목 및 미래에 그것을 달성할 수 있는 방법을 설명할 수 있는 능력
  4. 초기 변화에 대해 숙고, 전 단계에서 숙고 단계로 전환, 그 후 변화 실행 단계로 이동 (예: 변화를 고려하는 증거, 미래에 다른 방식으로 성취할 목표들과 관련된 논의 등)
  5. 새롭고 적합한 대인관계 제시[예: 성인과의 친밀한 관계(platonic relationships) 개발]
  6. 치료과정 중 발생한 변화의 자기관찰 제시
  7. 인지왜곡과 인지도식의 변화(예: 세상을 다르게 바라보기와 피해자 학대의 영향 인식하기, 피해자들의 관점에서 조망하는 법 배우기)
  8. 행복과 즐거움, 관계, 자주성을 얻을 수 있는 대체 수단을 포함한 좋은 삶 계획의 수립과 실행의 시연. 조지가 다른 방식으로 이 덕목들을 성취하려는 의도를 보이지 않으므로 좋은 삶 계획의 실행과 관련된 구체적 목표와 지표들을 재고해야 하며, 더욱 구체적인 목표가 이 영역에서 설정되어야 할 것이다.

- 목표 검토 기간: 30일

- 비고: 조지의 사례관리자는 사이코패시 평가와 성적 각성 테스트를 위해 도움을 요청할 것이다. 취업담당자는 조지와 함께 취업에 대해 알아볼 것이다.

 ## 요 약

    사례 개념화에서는 개별 내담자가 성범죄를 저지르도록 한 취약요인들을 기술해야 한다. 기존의 사례 개념화는 종종 필요 이상으로 내담자가 삶에서 성취하고자 하는 것보다 그들의 위험성과 결핍에 토대를 두었다. 좋은 삶/자기조절 통합모델의 사례 개념화와 치료 계획은 내담자의 삶에서 중요한 것들과, 그들의 강점 및 욕구 영역이 무엇인지 이해하는 것을 지향한다. 이러한 방식으로, 개념화는 개별화된 치료 계획에 더욱 손쉽게 정보를 제공할 수 있다. 또한 이 치료 계획의 핵심은 협력이며, 치료 계획은 역동적 위험성, 반응성 요인, 치료 구성요소, 일차적·이차적 덕목, 내담자가 이 덕목들을 성취하려는 시도에 잠재된 결함들을 다룬다.

영역 III
치 료

8장

좋은 삶/자기조절 통합모델을 활용한 치료

치료에 적용하는 것과 함께, '좋은 삶 모델'은 범죄의 원인 및 치료의 목표를 확인하는 것뿐 아니라 치료가 진행되어야 할 방식, 치료자와 전반적인 치료의 가치까지 다루는 범죄자의 광범위한 사회복귀 이론을 제시하고자 설계되었다(Ward & Gannon, 2006; Ward & Marshall, 2004; Ward & Stewart, 2003). 앞서 언급했듯이, 좋은 삶 모델에서는 성범죄가 부적절하고 유해한 수단을 통해 목표를 추구하고, 사회적으로 수용 가능하고 개인적인 만족을 위한 욕구 충족 방식의 기회 또는 능력이 부족하여 발생한다고 제안한다. 이러한 접근 방식은 범죄의 원인 및 치료에서 다루어야 할 것에 대해 설명한다. 게다가, 보다 폭넓은 사회복귀 틀로서 좋은 삶 모델은 총체적이고, 긍정적이며, 윤리적인 접근 방식의 치료를 포함한다. 치료는 치료에 가장 적합한 방법을 활용하며, 내담자에 대한 치료자의 긍적적인 태도로 치료의 참여와 동기를 다루고, 치료과정에 치료적 동맹의 중요성을 인식하며 내담자가 만족스러운 삶을 살수 있도록 도와주는 것들을 포함하고 있다. 내담자가 심리적 안녕감을 성취하는 것은 좋은 삶 모델을 활용하는 치료에서 필수적인 요소다. 이러한 모든 요소는 재범 가능성을 줄이고 지역사회를 보호한다는 부가적인 목표를 가진다. 전통적으로 치료에서 이와 같은 많은 특징은 기존 접근법에서 배제되거나 또는 치료 영역 밖의 것으로 간주되었다. 그 예로, 많은 치료 프로그램에 쓰이는 위험성 기반 접근은 내담자가 만족스러운 삶을 살 수 있게 도와주는 요인들을 등한시한다. 실제로 몇몇 프로그램 사례에서 범죄자들은 그들의 행동 때문에 만족스러운 삶을 살 권리가 없다는 태도를 보인다.

좋은 삶/자기조절(GLM/SRM-R) 통합모델을 치료에 적용시키려면, 치료의 초점은 원하지 않는 결과를 피하는 것과 관련된 '회피 목표'에만 맞춰지기보다는, 원하는 상황의 인식과 관련된 '접근 목표'에 맞춰져야 한다. 예를 들면, 치료의 초점은 성적 만족감 달성, 친밀한 관계 맺기, 자율적이고 독립적인 성향 등과 같은 목표를 달성하는 데에 맞춰져야 한다. 이러한 치료적 접근이 필요한 이유는 회피 목표가 그 방향에 있어 부정적이고, 달성하기 어려우며, 그것을 달성하고 유지하기까지 상당한 인지적 자원을 요구하기 때문이다. 회피 목표는 실패, 스트레스 상황에서 실패한 자기조절, 더 높은 수준의 심리적 고통과도 연관된다(Austine & Vancouver, 1996; Emmons, 1999; Wegner, 1994). 그에 반해, 접근 목표는 달성하기 쉽고, 오랜 기간 유지가 가능하며, 유지하는 데 인지적 자원이 덜 요구되고, 긍정적인 감정과 관련된다(Carver & Scheier, 1990). 또한 회피 목표 대신 접근 목표를 치료에 사용하는 것이 회피기반 접근보다 더 많은 동기를 강화하고, 임상적으로 효과적이며, 긍정적인 치료환경을 만드는 데 도움이 되는 것으로 밝혀졌다(Mann, 1998; Mann, Webster, Schofiled, & Marshall, 2004). 앞서 언급된 바와 같이, 좋은 삶/자기조절 통합모델은 목표를 추구하고 동기를 강화하는 데 초점을 둘 수 있도록 긍정적인 강점기반 접근을 취한다(Yates, 2009a). 따라서 이 장에 제시되는 내용을 고려할 때, 치료자는 내담자가 치료에 참여하고 위험성을 일으키는 요인을 다룸으로써 얻을 수 있는 치료 목표의 틀을 만들도록 긍정적이고, 강화적이며, 동기강화적인 접근을 적용한다.

이 장은 내담자가 목표를 달성하고 삶에서 덕목을 이룰 수 있도록 도와주는 단계를 중점적으로 다룬다. 또한 좋은 삶/자기조절 통합모델을 활용하여 치료에서 전통적인 위험성 요인들(1장 참조)을 다룬다. 9장과 10장은 통합된 접근을 활용하여 유의미한 개인력(즉, '자서전') 작성과 범죄과정에 대한 구체적 치료활동을 각각 소개한다. 11장에서는 자기조절 경로와 내담자 인생 목표에 대한 치료 적용을 다루며, 12장에서는 통합적인 좋은 삶 및 자기조절 계획의 개발을 소개한다. 이 책에서는 통합적인 치료 프로그램이나 구체적인 치료활동들을 제공하지 않는다. 더 정확히 말하면, 좋은 삶/자기조절 통합모델을 활용한 최근 치료에서 효과적으로 알려진 요소 및 목표를 살펴보는 데 그 목적이 있다.

치료 단계

• • • •

이전 장들에서는 다음과 같은 치료 진행과정을 살펴보았다.

- 위험성/욕구/반응성, 자기조절 경로, 일차적 및 이차적 덕목, 덕목과 성범죄의 관계, 내담자 개인과 관련된 다른 요인에 대한 평가를 근거로 확고한 토대를 형성
- 내담자의 정적 및 역동적 위험성 수준에 따라 치료 강도를 조정하여 위험성에 맞게 치료함. 예를 들어, 재범 위험성이 중간 또는 고위험인 범죄자를 치료하고, 개인의 위험성 수준에 따라서 치료 집단을 구분하여 제공
- 내담자가 최대의 효과를 얻을 수 있도록 치료과정 수립(즉, 개인별 반응성 요인을 고려한 치료)
- 동기강화와 내담자의 치료 및 변화과정에 대한 관심을 고려한 치료 접근 설정
- 좋은 삶 계획의 형태를 갖추고, 접근 목표와 웰빙의 성취, 자기조절, 위험성 관리를 포함한 치료 계획 개발
- 일탈적 성적 관심, 친밀감 결핍, 일반적 자기조절 및 성적 자기조절 등과 같이 치료에서 알려진 위험성 요인을 다룸
- 범죄에 대한 별도의 자기조절 경로 논의
- 내담자로 하여금 그들의 인생에서 의미 있는 욕구를 충족하고 중요한 덕목과 목표를 이룰 수 있도록 도움

더불어, 13장에서 기술한 바와 같이, 유지 및 후속 치료와 관리감독은 치료과정에서 필수적인 부분이다(Cumming & McGrath, 2005; Yates et al., 2000).

치료의 시작

치료를 시작하기 전, 앞서 언급하였듯이, 치료자는 각 내담자에게 종합적인 평가를 실시하고 내담자의 개인적 정체성(한 존재로서 스스로를 판단하는)과 내담자가 중요하다고 여기는

요소들, 만족스럽지 못한 삶과 재범의 가능성을 나타내는 위험성 요인에 대한 충분한 이해를 쌓아야 한다. 치료자는 내담자를 위한 개별화된 맞춤 치료 계획을 만들어야 한다. 내담자들이 평가 단계에서 치료에 대한 대략적인 설명을 들었다 하더라도, 치료를 시작하기 전에 치료과정에 대해 소개하는 일은 모두에게 도움이 된다. 예를 들어, 치료자는 치료 접근, 즉 인지행동치료는 범죄에 관한 자기조절, 위험성 요인 관리, 좋은 삶 성취를 다룬다는 점을 설명해 줄 수 있다.

> "우리가 함께 할 치료방법은 인지행동치료라고 해요. 이런 방법을 통해 문제를 야기하는 생각과 감정, 행동의 유형에 대해 알아보고 이것들이 서로 범죄에 어떻게 연관되는지 알아보고자 해요. 우리는 자기조절에 대해 알아보고 배우게 될 텐데, 이는 특정 상황에서 우리가 어떻게 반응하고 행동하는지와 관련 있어요. 하지만 중요한 것은 이 치료 프로그램이 모든 사람으로 하여금, 현실적이면서 다른 사람들에게 해를 끼치지 않는 방법을 통해, 삶에서 원하는 것을 얻고 스스로가 원하는 사람이 되고 만족스럽고 좋은 삶을 이룰 수 있도록 도와주기 위해 만들어졌다는 점이에요."

치료를 시작하면서, 치료자는 특정 위험성 요인과 성범죄의 관련을 논의함으로써 내담자를 도와줄 수 있는데, 이런 점은 내담자가 자신의 위험성 요인에 대해 이해하고 치료에서 이러한 요인을 어떻게 다룰지 생각하도록 한다(Yates et al., 2000). 또한 치료의 시작 단계에서, 치료자가 규칙 및 준수사항 목록이 적힌 유인물을 나눠 주는 것과 같은 집단에 적용될 '규칙'(예: 비밀보장 유지, 적절한 의사소통 등)을 치료 참가자에게 기정사실처럼 제시하기보다는, 내담자들 스스로 정하게 해야 한다. 이렇게 내담자를 참여시킴으로써 치료자는 내담자들에게 협동적인 환경과 집단의 응집력 개발, 치료과정에서의 주인의식을 위한 단계를 마련하게 된다.

좋은 삶 모델 소개: 일차적 덕목

치료의 다음 단계는 좋은 삶 모델의 소개와 설명인데, 이 단계에서는 인간의 일차적 및 이차적 덕목 그리고 덕목을 성취하는 데 사용한 수단을 정의하고 설명한다. 이 단계에는 상당한 치료시간이 소요된다. 효과적인 진행을 위해, 치료자는 내담자들에게 덕목의 목록이나 설명을 제시하지 않는 편이 좋다. 이런 목록을 제시하는 것은 교훈적(혹은 교육적) 접근으로 효율성이 떨어질 수 있다. 그 대신에, 치료자는 사람들의 삶에 특히 중요한 특정 요인과, 그들 삶에서 적극적으로 그러한 요소들을 찾아내는 개념을 소개해야 한다. 그리고 난 후 치료자는 내담자에게 이러한 요소가 무엇일지 질문해야 한다. 치료자는 내담자가 일차적 덕목의 주제와 정의를 소개하는 것을 통해 보이는 반응을 활용할 수 있다. 다음 사례를 보자.

치료자: 우리는 전에 이 치료 프로그램이 여러분 삶에서 어떻게 중요한 것들을 얻을 수 있도록 도와주는지 이야기했어요. 이 목적을 달성하기 위해서는 좋은 삶을 만드는 것이 무엇인지 알아야 해요. 우리 모두는 각자 좋은 삶이 무엇을 의미하는지 마음속에 품고 있어요. 물론 모든 사람이 다 같지는 않으니 각자 인생의 목표도 다르겠죠. 이제 우리는 적극적으로 성취할 우리 삶 속에서 원하는 구체적인 것들에 대해 이야기해 볼 거예요. 자신에게 무엇이 중요한지 다른 집단원에게 말해 보실 분 있나요?

내담자 1: 나는 내 아이들이 정말 보고 싶어요. 내가 범죄를 저지르자 아동보호단체에서 아 이들을 데려갔어요. 그 이후 아내가 이혼 소송을 냈고요. 어떻게 해야 할지 모르겠어요.

내담자 2: 나도 그랬어요. 너무 힘들고 불공평해요. 나는 아이들을 해치지 않았어요. 그렇게 할 생각도 없고요.

치료자: 그러니까 두 분께는 아이들이 정말 중요하군요?

내담자 1, 2: 네.

치료자: 이 외에 또 삶에서 중요한 것이 뭐가 있을까요?

내담자 3: 나는 아이들은 잃지 않았지만, 직장을 잃었어요. 내 아내는 아이들을 돌보느라 일을 못해요. 우린 집에서 쫓겨날시 몰라요. 게다가, 십사람이 아이들을 맡기거나 가끔 밥을 먹으러 처갓집에 갈 때는 정말 창피해요. 내가 가족을 먹여 살려야 하는데.

이 사례에서, 처음 두 내담자는 일차적 덕목의 관계를 이야기하면서, 특히 자녀들과의 관계를 가장 중요한 가치로 꼽고 있다. 세 번째 내담자는 가족에게 좋은 가장이 되지 못하고 있다는 표현으로 알 수 있듯이 자주성뿐만 아니라 기본적 욕구를 충족하는 삶의 일차적 덕목에 대해서 걱정하고 있다. 이때 중요한 것은, 치료자가 "불공평해요."와 같은 특정 발언에 부정적으로 반응하지 않으면서 무엇이 내담자에게 중요한지 알아낼 수 있어야 한다는 점이다. 실제로, 그런 발언을 적극적으로 무시하고 긍정적인 발언을 강화시킴으로써, 치료자는 치료과정에서 부정적인 발언을 없애고 긍정적인 표현을 확대해 갈 수 있을 것이다. 덕목을 확인한 다음, 치료자는 내담자에게 중요한 목표를 다시 반영해 주면서 다음과 같이 계속 진행할 수 있다.

> 치료자: 여러분은 스스로를 잘 알고 있네요. 내가 들은 바로는 몇몇 분에게는 가족이 매우 중요하고, 어떤 분에게는 가족을 직접 부양할 능력이 아주 중요하군요. 좋은 삶 관점에 있어서 소위 일차적 덕목이라고 부르는 것은 우리가 인생에서 성취하길 원하는 가장 높은 수준의 것으로 봅니다. 여러분의 경우, 삶의 기본적인 욕구와 가족을 포함한 관계에 가치를 두고 있거나, 인생을 어떻게 만들어 갈지 통제한다는 의미의 자주성에 가치를 두고 있다고 말할 수 있겠군요. 제 말이 맞나요?

일차적 덕목의 정교화 작업은 내담자에게 이전에는 중요했지만 이내 포기해 버린 요소에 대한 이해 역시 필요하다. 이는 내담자가 이러한 덕목을 포기한 이유를 이해하게 된다는 의미이기도 하다.

> 치료자: 지금까지 관계와 관련된 일차적 덕목에 대해 들어 봤어요. 그중 하나가 가족과의 관계였죠. 이것은 삶에서 근본적인 일차적 덕목으로, 살기 위해 기본적인 것들을 책임질 능력이기도 해요. 여러분에게 중요한 또 다른 덕목이 있는지 궁금한데요? 그리고 과거에는 중요했지만 현재는 덜 중요하다고 여기는 것들도 듣고 싶어요.

내담자: 이 상황과 어울리는 말일지는 모르겠지만, 내 마음속에 제일 크게 남아 있는 것은 내가 정말 죄를 저질렀다는 거예요. 나에겐 신뢰가 정말 중요해요. 음, 중요했죠. 하지만 지난 10년간 나는 그 부분을 간과하며 살았던 것 같아요.

치료자: 당신은 인생에서 의미와 목적의식을 가지는 것이 매우 중요하고, 신뢰가 그 목적의 큰 부분이었다는 말씀이네요. 과거에는 당신이 얻고자 했던 일차적 덕목이었지만 살면서 타협하고 포기해 버린 것이 염려스러우신가 보네요. 거기에 더해서 당신의 행동으로 이런 덕목에서 더 멀어지게 된 것이 마음에 걸리시는군요. 맞나요?

내담자: 네. 정확히 말씀하시네요. 내 행동으로 인해 내 인생은 구렁텅이로 빠졌고, 이 일을 어떻게 바로잡아야 할지 모르겠어요.

이 사례에서, 치료자는 내담자가 중요하게 여기는 일차적 덕목을 살피는 동시에 이전에 가치 있게 여긴 일차적 덕목(영성)을 포기한 일이 내담자에게 어떤 영향을 끼쳤는지 탐색한다. 내담자의 현재 상태를 이해하는 것 이상으로, 치료자는 이러한 접근을 통해 범죄를 일으킨 요인에 대한 유용한 정보를 얻게 되며, 앞으로 내담자에게 보다 균형 잡힌 삶을 가져다줄 요소가 무엇인지도 파악할 수 있다.

내담자가 일차적 덕목을 성취하기 위한 시도를 어떻게 포기했는지 이해하게 되면, 재범이 발생할 경우 어떤 과정을 거치게 될지에 대한 중요한 정보를 얻을 수 있게 된다.

좋은 삶 모델 소개: 이차적 덕목

일차적 덕목에 대한 이해가 명확히 확립되면, 내담자에게 이차적 덕목에 대한 개념을 소개한다. 이와 같은 접근은 내담자로 하여금 자신이 목표를 이루기 위해 사용한 수단을 생각하여 이해하노록 하며, 그들의 좋은 삶 계획에 있는 결함과 일차적 덕목, 이차적 덕목 그리고 성범죄, 자기조절 및 삶의 문제에 대한 결함 간의 관계를 이해할 수 있게 한다. 이차적 덕목이라는 주제는 다음과 같은 방식으로 시작할 수 있다.

> 치료자: 이러한 일차적 덕목이 어떤 식으로든 모든 사람에게 중요하다는 것을 생각해 봤
> 는데, 이번에는 도구적 덕목이라고도 알려진 이차적 덕목에 대해 이야기해 보려
> 고 해요. 이차적 덕목이란 인간이 일차적 덕목을 얻기 위해 사용하는 자원 또는
> 특정한 활동을 말해요. 예를 들면, 직장에 다니는 일은 삶의 기본적 욕구인 자주
> 성과 직장에서의 유능성이라는 일차적 덕목을 충족하기 위한 도구라고 볼 수 있
> 어요. 여러분이 기본적인 욕구를 충족시키기 위해 필요한 일이죠. 우리의 직업은
> 공동체 활동의 일부로 존재감에 대한 도구가 될 수 있고, 지식이라는 일차적 덕목
> 의 도구가 될 수도 있죠.
>
> 내담자: 돈으로 행복을 살 수는 없지만, 분명 돈이 도움이 될 수 있다는 말이랑 비슷하
> 네요.
>
> 치료자: 좋은 의견이네요. 다른 이차적 덕목에는 뭐가 있을까요?
>
> 내담자: 나는 학교 가는 일이 정말 싫었어요. 졸업장이 무슨 의미인가 싶었는데, 그건 분
> 명 직장을 구하고, 더 많은 지식을 쌓고, 자립할 수 있는 유용한 도구라는 걸 알게
> 됐죠.
>
> 치료자: 아주 좋은 예예요. 그게 바로 이차적 덕목의 핵심이죠.

좋은 삶 모델 소개: 좋은 삶 계획과 결함

내담자들이 이차적 덕목의 개념과 일차적 덕목과의 관계를 명확하게 이해했다면, 치료자
는 좋은 삶 계획의 개념과 그 계획의 잠재적 결함을 소개한다. 내담자 자신의 인생 계획에
대한 이해를 높임과 동시에 계획에서 발생할 수 있는 어려움과 그것이 발생하는 이유를 이
해하는 것이 목적이다. 이 과정은 먼저 좋은 삶 계획이라는 개념을 소개하는 것부터 시작하
는데, 다른 말로 하자면 내담자가 인생에서 중요하게 여기는 모든 요소를 포함하는 자신만
의 독특한 '로드맵' 또는 '인생설계'를 찾을 수 있도록 도와주는 일을 말한다. 이 단계에서는
내담자가 현재 달성할 수 있는지에 의해 내담자가 개발한 계획에 제한을 두지 않는 것이 중
요하지만, 앞으로 삶에서 원하는 것을 얻을 수 있는 방법을 포함하여야 한다. 이 과정은 개인

이 아직 실현하지 못했지만 삶에서 중요한 가치를 가지고 있을 수 있음을 인정하는 것이다. 예를 들어, 자기 삶의 특정 시점에 아이를 갖는다거나 다시 학교에 입학하기를 바라면서, 당장은 그것을 위한 계획은 없는 것이다. 만일 이러한 덕목이 이 사람에게 중요하다면, 논의와 추후 치료에서 개선된 좋은 삶/자기조절 계획에 이러한 덕목이 포함되어야 한다. 좋은 삶 계획에 대한 개념을 소개하는 데, 치료자는 다음과 같이 진행할 수 있다.

> 치료자: 우리가 논의해 온 일차적 덕목을 생각해 볼 때, 여러분이 정말 중요하다고 여기는 부분은 무엇인가요? 여러분이 정말 이루고 싶은 덕목 목록에는 있지만 여러분 삶에서 빠져 있는 것은 무엇이죠?
>
> 내담자: 나는 그 어떤 것보다 다시 내 동네에 속해 있다는 기분을 느끼고 싶어요. 당신은 그걸 공동체 활동이라고 표현하시는 것 같네요. 나는 인생의 의미라든가 목적을 가졌던 때와 같은 기분을 다시 느끼고도 싶어요. 다시 직장을 얻어 내 돈으로 지불하고 스스로를 책임질 수 있다는 걸 사람들에게 보여 주고 싶고요. 그렇게 되면, 동네를 돌아다니거나 교회에 갈 때도 당당할 수 있을 테니까요. 내 생각엔 그게 자주성이고, 공동체 활동이고, 영성인 것 같아요. 우정도 다시 회복하고 싶지만, 앞서 말한 다른 것들을 먼저 확실히 할 수 있을 때까지 기다리려고 해요. 지금 내 인생에서 가장 원하는 건 이런 것들이에요.

좋은 삶 계획이라는 개념이 명확히 이해가 되었다면, 치료자는 계획에서 발생할 수 있는 결함과 이러한 결함이 덕목의 성취를 방해하는 방식, 결함이 문제로 이어질 수 있는 방식에 대한 논의를 진행할 수 있다. 다음 사례를 보자.

> 치료자: 좋은 삶 계획에서 그 계획을 세우는 과정의 결함으로 원하던 대로 되지 않는 경우는 보통 네 가지가 있어요. 첫 번째는 단순히 그 사람에게 원하는 일차적 덕목을 달성할 수단이 없는 경우죠. 예를 들어, 누군가 교황에게 축복을 받거나 달라이

라마와의 알현을 통해 영성을 얻고자 한다면, 이차적 또는 도구적 덕목에 결함이 있다는 것을 알아차리는 것이 중요한데, 그것이 비현실적이고 이루어질 가능성이 별로 없기 때문이에요. 그렇다면 원하는 대로 활용할 수 있는 다른 수단이 뭐가 있는가에 대한 질문이 뒤따르겠죠.

좋은 삶 계획에서 두 번째 결함은 계획을 제한된 영역에서 세우는 경우예요. 예를 들어, 한두 가지 일차적 덕목을 달성하자고 다른 덕목은 제쳐 두는 경우예요. 자주성이나 숙달을 원한다고 하면서 관계를 소홀히 하는 사람은 결국 친구도 거의 없고 배우자도 없는 처지가 될 거예요. 이해되시나요?

세 번째 결함은 달성하려는 덕목이 서로 충돌을 일으킬 때 발생해요. 예를 들어, 누군가 건강과 좋은 신체 기능을 원하면서 흡연과 과도한 음주로 행복이라는 일차적 덕목을 이루려고 한다면, 이 사람의 행동은 두 덕목 간의 충돌을 일으키는 것이죠.

마지막으로, 몇몇 결함은 능력과 관련이 있어요. 좋은 배우자를 찾고 싶지만 대인관계를 형성하고 유지하는 데에 필요한 기술이나 자신감이 없다면, 관계라는 목표를 이루는 것이 매우 어렵겠죠. 또 미래의 배우자를 만날 방법이 없다면, 이 역시 '능력'의 문제가 발생되는 거예요. 이것은 이 사람의 외부적인 것이지요. 자신의 좋은 삶 계획에 어떤 결함이 있을지 생각나는 게 있나요?

내담자: 글쎄요, 좀 전에 나는 우리 동네에서 다시 마음이 편안해지고, 직장을 잡고, 당당한 모습으로 교회에 나가고 싶다고 말했는데요. 당신의 말을 들으니까, 이 목표들을 오랫동안 이루기 어려울 수도 있겠다는 생각이 들어요. 동네 사람들 모두가 내가 무슨 짓을 저질렀는지 알잖아요. 동네에 있으면 자립하기 위해 직장을 구하는 것도 더 어려울 거예요. 두 가지가 충돌한다고 볼 수 있겠네요. 솔직히, 동네로 돌아가 산다고 해서 그 지역사회의 일원이 될 수 있다는 생각도 확신이 서질 않아요. 내가 바라는 모습과 딱 맞아떨어지지는 않겠죠. 우리 동네에서 너무 멀지 않은 다른 마을에 정착할 곳을 찾은 다음 우리 동네를 방문하는 편이 더 나을 것 같기도 해요. 이 모든 것을 감당할 수 있는 곳이 필요하겠죠. 솔직히 말씀드리자면, 먹고 살기도 벅찰 것 같아요.

좋은 삶 모델 소개: 일차적 덕목, 이차적 덕목, 결함 그리고 범죄 간의 관계

마지막으로, 덕목과 좋은 삶 계획, 결함에 대하여 그리고 범죄 및 자기조절에서 이들 간의 관계에 대하여 논의가 이어져야 한다. 이런 논의는 범죄과정 활동(10장 참조)을 실시할 때 더 세부적으로 다루므로 여기서는 소개만 하고자 한다.

치료자: 공동체 활동과 자주성, 영성에 관련된 여러분의 바람을 이야기해 봤어요. 관계에 대한 이야기도 했네요. 나는 이 일차적 덕목들이 여러분의 범죄와 어떤 식으로 관련되는지 궁금해요. 그 당시에 여러분의 좋은 삶 계획은 무엇이었고, 또 어떤 결함이나 문제에 부딪혔나요?

내담자: 요즘 들어 그 생각을 많이 해요. 내가 중요하게 여기던 것들이 달라지진 않았거든요. 나는 늘 공동체 활동과 그 활동에서 자립적인 내 자신 그리고 교회에서의 참여를 가치 있게 생각했어요. 그건 변하지 않았죠. 아까 말씀드렸다시피, 앞으로 내가 살 다른 지역을 고려해야 한다고 해도 그 점은 언제나 같을 것이고요. 그렇긴 해도 당신의 질문에 대한 답변 두 가지가 떠오르네요. 하나는 내가 당신이 말했던 관계에 대해서 마땅히 했어야 할 만큼 중요하게 생각하지 않았다는 거예요. 그랬다면, 내가 처제를 강간하지 않았겠죠. 내가 아까 새로운 공동체 활동과 직업을 얻게 된 후에 관계에 대해 신경 쓰겠다고 말했지만, 잘못인 것 같아요. 관계를 신경 쓰지 않고 중요하게 여기지 않아서 아내와 처제에게 많은 피해를 주었어요. 내가 독실한 종교인이라는 사실이 참 우습죠. 그 점을 가르치는 성경 구절이 정말 많잖아요.

다른 하나는 내가 정말 끔찍한 방법으로 행복과 즐거움을 얻으려 했을 때 내 계획이 잘못됐다는 점이에요. 엄청나게 술을 마시고 처제에게 추근거리면서 그걸 즐거움으로 여겨 나에게 중요한 다른 모든 덕목을 뭉쳐 버린 기죠. 나는 새로운 삶이 필요해요. 교회에 더 열심히 다니면 된다고 말하고 싶지만, 사실은 그게 아니었죠. 내 삶은 균형을 잃은 거예요. 행복을 더 좋은 방법으로 얻고, 관계를 새로 만들어 가려고 해요.

> 치료자: 정말 좋은 생각이에요. 좋은 삶 계획을 계속 생각하면서, 지식 및 창조성과 같은
> 다른 일차적 덕목을 염두에 두는 것도 중요해요. 이 덕목들이 과거에, 범죄에, 현
> 재에 그리고 미래에 어떻게 적용되는지 궁금해요. 다음 번 만날 때 이 부분에 대
> 해서 이야기하기로 해요.
> 내담자: 그거 좋겠네요.

치료 전 평가를 되짚어 보는 일에는 일차적 및 이차적 덕목과 내담자의 좋은 삶 계획에 있
는 결함, 덕목과 범죄의 관계가 포함된다. 위의 치료적 활동을 실시하면서, 치료자는 어떤 정
보도 놓치지 않도록 주의함과 동시에 초기 평가에서 드러난 부가적인 정보에도 주의를 기울
여야 한다. 그리고 그에 맞춰 치료를 진행하는 것이다. 치료에서 이 부분을 실시하면서, 치료
자는 내담자로 하여금 이러한 생각들을 더 상세하게 되돌아볼 수 있도록 도와주는 개별 활
동(즉, '과제')을 활용할 수도 있다. 치료과정에서 좋은 삶 모델의 모든 요소가 충분히 다루어
졌다면, 치료자는 일차적 및 이차적 덕목의 정의를 정리한 유인물을 제공할 수 있다.

사례: 덕목활동

1. 지금 당신의 삶에서 중요한 것들을 나열하세요.
2. 이러한 것들을 이루기 위해 당신이 활용하는 방법을 적으세요. 범죄를 통한 방법과
   그렇지 않은 방법을 포함해 적으세요.
3. 어떤 방법이 효과가 있었고 어떤 방법이 그렇지 않았나요?
4. 이러한 것들을 이루는 것이 잘못될 때, 어떤 일이 발생하나요? 구체적으로 적으세요.
5. 당신 삶에서 중요했지만 지금은 신경 쓰지 못하고 있는 것들을 나열하세요.
6. 왜 이러한 것들이 당신에게 덜 중요해졌나요?
7. 어떠한 것들이 당신의 성범죄와 다른 범죄행동에 관련이 있나요?

자기조절과 범죄 경로 소개

자기조절 이론과 범죄 및 범죄 경로와의 관계를 소개할 때, 치료자는 각 내담자의 목표와 행동을 통제할 전략 및 능력 사이에 존재하는 개인차에 초점을 맞춰야 한다. 치료자는 범죄 관련 목표(혼란을 피하기 위한 좋은 삶 목표와 대조적일 수 있는)와 관계된 일반적인 정보를 제공해야 한다. 치료자는 내담자에게 자신의 목표(건전하거나 건전하지 않은)가 어떤 방식으로 확립되고 어떤 가치와 신념, 도식에 기반을 두는지 이해하도록 도움을 줄 수 있다. 치료자는 범죄관련 목표와 일차적 덕목을 모두 포함하는, 목표를 달성하기 위한 전략을 세우는 것과 관련된 일반적인 정보를 제공해야 하고, 자기조절 실패에 대한 기본 정보 역시 제공해야 한다. 내담자가 유해하지 않은 목표로 경로를 택하는 대신 범죄로 이어지는 경로를 통해 목표를 성취하려 했다는 개념을 소개하는 것이 목적이다. 이러한 이분법은 내담자의 인생사와 범죄과정의 전개를 통해 치료에서 더 자세히 다루어지며, 각각 9장과 10장에 설명되어 있다. 치료자는 다음과 같이 자기조절과 경로에 대한 개념을 소개한다.

치료자: 인생에서 여러분에게 중요한 것들에 대해 이야기했는데요. 여러분의 범죄를 이해하고, 또 어떻게 범죄를 저지르게 됐는지를 이해하는 것 또한 치료의 일부예요. 아시다시피, 사람들은 여러 가지 이유로 성학대에 연루될 수 있어요. 어떤 사람들은 아이와 성행위를 하면서 비성적인 욕구를 충족시킬 수도 있고(예를 들면, 자신이 성인에게 결코 매력적이지 못할 거라는 생각 때문일 수 있겠죠), 또 어떤 사람은 성적 취향이 아이에게 있을 수도 있겠죠. 정말 빈번하게도, 이러한 행동을 하는 사람은 세상을 다른 방식으로 이해하는데, 이러한 이해 방식은 그 행동이 잘못되고 법에 저촉된다는 것을 알면서도 아이와 성관계하는 것을 더 쉽게 허락하게 해요. 이러한 정당화는 도식이라고 부르는 일종의 세상에 대한 이론 형식으로 작동하는 태도와 신념을 포함할 수 있어요.

또 사람들이 범죄를 저지를 때 다른 목표를 지닐 수 있겠죠. 어떤 사람은 범죄를 막을 수 있는 방법을 몰라서 혹은 범죄를 방지하려 했지만 잘못된 전략 때문에 실패하기도 해요. 다시 말해, 스스로의 행동을 조절하거나 통제할 수 없는 것이지요.

범죄를 저지른 후에, 그 일을 저질렀다는 것을 후회할 거예요. 그에 반해, 어떤 사람은 의도를 가지고 범죄를 저지르기도 하고 실제로 범죄 자체가 스스로 정한 목표이기도 해요. 이러한 사람은 스스로의 행동을 조절하는 것은 문제가 거의 없지만, 자신의 인생 목표를 재평가하는 과정을 거치지 않는 한, 그들의 도식이 타인을 너무 쉽게 해치고 결국 교도소로 돌아가게 한다는 것이지요.

사람들이 삶에서 덕목을 찾는 것과 관련지어 볼 때, 사람들은 이러한 덕목을 하나 혹은 그 이상 얻기 위한 방법으로 종종 범죄를 저지른다는 것이지요. 그 범죄로 인해 다른 덕목을 얻는 것이 불가능해지는데도 말이에요. 제가 말한 것에 대해 여러분은 어떻게 생각하는지 궁금하네요.

대니: 당신이 말한 태도와 신념이 내게 많이 있는 것 같고, 어린아이들한테 끌린다는 것도 정말 문제가 있는 것 같아요. 내 인생에서 이루어야 했던 것들 중 그러지 못한 것들이 많다는 말이겠죠. 내 인생이 때로는 제대로 돌아가지 않았다는 걸 늘 알고 있었지만, 잘못된 상황에 있었을 땐 내 자신이 무기력하다고 느껴졌어요. 특히 나쁜 상황에서는 결국 아이들을 더욱더 생각하게 됐죠. 그냥 어찌할 바를 몰랐어요. 무시해 보려고 했지만, 상황이 정말 안 좋아지면 나에게 중요한 모든 것을 잊게 되더라고요. 범죄를 저지르는 것을 정말로 원하지 않지만, 적어도 잠깐 동안은 강렬한 기분을 다시 느끼게 된다는 것을 알게 되었어요.

이 사례에서, 치료자는 자기조절의 개념과 개인이 범죄에 이르는 각기 다른 경로를 설명했다. 이와 더불어, 자주성이라는 일차적 덕목이 내담자에게 아주 중요하면서도 범죄과정에서 도구가 된다는 것이 밝혀졌다. 또한 범죄를 지지하는 인지도식이라는 개념도 소개하였다.

치료를 통한 특정 치료 목표 다루기

1장에서는 치료에서 다루게 되는 공통적인 목표를 설명하였는데, 이 목표는 성범죄 및 재범 위험성과의 관계를 보여 주는 최근 연구를 근거로 살펴보았다. 이러한 주제들을 살펴볼 때, 내담자의 좋은 삶/자기조절 계획이라는 맥락에서 목표는 항상 내담자가 가지고 있는 기술을 강화하고, 확고히 하며, 새로운 기술과 능력을 개발하는 데 있다. 앞서 언급했듯이, 치료자는 내담자로 하여금 긍정적 접근 목표를 충족하도록 개발하고 돕는 데 중점을 두어야 하며, 이와 함께 내담자에게 중요한 덕목을 이루게 하여 내담자의 개인적 성취감을 고취시킬 필요가 있다.

좋은 삶/자기조절 통합모델을 활용한 치료 목표를 다루는 것은 위험성 요인 또는 범죄 유발 욕구 그리고 이와 연관된 일차적 덕목과 관련되며, 성범죄 이외의 방법으로 이러한 덕목을 달성하는 데 필요한 기술, 전략 및 기회를 알려 주는 것을 포함한다(Ward, Gannon, & Yates, 2008; Ward et al., 2006, 2007; Ward, Vess, Collie, & Gannon, 2006; Yates, 인쇄중). 덧붙여서, 위험성 관리를 위한 표준화된 치료 기법 역시 해당된다. 좋은 삶/자기조절 통합모델 구조에서 이러한 각각의 치료 목표 접근을 아래에서 설명할 것이다.

성적 자기조절/일탈적 성적 환상, 성적 각성 그리고 성적 관심

이전에 소개되었듯, 성적 자기조절의 문제점은 성범죄에 대한 유의미한 위험성 요인을 나타내며 성관계 및 성적 자극, 일탈적 성적 관심과 혹은 일탈적 성적 환상, 부정적인 기분 상태에 대처하기 위해 성관계하기와 같은 것들에 몰두하는 문제를 포함한다(예: Hanson et al., 2007). 그러나 성적 자기조절에 어려움을 겪는 내담자마다 매우 다른 역동이 나타날 수 있으며, 다양한 일차적 덕목은 내담자의 범죄와 더불어 좋은 삶 계획에서 결함이 연관되어 있을 수 있다.

성적 자기조절에서 문제는 어린 시절 성학대를 목격하거나 성학대 피해자인 경우 발생할 수 있는데, 이는 아이들이 성관계에 동의할 수 있다거나 또는 성관계가 아이들에게 즐겁고 교육적일 수 있다는 신념을 낳는다. 그러한 경험으로 인해, 행복이라는 일차적 덕목(성적 쾌락을 포함한)을 가치 있게 여기지만, 이 사례에서 아이들은 성관계에 동의할 능력이 없다는 지식이 부족할 수 있다. 게다가, 이 사람은 성적 쾌락을 통한 행복이라는 덕목을 너무 중요시하고 그의 좋은 삶 계획에서 다른 덕목은 최소화함으로써 좋은 삶 계획의 영역이 협소해지는 결함이 나타나게 된다. 또 어떤 사람은 성적 자기조절의 문제는 공격성이나 폭력을 동반한 성관계에 대한 갈망이나 욕구 또는 둘 다가 동반되어 강화된 경험의 결과일 수도 있다. 이러한 사람은 동의를 통한 행위보다 폭력적인 성적 선호를 유지할 수 있다. 이러한 사례에서, 위험성 요인은 폭력 사용(수단의 결함으로 볼 수 있는)을 통한 자주성이라는 일차적 덕목의 달성과 연관될 수 있다.

이러한 사례에서 볼 수 있듯이, 특정한 일차적 덕목과 성범죄 간에는 가치를 두건 가치를 두지 않건 간에 상대적으로 직접적인 관계가 존재한다. 사례에서는, 덕목을 달성하는 방법으로 범죄를 저질렀다. 이와 반대로, 덕목과 범죄 사이의 관계가 보다 간접적일 수도 있다. 예를 들어, 대인관계에 높은 가치를 두던 사람이 정말 소중하게 여기던 친밀한 관계의 상실로 고통을 받을 경우 여러 가지 부적절한 수단으로 대인관계를 다시 얻으려 시도할 수 있고, 결국에는 우울과 중독 상태에서 범죄를 일으키게 된다(이 역시 '내적인 평화'라는 일차적 덕목을 물질 사용을 통해 얻고자 하는 것의 문제를 나타낸다). 이와 같은 범죄는 '폭포효과'로 인해 결국 범죄를 저지르는 일련의 사건으로 나타난다.

사례: 제이슨

제이슨의 아버지는 그를 유아기부터 위탁보호소에 맡길 때인 14세 때까지 성적으로 학대했다. 제이슨은 아버지가 지켜보는 앞에서 그의 여동생과 성관계를 갖도록 아버지가 강요했던 일을 생생하게 이야기했다. 제이슨은 12세가 될 때까지 이 일이 정상적인 행동이라고 순수하게 생각했다고 말했다. 그때서야 제이슨은 이 일이 형제자매 간에 하는 일이 아니라는 것, 성관계는 어른들 사이에서 하는 일이라는 것을 깨달았다. 그 사실을 알게 되었을 때 어떻게 대처했냐는 질문에 제이슨은 이렇게 답했다. "계속 했어요. 그만둘 생각 없어요." 제이슨은 늦은 밤 이웃의 집에 몰래 들어가 이웃집 여자를 강간하는 사건으로 체포되기 전까지 위탁가정에 맡겨졌다. 당시 제이슨의 나이는 16세였다. 제이슨은 소년원에 구금됐고, 그곳에서 방화 미수, 소년원 직원의 자동차 강도 미수, 잠든 직원에 대한 강간 미수를 저질렀다. 현재 36세가 된 제이슨은 많은 범죄력을 가지고 있다. 제이슨은 한 사람과 오랫동안 관계를 맺어 본 적이 없으며, 다른 사람들은 그를 대인관계에서 아주 피상적이고 거만한 사람으로 여긴다. 제이슨은 매우 충동적이고 쉽게 짜증을 냈다. 그는 세상을 적대적이고 가혹한 곳으로 보며 그 속의 남자들은 복수를 위해 싸워야 하는 존재로, 여자들은 믿을 수 없고 알 수 없는 존재로 생각한다. 제이슨은 자유 시간의 대부분을 인터넷 포르노물을 보거나 폭력적인 음란물을 보면서 자위행위를 하며 보냈다. 그는 이전 면담자에게 스트레스를 풀기 위해 포르노물을 일상적으로 사용해 왔다고 말했다. 그는 범죄 실화 소설도 좋아하는데, 세상에 잘 알려진 몇몇 범죄자가 잘 정리되어 있어 "좋다."라고 표현했다.

제이슨에게는 성범죄와 관련된 여러 가지 성적 각본이 있는데, 그 각본에는 동의할 생각이 없거나 동의할 능력이 없는 타인과의 성관계가 수용될 수 있고, 심지어 성적으로 매력적이기까지 하다는 도식을 포함한다. 세상이란 공격적으로 대해야만 살아남는 위험한 곳으로 여기는 도식을 가진 제이슨은 일상의 스트레스를 자위행위로 해소했다. 숙달감을 얻는 것에 대한 그의 경험은 오로지 은밀한 행동(예: 방화)과 공공연한 행동(예: 여동생에 대한 성학대, 잠든 직원에 대한 강간 미수)을 포함한 반사회적 행동에서만 가능했다. 제이슨은 다른 범죄자에 대한 책을 읽으며 지식을 쌓으려 했고, 여러 종류의 범죄를 저지르기에 이르렀다. 그는 평균 수준 이상의 자위행위를 통해 내적인 평화와 즐거움이라는 덕목을 이루고자 했고, 공동체 활동과 관계를 등한시한 것으로 보인다. 충동성에 대한 특정 증거 역시 보이기는 하지만, 그는 자신의 목표를 성취하기 위해 명백한 자기조절 전략을 활용한다. 제이슨의 좋은 삶 계획에는 영역이 협소하다는 결함이 있다[이는 그의 행복(즐거움)과 자율성에 대해 제한적으로 초점을 두는 것으로 드러난다]. 행복을 얻는 수단으로 인해 관계의 형성에 심각한 제한을 받기 때문에 그의 행복과 관계라는 일차적 덕목이 분명하게 충돌한다(예: 그의 잦은 사법제도의 위반은 행복과 관계를 이룰 수 있는 그의 능력을 방해한다). 뿐만 아니라, 제이슨의 도식이 자신을 의미 있는 공동체 일원으로 지각하는 것을 더 어렵게 만들며, 세상과 자신뿐만 아니라 더 나아가 다양한 관점의 남성성에 대한 지식 부족을 보인다. 분명한 것은, 제이슨의 초기 치료 경험 대부분은 그의 좋은 삶 계획에서 영역의 부족과 그가 추구하는 일차적 덕목 간의 충돌에 대한 인식을 높이는 것에 초점을 둘 것이라는 점이다.

제이슨의 치료에 있어 가장 중점적인 사항은 성적 자기조절과 일반적 자기조절이다. 제이슨을 치료하는 임상가들은 먼저 그가 성범죄와 포르노물을 사용하여 무엇을 얻고자 했는지 알고 싶어 한다. 치료자들은 다음과 같은 질문을 할 것이다.

- 무엇을 달성하고자 했고, 그와 관련된 일차적 덕목은 무엇이었나?
- 이와 같은 덕목을 앞으로 어떻게 이룰 수 있는가?
- 이러한 덕목을 성취하기 위해 요구되는 성에 대한 기술과 태도는 무엇인가?
- 어떻게 그것들을 얻을 수 있는가?
- 이런 기술을 연습할 곳으로 치료 집단을 어떤 방식으로 활용할 수 있는가?
- 일상에서 그가 시도하는 이러한 기술에 대한 피드백을 받기 위해 집단치료에서 동료를 어떻게 활용할 수 있는가?
- 새로운 좋은 삶 계획을 만들기 시작할 때, 발생할 수 있는 결함(예: 수단과 영역, 충돌, 능력)은 무엇인가?
- 좋은 삶 계획에 부합하는 성적 해소 및 사랑하는 사람을 만날 수 있는 외적 조건과 환경을 어떻게 개발할 것인가?
- 성적 각본을 좀 더 자세히 살펴보면, 사용할 수 있는 또 다른 행동방법은 어떤 것이 있는가?(이 방법에는 생각 멈추기 또는 성적 각성 재조건화와 같은 인지적 방법을 포함할 수 있다.)

인지

앞서 설명했다시피, 인지치료 대상으로 인지왜곡, 인지도식과 암묵적 이론, 메타인지를 포함하는 다양한 영역에 중점을 둔다. 치료는 일반적으로 인지왜곡(즉, 범죄를 정당화하거나 합리화하는 특정 진술들)에 초점을 두는데, 이는 인지도식(즉, 태도와 사회적 정보가 처리되고 이해되는 것을 통해 대표되는 더 넓은 의미의 구조)의 산물 또는 표현으로 대표될 수 있다. 메타인지는 '생각하는 것에 대한 생각'을 할 수 있는 능력(Wells, 2000; Wells & Matthews, 1994, 1996)으로 자기관찰 수행 능력(Heidt & Marx, 2003; Leahy, 2001)과 관련이 있다.

다른 치료 목표와 마찬가지로, 왜곡된 인지와 도식은 일차적 덕목의 성취와 관련될 수 있다. 그리고 실제로 이러한 인지가 잠재적으로 해로울지라도, 내담자의 삶에서 적응적 기능을 제공할 수 있다(Marshall et al., 1999; Yates et al., 2000). 예를 들면, 세상은 위험한 곳이라는 견해를 가진 사람들은 실제로 그들의 삶에서 세상이 위험했기 때문에 그러한 시각을 가졌을 수 있다. 그들의 삶이 학대나 방치와 관련될 수 있으며, 그로 인해 타인은 대개 적대적이라는 신념으로 이어지고 고통과 괴로움을 주는 사람들을 거부하게 된다. 그 결과, 이 사람들은 스스로를 보호하기 위해 타인에게 공격적으로 반응할 수 있다. 이들은 이러한 신념으로 인해 범죄관련 접근 목표를 가질 수도 있다. 일차적 덕목이라는 개념에 있어, 이러한 내담자는 지식(예: 진심으로 걱정해 주고 자신에게 해를 끼치지 않을 사람도 있다는 인식)이 부족하고 해를 입기 전에 자신의 권리를 확고히 하기 위해 자주성이라는 덕목을 과하게 중요시할 수 있다.

치료에서, 도식치료(Young, 1999)의 사용과 사회적 정보를 다르게 처리하고 평가할 수 있도록 내담자를 돕는 것 이외에, 좋은 삶/자기조절 통합모델 접근의 목표는 삶에서 다른 중요한 목표를 성취하는 것을 촉진할 수 있는 다른 시각을 개발하는 것에 대한 이해와 지식을 높이는 데 초점을 둔다. 범죄자는 자신의 인지왜곡과 도식에 어떻게 맞서야 하는지 배우는 것과 더불어, 보다 더 큰 즐거움을 경험한다거나 타인을 다른 시각으로 보고 핵심 신념의 진실성을 재평가할 수 있게 되면서 대인관계가 향상되는 등 자신의 정서 세계를 개선시킴으로써 변화방법을 배우게 된다(즉, 내적 수용 능력 개발). 그러므로 이러한 기술들의 습득은 관계와 내적인 평화라는 일차적 덕목과도 연결된다. 이러한 사람들은 타인과 대인관계를 형성하고 싶어 하지만, 이들의 신념체계로 다른 사람들과 소원해질 수 있고, 개인적이고 친밀한 대인관계에서 만성적인 불만족을 유발시키는 것 같다. 하지만 치료는 진심으로 내담자에게 관심을 보이는 치료자와 내담자에게 유익하도록 적절하게 설계된 치료방법을 통해 이 영역에 변화를 가져올 수 있다. 이 접근은 동기를 높이는 것과 동시에 좋은 삶 성취에 기여하는 만족스러운 관계 형성을 설명한다.

사례: 제이슨

치료자: 제이슨, 당신에겐 바깥세상이 위험하다고 했고, 다른 사람들이 당신을 존중해 주는 것이 중요하다는 말을 몇 차례 했는데요. 이에 대해 자세히 말해 줄래요?

제이슨: 당신이 어디서 자랐는지 모르겠지만, 내가 살던 곳에서는, 다른 사람들을 존중하지 않으면 거기서 오래 살 수 없었을 거예요. 다른 사람들이 시비

를 걸 테고, 제대로 대처하지 않으면 다칠지도 몰라요. 그게 다른 사람들이 나에게 무례하게 굴지 않는 이유고요.

치료자: 그러니까 당신이 살던 곳에서는 공격적으로 스스로의 명예를 지키는 일이 중요하다는 말이군요. 생존의 문제로써 말이죠.

제이슨: 맞아요. 여기서는 아무도 이해하지 못하는 것 같지만, 그 말이 맞아요.

치료자: 실제로는, 당신은 그렇게 생각만 하는 게 아니라, 그런 방식으로 세상을 바라보며 그렇게 세상과 소통하는군요.

제이슨: 예.

치료자: 어디든 마찬가지라고 생각하고요.

제이슨: 글쎄요. 어디든 그런다는 말은 아니에요. 당신이 자란 곳은 다를 수도 있죠.

치료자: 그럴 수도 있겠죠. 내가 들은 게 맞다면, 어떤 곳에서는 그렇고 어떤 곳에서는 그렇지 않다는 것이군요.

제이슨: 네. 하고 싶은 말이 뭐죠?

치료자: 이 상황에서는 이런 방식이고 저 상황에서는 저런 방식이라면, 당신이 어디에 있느냐에 따라서 다르게 헤쳐 나갈 수 있다는 말이에요.

제이슨: 음, 사람들이 나를 더 존중해 주는 거. 그게 다예요.

치료자: 다른 사람들이 당신의 욕구를 위해 유연해질 필요가 있지만, 그 반대의 경우는 아니라는 말이군요.

제이슨: 아, 무슨 뜻인지 알겠어요. 아마 내가 출소해서 바깥세상에 잘 적응하려면 세상을 다른 방식으로 바라볼 필요가 있겠네요.

치료자: 일차적 덕목으로 돌아가자면, 당신은 처해진 환경에서 살아남는 것에 너무나 열중하는 바람에 지식이 결여된 것 같고, 역시 살아남기 위해 자주성을 중요시한 나머지 그렇게 되길 원했음에도 세상에 어울릴 새로운 방법을 개발하지 못한 거예요.

제이슨: 무슨 말인지 알겠어요. 나는 내가 하려고 마음먹으면 못할 게 없는 사람이에요.

치료자: 바로 그 점이 당신이 힘든 시간을 이겨 낸 자신감이에요. 그러니까 과거

> 당신의 자율성과 자주성에 대한 고집은 누구의 잘못도 아닌 제한된 지식
> 에 의한 것이고요. 앞으로 이 점을 어떻게 적용할지 검토해 봐야 하지 않
> 을까요?
>
> 제이슨: 음, 효과가 있을지 모르겠어요. 전에는 안 됐으니까. 그래도 해 보는 수밖
> 에는 없는 것 같군요.

이 사례에서, 치료자는 제이슨에게 다르게 생각해야 한다고 말하는 대신, 여러 방면에서 다른 관점이 있을 수 있다는 사실을 스스로 인정하도록 제이슨을 유도한다. 어린 시절 역경에 대처하며 성장한 사람의 도식은 다른 인생 경험을 한 사람들의 그것과 매우 다를 수 있다. 예를 들어, 존경을 다른 식으로 주고받을 수 있다. 게다가, 타인과의 상호작용에서 인지적 유연성은 일차적 덕목을 성취하는 데 대단히 중요하다. 내담자가 세상을 다른 방식으로 볼 수 있다는 점을 인식하게 되면, 이러한 미세한 관점의 변화는 이전에 확립된 도식을 바꾸려는 치료 시도를 통해 지속될 것이다.

사회적 기능, 애착, 친밀감 및 대인관계
· · · · · · · · · · · · · · ·

성범죄자는 특히 대인관계, 친밀감 및 사교 능력 분야에서 어려움을 겪는 경향이 있다. 이 분야의 역동적 위험요인에는 친밀감 문제, 여성에 대한 적대감, 아이들과의 정서적 동일시가 포함된다. 이러한 태도를 다루는 것과 함께, 내담자들은 경우에 따라서 범죄에 기인하는 무력감과 낮은 자존감(내적인 평화라는 덕목 성취에 문제가 되는)을 경험하기도 한다. 좋은 삶/자기조절 통합모델에서, 사회적 능력과 연관된 일차적 덕목에는 관계와 공동체 활동은 물론 내적인 평화와 자주성이 포함되며, 범죄자들은 이를 부적절한 수단을 통해 찾으려 한다. 아이와의 성관계를 통해 이 덕목들을 찾으려 하는 경우, 개인의 목표가 수용될 수 있지만, 그것을 성취하고자 사용하는 수단은 유해하다.

치료의 목표는 웰빙을 촉진시키고 개인의 좋은 삶 계획과 일치하는 대인관계를 개발하여 유지할 능력(내적 및 외적)을 심어 주는 데 있다. 즉, 이 분야의 치료는 각 내담자의 특정한 대

인관계 형성 욕구를 존중해야만 한다. 예를 들어, 어떤 사람이 현재 친밀한 관계를 맺고 싶지 않다면, 비록 치료에서 미래의 모든 관계를 위해 건강한 대인관계를 확립할 기술(즉, 내적 능력)이 포함되어 있을지라도, 연애관계 같은 것은 치료 목표가 될 수 없다. 또한 치료의 다른 목표로는 외적 능력, 다시 말해 좋은 삶 계획을 실천하는 데 필요한 개인의 외부 조건을 확립하는 것에 도움을 주는 것이다. 외적 능력 개발은 내담자에게 다른 사람과 우정을 쌓을 기회를 주고 그들이 특정(친사회적) 집단에서 유대감을 느낄 수 있도록 도와주는 것과 관련이 있다. 이 특정 덕목은 전통적인 치료에서 일반적으로 포함하지 않고 있는데, 범죄자는 타인과 관계에서 신뢰받을 수 없다는 입장을 취하고 있기 때문이다. 내담자의 이동제한과 다른 사람과의 관계에 대한 제약으로, 치료자 및 다른 치료팀원들이 그러한 덕목의 촉진에 관여하지 않으려 하는 경향을 고려할 때, 일부 관할지역에서는 이러한 기회를 이용할 수 있도록 내담자를 적극적으로 돕는 일이 하나의 도전일 수 있다. 이러한 경우, 치료자는 내담자가 현실적인 기회와 목표를 수립하고 실행할 수 있도록 돕기 위해 창의적일 필요가 있다.

사회적 기능을 논의하는 것은 의사소통과 자기주장 같은 기술의 개발 및 강화와도 관련된다. 내담자들이 치료나 치료자의 목적에 반하는 방식으로 표현할 때조차도, 치료자가 이러한 기술을 인식하고 강화하는 것이 무엇보다도 중요하다.

사례: 제이슨

치료자: 제이슨, 지난 시간에 우리는 당신이 자란 곳과 같은 일부 지역이 위험할 수 있고, 다른 지역은 그보다 덜 위험할 수 있는지 의논했어요. 어렸을 때, 다른 사람에게 존중받는 일이 중요하고, 여자들이 종종 정직하지 않고 알 수 없거나 비밀스럽다고 여기게 된 환경에 대한 반응으로써 당신이 세상을 바라보게 된 방식에 대해 얘기했죠. 어린 시절을 견뎌 낸 일이 어떻게 당신이 자율성과 자주성을 유지하도록 발달시켰는지를, 또 당신의 개인적 경험 이외에 세상에 대해 충분히 알지 못했다는 것을 이야기했어요. 이번에는 당신과 다른 사람들과의 관계를 들어 볼 수 있을까요?

제이슨: 그러죠.

치료자: 남자나 여자, 존중, 불신 그리고 위험에 대한 이러한 모든 신념이 타인과의 상호작용에 어떤 식으로 관여하나요? 이것은 마치 당신에게 생각하는 방식을 안내하는 세상에 대한 로드맵이 있는 것과 같아요. 그 로드맵은 당신이 경험한 세상을 기초로 하지, 온 세상을 기초로 하진 않아요. 다행스럽게도 말이죠. 그렇지만 어쨌든 간에 그것도 같은 로드맵이죠. 이러한 생각과 태도에 대한 로드맵이 어떻게 당신의 대인관계를 이끌었다고 생각하나요?

제이슨: 글쎄요, 다른 부모 밑에서 자라고 몇몇 이웃과 떨어져 살았다면 달랐을지 몰라요. 평생토록 내 인생은 얻을 수 있을 때 할 수 있는 한 다 가지자는 식이었어요. 성관계, 존중, 행복, 쾌락이 다 여기에 해당되죠. 더 나은 방식으로 행복과 쾌락을 찾아야 한다는 점을 인정하고, 세상에 대한 더 많은 지식을 쌓으면 매번 눈치 보지 않아도 지역사회의 일원이 될 수 있다고 생각해요. 앞으로 어떻게 대인관계를 맺을지 계획을 세워야 하겠지만, 솔직히 지금 당장은 어떤 것도 관심 없어요. 내 자신을 챙겨야 하니까요.

치료자: 그런 생각을 하셨군요. 세상과 관계 맺는 방법, 기쁨을 찾는 방법 그리고 지식을 쌓는 방법에 대해 변화해야 한다고 말씀하셨어요. 지금 당장은 친밀한 관계를 원치 않더라도, 대인관계에서 변화가 필요하다고 믿는 것이고요.

제이슨: 맞아요. 어디에서든 잘 지내고 싶어서, 복잡한 대인관계에 휘말리고 싶지 않네요. 지금은 아니에요. 언젠가 그럴 날이 오겠죠.

치료자: 그래서 지금 당장은 헌신적인 배우자가 되는 것을 원하지 않을 수 있지만, 당신을 위해서 미래의 헌신적인 배우자가 되는 일에 대해 생각해 볼 시기예요.

제이슨: 네.

치료자: 많은 경우에, 타인과 잘 지낼 수 있나는 건 그들이 어떻게 살아왔는지 이해하는 것과 관계가 있어요. 이건 그들을 위해 행복과 슬픔을 느끼는 것과는 달라요. 그 대신, 상황이 어떤지 정말로 이해하고 느낄 수 있는 걸 말해요.

제이슨: 공감 말이군요.

치료자: 많은 사람이 그렇게 부르죠.

제이슨: 믿기 어려우시겠지만, 사실 난 공감에 대해 그렇게 서투르진 않아요. 어릴 적에, 아버지가 무슨 생각을 하시는지 몰랐다면, 아버지는 나를 죽였을 거예요. 정말 신중해야 했죠. 그러니 난 사람과 상황에 대한 판단이 그렇게 나쁘진 않아요.

치료자: 기반으로 삼을 만한 중요한 경험을 했군요. 차이점이 있다면 그 당시에 당신은 지식이 부족했고, 함께 있을 수 있는 다른 사람이나 함께할 사교 모임 같은 단체의 사람들을 접촉할 수 없었다는 점이죠.

제이슨: 맞아요. 거친 세상을 살았어요. 이제 나는 좀 더 많은 걸 알아요. 내 주위의 모든 사람이 수많은 같은 목표, 일차적 덕목을 갖고 있다는 것과 그들도 그걸 얻기 위해 엄청 잘하는 것만은 아니라는 것 또한 배워 가고 있죠. 정말 엉망진창이었지만 과거일 뿐이에요.

치료자: 그걸 받아들이는 것이 어렵죠.

제이슨: 네.

치료자: 다른 사람들과 관계를 맺는 것에 대해 어떻게 해 나갈 건가요?

제이슨: 상대가 어떻게 살아왔을지 이해할 수 있도록 생각을 잠시 멈출 수 있을지에 대한 계획이 필요한 것 같아요. 다른 사람들도 마찬가지로 할 수 있도록 나도 도울 필요가 있어요. 그리고 당신이 자란 곳과 같이, 일부 지역은 어떻게 다른지 더 생각할 필요가 있는 것 같아요.

이 사례에서, 치료자는 제이슨의 대인관계 유형과 타인과의 관계에 원인이 되는 도식의 방식에 대한 이해를 이끌어 내고 있다. 제이슨은 세상에 대한 그의 경험이 사람이 가질 수 있는 많은 관점 중 하나라는 사실을 이해할 수 있게 되었다. 모든 인간이 일차적 덕목을 추구한다는 것을 이해하게 되면서, 제이슨은 어떻게 지식, 관계 및 공동체 활동을 더 효과적으로 추구할 수 있을지에 대한 계획을 세울 수 있게 된다. 그러한 덕목을 추구하는 법을 배우는 동안, 제이슨은 좀 더 건강한 방향으로 그의 창조성을 발휘하게 된다. 범죄 피해자에 대한 공감 향상만이 목표인 많은 치료 프로그램과 다르게, 제이슨의 치료 첫 단계는 그의 사회적 환경에서 효과적으로 기능하며, 타인과 공감적으로 소통하고, 타인의 관점을 일반적으로 이해할 수 있도록 하는 것이다. 제이슨은 모든 인간이 친밀감과 우정, 사랑, 돌봄 및 지지를 추구한다는 사실을 더 잘 이해하기 시작했다. 이 새로운 인식을 통해 그는 그의 가족과 어린 시절의 경험이 그가 알았던 것보다 더 부정적이었다는 것을 깨닫게 되었고, 그와 동시에 다른 환경과 다른 사람들이 어린 시절에 경험한 것만큼 위험하거나 적대적이지 않을 수도 있다는 것을 이해하게 된다.

정서조절

이러한 위험성 요인을 다루기 위해, 치료는 일반적으로 동반되는 정서 상태를 예측하고 확인함으로써 기분 상태와 스트레스 관리를 돕도록 목표를 세운 후 그에 대처할 기술을 개발하게 된다. 좋은 삶/자기조절 통합모델 치료에 포함되기도 하지만, 정서조절은 내적인 평화라는 일차적 덕목과도 관련되는데, 내적인 평화란 삶에서 정서적 균형을 취하고 정서적 고통에서 자유로울 수 있는 개인의 내재된 욕구를 말한다. 정서조절은 자기조절 방식과도 관련된다. 그러므로 정서관리 기술을 개발하는 것과 더불어, 이 일차적 덕목에 대해 작업하는 목표는 그들 삶의 기준점으로 균형감을 확립하고, 힘든 시간 동안 스스로를 관리할 수 있도록 돕는 데 있다. 그러한 기준점을 설정하게 되면, 스트레스를 받게 되더라도 자기조절 능력이 지속될 가능성이 훨씬 커진다. 이러한 균형감은 내담자에게 중요한 것이 무엇인지를 반영하는 좋은 삶 계획을 통해 부분적으로 성취되며, 그로 인해 삶에서 전반적인 만족을 얻을 수 있는 능력을 개발하도록 지원하고, 효과적인 자기조절 기술과 전략을 개발하고 활용할 수 있도록 돕는다. 대처기술을 알게 되었다 하더라도, 치료는 정서 상태를 확인하거나 인지하는 것을 가르치는 것 이외에 그러한 정서 상태에 대처하는 방법까지 다룬다. 치료는 내담자에게 만족스러운 좋은 삶 계획을 실행하도록 도와 정기적으로 전반적인 정서적 균형을 이룰 수 있게 한다.

일반적으로, 이 분야에서 집단치료는 특히 도움이 된다. 비슷한 문제를 경험한 동료의 정서적 지지와 격려를 과소평가해서는 안 된다. 앞서 언급되었듯이, 메타인지(자신의 사고과정을 생각하는 것)는 내담자들이 자신의 내면세계를 자기관찰하고 자기조절할 수 있는 능력을 키우는 데 도움이 될 수 있다. 가끔은 이 과정에서 치료자는 단지 "어떻게 생각하세요?"라는 질문에 그치지 않는다. 그 대신 "그런 기분이 드는 것에 대해 어떻게 생각하세요?" 혹은 "그렇게 생각하는 것에 대해 어떻게 생각하세요?"라고 질문할 수 있다.

제이슨의 사례로 돌아가 보자. 이번에는 집단치료 시간이다.

사례: 제이슨

제이슨: 나는 저기 있는 스콧과 말다툼을 했어요. 별것도 아닌 일 때문이었어요. 우리는 치료 과제를 하고 난 후 카드게임을 하고 있었죠.

치료자: 무슨 일이 있었죠?

제이슨: 음, 과제를 하면서 시작됐어요. 나는 과제에 대해 말이 안 된다는 생각이 들어 스콧에게 그 말을 했더니 스콧이 자기 생각을 말하더군요. 내가 이해를 못한 거라고요. 우리는 과제를 제쳐 두고 카드게임을 했어요. 그러다가 나는 스콧에게 좀 전에 한 말이 무례했다고 말했죠. 스콧은 내가 무례했다고 이야기하는 것이 나에게 중요한 치료적 주제라고 했어요. 화가 났지만, 그냥 넘어갔어요. 하지만 스콧에게 욕을 하긴 했죠. 미안해요, 스콧.

스콧: 괜찮아요.

치료자: 무슨 일이 있었는지 확실히는 모르겠지만, 과거에 당신에게 일어났던 일이 다시 되풀이된 것으로 보이네요.

제이슨: 네.

도니: 우린 다 그래요. 내 말을 믿어요. 제이슨, 나도 정말 그랬어요. 그냥 그런 일이 생겨요. 살다 보면 그렇게 변하기도 해요. 말하는 것과 실제로 하는 것은 별개이니까요. 우린 모두 자주성에 대해 말해요. 나는 화났을 때 정말 제 인생을 살 수 있을지가 의문이에요. 분노를 이해하고, 화가 났다는 것을 안다고 나 자신에게 말하면서 정말 노력했어요. 내가 화났다는 걸 인식하게 되면 심호흡과 함께 분노를 표출하지 않고 필요한 자주성, 힘 그리고 기술이 나에게 있다는 것을 떠올릴 수 있는 충분한 기회가 생겨요.

> 그렇게 나는 창조성과 인생의 목표에 애쓰고 있어요.
>
> 제이슨: 생각만큼 쉽지 않다고밖에 할 말이 없네요. [살짝 웃음] 고맙습니다.
>
> 스콧: 나중에 다시 해 보죠. 하지만 이번엔 무시당한다는 생각이 들면 폭발할 때까지 참지 말고 나에게 말해 줘요. 알았죠?
>
> 제이슨: 알겠어요.

이 사례에서 치료자는 제이슨의 자기조절 시도가 성공적이지 못했다는 설명을 이끌어 내기 위해 열린 질문 및 반영을 사용한다. 훈계나 교육 대신, 치료자는 집단에서 지지적인 피드백을 제시할 수 있도록 이끈다. 이렇게 함으로써, 변화에 대한 의견을 제시하는 사람은 치료자가 아닌 제이슨과 다른 내담자들이고, 이러한 접근은 궁극적인 변화를 만들어 가는 데 더 효과적일 수 있다.

일반적인 자기조절

일반적인 자기조절에서 문제점은 성범죄자를 포함한 여러 다른 유형의 범죄자가 지닌 위험성과 관련된다. 자기조절에는 충동성, 부정적 정서, 적대감 및 문제해결 능력의 결핍과 같은 요인들이 포함된다(예: Hanson et al., 2007). 더 넓은 의미에서, 자기조절은 오랜 시간과 다양한 환경에서 목표를 설정할 수 있는 능력과 그 목표를 이루기 위해 행동할 수 있는 능력을 포함한다. 자기조절의 문제점은 내담자의 좋은 삶 계획의 다양한 영역에 걸쳐 일차적 덕목을 달성하는 데 지장을 초래할 수 있다. 예를 들어, 충동성은 내담자에게 중요한 대인관계, 일, 공동체 활동 등의 성취를 방해할 수 있다. 그러므로 분노조절, 자기주장, 충동조절 및 문제해결과 같은 기술을 치료에서 알 수 있도록 해야 하고, 좋은 삶/자기조절 통합모델에서 일반적인 자기조절 접근은 내담자의 목표와 관련된 전반적이고 구체적인 목표를 달성하는 데 방해가 될 수 있는 자기조절 방식의 문제를 도움을 수는 것과 관련이 있다. 치료에서 문제해결 기술을 배우는 내담자는 가치 있는 덕목의 성취와 효과적인 자기조절의 실행을 위해 이 기술을 적극적으로 반복 연습해야 한다. 예를 들어, 친밀한 관계를 맺고 싶은 내담자는 다른 이들을 만나고 건강한 방향으로 관계를 형성하고 유지하며 만족스러운 관계를 맺을 수 있는 기술을 반복하여 활용하도록 도와야 한다.

마음챙김, 자기성찰 및 명상을 포함한 부가적인 치료가 최근 심리치료 문헌에서 연구되고 있다. 교정 장면에서 많은 치료 프로그램이 일반적인 자기조절의 촉진 수단으로 이러한 형태의 활동을 활용하였다. 이러한 훈련은 내담자가 일상에서 인지적 기술과 다른 문제해결 기술을 습득하고, 연습하며, 실현하도록 도와준다.

사례: 제이슨

제이슨: 나는 문제해결 기술의 향상에 정말 노력했어요. 스트레스에 대처하기 위해 매일 이 기술을 연습했죠. 2주 동안 포르노물을 보지 않았고, 초조해지면 자위행위 대신 명상을 하고 있고요. 이렇게 하면서 자주성, 행복, 내적인 평화라는 목표에 집중하면서도 지켜야 할 행동을 연습할 수 있게 되었어요. 성관계만으로 대처하던 모습을 극복하면서 확실히 더 행복해졌죠. 물론 가끔은 힘들지만요. 하지만 이전에 내가 몰랐던 모든 대처방법이 내 안에 있는 것 같아요. 게다가 이제는 포르노물 전체가 나에게 위험해 보이기까지 해요. 이제는 너무 멀리 와서 예전처럼 돌아가기 힘들 것 같아요.

치료자: 당신은 이 치료를 유지하기 위해 자신에게 적합한 이유를 찾은 거예요. 자신에 대한 성찰과 명상에 전념하는 시간이 의미가 있네요. 내가 맞게 들었다면, 포르노물의 내용이 이기적인 사람과 도처에 위험이 숨어 있던 당신이 자란 곳과 너무도 비슷한 것 같군요.

제이슨: 확실히 그래요. 난 명상 같은 게 지루하다고 생각했지만, 이제는 그렇지 않다는 걸 알아요. 설사 그렇다 해도, 약간의 지루함이 그렇게 나쁘지 않다고 생각해요. 이제는 스콧과 카드게임할 때, 그가 간섭한다고 생각될 때도, 마치 기차가 지나가듯 나의 모든 생각을 들여다볼 수 있게 됐죠. 그 기차의 일부가 앙갚음을 위해 싸울 필요가 있다는 것에 관한 제 오랜 신념이라는 것을 볼 수 있게 되었죠. 난 이제 충분히 나를 존중할 수 있고 처음

> 반응에 대해 한발 물러나 생각할 수 있어요. 더 이상 스콧이 무슨 말을 할
> 지 걱정하지 않아도 돼요. 마음을 단단히 먹어서 스콧과 함께 잘 지낼 수
> 있어요.

이 사례에서, 치료자는 일반적인 자기조절을 향상시키기 위해 제이슨의 노력에 대한 이야
기를 요약해 준다. 그렇게 함으로써 치료자는 치료에서 제이슨의 개선점을 인정하고 강화하
며, 제이슨의 진술과 노력에 대한 이해를 설명하고 더 논의하도록 북돋아 준다. 제이슨은 이
접근에 긍정적인 반응을 보이고, 자신의 노력을 더 명확하게 설명한다. 제이슨은 위험성을
높일 수 있는 건강하지 못한 일반적인 자기조절 습관과 성적 자기조절 습관(예: '초조'해질 때
자위행위)을 다양한 상황에 적용할 수 있는 더 적응적인 것으로 어떻게 바꿀 수 있는지 설명
할 수 있게 되었다. 이 짧은 대화의 핵심은 무엇이 어떻게 변해야 하는지 치료자가 제이슨에
게 설명하기보다, 제이슨 스스로 자신에게 적용할 부분을 찾는다는 것이다.

피해자 인식 및 공감

범죄 피해자의 경험을 이해하는 것이 연구에서는 범죄 위험성과 관련된 요인으로 나타나
지 않았지만, 많은 치료 프로그램은 피해자에 대한 인식과 공감을 발달시키는 구성을 포함
한다. 이 구성요소는 흔히 성학대가 피해자에게 끼치는 단기적·장기적 영향에 대한 강의
와 범죄 피해자에게 사과편지 쓰기(일반적으로 이 편지를 실제로 피해자들에게 보내지 않는다고
하더라도)와 같은 활동 형태를 취한다. 이 편지는 내담자의 공감 정도를 가늠하기 위해 대체
로 치료자와 다른 치료 참가자들을 통해 평가된다. 내담자들은 학대와 그 충격에 대해 피해
자의 입장이 되어 보기도 한다. 한편으로는, 내담자가 자신의 행동으로 다른 사람이 어떤 영
향을 받았는지 더 깊이 이해하게 될 때, 지속적인 개선을 이끌어 내는 장기적 치료과정이 될
수 있다. 반면, 치료자가 고통과 죄책감을 유도하려는 의향을 가질 때, 내담자에게 그들의 행
동이 끼친 영향을 가르쳐서 오는 충격과 효과는 전혀 다른 결과를 초래할 수 있다. 후자의
접근은 거의 치료적 가치가 없을 뿐더러 내담자에게 해로운 영향을 준다. 이러한 유형의 활
동은 내담자로 하여금 죄책감과 수치심, 자기비하를 불러일으킬 위험성이 있는 동시에, 일

부 치료자와 다른 내담자에게 도덕적 비난을 초래할 수 있다. 일부 내담자로부터 이러한 반응을 이끌어 내는 것은 도움이 되지 않고 치료 변화에 기여하지 않을 뿐더러, 좋은 삶/자기조절 통합모델 접근에도 모순된다. 수치심 기반 교육은 내적인 평화라는 일차적 덕목을 위협함은 물론 내담자의 강력한 부정적 정서 상태를 유발하여 자기조절 역시 위태롭게 한다. 범죄자가 공감 경험이나 타인에게 피해를 끼친 것에 대한 책임을 지지 않아도 된다는 것이 아닌, 좋은 삶/자기조절 통합모델의 틀에서 상당히 다른 방식으로 공감에 접근해야 한다.

많은 전통적 치료 프로그램에서는 범죄자에게 학대에 대한 책임을 돌림으로써 궁극적으로 피해자를 이해하도록 도움이 될 수 있는 사과편지 등으로 피해자 공감을 개발하는 반면, 좋은 삶/자기조절 통합모델은 우선적으로 더 나은 삶이 어떤 모습인가를 설정한다. 내적인 평화, 관계, 삶 및 지식과 같은 덕목의 탐색을 포함하는 자신의 좋은 삶 계획을 발전시켜, 내담자는 타인의 관점을 이해하고 그들의 입장이 되어 볼 수 있게 된다(즉, 더 공감적 방법으로 타인과 관계하기). 이 과정을 통해 내담자는 자신의 성학대로 인한 피해자뿐 아니라, 자신과 부정적인 관계를 해 온 모든 사람까지도 더욱더 공감할 수 있게 된다. 동일한 기본적인 일차적 덕목을 모든 인간이 공유한다는 것을 이해하는 과정은 내담자가 다른 사람이 무엇을 경험하고 있을지에 대해 인지적 수준으로 더 잘 이해할 수 있게 하며, 많은 경우 나아가야 할 정서적 반응을 증진시켜 준다. 마지막 부분은 더 많은 탐색이 필요하다. 많은 피해자 공감 활동이 피해자의 고통 경험을 강조하는 듯하지만, 이 기술이 늘 효과적으로 공감에 영향을 미치지는 않는다. 공감은 타인의 언행을 이해하거나 그 사람의 내적 경험을 확인하는 등의 인지적 기술을 포함한다. 예를 들어, 신생아와 공감하는 어머니가 아기의 수유 시간을 알기 위해 배고픔을 경험할 필요는 없다. 그보다는, 아기가 배고프다는 신호를 알아차려야 한다. 이와 같이, 상대에 대한 공감적 이해는 노래 부르는 것을 좋아하지 않더라도 상대에게 소중한 경험이 될 것을 이해하기 때문에 필요할 때에는 '생일 축하 노래'를 할 수 있는 것을 말한다. 기억해야 할 중요한 요소는 타인의 내적 상태를 확인하고 이해하는 능력과 그것에 반응하여 행동하게 되는 능력이다. 눈물 섞인 사과나 책임감 수용은 공감과는 다르다.

더욱이, 많은 프로그램에서는 공감에 대해 개인적·심리적 및 상황적 요인에 따라 변화하는 변동적인 상태이기보다는, 내담자의 성격에 자리 잡은 지속적인 특성이라고 간주한다. 파트너와 말다툼했던 어떤 사람이 오랫동안 알고 지낸 사람이라면, 때로는 상황에 따라서 공감하기가 쉽지 않다는 것을 알 수 있다. 공감은 또한 관계하고 있는 사람에 따라 다르다.

많은 사람은 낯선 사람이나 싫어하는 사람보다 그들이 마음을 쓰는 사람에게 더 큰 공감을 한다. 이러한 이유로, 좋은 삶/자기조절 통합모델은 일차적 덕목을 달성하고 위험성을 감소시키는 수단으로 타인에 대한 관점을 수용하고 전반적으로 공감적 관계를 형성할 수 있도록 촉진시킨다. 피해자 공감은 이러한 다양한 시도에서 기본적인 구성요소의 하나다.

사례: 제이슨

치료자: 안녕하세요, 제이슨. 한 주간 잘 지냈어요?

제이슨: 글쎄요, 스콧과 또 싸우진 않았어요. 사실, 우린 정말 잘 지내고 있어요. 우리 인생이라든가 출소해서 뭘 할지에 대해 많은 대화를 나눴죠. 정말, 한 주가 그냥 가버렸어요.

치료자: 한 해 전만 해도 불가능해 보였는데 이곳에서 우정을 찾아가고 있군요.

제이슨: 네. 잘해 보려고 노력 중이에요. 운동도 많이 하고, 나를 여기 보낸 판사를 포함해 내 주변 모든 사람의 관점을 적극적으로 이해하려고 노력해요. 내 범죄 경력을 보면 선택의 여지가 많지 않았던 것 같아요. 내 말은, 여기 이 반항아가 모든 사람과 잘 지내고 싶어 한다는 말이에요. 판사는 법정에서 이런 모습을 수없이 봤겠죠. 이 치료가 나의 좋은 삶 계획에 도움을 준다는 사실을 인정해야겠네요.

치료자: 쉽지만은 않을 거예요. 오랜 시간에 걸쳐 당신 행동을 유심히 관찰해야 하니까요.

제이슨: 음, 분명 그렇겠죠. 그럼에도 정말 힘든 건 계속해서 내가 상처 준 사람들을 생각하는 일이에요. 단도직입적으로 말할게요. 내가 살던 곳에선 누굴 때려눕히거나 피투성이로 만들어야만 해를 입힌 것으로 간주해요. 스콧과 숙제로 말싸움한 일 때문에 이런 생각이 들더군요. 내가 만약 스콧을 때렸다면, 우리 둘 모두의 인생 계획에 차질이 생겼겠죠. 난 곤경에 빠질 테고, 스콧은 필요한 치료를 받아야 할 거고요. 이처럼 내가 다치게 한 모든 사람이 생각나요. 그 일이 그들의 인생에 어떤 영향을 끼쳤을지 말이

에요. 그 사람들도 내가 바라는 바와 같은 기본적인 것들을 원한다면, 그 일이 벌어진 후 내가 그런 것처럼 그들도 똑같은 생각과 신념을 만들어 가겠죠. 그 점이 정말 힘들어요. 무슨 생각을 해야 할지조차 모르겠다니까요. 사과하거나 그들을 돕고 싶지만, 내가 할 수 있는 최선은 변화겠죠. 도니는 내가 사과해야 하는지 알려면 다른 사람에게 물어봐야 한대요. 스콧은 피해자가 사과를 원한다고 생각하면 안 된다고 했어요. AA에서는 늘 보상에 대한 말을 듣죠. 정말이지 혼란스러워요.

위 사례에서, 제이슨은 일차적 덕목이라는 용어를 사용하지는 않았지만, 여러 가지 일차적 덕목을 달성하기 위한 그의 노력을 이야기한다. 그는 관계와 자주성을 성취하려는 자신의 노력에 대해 이야기한다. 그와 함께, 제이슨은 타인과 공감을 통해 관계를 맺고, 그들의 관점을 이해하며, 자신의 행동이 그들에게 어떻게 해가 되었는지 이해하는 모습도 보여주었다. 중요한 것은, 치료자가 제이슨의 말에 공감적으로 반응했으며, 그로 인해 제이슨과 다른 집단 구성원에게 공감에 대한 모델링을 제시함은 물론, 제이슨이 보인 변화에 대한 긍정적인 강화를 제공한다는 점이다. 이러한 접근은 제이슨에게 다른 사람들(피해자를 포함한)이 다양한 상황에서 어떻게 생각하고 느낄지 과제물을 작성하라고 하는 것과 많은 차이가 나며, 더욱 효과적일 수 있다.

재발방지 및 출소 준비

앞서 살펴보았듯이, 전통적 재발방지 접근에는 다양한 문제점이 존재한다. 재발방지에서 몇 가지 목표는 특정 범죄자에게 적합할 수 있다. 이는 특히 회피-수동 경로를 따르는 이들에게 해당된다. 상황에 따라 잠재적 피해자에게 접근하는 것을 관찰하는 것 등이 위험성을 관리하는 데 도움이 될 수 있다. 좋은 삶/자기조절 통합모델에서는, 전통적 재발방지 접근을 최소화하며 자기조절 경로 모델 접근을 우선시한다.

앞서 제시된 바와 같이, 좋은 삶 모델의 근본 목표 중 하나는 내담자로 하여금 만족스러운 삶을 살도록 하여 중요한 덕목과 인생에서 중요한 것을 성취하기 위한 능동적인 전략이 포함된 좋은 삶 계획의 개발을 돕는 일이다. 따라서 치료에서 위험성 회피 혹은 위험성 관리로 설계하는 대신, 내담자의 인생에 성취와 심리적 웰빙과 같은 요소가 자리 잡도록 접근한다. 이와 유사하게, 자기조절 모델의 중요한 목표 중 한 가지는 위험성 관리와 긍정적인 목표를 성취하기 위해 수용 능력과 전략을 발전시키고 기존의 기술들을 강화하는 것이다. 자기조절이 사람마다 다르고 내담자마다 각기 다른 경로로 범죄가 발생하기 때문에, '누구에게나 적용되도록 만들어진' 재발방지 접근은 이러한 치료 목표를 성취하는 데 충분하지 않다.

재발방지 모델의 계획 개발이 상대적으로 단순한 반면, 좋은 삶/자기조절 통합모델에서의 계획 개발은 훨씬 더 복잡하다. 위험성 관리 계획의 개발은 대개 고위험 상황을 발견하고 이러한 상황을 피하거나 그것에 대처할 수 있는 전략을 세우는 것과 관련이 있다. 이와 대조적으로, 넓은 의미에서뿐만 아니라 범죄 경로와 진행이라는 맥락에 있어, 자기조절을 다루는 좋은 삶 계획에는 많은 주요 요소를 포함한다. 예를 들어, 위험성을 발생시킬 수 있는 상황을 확인해야 할 뿐 아니라, 내담자의 좋은 삶 계획을 수행할 구체적인 수단, 전략, 수용 능력을 확인하고 관리 계획에 포함시켜야 하는 것이다(12장 참조). 치료 유지와 관리감독의 후속 조치는 좋은 삶/자기조절 통합모델 계획의 관찰과 실행을 포함해야 한다(13장 참조). 뿐만 아니라 내담자에게는 메타인지 기술이 필요한데, 이는 좋은 삶 계획과 위험성 관리 계획이 효과적으로 실행되고 이것이 계획했던 대로 진행되지 않을 조짐을 보이거나 위기에 처해질 때를 확인할 수 있도록 하기 위함이다. 또한 계획에는 내담자가 실행할 수 있는 긍정적인 접근 목표들이 수반되어야 하는데, 내담자는 회피, 도피, 위험성 관리 중 한 가지에만 중점을 둘 수 없기 때문이다.

예를 들면, 위와 같은 계획을 세우는 일은 회피 경로를 따른 내담자에게 특히 어려울 수 있는데, 이러한 계획은 위험한 상황을 관리할 수 있는 (그로 인해 재범을 방지하는) 자기조절 기술의 지속적인 확립과 더불어 접근 목표를 통한 일차적 덕목을 추구하는 것이 필요하기 때문이다. 내담자가 목표를 성취할 수 없을 때 혹은 스트레스 상황에 있을 때 발생하는 통제력 상실 및 인지적 몰락을 보완하고 목표를 달성하기 위한 구체적이고 추가적인 전략을 사용할 필요가 있다. 반대로, 접근 경로를 따른 내담자는 균형 잡히고 스스로 결정한 인생을 성취하는 것에 중점을 둔 기술과 계획의 실천을 유지하도록 강조하는 것이 보다 더 중요할 수 있다.

모든 내담자에게는, 그들의 계획을 실행하는 데 어려움을 겪기 시작할 때 다른 사람들이 그것을 인지하고 도움을 줄 수 있도록 '경고 신호' 목록을 작성하는 것이 유용할 수 있다. 이 위험 신호에는 좋은 삶 계획에 위협이 될 수 있는 신호와 함께 재범 위험을 높이는 위험 신호가 포함되어야 한다. 또한 '효과 신호' 목록 역시 내담자와 치료진이 좋은 삶 성취와 위험성 관리 계획이 효과적으로 진행되고 있음을 알려 주는 것을 포함해야 한다.

사례: 제이슨

제이슨: [치료 집단 구성원들에게] 머지않아 나는 내가 살던 지역사회로 출소해요. 거창한 계획을 적어 뒀지만 요점은 이거죠. 나는 분명 우리가 치료에서 이야기했던 10가지 일차적 덕목을 달성할 수 있는 삶을 원해요. 꼭 적어도 하루에 20분 동안 두 번씩 내 인생과 다른 사람들의 인생을 돌아보면서 보내려고 해요. 내가 활용할 가장 중요한 위험성 관리 전략이 되겠죠. 그러는 동안, 명상과 자기성찰을 통해 내 인생의 의미와 목적을 찾으려고 해요. 다들 내가 관계라는 목표를 가진 걸 알 테고, 어떤 식이든 꾸준한 관계를 위해 노력할 거예요. 친구들과 함께 지내면서 연결감을 느끼고 싶어요. 나는 치료를 통해 알게 된 지식을 활용해서 명상에 대해 더 공부하고 심리학 수업도 듣고 싶지만, 그 수업을 등록하려면 먼저 직업을 가져야 해요. 수단이 필요한 거겠죠. 사람들이 어떻게 살아가는지에 대해 더 알고 싶어요. 사교모임 몇 군데에 가입해서 관계와 지식, 공동체 활동 욕구를 충족시키려 해요. 그 지역에는 운동과 등산모임이 있으니까, 내가 살았던 곳에서 볼 수 있던 이웃의 모습 외에도 삶을 사는 여러 가지 방법이 있다는 관점을 가지는 것이 좋을 거예요. 그렇게 하면, 구직과 더불어 나의 자주성 확립과 인생에도 도움이 되겠죠. 운동도 계속 해서 건강을 유지해야 해요. 건강이 내 기분에 얼마나 많은 영향을 끼치는지 배웠으니까요. 내적인 평화를 가져다주죠. 이런 활동을 하는 게 창조적으로 될 방법이기도 해요. 왜냐하면 나는 예술이나 시, 음악 등에 큰 관심이 없으니까요. 이 모든 일에 대한 원동력은 내가 이제 37세라는 거예요. 마흔이 코앞이

죠. 마흔을 앞둔 사람으로서 한 해 한 해를 교도소에서 보내고 있잖아요. 내가 중년을 앞둔 시점이라는 걸 명심하는 일 또한 위험성 관리 전략이에요. 나는 적대적인 관계를 원하지 않거든요. 그런 건 말썽 피우는 어린애들한테나 어울려요. 전 컴퓨터나 포르노물 같은 것들이 필요 없어요. 의사소통만 할 수 있으면 되니까 컴퓨터는 가끔 유용하게 사용할 수 있겠네요. 나머지는 말썽 피우는 어린애들에게나 관심이 될 쓸데없이 요란한 것들 일 뿐이네요. 하지만 좀 기다려야겠죠. 내 범죄력 때문에 컴퓨터 사용에 제약이 있을 테니까요. 어쨌든 기다릴 거고 지금 이 순간부터 중년의 강한 남자가 될 거예요. 그게 나예요. 내가 속한 공동체 사람들이나 내가 상처를 준 사람들을 도울 기회가 온다면 돕겠지만, 조용하게 지내는 삶이 좋다는 걸 알고 있고 행복과 즐거움은 어디에서든 얻을 수 있다는 것도 알죠. 적당한 유흥은 도움이 될 수 있겠지만 유흥이 행복이나 즐거움과 같지 않으니까요.

내 관리감독 직원의 생각을 이해할 수 있어요. 그 사람은 저보다 어리지만 많은 범죄 현장과 범죄자를 봐 왔죠. 내가 할 일의 중요한 부분은 지켜야 할 규칙에 인내심을 가지는 것이겠지요. 할 수 있어요. 작은 규칙을 지키는 것도 큰 규칙을 지키는 것만큼 중요하다는 걸 치료를 통해 배웠으니까요. 직원이 그저 권총이나 배지를 찬 사람에 지나지 않는 모습을 보인다 해도, 그가 자신만의 이웃을 경험했고 자신만의 도식을 가지고 있다는 걸 기억할 거예요. 그가 좋은 사람이라면 우리가 공동체 활동이라는 공통된 일차적 덕목을 가지고 있다는 것과 그가 속한 공동체에 옳다고 여기는 일을 하고 있을 뿐이라는 걸 기억할 거고요.

너무 낙관적으로 들린다는 거 알아요. 가장 중요한 사실은 내가 어떻게 느끼는지 인식하고 반영할 거라는 점이에요. 내 인생 대부분에서 너무 쉽게 화를 냈지만, 이제는 이처럼 빠르게 방향을 바꿀 수 있어요. 나의 과거 자기조절 경로는 대개 충동적이고 우발적이었어요. 다른 사람들이 보기에 내 범죄가 '난데없이' 발생한 것으로 보였겠죠. 누구든지 내가 화를 내고 그 화가 지속되는 걸 본다면 나에게 도움이 필요하다는 걸 알 거예요.

> 분명 범죄와 관련된 생각을 하면서 길거리를 배회하고 있을 테니까요. 난 그런 모습을 원치 않아요. 또 다른 위험 시점은 내가 친구들과 어떤 연락도 하지 않는다든가 지역사회에 활동하러 나오지 않을 때예요. 그건 내가 필요한 만큼 다른 사람들과 소통하지 않는다는 말이니까요. 나는 범죄를 저지를 때 나 자신을 고립시켰어요. 그 일은 더 이상 선택사항이 아니고, 그런 모습을 경계하면서 다른 사람들에게 내가 다시 그런 모습을 보이기 시작할 경우 도와 달라고 요청할 거예요.

　분명한 것은, 제이슨이 치료에 큰 발전을 보였고, 모델이 되고 있다는 점이다. 하지만 가장 중요한 것은 그가 할 수 있는 한 혹은 그 이상으로 범죄나 고위험 상황을 피하면서 자신의 인생 목표를 향해 나아가고 있다는 점이다. 그의 특정 전략에 부가적인 세부사항이 있다는 것은 도움이 될 수 있다. 이 장에서 설명한 치료에서 자기조절을 다루는 것과 목표 성취를 위한 좋은 삶 계획을 개발하는 것은 각각 11장과 12장에서 더 세부적으로 다룰 것이다.

유지와 관리감독

　유지란 내담자가 정규적인 치료를 통해 형성된 성과를 통합하고 견고히 하는 데에 있어 필수적인 치료의 일부분이다. 좋은 삶/자기조절 통합모델을 활용하여 내담자를 관리감독하고 지역사회 지원에 종사하는 사람은 내담자의 자기조절 경로와 좋은 삶 및 자기조절 계획의 핵심 요소들에 익숙해질 필요가 있다. 이러한 요소들은 치료에서만큼이나 지역사회 관리감독에도 중요하다.

사례: 제이슨

직원: 안녕하세요, 제이슨. 잘 지내요?

제이슨: 그리 나쁘진 않아요. 직장도 생길 것 같고, 보내 주신 자료 덕분에 3주 후에 새 아파트로 이사할 수 있을 것 같아요. 언젠가 갖고 싶었던 그런 집은 아니지만 현실적으로 생각해야겠죠.

직원: 잘 됐네요. 법원의 지시를 확실하게 따르고 있군요. 삶에서 원하는 것을 얻고자 계획도 잘 실천해 가고 있고요.

제이슨: 네. 동생이랑 다투기 시작한 게 딱 한 가지 문제예요. 동생이 어젯밤 식사를 마치고 폭력적인 영화를 보자고 하길래 그럴 수 없다고 했죠. 나를 미친 사람 보듯 하더니 치료 프로그램이 나를 로봇으로 만들어 버렸다고 말하더군요. 머릿속에 얼마나 많은 생각이 떠오르든지 말로 다 할 수 없을 정도였어요. 다 관둘 뻔했어요. 내 동생이 이 사실을 심각하게 생각하지 않는다는 게 믿기지가 않더라고요.

직원: 갑작스럽게 일이 벌어졌군요. 동생이 당신을 지지해 주긴 하지만, 폭력에서 멀리 떨어져 있는 일이 얼마나 중요한지는 알아 주지 않는가 보네요.

제이슨: 나에겐 모든 게 너무 익숙하지 않아요. 다시 살펴봐야겠지만 정말로 이 모든 일이 힘들어요.

직원: 동생이 이해를 하긴 하지만 일부만 이해한다는 말이군요.

제이슨: 바로 그거예요. 동생의 눈에는 내가 미친 것처럼 보이겠죠. 동생의 생각을 이해하는 수밖에 없어요. 동생에게 설명할 수 없었지만 당신에겐 말할 수 있어요. 정말 아슬아슬한 상황이었어요.

직원: 예상했던 위험 상황이 그보다 더했을 때 정말 중요한 것은 그것에 반응하지 않으려 했고 그걸 해냈다는 점이에요. 그리고 나에게 와서 이런 점을 이야기하고자 했다는 점도 마찬가지이고요. 그게 당신의 실천 계획의 일부였잖아요. 그게 어떤 치료 목적과 관련이 있죠?

제이슨: 지금으로선 내적인 평화요. 하지만 자율성도 유지해 가고 싶어요. 분명하게요. 동생에게 울컥해서 다투는 일은 자율성을 찾는 데에 아무런 도움이 되지 않았을 테죠. 관계도 마찬가지겠죠. 나는 이제 중년에 접어들었고 더 이상 어린애가 아니라는 사실을 동생이 응원해 줬으면 좋겠어요.

직원: 모든 것이 잘되고 있고 당신이 계획대로 실천하고 있다는 걸 알겠어요.

> 누군가와 다투고 다른 사람이 자신을 이해하지 못한다고 느끼는 건 당신에게 위험하다는 사실도 생각하고 있군요. 그 상황에 어떻게 대처했나요? 무엇을 했죠?
>
> 제이슨: 음, 더 중요한 목표를 되새겼어요. 아시다시피 치료에서 집중하도록 가르치잖아요. 난 스스로를 관찰하는 법을 알았고, 분노 같은 부정적인 감정이 되살아나는 것을 느낄 수 있었어요. 그래서 침착해지려고 일단 심호흡을 몇 번 했죠. 일종의 짧은 명상이라고 할 수 있고, 내 동생은 알아차리지도 못했어요. 그러고 난 다음, 나는 동생에게 정말로 같이 시간을 보내고 싶다고 말했어요. 동생도 그걸 중요하게 생각한다는 걸 알았으니까요. 그래서 카드게임을 하자고 했죠. 동생은 여전히 이해하지 못하는 것 같았지만, 알겠다고 했고 그렇게 우린 카드게임을 했어요.
>
> 직원: 제이슨, 정말 훌륭한 전략이고 효과도 있었던 것 같네요. 목표를 위해 중심을 잃지도 않았고 당신이 느끼던 감정을 통제할 수도 있었으니 말예요.
>
> 제이슨: 맞아요! 어려웠지만 그렇게 할 수 있었다는 점이 자랑스러워요.

이 사례에서처럼 다양한 형태의 지역사회 관리감독이 협력하지 못할 이유는 없다. 실제로, 범죄자와 지역사회 모두에게 유익한, 보다 균형 잡힌 도움을 제공하기 위해 동기강화 면담 기술에 숙달된 관리감독관의 수가 늘고 있다(Miller & Rollnick, 2002). 위의 사례에서 볼 수 있듯, 관리감독관이 좋은 삶 계획에 도움을 주고 분명히 확인할 수 있는 긍정적인 이득을 강화할 수 있다. 결과적으로, 더 만족스러운 삶을 살기 위해 노력하는 범죄자는 범죄를 저지를 이유가 적어진다.

 요약

이 장에서는 좋은 삶/자기조절 통합모델의 구체적인 내용을 소개하고 탐색하는 방법과 함께 치료에서 중요한 단계를 알아보았다. 또한 좋은 삶/자기조절 통합모델에서 변화를 위한 중요한 목표인 치료 영역 역시 중점적으로 설명하였다. 좋은 삶/자기조절 통합모델을 활용하는 치료는 원하지 않는 결과를 피하고, 단일의 혹은 유력한 회피 목표에만 초점을 맞추는 것이 아니라, 원하는 상황을 깨닫도록 그 목표에 관심을 두는, 즉 접근 목표에 중점을 둔다는 점이 아주 중요한 부분이다. 이 모델에서, 치료는 내담자에게 좋은 삶을 달성하고 위험성을 관리할 수 있도록 도움을 주는 것을 목표로 한다. 다음 장에서는 범죄 진행에 대해 좀 더 자세하게 다룰 것이다.

9장

범죄과정 I: 개인력

　일반적인 치료에서는 내담자를 범죄에 취약하게 만들고 범죄 성향을 높이거나, 삶에서 다양한 문제에 노출되게 하는 개인의 배경요인과 생활양식의 특성을 개방하고 탐색하며 이해하도록 하기 위해 개인력이나 자서전 활동을 한다. 이러한 활동은 일반적으로 치료 초기에 실시하며, 참가자는 치료에 참여하면서 개인적인 정보를 개방하는 데 편안해지고, 자신의 행동에 대한 책임감을 갖기 시작한다. 집단 장면에서 실시할 경우, 활동을 통해 자신의 범죄행동과 삶의 문제들에 개인력이 미친 영향을 구성원들로 하여금 서로 탐색하도록 돕는다. 또한 치료자는 이전의 평가 결과와 삶의 중대한 사건, 이러한 사건들이 미래의 사건, 행동, 태도 등에 미치는 영향 그리고 내담자의 다양한 삶의 사건에 대한 지각과 그들이 세상과 사람을 어떻게 보는지 등을 확인할 수 있게 한다. 내담자와 관련된 개인력과 발달과정을 탐색하는 것은 내담자의 강점과 회복탄력성에 대한 유용한 정보도 얻을 수 있다.

　다른 장과 마찬가지로 이 활동을 실시하는 단계별 지침은 제공하지 않는다. 오히려 여기에서의 초점은 자기조절 모델과 좋은 삶 모델에서 나온 핵심 구성요소를 기존의 확립된 기법에 통합시키는 것이다. 이전에 언급했듯이, 치료자가 인지행동치료를 적용하고, 최근 모델의 치료를 확대하도록 돕는 것이 목적이다. 이 장에서는 이러한 기법의 필수적인 몇 가지 주요 개념을 기술한다.

　보통 개인력이나 자서전의 구성은 어린 시절 경험, 가족 기능, 학교생활 경험, 가족 내 대인관계 등을 포함하는 개인 삶의 초기 사건으로 시작한다. 개인력 활동의 두 번째 주요 영역은 성적으로 각성되기 시작한 시점, 초기 성적 활동과 성적 선호, 동의하에 한 초기 성경험이

나 성범죄 피해 경험을 포함하는 성적 발달과 관련된다. 그러나 일부 사람은 성범죄 피해 경험을 학대로 정의하지 않을 수 있기 때문에 주의해야 한다. 따라서 치료자는 모호하거나 감정이 실린 언어(예: "성학대를 당한 적이 있나요?") 대신 구체적인 행동 지표(예: "당신의 첫 성관계에 대해 이야기해 주시겠어요?")를 사용하여 질문해야 한다. 비슷한 방식으로 탐색된 친밀한 관계의 유무와 특성은 개인력, 선호도(예: 단기적 대인관계 대 장기적 대인관계), 친밀한 관계를 형성하고 유지하는 능력, 친밀함과 친밀한 파트너에 대한 관점과 믿음 그리고 애착 유형과 같은 영역에서 패턴을 이해하는 것을 목적으로 한다. 또한 개인력 개방은 성인으로서 교육 및 직업 기능, 약물남용 문제, 현재의 사회적 지지와 사회적 관계, 범죄력 또는 다른 범죄와 연루된 행동 등과 같은 주제를 포함한다.

치료에서 내담자들은 구조화된 지침을 사용하여 개인적으로 이 활동의 첫 '밑그림'을 만든다. 그런 다음 개인은 집단에서 다른 치료 참여자들에게 자신의 '인생사'를 발표한다. 치료자와 다른 참가자들은 자기개방을 하는 내담자에게 질문과 피드백을 한다. 이때의 피드백에서는 성범죄 행동을 이해하기 위한 발단 단계와 배경요인 및 평가와 같이 다른 자료에서 얻은 정보와 함께 질문을 한다(10장 참조).

간략한 설명에서 알 수 있듯이, 개인력을 발표하는 목적은 내담자와 치료자 그리고 집단의 다른 구성원들이 성범죄에 취약하게 만드는 요인뿐만 아니라 성범죄 행동과 삶의 다른 영역에 영향을 미친 배경요인을 전반적으로 이해하기 위함이다. 이러한 개인적 요소를 조합하고 관련짓는 데 있어 치료자의 능숙하고 균형 있는 행동이 요구된다. 이 활동을 너무 급하게 진행하게 되면 역동적 위험성의 중요한 요소를 간과할 수 있고, 내담자는 이해받지 못했다고 느낄 수 있다. 불행히도, 많은 치료 프로그램에서 이 활동은 제한이 없고, 지나치게 세부적이며, 개인의 삶에서 관련 없는 사건으로 채워진 '자서전'을 포함한다. 특히 발달과정, 수시 경력이나 범죄 경력 같은 공식 문서와 사전평가 자료 등을 이용할 수 있을 때, 이러한 방식으로 진행할 경우 자서전 활동에 배정되는 시간이 지나치게 많아질 수 있다. 이 활동으로 시간을 지연시키는 것은 치료자뿐만 아니라 다른 참가자에게도 불만스러울 수 있고, 귀중한 자료(공식 문서와 사전평가 등)를 쓸모없게 만들 수 있다. 따라서 치료자는 관련 있는 사건에 집중하면서 시간 제한을 둘 것을 권장한다. 이는 개방하는 행동 그 자체가 이후의 행동이나 태도의 변화를 가져온다는 특정 연구가 없기 때문이다. 사실상, Jenkins(1990)와 Yates 등(2000)은 내담자가 치료과정에서 자신의 개인력을 조사하는 것으로 오해하지 않도록 주의할 것을 강조한다. 말한 바와 같이, 개인력 활동에서 집단원과 치료자에게 중요한 것은 집단원의 과거 기능에 대해 비교적 완벽하게 이해하는 것이다. 그런 다음 이러한 정보를 자기조절과 좋은 삶의 구성요소뿐만 아니라 발달과정에 미친 다양한 영향을 더 잘 이해하여 통합하도록 하는 것이다. 때문에, 임상가의 과업은 집단치료에서 주어진 시간의 균형을 맞추어 활동하고, 내담자와 집단 구성원들에게 건설적이고 적절한 경험을 하게 하는 것이다.

배경요인 탐색하기

● ● ● ● ● ● ● ●

앞에서 언급한 바와 같이, 배경요인을 탐색하는 목적은 내담자를 이해하는 것과 시간이 경과하면서 내담자가 자신의 목표를 어떻게 발전시키고 변화시켰는지에 대한 두 가지 측면이다. 요약하면, 첫 번째 목적은 각 내담자가 자신의 관점에서 자신이 원하는 좋은 삶과 균형 있는 삶의 필수적인 요소를 이해하도록 하는 것이다. 두 번째 목적은 성범죄 행동을 시작하고, 지속하게 하는 다양한 영향을 이해하는 것이다.

성범죄의 원인이나 취약요인을 설명하기 위해 많은 이론이 제기되어 왔다. 최근에, 다양한 요인이 특정 개인으로 하여금 성범죄를 저지르기 쉽게 만들고, 이러한 요인들은 서로 상호작용하거나 통합되는 방식으로 범죄를 초래하는 것으로 밝혀졌다(Beech & Ward, 2004; Finkelhor, 1984; Hanson & Harris, 2000, 2001; Marshall & Barbaree, 1990; Thornton, 2002; Ward & Beech, 2006; Yates, Hucker, & Kingston, 2007). 최근에, 일부 취약요인(predisposing factors)은 성범죄로 발전하고 지속하는 데 영향을 미치는 것으로 확인되었다. 취약요인에는 유전적 소인, 신경 및 신경생물학적 요인, 학대 또는 애착 문제와 같은 발달상의 부정적인 경험, 강간을 지지하는 태도와 같은 심리적 특성, 일탈된 성적 관심이나 성적 선호, 일반적 및 성적 자기조절 결핍, 사회문화적 구조와 과정 그리고 맥락적 또는 상황적 요인 등이 있다. 요약하면, 수많은 인과요인으로 인해 성범죄가 발생하기 때문에 치료 기간 동안 배경요인을 평가하는 목적은 개인의 취약요인을 확인하는 데 있다. 그리고 이는 임상적 사례 개념화와 치료 계획을 세울 수 있게 하며 치료에서 주의가 요구되는 관련 요인도 다룰 수 있게 한다.

또한 다른 치료 접근과는 다르게 좋은 삶/자기조절(GLM/SRM-R) 통합모델에서 이 활동은 내담자의 좋은 삶 계획과, 이러한 계획이 시간이 지나면서 어떻게 변화되었는지, 자신의 삶을 점점 불만족스럽게 만들고 문제를 일으키며, 성범죄를 저지르게 하는 결함과 장애가 어떻게 발달되었는지를 포함한다.

개인력-자기조절과 좋은 삶

이 활동을 실시함에 있어, 치료자는 이전 또는 다른 장(3장 참조)에서 기술한 좋은 삶 모델과 자기조절 모델 둘 다를 잘 다룰 수 있어야 한다. 그리고 자기조절 경로와 좋은 삶, 위험성, 범죄, 삶의 다른 영역 및 문제들과 관련된 다른 요인들(이 책의 영역 III 참조)에 대한 사전평가를 실시해야 한다.

좋은 삶/자기조절 통합모델에서, 이 활동은 두 가지 영역에 초점을 둔다. (1) 자기조절 모델의 1단계 범죄 전제조건, (2) 내담자의 좋은 삶 계획과 이러한 계획의 변화 탐색이다. 따라서 좋은 삶/자기조절 통합모델 치료에서 사용하는 개인력이나 자서전 활동의 목적은, 참가자들이 관련 있는 역사적·발달적·개인적 성격을 탐색하는 것과 더불어 범죄행동과 좋은 삶의 성취 둘 다에 영향을 미친 사건들을 탐색하도록 돕는 것이다. 특히 활동은 문제가 되었던 배경사건과 적응적이고 효과적이었던 배경사건(Ward et al., 2004, 2006; Yates & Ward, 2008)을 탐색하는 데 도움이 되어야 한다. 이러한 사건들은 다음과 같이 나타날 수 있다.

1. 삶의 특정 문제에 취약하게 함
2. 타인 및 세상과 상호작용하는 특정 방식을 발전시킴
3. 특정한 사고방식을 발생시킴
4. 범죄를 지지하는 태도 발달에 기여함
5. 범죄자의 행동, 기분, 생각(즉, 자기조절 방식)을 조절하는 능력 부족에 기여함
6. 내담자 개인이 가치를 두는 좋은 삶 계획과 특정 덕목의 발전에 기여함
7. 좋은 삶 계획 실현에 문제를 초래함(즉, 영역, 일치성/충돌, 수단, 능력의 결함)
8. 성범죄의 역동적 위험요인 발달을 초래함
9. 좋은 삶 목표와 위험성 요인 간의 연관성을 높임
10. 범죄를 초래함

11. 좋은 삶을 달성하는 데 문제를 야기함

좋은 삶/자기조절 통합모델에서 이 활동의 목적은 내담자가 자신을 개방하고, 특정한 삶의 영역에 대한 강점과 흥미를 탐색하도록 하는 것이다. 그렇게 함으로써 활동을 긍정적으로 받아들이고, 이후 치료에서 더 적응적인 좋은 삶 계획을 발전시키도록 하는 것이다(12장 참조). 예를 들어, 개인은 나중에 직업 계획 같은 긍정적인 목표를 발전시키는 데 기여할 수 있는 기계 작동방법 등을 배울 수 있다.

이 활동에 있어 중요하지 않거나 관련이 없는 경험과 사건을 포함한 '인생사'에 집중하지 않기 위해 시간 제한을 두도록 강조하는 것이 중요하다. 일반적으로 참가자들에게 지침서나 워크북 또는 '과제'가 주어지는데 그것들은 관련된 삶의 영역과 이후에 치료자와 다른 참가자(치료가 집단 장면에서 실시될 때)들에게 발표할 '첫 밑그림'을 발전시키도록 집중하는 데 사용한다. 그런 다음 내담자는 치료에서 치료자와 다른 집단원들의 피드백을 바탕으로 자서전을 다듬고 수정한다. 치료가 이러한 방식으로 진행되는 동안, 활동(역사적 사건과 그 사건이 현재 기능에 미치는 영향에 대한 자각을 높이기 위해 계획된)의 유용성은 행동과 인지 패턴의 변화를 분명하게 보여 주거나 새로운 기술 발달로 이어지지 않음을 강조해야 한다. 따라서 인지나 행동 변화를 위해 계획하기보다 인식력을 높이는 활동과 내담자가 치료에서 자기개방을 편안하게 할 수 있도록 하는 활동을 권장한다.

통합된 개인력 구성 단계

이 활동에 대한 치료자의 시간 구성에 따라 먼저, 내담자들이 자신의 삶에서 스스로 중요하다고 여기는 것들에 대해 편안한 형태로 개인력을 준비하도록 하는 것이 도움될 수 있다. 이 과제는 그 자체로 내담자가 자신의 삶을 어떻게 이해하는지에 대한 정보를 줄 수 있다. 예를 들면, 만약 내담자가 가정생활에 대해서만 말하고 학교생활에 대해서는 거의 말을 하지 않는다면, 이 부분이 좀 더 탐색이 필요한 내담자의 영역일 수 있다. 또한 너무 오랫동안 생각에 빠지지 않도록 해야 한다. 그렇지만 자신을 개방하는 첫 번째 시도에서 내담자의 동기, 능력 및 가치에 대한 정보를 확실하게 얻을 수 있다.

개인력과 관련된 중요한 구성요소는 일상생활과 범죄 당시 내담자의 기능 수준을 포함한다. 예를 들면, 활동이 진행됨에 따라, 치료자와 내담자는 내담자의 일반적 기능 및 범죄과정에서 드러난 역동적 위험요인을 인식해야 한다. 이 활동은 범죄과정에 대한 공식적인 탐색 이전에 실시되기 때문에 일부 역동적 위험성 정보는 포함되지 않을 수 있지만, 이러한 위험성 정보는 치료에서 더 많은 질문을 통해 알 수 있게 된다. 그러나 언급했듯이, 이 영역에 대한 치료 전 평가는 상대적으로 종합적이어야 하고, 이 과정에 정보를 제공해 주어야 한다. 마찬가지로, 임상가 및 내담자는 성범죄 당시를 포함해서 내담자가 자신의 삶에서 달성하려고 했던 일차적 덕목뿐만 아니라 내담자의 삶 전반에 걸쳐 존재하는 좋은 삶 계획의 결함이 무엇인지 탐색할 수 있다.

석설한 개인력은 다음과 같은 영역들에 초점을 둘 수 있다.

- 가족관련 배경요인
- 출생관련 환경
- 건강관련 경험
- 교육 경험
- 대인관계 경험
- 직업 경험
- 군대 경험
- 성 경험 및 연애 경험(앞서 언급한 바와 같이 행동에 관한 용어 사용)
- 초기 좋은 삶 계획과 생각

잘 작성된 개인력은 대부분의 영역에서 긍정적 및 부정적 경험을 포함한다. 내담자가 자서전을 글로 작성하는 것이 반드시 필요한 것은 아니지만, 종이에 내용들을 기록하면서 자신의 생각을 정리하는 것에 도움이 될 수 있다. 결국 내담자는 집단 장면에서 자신의 자서전을 발표해야 한다.

자서전은 토론하기 위한 활동지로 일차적 덕목과 역동적 위험요인 목록을 제공하는 데 유용할 수 있다. 탐색적 질문은 다음과 같다.

- 이러한 요인이나 일차적 덕목은 일반적으로 당신의 삶에서 어떤 역할을 했나요?
- 이러한 요인이나 일차적 덕목은 당신을 범죄로 이끌었던 시기에 어떤 역할을 했나요?
- 이러한 요인이나 일차적 덕목은 범죄에서 그 자체로 어떤 역할을 했나요?

앞에서 언급한 바와 같이 임상가와 내담자가 더 깊이 있게 범죄 단계를 탐색하는 동안 이러한 질문에 대해 탐색하게 된다.

치료에서 개인력 발표하기

이전에 언급했듯이, 내담자는 집단치료 회기에서 관련된 개인력을 발표한다. 임상가가 다음과 같이 집단을 준비할 때 가장 효과적이다.

- 초기에는 내담자 발표의 긍정적인 면에만 반응함
- 제시된 자료에 대해 명확하게 질문함
- 자서전 그 자체에 대해 탐색하기 위해 개방적으로 질문함

중요한 것은 내담자를 직면시키지 않고 명료화하면서 내용을 확장시켜 가는 것이다. 긍정적이고 지지적인 발표 분위기를 유지하는 것도 중요하다. 또한 이 활동은 성범죄의 취약요인을 탐색하고 이해하는 목적뿐 아니라 치료 전에 자기개방과 변화를 위한 작업을 준비시키는 목적도 있다. 따라서 치료환경은 자기개방과 변화, 작업동맹, 집단 응집력 및 지지적인 분위기 발전에 도움이 되고 필수적이다.

많은 임상가는 자서전에서 과거 범죄에 대해 완전히 개방하는 것이 가능하다고 믿는다. 그 결과, 임상가는 이 활동의 중요한 요소들을 간과하는 것처럼 느낄 수 있고, 그로 인해 상세한 자서전보다 덜 효과적이라고 느낄 수 있다. 그러나 이 활동은 치료자가 아닌 내담자의 이익을 위해 실시한다는 것을 기억해야 한다. 모든 것을 공개하는 것만이 위험성을 감소시킨다는 것을 입증하는 연구는 없다. 따라서 임상가는 자기개방, 탐색 그리고 변화가 일어날 수 있는 치료적 맥락을 만들기 위한 많은 기회가 치료과정 전반에 걸쳐 존재한다는 것을 유념해야 한다.

간과하기 쉬운 기본적인 사항들

∙ ∙ ∙ ∙ ∙ ∙ ∙ ∙ ∙ ∙

성범죄자 치료자는 다양한 사람을 돕는다. 많은 내담자는 성취하고자 하는 목적을 위해 자서전을 활용한다. 어떤 내담자는 집중하기 위해 방향 전환이 필요하다. 또 일부 내담자는 자신의 삶에서 어떻게 일차적 덕목을 성취하였는지 탐색함에 있어 기본적인 것 이상으로 정보를 제공하는 것을 어려워할 수 있다. 이러한 상황에서 치료자는 실제적인 사건과 그 사건의 기저에 있는 내담자의 의도를 연결시켜 주는 수단으로 특정 영역을 탐색할 수 있다.

- **열망**: 어린 시절 당신이 간절히 원했던 것은 무엇인가? 당신의 삶에서 결핍되었던 것은 무엇인가? 어린 시절 자신의 삶에 대해 바라고 꿈꾸었던 것은 무엇인가? 이러한 정보는 다음과 같은 질문이 활용된다. "잠이 오지 않는 밤에, 당신은 무슨 생각들을 했나요?" 이러한 질문은 내담자가 살고 있는 삶과 살고 싶은 삶 사이의 불일치를 찾도록 하는 방법이 될 수 있다.

- **환상으로 탈출**: 힘들 때 내담자는 어디에서 무엇을 하고 있었는가? 이 질문은 일차적 및 이차적 덕목에 대한 논의를 빠르게 할 수 있는데, 예를 들어, "방문하곤 했던 농장으로 언젠가는 돌아갈 수 있길 바라요. 하루 종일 일하는 것이 정말 그리워요."와 같은 말은 일과 놀이에서의 유능성, 자주성, 지식 및 내담자가 중요하게 여기는 다른 덕목들과 같은 일차적 덕목에 대해 더 깊이 있게 논의할 수 있도록 한다.

- **동물**: 대부분의 성범죄자는 다른 사람과의 관계에서 실패했던 시도를 이야기한다. 그러나 그들이 특히 애완동물과 가깝게 지내고 가축을 잘 기르는 것 등을 떠올리는 것은 어렵지 않다. 이러한 관계를 탐색하는 것은 내적인 평화, 관계, 창조성, 행복 등과 같은 일차적 덕목에 대해 토론하는 훌륭한 방법도 제공한다.

- **장소**: 마찬가지로 많은 사람은 그들이 있었던 장소를 확실하게 알고 있다. 그들이 세상에서 가장 좋아했던 곳은 어디이고 그 이유는 무엇인가? 그곳에서 더 쉽게 얻을 수 있

다고 믿었던 일차적 덕목은 무엇인가?

　다음은 관련 있는 개인력에 대한 요약된 형태의 사례다. 완성된 형태는 추가 정보를 포함한다.

사례: 도니의 자서전

　나는 사실 여기서 멀지 않은 서쪽 작은 도시에서 1년을 보냈어요. 아버지에 대한 기억은 전혀 없어요. 아버지는 내가 3세 무렵 토요일 밤에 11번 도로에서 사고로 돌아가셨어요. 아버지가 술을 마신 상태였는지는 잘 모르겠어요. 그 후 어머니는 내가 오토바이를 볼 때마다 아빠는 집에 있다고 말하곤 했대요. 난 정말 어머니에게 어떤 일이 생겼는지도 몰랐어요. 정말 힘들었다는 추측만 할 뿐이죠. 어머니는 나를 외삼촌 집으로 보냈어요. 그렇지만 여동생은 어머니랑 같이 살았어요. 나는 모르는 게 너무 많아서 그 당시에 대해 정말 이해하지 못했던 것 같아요. 어머니는 더없이 좋은 사람이었어요. 나를 외삼촌 집에 두고 갈 때 어머니가 울었던 것이 기억나요. 외삼촌은 여기서 북쪽으로 3시간 정도 되는 곳에서 살고 있었고, 내가 그곳으로 갔을 때는 7세 무렵이었어요. 외삼촌은 밤과 주말에 일하는 작은 농장이 있었고, 낮에는 트럭을 수리했어요. 외삼촌은 새벽 4시에 나가서 내가 학교에서 돌아올 때 즈음 술에 취해 집에 오는 비정상적인 생활을 했어요. 나는 외삼촌이 그 모든 것을 어떻게 관리하는지 몰랐고, 실제로는 잘 관리하지 못했던 것 같아요.

　어쨌든 외삼촌은 나를 학대한 첫 번째 남자였어요. 외삼촌은 나를 위층으로 데리고 가서 나에게 온갖 종류의 끔찍한 성행동을 시켰어요. 자세히는 기억나지 않지만 이상한 것이었어요. 외삼촌은 내 삶에서 변하지 않았던 유일한 사람이었고, 외삼촌과 그 집은 오랫동안 내 삶의 전부였어요. 나는 우리가 다른 가족과는 다르고, 외삼촌이 다른 외삼촌들과는 다르다는 것을 알았고, 내가 학교의 다른 아이들과도 다르다는 것을 알았어요. 나는 다른 사람들에게 괴롭힘을 많이 당했고, 그래서 비참했어요. 학교에서는 내가 무언가 문제가 있다고 생각했어요. 이상한 검사를 하는 심리학자에게 나를 보냈지만 전혀 도움이 되지 않았어요. 심리학자들은 내게 무슨 일이 일어나고 있는지 몰랐어요.

마침내, 나는 친구를 사귀었어요. 친구의 아버지도 그를 성적으로 이용했어요. 그것을 알아내는 것은 그리 오래 걸리지 않았죠. 내가 친구 집에 갔을 때 외삼촌이 나에게 시켰던 것을 친구 아버지가 친구에게 똑같은 물건으로 시키는 것을 봤거든요. 소름끼치게 들리겠지만, 나는 몇 분 동안 그저 바라보기만 했고, 그다음 도망쳤어요. 내 친구 빌리와 나는 낚시를 가거나, 기차 선로를 따라 걷거나, 그런 종류의 것을 함께 했어요. 빌리는 오랫동안 나의 처음이자 유일한 친구였어요. 우리는 서로 성적인 행동을 했고, 나는 그것 때문에 내가 다른 사람 몸을 보는 것에 관심 갖게 되었다고 생각해요. 빌리와 나는 정말 친해졌고 마을 밖 숲 속에서 그보다 더 좋을 수 없을 만큼 즐겁게 보냈어요. 즐거운 시간들이었어요. 나중에야 내가 다른 사람들과 얼마나 나른지를 깨달았어요.

결국 외삼촌은 감옥에 갔고 빌리의 가족은 이사를 갔어요. 외삼촌은 이웃의 다른 아이들을 성추행해서 체포되었어요. 외삼촌은 내가 이상하게 여기는 것들을 했지만, 난 아무것도 몰랐어요. 빌리의 아버지는 어떤 곤경에 빠져서 도망치고 싶었던 것 같아요. 그의 가족 전체가 화재로 죽었다고 들었어요. 심지어 개를 포함해서 집 전체가 전소되었죠. 나는 그 집 개를 좋아했어요. 그 후 나에게 똑같은 일은 전혀 없었어요.

나는 학교에서 조금씩 잘 지내기 시작했어요. 그 이유는 모르겠어요. 그렇지만 나는 변했어요. 나 자신을 더 철저하게 점검하고 더 잘 돌보기 시작했죠. 나에게 세상은 매우 낯설고 예측할 수 없는 장소인 것이 분명했어요. 나는 항상 최악을 예상하고, 계속 경계하며, 희망을 버리지 않고, 절대로 포기하지 않기로 마음먹었어요.

나는 이웃에 살고 있는 어린 여자아이 2명을 성추행했지만 잡히지 않았어요. 하지만 나에게 중요한 것은 다른 사람의 몸, 특히 내가 한 행동을 모르는 아이들의 몸을 보는 것에 사로잡히는 것이었어요. 나는 이러한 행동을 하는 온갖 종류의 창의적인 방법을 개발했어요. 내가 다른 사람들과 샤워할 수 있다는 것을 보여 주기 위해서 몇 개의 스포츠 팀에 들어갔고, 창문 너머로 집 안을 보기 위해 주변 지역을 오랫동안 거닐었어요. 1년 동안 낮과 밤에 다르게 행동해야만 했죠. 만약 어떤 사람이 질문을 해 오면 나는 그 지역에 사는 사람인 것처럼 보이기 위해 운동가방과 옷 몇 벌을 가지고 다녔어요. 내가 좋아했던 것은 다른 사람의 몸을 바라보는 것이었어요. 나는 어린아이들을 정말 좋아했지만 어떤 사람도 상관없었고, 남자, 여자 그것은 문제가 되지 않았어요.

그 당시 나는 15세 정도였어요. 고등학교 생활은 모두 나쁘지만은 않았어요. 나는 어울리지 않음으로써 어울릴 수 있었어요. 모두의 주목을 끄는 괴짜가 되는 것을 원하지 않았다는 뜻이에요. 그것은 너무 위험하거든요. 그 전에 나는 오랫동안 어울리는 것을 포기했어요. 그래서 나 스스로 어떤 것에도 무관심한 척했고, 거리를 두고 적당히 어울리는 식으로 그렇게 나 자신을 위한 세상을 만들었어요. 창문 너머로 집 안을 보는 것은 10대 후반에 멈추었어요. 요즘에는 인터넷에서 성인만 나오는 포르노를 많이 보죠.

고등학교 졸업 후에는 제지공장에서 일했어요. 뭐라고 말해야 할지 모르겠네요. 일이 있고, 월급도 받으면 모든 것이 좋잖아요. 그것이 직업이죠. 어떤 날은 다른 날보다 더 좋은 하루였고, 때로는 다른 사람의 농담도 받아 주었어요. 나는 주어진 일을 하면서 대부분의 시간을 보낼 수 있었고, 이런 방식이 내가 다른 사람들과 많은 시간을 보내지 않아도 되었어요. 사람들은 나를 신뢰할 만한 사람으로 알았고, 우리 모두는 서로 조심했죠. 대부분 좋은 사람들이 모인 집단이에요.

빌리가 죽고 난 후 모든 사람은 불과 같다고 결론 내렸어요. 사람들은 아름답기도 하지만 또한 위험하죠. 너무 가까이 지내지 않는 것이 최선이에요. 나는 다른 사람들에게 접근하는 '불'을 개발했어요. 겉보기에는 좋게 보였지만 너무 가깝게 지내지는 않았어요. 사람들과 불은 당신에게 화상을 입힐 수 있어요. 나는 언제나 사람들과 친해졌고, 그것은 불과 같았어요. 어머니가 있었지요. 어머니와 나는 가까워질 수 없었어요. 그다음에 외삼촌이 있었지만 친해졌을 때 외삼촌은 나를 이용했어요. 그리고 빌리가 있었죠. 빌리와는 지속할 수 없었고 심지어 그는 화재로 죽었어요. 어떻게 이 세상이 안전하다 할 수 있겠어요? 그래서 난 다른 사람들과 관계하면서 나를 보호하는 가장 좋은 방법은 일정한 거리를 두는 것이라고 결론 내렸죠. 그리고 내가 어렸을 때 사람들을 이해하는 정말 창의적인 방법을 알았고, 이런 방식으로 다른 사람들을 지켜보며 대부분의 시간을 보냈어요. 요즘 나는 사람들을 그저 바라보기만 해요. 그렇게 하기 위해 특별히 노력하지 않아요. 나는 상대를 만나 언젠가는 정착하고 싶었지만 선택의 여지가 없었고, 결코 진정으로 친밀한 누군가를 만난 적이 없어요.

내가 빌리라는 이름의 어린아이를 성추행했을 때 너무 멀리 왔다는 것을 체포되기 전에 알았어요. 같은 이름이라니 웃기죠? 그 아이는 길 건너편에 살았고 나는 항상 창문 너머로 그 아이를 바라보곤 했어요. 부모가 그 아이에게 마당 옆에 나무집을 지어 주었을 때는 믿을 수가 없었어요. 나는 그 아이의 생일 파티, 여동생의 생일 파티, 가족 바비큐 등 그 아이 일상의 대부분을 지켜볼 수 있었어요.

나는 그 아이에게 가까이 가지 말았어야 하는 것을 확실히 알았지만 가까이 다가갔어요. 제지산업 경제가 힘들어져서 많은 남자가 일시 해고되었어요. 긴장되었죠. 나는 일어날 일을 이해하려고 하지 않았어요. 나는 그 아이를 바라보는 것을 계속했고, 계속 그 아이를 원했어요. 나는 그것을 무시하고 싶어서 스스로에게 "그만둬."라고 말했어요. 그러나 내가 알고 있는 다음 일은 비디오 게임을 하기 위해 집으로 그 아이를 데려오는 것이었어요. 내가 알고 있는 모든 것은 나는 결코 어떤 한 순간이라도 누군가가 다치는 것을 원하지 않았다는 거예요. 이 이야기를 하는 이유는 오직 이 불을 끄고 싶기 때문이에요.

당신이 모든 사람이 원하는 삶에 대해 말할 때, 그것은 내가 생각하고 있는 것이기도 해요. 맞아요. 나는 그것들 모두를 원하지만 대부분은 내적인 평화와 행복을 원해요. 나는 26세이고, 내 삶의 의미와 목적에 대해 더 많은 것을 발견할 시간이라고 생각해요. 나의 건강에 대해 크게 걱정하지는 않지만, 내가 살아온 삶이 건강하지 않았다는 것을 알아요. 직장에서, 혼자 있을 때 그리고 다른 사람들과 있는 시간에 더 잘 지낼 수 있는 방법을 찾을 때인 거죠. 이 프로그램에서는 창조성과 지식에 대해 말하고 있는데 나는 이러한 것들은 멀리한 채로 너무 많은 시간을 섹스에 집중해 있었어요. 열심히 일하는 것에 대해서는 어느 정도 알고 있고 이제는 다른 사람에게 집중하기 시작해야 하는 시간이에요. 단지 문제가 되는 것은 내가 무언가를 망치지 않으면서 다른 사람에게 집중하는 방법을 정말 모른다는 거예요. 내 가족에 대해서도 알고 싶지만 시간이 걸릴 것 같아요.

당신이 위험성에 대해 말하니, 다른 사람들과 친하게 지낼 수 있는 방법을 찾아야 한다는 생각이 드네요. 다른 사람들과 적당히 거리를 두면서 관계를 유지하는 나만의 창의적인 방법이 있었다는 것을 인정해야 할 거예요. 마찬가지로 다른 사람들이 나를 알아야 하는데 어떻게 해야 할지 모르겠어요. 친밀한 관계의 부족이 위험요인이라는 것은 정확히 맞아요. 나는 불타고 있는 건물과 같기 때문에 스트레스를 다룰 수 있는 다른 방법들을 찾아야 해요. 내가 곧 시작하지 않는다면, 무슨 일이 일어날지는 아무도 알 수 없어요.

치료 시점에 주어진 정보에서는, 도니가 성범죄에 회피-능동 경로를 따랐다는 것을 보여 준다. 정확한 통찰에도 불구하고 도니는 삶의 스트레스에 대처하는 기술이 거의 없다. 도니는 정서적으로 친밀한 관계가 부족해서 성적으로 흥분했을 때 자기조절에 실패해 왔다. 그의 자기조절 방식은 직접적으로 성적 흥분을 다루기보다 문제를 회피하는 방식에 더 초점을 두고 있다. 그가 포르노를 보는 것이 자기조절 노력을 악화시켰는지 여부에 대해서는 몇 가지 의문점이 있다.

도니는 보험계리적 척도에서 낮음-중간으로 평가되었다. 피해자가 비친족 남자였고, 오랫동안 파트너가 없었던 것은 높은 위험성을 가리킨다. 공식적인 첫 범죄 기록은 중요한 지표다. 그의 회피성 성격 유형(정서적으로 친밀한 대인관계의 부족과 자기를 조절하려는 시도가 부족했던 것을 포함해서)은 역동적 위험성의 중간 수준을 가리킨다.

도니의 좋은 삶 계획은 내적인 평화, 행복, 관계, 자주성 및 공동체 활동과 관련되는 충돌을 해결하는 데 중점을 두고 있다. 그의 말에 따르면 그는 이러한 덕목을 매우 중요하게 여겼지만 달성하는 데 필요한 수단이 부족했다. 불우한 어린 시절의 결과로 자주성과 내적인 평화를 성취하려는 그의 시도는 공동체 활동이라는 일차적 덕목의 성취를 멀어지게 했다. 그가 생의 초반에 추구했던 창조성과 지식은 주로 관음증적 활동 맥락에서 나타났다. 도니의 말에 따르면 그는 영성을 포함하여 삶의 광범위한 덕목에 대해 생각하려는 노력을 하지 않았다. 결국 도니의 불우한 어린 시절은 우정, 관계, 공동체 활동과 관련된 인지도식을 초래하였고, 이것들은 한동안 치료의 초점이 될 것이다.

도니는 치료 기간 동안 변화에 대한 높은 동기를 보였다. 그의 좋은 삶 계획과 범죄에 기여했던 역동적 위험요인들 사이에는 분명히 중첩되는 부분이 있다. 그는 자신의 임상가로부터 세심한 관심을 받을 필요가 있다. 그의 회피성 성격 유형을 감안할 때, 그는 지지적인 치료환경이 없는 상태에서는 과거 대인관계 기능으로 돌아갈 위험성이 다소 있다.

자서전은 성범죄자만큼 다양하다. 그러나 자서전은 성범죄자의 역동적 위험성과 광범위한 좋은 삶 계획 사이의 관련성을 발견하기 위한 훌륭한 출발점이 될 수 있다. 도니의 자서전은 비교적 간단하지만 완전하고, 포괄적이며, 치료자가 도니의 삶에서 가치 있게 여기는 것과 좋은 삶 계획의 결함, 위험성 요인 및 자기소설 방식 등 진빈격인 것, 특히 번져에 대해 이해할 수 있도록 한다.

요 약

이 장에서는 내담자가 범죄에 노출되고, 범죄 성향을 높이며, 삶의 다양한 다른 문제에 노출되게 하는 자신의 배경과 생활방식의 특성을 탐색하고 이해하기 위해 개인력과 관련된 활동을 실시하는 접근을 기술하였다. 이 활동은 좋은 삶 계획과 통합한 10단계의 자기조절 모델에 기초하고 있다. 자서전은 내담자에게 의미가 있어야 하고, 치료자와 내담자에게 관련된 역동적 위험요인을 탐색하는 기회를 제공하지만 활동을 지나치게 철저하게 할 필요는 없다. 이 작업의 핵심은 이러한 활동이 내담자의 좋은 삶 계획 및 그 계획이 시간에 따라 어떻게 변했고, 어떤 결함과 장애물이 있었는지 그리고 삶에서 만족감을 감소시키는 결과를 초래하고, 성범죄와 문제들이 발생하도록 이끈 자기조절 방식이 시간이 지나면서 어떻게 발전되었는지 등을 명확하게 포함해야 한다.

10장

범죄과정 Ⅱ: 범죄개방

　치료는 일반적으로 범죄에서의 인지, 정서, 행동 패턴을 확인하기 위해 내담자가 범죄행동과 특히 더 연관되는 요인을 탐색하고 이해하도록 하기 위해 그리고 범죄에서 자신의 행동에 대한 책임감을 갖도록 돕기 위해 범죄행동의 개방이나 '범죄 사이클'을 개방하는 활동을 한다. 이러한 활동에서, 내담자들이 범죄행동의 동기와 역동에 대해 치료자와 다른 집단원들의 피드백을 받을 수 있도록 한다. 이를 통해 내담자는 범죄에 대한 자신의 이해와 인식을 개선하고 증진시킬 수 있다.

　좋은 삶/자기조절(GLM/SRM-R) 통합모델에서, 이 활동은 순환모델(cycle model)을 따르는 것이 아니라 세부적으로 범죄 경로를 탐색하기 위해 10단계 자기조절 모델을 활용한다(Yates & Ward, 2008, 3장 참조). 순환모델은 너무 단순해서 범죄 역동이나 자기조절력의 차이를 충분히 다루지 않는다. 또한 시간이 경과하면서 범죄가 반복됨에 따라 함께 변한다.

　1단계(범죄 전제조건)는 앞 장에서 기술한 개인력 활동을 통해 탐색하였다. 이 장에서는 자기조절 모델의 2단계에서 10단계까지를 다루고, 범죄 후 평가를 통해 범죄의 특정 전조로 시작되는 범죄에 대해 자세히 탐색한다. 이러한 단계들은 다음과 같다.

- 삶의 사건
- 삶의 사건에 대한 반응 욕구
- 목표수립
- 전략 선택

- 목표성취의 기회
- 범죄 전 행동
- 성범죄
- 범죄 후 평가와 좋은 삶 계획조정
- 미래 의도, 계획 조정 또는 개선

    이 활동을 실시함에 있어, 치료자는 좋은 삶 모델과 자기조절 모델 둘 다를 잘 다룰 수 있어야 하고, 자기조절 경로, 좋은 삶, 위험성, 범죄에 영향을 미친 다른 요인, 관련된 삶의 영역 및 문제 등과 관련된 사전평가를 실시해야 한다(4장, 5장, 6장 참조).

    치료에서 자기개방 활동 시, 어려운 점은 활동 목적에 계속 집중하는 것이다. 이 활동의 목적은 범죄 경로와 그 진행과정을 이해하고, 범죄와 관련된 목표 및 범죄과정에서의 인지, 정서, 행동 패턴을 이해하는 것이다. 치료자와 다른 집단 구성원들은 내담자가 저지른 범죄의 모든 세밀한 부분을 인정하도록 하는 활동에 지나치게 집중할 수 있는데, 그런 경우 참가자들은 산만해질 수 있으며, 결과적으로 모든 사람이 부적절하거나 지엽적인 범죄 양상에만 집중할 수 있다. 종종 이러한 세부 내용 중심의 접근은 범죄과정의 더 중요한 요소들을 간과할 수 있고, 범죄 경로와 범죄 패턴 및 역동에 대해 완전하게 이해하기 어려울 수 있다. 따라서 범죄과정의 모든 단계를 탐색해야 하며, 범죄행위 당시와 관련된 단계(즉, 5단계에서 8단계)에만 집중하는 것은 피해야 한다. 다른 치료활동과 마찬가지로 평가는 치료자에게 내담자에 대한 전반적인 이해를 제공하지만, 범죄를 개방하는 동안 일어날 수 있는 새로운 정보에 치료자가 유연하고 개방적인 자세를 유지하는 것이 중요하다. 특히 치료자는 위험성 요인을 찾아내는 것뿐만 아니라 일차적 덕목과 관련된 접근 목표에도 민감해야 한다.

    또 다른 어려움은 범죄과정에서 각 단계 간의 관련성 또는 그 과정과 치료에서 새로운 기술과 행동을 개발하는 것과의 관련성을 확실히 하는 것이다. 치료가 범죄행동에 대한 인식을 높이는 것에만 초점을 두다 보면, 범죄자가 자신의 목표를 추구하고 행동과 위험성을 관리하는 데 도움이 되는 적절한 기술과 전략을 향상시키는 데까지는 이르지 못한다. 기술을 향상시키는 것이 병행되지 않고 단순히 인식을 높이는 것은 단기적으로나 장기적으로 행동 변화로까지 이어질 가능성은 낮다. 이러한 이유로 좋은 삶/자기조절 통합모델에서 범죄과정 활동은 범죄 경로 및 역동을 이해하는 것과 치료 후 행동관리를 위해 전략을 구축하는 것의 두 가지 목적이 있다. 인지나 성적 각성과 같은 특정 치료 목표를 나중에 다룰 때, 범죄과정은 인식을 높이기 위해 치료 전반에 걸쳐 주기적으로 검토되어야 한다. 또한 범죄과정 활동은 이후에 좋은 삶 계획과 자기조절 계획을 발전시키는 데도 활용된다(12장 참조).

좋은 삶/자기조절 통합모델을 통한 접근에서 이 활동은 범죄과정 중 2단계에서 10단계까지의 과정을 다루며, 각 단계에 대한 이해를 증진시키는 것이 목적이다.

- (2단계) 범죄의 발단(범죄를 유발하는 삶의 사건)부터 범죄의 결과와 범죄 후 사건 및 반응까지의 범죄과정을 이해함
- (3단계) 범죄과정이 발생하기 쉬운 배경요인의 영향을 이해함
- (4단계) 범죄와 관련된 행동을 유발하는 삶의 사건과 범죄를 지지하는 태도, 문제가 있는 좋은 삶 계획 및 인지도식과 같이 위험성을 야기하는 범죄 전 요인을 이해함
- (5단계) 범죄과정 전반에 걸쳐 발생하는 다양한 사건에 대해 개인의 인지적·정서적·행동적 반응을 이해함
- (6단계) 관련된 일차적 덕목과 범죄과정에서 뚜렷하게 나타난 역동적 위험요인을 이해함
- (7단계) 범행에서의 자기조절 경로와 범죄에서 드러난 일차적 및 이차적 덕목을 이해함
- (8단계) 행동을 강화하고 범죄에 대한 미래 의도를 나타내는 범죄 후 역동과 반응을 이해함
- (9단계) 범행과 좋은 삶 계획의 관계를 이해하고, 좋은 삶 계획의 목표와 문제 및 좋은 삶 계획이 범죄행동에 미친 영향을 이해함
- (10단계) 범죄과정에서 명백하게 나타나며 치료를 통해 개선되고 발전될 수 있는 특정 강점과 기술 및 전략을 이해함

9장의 개인력 활동과 마찬가지로, 범죄과정 활동은 종합적이어야 할 뿐만 아니라 가능하면 시간 제한을 두고 적절하게 집중하는 것이 중요하다. 참가자들은 보통 시심서나 워그북 또는 참가자들이 특정 행동과 위험요인에 집중하도록 하는 과제를 부여받는다. 이러한 과제는 치료자와 다른 치료 참가자들에게 발표할 첫 번째 '밑그림'을 만드는 데 활용한다. 범죄과정은 다른 사람들의 피드백에 기초해서 수정하고 보완한다. 특히 치료 초기에는 각 개인이 범죄과정의 모

든 요소를 완벽하게 이해하지 못하기 때문에 이와 같은 방식으로 진행하는 것이 효과적이다.

　이 활동을 실시함에 있어 역동적 위험요인, 성적 과거력 및 개인력, 심리적 기능, 일차적 덕목 등과 같은 사전평가 결과와 관련된 내용에서 참가자들의 자기개방은 필수적이다. 내담자가 사전에 자신의 위험요인을 검토했다면 이 과정은 범죄과정과 자기개방 활동의 전개를 용이하게 할 수 있다. 그 결과 범죄 및 삶의 문제들과 연관된 모든 관련요인을 포괄적으로 포함할 수 있지만, 그 과정은 임상가들이 치료의 기본 요소인 치료 전 평가를 종합적으로 실시했다는 것을 전제로 한다.

　또한 여기에서는 내담자가 저질렀던 각각의 범죄에 대하여 별도의 범죄과정을 전개할 필요가 없다고 강조한다. 드러나지 않은 범죄를 포함하여 패턴이 여러 범죄에 걸쳐 비슷한 경우 하나의 활동에 포함시킨다. 그러나 주목할 것은 하나 이상의 경로를 따르는 범죄자들은 그들의 범죄과정에서 약간의 변화가 있을 수 있다. 따라서 그들은 다양한 성범죄 유형에 대해 각각 다른 범죄과정을 전개하는 것이 필요하다. 보통 활동은 가장 최근 성범죄로 시작하고 활동을 진행하면서 다른 범죄를 포함시킨다. 범죄과정에서 나타나는 행동과 패턴을 이해하는 것이 목적이기 때문에 모든 범죄에서 모든 세부 내용을 포함시킬 필요는 없다. 범죄과정을 단계적으로 작성하는 것은 내담자의 범죄력에서 다른 시기에 발생한 각각의 범죄 경로를 확인하도록 하고 그 과정은 범죄 실행 양상을 더 잘 발견할 수 있도록 한다. 예를 들어, 장기간의 범죄력이 있는 개인은 범죄에서 초기에는 하나의 경로를 따랐지만 나중에는 다른 범죄 경로로 바뀔 수 있다. 자기조절 모델은 범죄자들이 초기에는 회피 경로를 따랐지만 나중에는 접근 경로를 따를 수 있다고 설명한다. 반대로 이전에 치료 경험이 있는 개인은 비록 성공적이지는 않지만 접근 경로에서 회피 경로로 바뀔 수 있다.

　또한 평가는 객관적으로 수집된 정보(예: 부가적인 자료, 경찰 및 법정 자료)를 기반으로 하는 것이 이상적이기 때문에, 치료자는 범죄자의 자기보고에서 드러나는 범죄과정에 대한 정보를 놓치지 않도록 주의해야 한다. 내담자의 도전에 대해 치료자와 다른 치료 참가자들이 지지적인 태도를 보이는 것은 범죄행동과 역동에 대한 내담자의 자기보고를 증가시킬 수 있다.

　아래에는 범죄과정 활동 실시와 관련된 단계를 기술하였다. 이 활동을 마무리하면서 치료자와 내담자는 각 참가자가 범죄 경로를 구축하는 데 도움이 된 기존 정보(예: 평가에서 나온 정보)와 자기개방을 통해 얻은 정보를 통합한다. 그런 다음 이러한 경로를 치료 전 평가에서 발견한 각 개인의 범죄 경로와 비교한다.

삶의 사건(2단계)

• • • • • • •

좋은 삶/자기조절 통합모델을 사용할 때, 범죄과정의 전개는 범죄를 유발한 삶의 사건에 대한 탐색과 함께 시작한다. 이러한 사건은 중요하거나 중요하지 않을 수 있고, 각 범죄자에 따라 개별적이고 개인적일 수 있다.

이 단계에서는 범죄과정에서 좀 더 오래되고 초기에 유발된 것에 초점을 두지만 삶의 사건은 개인에 따라 범죄와 좀 더 근접해(proximal) 있거나 범죄 직전에 있을 수 있고, 원거리에(distal) 있는 것일 수 있다. 더 원거리에 있는 요인은 일반적으로 취약한 요인을 나타내고 개인력(9장 참조)에 포함되어 있다. 또한 더 근접해 있는 요인이나 급성 요인은 범죄과정에서 나중에 발생한다(범죄과정의 6단계 참조).

다양한 삶의 사건은 범죄과정을 유발할 수 있기 때문에 모든 사건은 이 단계에서 분석되어야 한다. 또한 다양한 범죄력이 있는 개인에게 삶의 사건은 다양한 특정 범죄 상황 및 범죄 경로와 관련될 수 있다. 다시 말하면, 이 단계에서는 범죄과정을 필요하고 적절한 것으로 만들어 내는 각 삶의 사건들을 탐색해야 한다.

이 단계를 탐색할 때, 삶의 사건들은 대략적으로 정의하고, 개인의 외적 사건뿐 아니라 내적 인지 및 정서 상태(예: 우울, 각성)를 포함할 수 있다. 게다가 이러한 사건은 더 장기적인 사건이거나, 더 일시적이고 단기적인 사건이 될 수 있기 때문에 각 사건은 탐색되어야 한다. 이 단계의 목적은 1단계인 개인력에서 확인된 개인의 취약성과 성향 및 핵심 가치에 기초하여 범죄과정을 시작하게 한 사건에 대해 인식하고 이해하는 것을 높이는 것이다. 범죄과정 중 이 단계를 탐색할 때, 범죄를 유발하는 삶의 사건뿐만 아니라 좋은 삶 계획의 문제나 결함을 통해 범죄와 연관되는 일차적 덕목에 대한 평가도 포함한다.

치료자는 범죄와의 관계를 성립시키기 위해 삶의 사건을 적절하고 필수적인 것으로 이야기하는 내담자의 말을 정확하게 조사해야 한다. 공식적인 범죄 기록은 유용한 정보를 제공할 수 있다.

> 치료자: 범죄에 대해 처음으로 생각했던 때를 되돌아보면, 무엇이 범죄를 유발했다고 할

수 있나요?

내담자: 공원에서 그 소년을 처음 보았을 때 시작되었다고 할 수 있겠네요.

치료자: 그것이 유발요인일 수 있겠네요. 당신이 그 공원에 가기 훨씬 전에 무슨 일이 있었는지 궁금해요. 예를 들면, 최초 장소인 그 공원에 어떻게 가게 되었나요?

내담자: 정말로 아무 일도 없었어요. 단지 집 주변에 앉아 있다가 지루해서 산책 간 것뿐이에요.

치료자: 지루함이 왜 느껴졌어요?

내담자: 일이 없었지만 집에 있고 싶지도 않았어요. 정말로 일하고 싶었는데 직업을 구할 수가 없었고, 돈이 없었기 때문에 어디에도 갈 수 없었어요.

이 사례에서 주어진 정보에 기초해 볼 때, 범죄과정을 유발한 삶의 사건은 실업과 연관된 지루함이었고, 따라서 삶의 사건은 범죄과정을 유발했다. 공원에 가서 남자아이를 보았던 것은 범죄과정에서 급성 유발요인으로 나타난다.

이 사례에서 3개의 일차적 덕목이 범죄과정에서 작용한 것으로 보이는데, 확인이 필요하지만 이러한 덕목은 일과 놀이에서의 유능성과 숙달 및 내적인 평화다. 특히 내담자는 일에 높은 가치를 두고 있고, 야기된 지루함과 경제적 스트레스에 대처할 수 있는 능력이 결여된 것으로 보이며, 이러한 모든 것은 범죄를 유발시킨 삶의 사건과 관련되는 것으로 보인다. 확인이 필요하겠지만 덕목 성취를 위한 내적 능력의 문제와 수단의 문제는 내담자의 좋은 삶 계획에서 덕목 성취를 가능하게 하지만 분명한 결함이 있다.

삶의 사건에 대한 반응 욕구(3단계)

2단계에서 발생하는 삶의 사건은 그에 대한 반응으로 지각, 귀인, 연합, 정서, 암묵적 이론, 인지도식, 태도를 유발한다. 또한 삶의 사건은 이전 범죄에 대한 기억을 활성화시킬 수도 있는데 이러한 반응들은 상대적으로 자동적이다. 삶의 사건이 발생한 대인관계의 맥락뿐만 아니라 그 사건에 대한 범죄자의 지각은 사건과 관련된 의미와 개인이 관심을 기울이고 처리하고자 하는 정보에 영향을 미친다. 개인의 자기지각은 이후 행동과 목표 수립에도 영향을 미친다.

좋은 삶/자기조절 통합모델에서 다양한 욕구와 더 높은 수준의 목표들은 삶의 사건, 그 삶의 사건과 개인의 이전 경험 간의 상호작용, 개인의 전반적 성향과 취약요인(1단계와 평가를 통해 확인된 모든 것)으로 인해 유발될 수 있다. 범죄과정 중 이 단계를 탐색하는 것은 이러한 각각의 반응 및 성범죄, 일차적 덕목의 성취, 특정 삶의 사건 맥락, 개인의 전반적인 자기조절 능력과 취약요인들에 대한 인식을 높인다.

이 단계에서 명백하게 드러나는 욕구는 개인에 따라 또는 그 맥락에 따라 비성적일 수도 있고, 성적으로 일탈적일 수 있으며, 일탈적이지 않은 성일 수도 있고, 적절할 수도 있다. 예를 들어, 삶의 사건은 그 자체로 적절한 욕구인 성적 활동에 대한 욕구를 유발할 수 있지만, 그중 하나는 타고난 개인의 공격성과 연관되는 취약요인 때문에 결국 성범죄를 초래한다. 그렇지 않으면, 삶의 사건과 그에 대한 해석은 보복하고 싶은 욕구나 감정을 완화시키거나 표현하고 싶은 욕구로 이끌어 분노나 적대감을 초래할 수 있다. 이러한 감정적 반응들은 나중에 범죄과정에서 성폭행으로 나타날 수 있다. 분노와 같은 반응은 폭력적 및 성적 행동이 인지적·행동적으로 연결된 범죄자들 사이에서 발생한다. 결국, 삶의 사건에 의해 유발된 욕구는 사실상 삶의 사건에 대한 반응에서 일차적 덕목을 얻으려는 개인의 경우와 같이 비성적이고 적절한 욕구일 수도 있다. 즉, 삶의 사건은 자율성, 관계 또는 친밀감을 회복하고자 하는 욕구를 유발할 수 있고, 그렇게 함으로써 자신의 좋은 삶 계획에서 균형을 회복하고자 한다. 친밀감은 범죄자가 범죄를 통해 궁극적으로 얻고 싶어 하는 목표일 수 있다. 또한 세 가지 욕구 모두는 정도에 차이는 있지만 개인과 상황에 따라 동시에 나타날 수도 있다. 따라서 좋은 삶 모델에서 직간접적인 범죄 경로는 일차적 덕목과 그와 연관된 이차적 덕목을 포함한다(Ward & Maruna, 2007). 직접적인 경로는 범죄자가 일차적 덕목을 얻기 위해 성범죄(예: 아동과의 섹스를 통한 친밀감 추구)를 저지를 때 발생한다. 이에 비해 간접적인 경로는 불균형적인 삶의 방식과 같은 문제로 탈억제되면서 성범죄(예: 지나치게 일하는 것, 빈약한 스트레스 통제력, 대인관계 단절 등)를 저지를 때 폭포효과(cascading effect)와 하류효과(downstream effect)가 생긴다. 이 단계에서 내현적이거나 외현적으로 범죄를 연습하는 것뿐만 아니라 성적·공격적 환상이 존재할 수도 있다.

범죄과정에서 이 부분을 시행할 때 욕구, 반응 및 목표는 평가 기간 동안 확인된 역동적 위험요인과 관련되고 이후 치료 목표와도 연결된다. 지각, 귀인, 연합, 정서, 인지도식, 태도, 암묵적 이론, 일반적 및 특정 성범죄도 탐색하고 평가한다. 이 단계의 목적은 다음과 같다.

1. 범죄과정을 지속하도록 하는 삶의 사건에 대한 내담자의 반응을 확인함
2. 이후 행동에 대한 이러한 반응들의 영향을 평가함
3. 범죄의 특정 각본, 도식, 암묵적 이론을 파악함
4. 인지적 및 행동적 각본, 도식, 가치관, 태도 등에 대한 내담자의 일반적 성향을 파악함
5. 수반되는 감정 상태 및 이러한 상태를 견디는 내담자의 능력을 파악함
6. 좋은 삶 계획의 실행과 좋은 삶 계획과 관련된 결함에 대한 내담자의 반응을 이해함
7. 삶의 사건에 대한 반응에서 내담자의 자기조절력을 평기함
8. 인식을 높이기 위해 평가를 통해 확인되고 변화를 위한 치료 목표가 되는 역동적 위험요인과 반응을 연결함

다음의 사례를 통해 이러한 점을 설명하는 각각의 실례를 제공하고자 한다.

사례: 존

존은 아동 성추행으로 세 차례 유죄선고를 받은 45세 남자다. 범죄과정 중 1단계에서, 그는 엄격한 부모 밑에서 자랐고, 부적절감을 느끼며 성장했으며, 어떤 것도 잘할 수 없을 것 같이 느꼈다고 보고했다. 그는 학교생활을 열심히 했지만 공부에 소질이 없어 좋은 성적을 받지 못했고, 때문에 아버지로부터 자주 비난을 받았다. 그렇지만 그는 항상 직업이 있었고, 실제로 19년 동안 같은 일에 종사하고 있었다. 성인 여자에게 관심이 있고, 장기적인 대인관계에 관심이 있다고 표현하지만 성인과의 친밀한 대인관계는 거의 없었다.

범죄를 개방할 때, 존은 범죄 몇 달 전 직장에서 큰 실수를 했다고 말했다. 그의 상사가 이해해 주었음에도 불구하고 존은 자신의 업무수행에 대해 매우 비판적이었다. 존은 부모님이 자신에게 매우 비판적이었다고 생각하며, 특히 자신이 실패에 민감하고, 모든 것에 최선을 다해서 일하는 것이 중요하다고 보고하고 있어 약간은 완벽주의자다. 범죄과

정 당시 존은 '만회'하려고 자신의 일에 집중했다. 그는 친구와 만나는 것을 중단하고 잔업을 계속했지만 기분이 좋아지지 않았다.

이 사례에서는 직장에서의 실수가 삶의 사건으로 확인되었다. 이 삶의 사건은 자신을 지나치게 비판적으로 보는 내담자의 성향으로 해석되었고, 2단계에서는 실수를 만회하려는 욕구가 유발되어 잔업을 계속하게 되었다. 선택은 즉각적 문제이든 존이 오랫동안 느껴 온 부적절감이든 어떤 것도 해결하지 못했다. 존의 선택은 일에서의 숙달이라는 일차적 덕목에 우선순위를 두는 것이었고 그래서 항상 유능하려고 노력했다는 것을 보여 준다. 또한 이러한 상황은 존이 즐거운 활동에 참여하는 것을 줄어들게 했다. 정서적 반응과 관련하여, 존은 그러한 삶의 사건에 대한 반응으로 부정적인 정서를 경험했고, 그 상태를 견디고 관리하는 능력이 부족한 것으로 나타났다. 이 사례는 범죄과정을 시작하게 한 삶의 사건과 더 원거리에 있는 삶의 사건에 대한 비성적 반응을 보여 준다.

지금까지의 유용한 정보를 토대로 위에서 언급한 바와 같이 존은 범죄에 연루되게 한 일에서의 유능성이라는 일차적 덕목에 가치를 두는 것으로 나타났다. 내적인 평화를 얻기 위한 능력은 역동적 위험요인인 일반적인 자기조절력(정서조절과 문제해결 가능성)과 연결되고, 존의 범죄뿐만 아니라 관계 및 친밀감이라는 덕목(그리고 결함)과도 연관되는 것으로 나타난다. 그러나 이러한 일차적 덕목과 위험요인에 대한 충분한 정보가 현재 부족하므로 그 주제는 이후에 더 탐색되어야 한다. 다음 사례를 살펴보자.

사례: 넬슨

넬슨은 사실혼 관계의 배우자를 한 차례 강간하여 유죄선고를 받은 28세 남자다. 범죄과정 중 1단계에서 넬슨은 자신이 '항상 말썽을 부리는' 힘든 유년기를 겪었다고 말했다. 그 문제들은 무단결석, 불량한 또래 집단, 심각하지 않은 청소년 비행, 학교로부터의 징계, 다양한 위탁가정에서의 생활, 16세에 자발적 퇴소 등을 포함한다. 넬슨은 직장생활을 유지하는 것이 어려웠고, 그것은 그가 좌절하게 되면 '생각 없이' 일을 그만두는 것으로 나타났다. 비록 그의 성적 과거력(부가적인 정보를 통해 확인된)이 평범하고, 성인으로 적절한 발달을 한 것처럼 보였지만 그는 자신의 파트너를 지배하고 통제하는 특징을 보였고, 대부분의 이성관계가 짧은 패턴을 보였다. 그의 현재 관계가 지금까지에서 가장 긴 관계이고, 그와 파트너는 범죄 이전에 3년 동안 함께했다(현재는 별거 중이다).

범죄개방 중에 넬슨은 범죄 며칠 전에 파트너가 자신을 속이고 있다고 생각하기 시작했고, 누군가로 인해 자신을 떠날 것을 걱정했다고 말했다. 넬슨은 다시 또 혼자되는 것이 두려웠고, 파트너가 혼자서 삶을 살아갈 수 있다는 것을 믿지 않았다고 말했다. 범죄 당일 밤에 넬슨과 파트너는 격하게 말싸움을 했다. 그녀가 집을 나가려고 했을 때 넬슨은 '흥분 상태'였고, 나가는 것을 막기 위해 그녀를 붙잡았다고 말했다. 그녀가 저항하자, 그는 신체적 및 성적으로 그녀를 폭행했다.

이 사례에서, 넬슨이 자신의 파트너를 처음으로 의심하게 되고, 자신과의 관계에 위협감을 느꼈던 삶의 사건은 범죄 며칠 전에 발생했다. 범죄가 일어난 날 밤의 말다툼은 별개의 좀 더 급성사건(6단계)으로 보이고, 이 삶의 사건이 처음으로 범죄과정을 유발한 것은 아니다. 왜냐하면 관계에 대한 첫 번째 위협(실제적이거나 지각된)이 범죄 며칠 전에 발생했기 때문이다. 사건은 관계에 대한 인지 및 정서 도식을 활성화시켰고, 넬슨의 좋은 삶 계획을 위협했다. 이 사례는 또한 초기 단계에서 범죄과정을 처음으로 시작하게 한 사건에 대해 적절한 시기에 정확한 특성을 탐색하는 것이 중요함을 보여 주고 있다.

이 사례에서 삶의 사건은 관계를 둘러싼 넬슨의 인지도식 때문이라고 해석되고 있다. 그의 도식은 관계를 잃을 것에 대한 두려움과 자신의 파트너를 통제하려는 성향 모두를 반영한다. 때문에 파트너 학대를 연상시키는 역동은 추가적인 탐색이 필요하다.

지금까지의 유용한 정보를 토대로 넬슨은 자주성과 관계(특히 친밀한 대인관계)라는 일차적 덕목에 가치를 두는 것으로 나타난다. 자주성과 관계는 그의 범죄와도 관련이 있다. 내적인 평화를 얻기 위한 능력은 역동적 위험요인인 일반적인 자기조절(감정조절, 충동성, 문제해결에 대한 결함 가능성)과 연결되고, 넬슨의 범죄뿐 아니라 성적 자기조절력 및 친밀감 결핍과도 연결되는 것으로 나타난다.

이 사례는 범죄의 시작부터 상대적으로 빠른 진행과정에서 알 수 있듯이 범죄과정을 시작하게 한 더 근접한 삶의 사건을 포함한다. 이 사례는 삶의 사건(즉, 심지어 통제를 통해 자신의 대인관계를 유지하려는 욕구)에 대한 반응으로 비록 적대적이고 공격적이지만 비성적 욕구도 보여 준다. 뿐만 아니라 위협받은(현재의 대인관계 상실로 인해 일차적 덕목인 관계의 상실 가능성) 일차적 덕목을 재수립하기 위한 방법으로 범죄를 저지를 가능성도 보여 준다.

목표수립(4단계)

. . . .

좋은 삶/자기조절 통합모델의 범죄과정 중 4단계에서 각 개인은 취약요인과 개인력을 토대로 삶의 사건에 의해 유발된 욕구에 대한 반응으로 목표를 수립한다. 일차적 덕목 성취와 관련된 특정 범죄 목표와 전반적인 목표 둘 다를 포함한다. 이러한 덕목들은 범죄과정을 시작하게 한 삶의 사건(2단계)에 대한 반응으로 유발된 욕구(3단계)와 관련된다. 또한 이 단계에서 각 개인은 욕구의 적절성과 수용가능성을 고려하고, 3단계에서 활성화된 욕구와 연관되는 정서를 견디는 능력에 따라 자신이 해야 할 것이 무엇인지 고려한다. 범죄과정 활동 중 이 단계를 탐색하는 목적은 다음과 같다.

1. 삶의 사건에 대한 반응으로 활성화된 욕구와 관련하여 개인이 수립한 목표를 확인함. 이러한 과정은 특히 범죄관련 목표를 포함함
2. 이후에 결정될 수 있는 범죄 경로와 같은 목표를 범주화함
3. 좋은 삶 계획의 실행에 있어 목표가 수립되었는지, 확실한지 여부를 확인하고(예: 삶의 사건으로 위협받는 일차적 덕목 재성취에 있어), 개인적 욕구가 무엇인지를 확인함
4. 역동적 위험요인과 목표를 연결함
5. 사전 평가 결과와 다른 유용한 정보들에서 얻은 정보들을 통합함
6. 치료 목표와 목표 성취를 위한 개인적 방법의 변화를 결정함

범죄에 관한 두 가지 목표를 살펴볼 필요가 있다.

• **범죄관련 회피 목표**는, 범죄과정의 초기 단계에서 개인은 범죄를 방지하거나 억제하고

자 하며 범죄가 일어날 수 있다는 가능성으로 불안과 스트레스를 경험한다.

- **범죄관련 접근 목표**는, 범죄를 회피하고자 하는 욕구가 없으며 범죄로 진행되는 것을 지지한다.

일차적 덕목을 얻기 위한 시도는 이 단계에서 탐색된다.

모든 목표를 탐색함에 있어 치료자는 범죄과정 중 이 단계에서 무엇을 성취하려고 했는지에 대한 내담자의 보고에 집중한다. 예를 들면, 다음과 같다.

> 치료자: 지금까지 우리는 범죄과정을 유발한 삶의 사건이 당신의 질투심과 파트너가 당신을 떠날지도 모른다는 생각이었음을 확인했어요. 이것이 그녀와 함께 있었으면 하는 욕구를 생기게 했다고 말했어요. 적어도 처음에는 이것이 당신의 목적이었다고 말할 수 있나요?
>
> 넬슨: 네.
>
> 치료자: 보통 이러한 상황에서 사람들은 다른 목표를 갖기도 하는데 그 상황에서 당신의 다른 목표는 무엇이라고 할 수 있나요?
>
> 넬슨: 그녀가 다른 사람을 만나고 싶었는지 알고 싶었어요.
>
> 치료자: 다른 것은요? 그때 어떤 느낌이었어요?
>
> 넬슨: 그녀에게 화가 났고 나를 무시한다고 느꼈어요.
>
> 치료자: 그래서 당신이 얼마나 화가 났는지를 보여 주려고 했고, 아마도 그녀가 당신을 존중하도록 하거나, 다른 말로 당신을 무시하지 않도록 가르치려고 했다고 확실하게 말할 수 있나요?
>
> 넬슨: 나는 단지 그녀가 나에게 그렇게 할 수 없다는 것을 보여 주고 싶었어요.

이 사례에서 많은 목표가 대부분 명백하게 접근 목표를 나타내고 있다. 특히 넬슨은 그가 친밀한 관계를 회복하길 원하거나, 대안으로 대인관계(관계라는 일차적 덕목)의 상실을 피하길 원하고, 자주성('존중'과 그 상황을 통제하고자 하는 욕구가 보여 주는 바와 같이)을 다시 얻기를 원했다고 말했다. 넬슨은 또한 파트너를 향한 분노를 표현하는 범죄관련 접근 목표를 갖고 있었다. 이 사례의 경우, 넬슨은 이 단계에서 범죄를 피하려는 분명한 욕구가 없었고, 그의 목표는 범죄과정이 계속 진행되도록 두는 것이었으며, 범죄에 있어 접근 경로를 따랐을 가능성이 있다.

역동적 위험요인과 범죄를 지지하는 인지도식을 포함하여 친밀감 결핍, 자기조절력 및 정서관리의 문제가 관련되어 있는 것이 분명하다.

전략 선택(5단계)
· · · · · · · ·

삶의 사건에 대한 반응으로 활성화된 욕구와 관련된 목표를 수립하면, 개인은 이러한 목표를 성취하기 위해 사용할 특정 전략과 방법을 선택한다. 이러한 전략은 비교적 자동적으로 선택될 수 있고, 결국 목표를 성취하는 데 효과적이거나 비효과적이 될 수 있으며, 목표 성취를 위해 수동적이거나 능동적으로 노력할 수 있다.

좋은 삶/자기조절 통합모델에서, 이 단계에서 탐색된 전략은 범죄관련 목표 성취가 목적인 전략뿐 아니라 일차적 및 이차적 좋은 삶 목표 성취를 위해 선택된 전략도 포함된다. 따라서 범죄과정 활동 중 이 단계를 탐색하는 목적은 다음과 같다.

1. 개인이 4단계에서 수립한 목표를 성취하기 위해 실행했거나 시도했던 전략들을 확인함
2. 전략이 실제로 능동적이었는지 수동적이었는지를 평가함
3. 전략과 목표를 결합하고 범죄 경로를 밝히기 위해 전략을 범주화함
4. 역동적 위험요인과 전략을 연결함
5. 다양한 삶의 목표와 범죄 목표의 성취에 대해 내담자에게 나타나는 전반적인 성향과 전략을 연결함
6. 사전평가 결과를 통해 얻은 정보와 다른 유용한 정보를 통합함
7. 자기조절 기술을 향상시키고, 범죄에 대한 위험성을 관리하며, 적절하게 목표를 성취하고 유지하기 위해 요구되는 치료적 개입을 결정함

전략 선택이 반드시 명백하게 되는 것은 아님을 강조하는 것이 중요하지만, 전략 선택은 습관적인 행동과 뿌리 깊은 인지적 및 행동적 도식으로 인해 비교적 자동적으로 발생할 수 있다. 어떤 개인은 전략 선택이 충동적인 반면 다른 개인은 전략 선택이 매우 명백할 수 있으며 전략을 신중하게 선택할 수 있다. 다음 사례를 살펴보자.

▌사례: 론

　론은 자신의 딸을 대상으로 재범을 저질러 유죄 선고를 받은 36세의 남자다. 범죄과정 중 2단계에서 그는 범죄를 시작하게 한 삶의 사건이 부인의 병이라고 보고했다. 부인이 많이 아팠고, 그 결과 성욕을 포함한 자신의 욕구를 충족할 수 없었다고 말했다. 딸은 집 안일의 대부분을 했고 그를 돌보았다. 그는 자신의 딸을 성적인 대상으로 생각하기 시작하는 자신을 인식하게 되었고 매우 괴로웠다. 이러한 생각에 대해 결국 '무엇이든 하게' 될 것 같은 걱정 때문에 딸과 떨어져 있으려고 했고, 딸과 단둘이 있는 것을 피하려고 했다. 그는 잔업을 하려고 노력했고, 친구를 만나러 밖에 나가거나 집에 형이나 다른 가족을 초대했다. 또한 딸에 대해 품고 있었던 성적 생각을 억압하려고 했다. 이러한 전략들이 처음에는 효과적이었지만 자신의 욕구를 충족할 수 있는 좋은 기회였던 두 번의 범죄 상황에서 이러한 전략에 따라 행동했을 때 결국 실패했다.

이 사례에서, 딸에 대한 성적 생각이 행동화되는 것을 피하려는 욕구와 이러한 충동에 따라 행동화될 가능성으로 인한 스트레스 및 불안으로 론은 범죄과정 중 4단계에서 회피 목표를 수립했다. 그가 수립한 목표는 범죄를 피하기 위해 집을 떠나 있는 것, 딸과 단둘이 있는 것을 피하는 것, 딸에 대한 성적 환상을 적극적으로 억압하려는 것을 포함하여 몇 가지 능동적인 전략을 실행하는 것이다.

행복이라는 덕목이 두드러지고 관련성이 있는 것처럼 보이지만, 이용 가능한 정보에는 론이 특정 일차적 덕목을 성취하는 것에 대해 분명한 목표를 갖고 있었다는 것을 보여 주는 것은 없다. 관계 덕목도 마찬가지다. 론의 범죄 기저에 있는 역동은 추가적인 평가가 필요하다.

평가와 다른 단계의 범죄과정으로부터 검증이 필요하지만, 지금까지의 이용 가능한 정보는 론이 범죄에서 회피-능동 경로를 따랐다는 것을 시사하고 있다.

이 단계에서 얻어진 목표, 전략, 범죄 경로, 정보를 이해하는 것은 위험성 관리와 자기조절 기술 및 내담자의 좋은 삶 계획을 발달시키기 위한 치료 목표와 개입을 결정하는 것에도 사용된다. 또한 강점도 이 단계에서 탐색되는데 이 사례에서 론은 처음에는 범죄를 피하는 것에 성공했다. 따라서 치료자는 이 단계에서 범죄를 탐색할 때, 미래의 위험성을 관리하고 자기조절에 도움이 될 수 있는, 론이 이미 가지고 있었던 기존 기술과 전략을 평가해야 한다. 그러한 기존의 강점과 기술은 치료에서 강화시키고, 좋은 삶 및 자기조절 계획에 포함시켜 이후 치료에서 발전시키도록 한다.

목표성취의 기회(6단계)

기존 치료에서는 일반적으로 고위험 상황을 성범죄 위험성을 야기하는 외적 상황에서 탐색했다. 고위험 상황에 대한 구성개념은 초기 자기조절 모델에 포함되었다. 좋은 삶/자기조절 통합모델은 범죄의 기회나 위험성뿐만 아니라 이전 단계에서 수립한 모든 목표를 성취할 수 있는 기회도 포함하여 이 단계를 확장했다. 이 단계는 목표와 그에 수반되는 전략이 적절할 수 있고, 비성적 또는 비일탈적일 수 있음을 인정하고, 일차적 덕목 성취를 위해 노력할 것을 제시한다. 따라서 이 단계에서 개인은 잠재적인 피해자에게 접근하는 것과 같은 고위험 상황에 직면할 수 있지만, 그 상황은 친사회적 목표를 성취하거나, 좋은 삶 계획을 재수립할 수 있는 기회로도 나타날 수 있다. 또한 모델은 기회가 반드시 외부에 있지 않을 수 있음과 개인적인 지각, 인지, 정서 및 기회와 관련된 비슷한 것들이 중요하다는 것도 인정한다.

목표 성취를 위한 기회에 직면하게 되는 것은 범죄과정에서 이전 단계들을 거치는 동안 행동하고, 바우고, 판단하고, 계획하는 것에서 비롯된 것이다. 이러한 기회에 직면했을 때 그에 대한 반응은 범죄 경로와 4단계에서 수립한 개인의 목표에 따라 달라진다.

범죄관련 회피 목표를 가진 개인이 범죄 위험성이 있는 상황에 놓이게 되면 자신의 초기 목표를 달성하는 데 실패한 것으로 간주할 수 있는데, 이는 그 상황이 긴박하고 범죄를 회피하는 데 성공하지 못했다는 신호이기 때문이다. 그는 부정적인 정서와 낮은 자기효능감을 경험할 수 있고, 이후 범죄행동과 관련된 자신의 목표가 활성화되는 것을 경험할 수 있다. 또한 초점이 좁아지고, 정보처리는 더 본능적이고 습관적이거나 즉각적인 수준으로 되돌아간다. 인지적 몰락과 통제력 상실 및 자기관찰을 하지 않게 되는 것은 자기조절의 실패를 초래한다.

반대로, 범죄관련 접근 목표를 갖고 있는 개인은 이 단계에서 초기 목표를 달성하는 데 가까워짐으로써 성공 경험을 한다. 이러한 개인은 이 단계에서 긍정적인 정서를 경험할 수 있고, 목표를 성취하기 위한 방법으로 범죄를 기대하기도 한다. 개인은 그 상황에서 즉각적인 목표를 성취하기 위해 근접할 수 있는 계획(proximal planning)에 집중하고, 자기효능감은 높아질 것으로 예상된다.

회피 및 접근 경로에서 잠재적 피해자의 존재는 범죄관련 목표를 현저히 증가시키고, 그에 따라 범죄를 피하거나 좋은 삶 계획을 유지시키는 것과 같은 장기적이고 더 높은 수준의 목표에 집중하는 것을 감소시킨다.

동시에 개인은 일차적 덕목을 성취하는 것에 대해 기대감을 갖는다. 그렇게 정서와 기대감은 관련된 경로와 관계없이 함께 나타난다. 예를 들면, 일탈적이지 않은 성적 즐거움(행복이라는 일차적 덕목 내에 포함되는)을 얻는 것에 집중하는 개인과 범죄(예: 아동에 대한)에 대해 회피 목표를 유지하고 있는 개인은 둘 다 만족감 또는 일차적 덕목 달성에 대한 기대가 있으며, 또한 아동과 성적 즐거움을 얻을 수 있는 기회에 직면하게 되면 회피 목표에 대한 실패감을 경험한다.

범죄과정 활동 중 이 단계 시행 시 치료자는, 직전 단계(즉, 사전에 수립했던 목표, 선택했던 전략, 내현적 및 외현적 계획 등)와 관련 있는 상황을 탐색하는 것뿐만 아니라 제시된 기회에 대한 반응으로 이 단계에서 유발된 인지, 정서 및 행동 과정을 탐색한다. 습관적이고 자동적인 행동과 인지적·행동적 각본 및 도식을 주의해야 한다. 범죄과정 활동 중 이 단계를 살펴보는 목적은 다음과 같다.

1. 이전 범죄과정 단계에서 발생한 특정 상황을 알아내고, 제시된 범죄관련 목표와 좋은 삶 목표를 성취하기 위한 기회가 될 수 있는 특정 상황을 확인함
2. 기회가 발생했을 때 내담자의 인지적·정서적 및 행동적 반응을 평가함
3. 기회와 역동적 위험요인을 연결하고, 능력 구축과의 관계, 좋은 삶 계획의 결함 및 위험성의 감소를 확인함

4. 기회와 역동적 위험요인에 대한 반응을 연결함

5. 다양한 범죄관련 목표와 다른 삶의 목표를 성취하는 것에서 드러난 내담자의 전반적인 성향과 반응을 연결함(예: 충동적 성향, 통제력 상실, 인지적 몰락 또는 반사회적 태도)

6. 이전 평가 결과와 다른 유용한 정보에서 얻은 정보들을 통합함

7. 자기조절 기술, 효과적으로 덕목을 성취하기 위한 역량, 범죄에 대한 위험성 관리, 적절한 목표를 성취하고 유지하는 것을 발전시키기 위해 치료에서 필요한 개입이 무엇인지 결정함

8. 일차적 덕목을 성취하고 유지하며, 이러한 덕목을 적절하게 성취하는 것과 범죄를 통해 성취하는 것을 구별히도록 내담자를 돕기 위해 필요한 개입이 무엇인지 결정함

9. 위험성을 줄이기 위해 지역사회의 관리감독(예: 피해자에 대한 접근 제한)에 필요한 외적 개입을 결정함

범죄 기회를 탐색함에 있어 치료자가 외적 상황에 집중하는 것뿐만 아니라 기회나 사건에 대한 내담자의 해석과 반응을 탐색하는 것이 중요하다. 치료자가 특정 위험 상황을 확인하는 동안 내담자는 위험성을 야기할 수 있는, 설명이 불가능한 모든 상황을 피하거나 관리해야 한다. 이 활동의 일부 목적은, 그렇게 위험성을 야기하는 상황을 확인하는 것뿐만 아니라 치료에서 전반적인 변화를 얻기 위해 내담자의 강점이나 평상시 자기조절 방식 및 다른 성향을 평가하기 위함이다.

범죄 전 행동(7단계)

범죄 전 행동은 범죄과정 중 이전 단계에서 목표를 세우고, 반응하고, 계획하는 것에서 비롯된 것이다. 이 단계에서 개인은 범죄 기회에 직면하게 되면서, 피해자를 적극적으로 유혹하거나 그렇지 않으면 피해자에게 접근할 방법을 찾고, 범죄를 계획하거나 일탈된 성적 환상 및 리허설을 하는 등 범죄를 향한 직접적인 전조행동을 하게 된다. 이전 단계에서와 같이 개인은 분석을 진행하면서, 범죄관련 목표나 좋은 삶의 목표 중 하나 또는 둘 다를 성취하려고 시도할 수 있다.

이 단계에서의 행동과 반응은 범죄 경로에 따라 다르다. 예를 들면, 처음에 회피 목표가 있었던 개인이 억제하지 못하게 되면서 기대와 즉각적인 만족 및 더 낮은 수준, 더 즉시적인 목표에 집중함으로써 그 결과 일시적으로 접근 목표로 전환할 수 있다. 이전에 내현적이었던 계획은 더 외현적이거나 직접적인 것이 될 수도 있다. 범죄관련 접근 목표를 갖고 있는 개인은 이러한 목표를 달성하려고 계속 노력하는데, 일부는 충동적으로 범죄를 실행하고, 일부는 범죄에 대한 명백한 계획을 갖고 실행한다. 이러한 개인은 긍정적인 정서와 피해자에 대한 공감 능력 또는 조망수용 능력이 낮을 뿐만 아니라 성적 각성이 증가되고 범죄과정 중 이 단계에서 기대감을 경험한다.

또한 이 단계에서는 개인이 성적 공격(공격과 폭력의 다른 형태뿐 아니라)을 억제하지 못했던 경험과 순종적인 피해자에게 어떻게 접근했는지를 평가하는 것이 중요하다. 또한 개인이 성적환상 또는 포르노 이용과 같은 활동에 참여하는 것은 그것이 각성을 증가시키는지의 여부와 관련된다. 이와 함께 치료자는 개인이 치료에서 구축한 강점이 될 수 있는 전략들을 자기조절에 어느 정도 사용할 수 있는지에 대해서도 주의를 기울여야 한다. 이 단계에서는 자기조절 기능에 대한 이해를 발전시키는 것이 가장 중요하다. 치료자는 개입에 있어 치료에서 변화될 수 있는 인지왜곡과 도식 또는 일탈적 성적 관심 등 특정 목표가 주는 정보에 주의해야 한다.

성범죄(8단계)

이전 단계들에서의 행동, 목표, 계획 및 다른 요소들은 성범죄를 하면서 끝이 난다. 이 단계의 탐색 목적은 범죄의 정확한 본질을 이해하고, 공식적인 문서와 같은 유용한 정보를 통해 개인의 이해를 통합하는 것이다. 여기에서 중요한 목표는 내담자가 범죄의 모든 세부사항을 인정한다고 주장할 필요는 없다는 점을 주목하는 것이다. 내담자의 견해와 범죄에 대한 공식적 견해 간의 차이는 그 차이의 정도에 따라 다루거나 다루지 않을 수 있다. 치료자와 다른 집단원들의 지지적인 도전은 내담자가 중요한 불일치를 분석하고, 범죄의 본질에 대한 이해를 확장할 수 있도록 돕는다. 이러한 도전은 범죄개방 활동 또는 수정하여 개방하는 과정에서 할 수 있으며, 이후에 내담자는 피드백을 반영하고 범죄과정에서 자신의 인지,

행동, 정서를 자각하는 기회(예: 이러한 특정 요인을 다루는 치료 모듈을 통해)를 가지게 된다.

7단계에서와 같이 범죄과정 활동 중 이 부분에서는 개인이 공격에 대해 탈억제되는 것을 극복하지 못했던 것과 피해자를 순응하게 했던 방법에 대해서도 탐색한다. 특히 중요한 것은 이전에 탐색한 인지도식과 일반적 성향(예: 자기조절, 일탈된 성적 각성과 성적 관심) 및 당시 상황에서 범죄로 진행하도록 한 암묵적 이론뿐만 아니라 범죄 책임에 대한 인지왜곡과 귀인이다.

Ward 등(2004)은 범행 중 이 단계에서 개인이 집중하는 것이 다양하다고 설명한다. 특히 개인은 **자기 초점적**(self-focus), **상호 초점적**(mutual focus) 또는 **피해자 초점적**(victim focus)이 될 수 있다. 이 단계의 범죄과정에서 자기 초점적인 개인은 피해자의 지각에 대한 고려가 결여되었음을 반영하는 진술을 하는 경향이 있다. 예를 들면, "난 흥분이 되어 자위를 시작했고 누구에게도 말하지 말라고 위협했어요." 상호 초점적인 개인은 범죄자나 피해자 모두에게 도움이 되고 즐거운 것으로 사건을 설명한다. 예를 들면, "내가 그녀를 만졌을 때, '안 돼요'라고 말하지 않았고, 그녀가 나 못지않게 즐기는 것처럼 보여서 계속했어요." 마지막으로, 피해자 초점적인 개인은 범죄가 피해자에게 도움이 되는 것으로 간주하고, 쾌락의 경험을 말할 가능성이 있다. 예를 들면, "나는 그녀를 다치게 하지 않았고, 내가 그랬던 것만큼이나 그녀도 즐겼다고 생각했어요."

범죄를 저지르는 동안 개인의 초점을 이해하는 것은 피해자 입장에 대한 내담자의 이해를 높이는 것으로 치료에서 다룰 수 있는 개입에 필요한 구체적인 정보를 제공한다. 다음의 사례를 살펴보자.

사례: 샘

샘은 모르는 사람을 강간하여 세 번째 유죄 선고를 받은 32세 남자다. 샘은 마오리 갱단의 일원으로 폭행과 절도를 포함한 비성적 범죄력도 있다. 그의 범죄과정 탐색에서, 그는 감정(특히 분노)에 대한 통제력 상실과 소식원들로부터 강화된 여성에 대한 적대적인 태도로 인해 적극적으로 범죄에 접근했음이 분명해졌다. 범죄를 저지르기 전에 샘은 몇 가지 크게 실망하는 경험을 하게 되는데, 가장 주목할 만한 것은 그의 삶에서 중요한 목표였던 학교로 돌아갈 수 없게 된 것이었다. 범죄과정 중 5단계에서 샘은 스트립 클럽에 갔고 그가 '교제'라고 말했던 것을 적극적으로 추구했다. 그는 댄서 중 한 사람에게 다가갔지만 바로 거절당했다. 그녀는 그와 잠시라도 함께 있는 것을 원하지 않는 상태였다. 샘은 격분했고 일이 끝나기를 기다리면서 그녀를 바라보기 시작했다. 그녀가 클럽을 나갔을 때, 그는 주차장까지 그녀를 따라갔다. 그의 의도는 자신과 함께 집에 가자고 설득하는 것이었다고 말했다. 그녀가 클럽으로 되돌아가려 하자 그는 그녀를 붙잡아서 건물 뒤 공터로 끌고 간 뒤 그녀를 강간했다. 샘은 특히 내·외적 통제감을 느꼈고, 최소한 그 순간만큼은 자신의 삶에서 개인적 힘을 되찾은 것처럼 느꼈으며, 뿐만 아니라 잘못되어 온 다른 모든 것과 함께 자신의 삶에서 그를 거절해 온 모든 여성을 향한 분노와 적대감에 대처할 수 없었기 때문에 자신의 공격을 멈출 수가 없었다고 말했다. 그는 피해자에게 상당히 많은 상처를 준 것을 인정했지만, 그녀가 '거친 성관계'에 익숙한 스트립 쇼 걸이기에 그녀도 적당히 그것을 즐겼을 거라고 생각했다.

이 사례에서 샘은 범죄과정 중 4단계에서 활성화된 능동적인 범죄 지지 접근 목표를 갖고 있었다. 처음에는 범죄를 저지를 의도가 없었지만 거절을 당해서 범죄를 지지하는 도식이 활성화되었고, 5단계의 범죄관련 접근 목표를 성취하기 위해 능동적인 전략을 선택했다. 그의 계획은 범죄의 기회와 목표를 성취(6단계)하는 기회를 만드는 것으로 좀 더 명백해졌는데, 그의 목표는 성범죄를 포함하여 성적 만족감을 얻고, 성적 공격을 통해 부정적 정서의 흥분을 감소시키며, 통제감과 자주성을 회복하는 것으로 나타난다. 샘은 범죄를 저지르는 동안 주로 자기 초점적이었던 것으로 나타나고 있지만, 그의 태도는 또한 상호 초점적일 가능성도 있음을 보여 주고 있다. 게다가 범죄 경로는 접근-자동 경로(인지적 각본과 도식의 상황적 활성화가 증명하는 것처럼)와 접근-명백 경로(계획의 일부 요소가 보여 주듯이) 둘 다의 요소를 포함하고 있다. 범죄과정 중 다른 단계에 대한 부가적인 정보는 범죄 경로를 명확하게 수립하기 위해 필요하다. 마지막으로 일차적 덕목, 역동적 위험요인, 범죄 전제조건(1단계)은 자주성, 내적인 평화, 지식, 숙달, 행복, 공동체 활동, 일반적 및 성적 자기조절력, 태도, 친밀감 결핍, 범죄 조직원과의 연관성, 부정적인 정서 상태에 대처하기 위한 전략으로 성을 사용하는 것 등의 최근 전략에 대한 확인이 필요하다. 이러한 요인들은 모두 샘의 문제가 있는 발달과정과 배경, 이전 대인관계력 및 범죄 조직과의 관련에서 비롯된다.

범죄 후 평가와 좋은 삶 계획 조정(9단계)

범죄과정에 대한 일부 모델은 범죄 후 발생하는 사건과 범죄를 저지른 후 범죄에 대한 개인의 반응에 대해 충분히 집중하지 않았다. 초기 자기조절 모델은 범죄 후 두 단계를 포함하여 좋은 삶/자기조절 통합모델로 확장하였다.

범죄과정 중 이 단계는 개인이 자신의 행동과 목표달성을 평가하며, 범죄의 즉시적인 결과, 범죄에 대한 책임 귀인, 범죄에서 피해자가 했던 '역할'을 평가한다. 또한 개인은 범죄와 관련된 자신의 인지와 감정을 평가한다. 회피 경로를 따르는 개인은 대부분 부정적인 감정을 경험하고, 범죄를 저지른 것과 관련된 수치심과 죄책감을 표현한다. 회피-수동 경로를 따르는 개인은 특히 수치심과 개인적인 실패감을 경험할 수 있다. 반면, 회피-능동 경로를 따르는 개인은 죄책감을 경험하고 스스로를 '약한' 존재로 간주할 가능성이 있다. 접근 경로를 따르는 범죄자는 대부분 긍정적인 정서를 경험하고, 범죄관련 목표를 성취함에 있어 범죄를 성공의 측면에서 평가할 수 있다. 마지막으로 범죄가 좋은 삶의 목표달성을 가져온다면 모든 개인은 범죄에 대해 성취감이나 긍정적 정서를 경험할 수 있다. 즉, 그들은 친밀감(관계라는 일차적 덕목)과 같은 목표를 범죄를 통해 얻었기 때문에 만족감과 성취감을 경험한다고 보고할 수 있지만, 반면에 성범죄를 저지른 것에 대해 부정적인 정서와 죄책감, 수치심을 경험할 수 있다. 론의 사례를 통해 계속 살펴보자.

사례: 론

36세의 론은 자신의 딸을 상대로 성범죄를 저질렀다. 범죄과정의 2단계에서 부인의 병이 범죄를 시작하게 된 삶의 사건이었다고 보고했다. 부인이 아팠을 때, 딸이 엄마를 돌보는 역할을 떠맡게 되었고, 그는 자신의 딸을 성적 대상으로 생각하기 시작했다. 이러한 생각들이 행동으로 옮겨지는 것을 피하고자 했던 그의 시도는 결국 실패했다.

범죄를 저지르고 나서 론은 자신의 행동에 대해 극심한 죄책감과 수치심을 느꼈다. 그는 그것이 잘못된 것임을 알았고 자신은 '괴물'이며, 친딸을 대상으로 범죄를 저지른 자신에게 틀림없이 심각한 문제가 있는 것으로 믿었다고 보고했다. 그러나 론은 치료에서 깊은 탐색을 통해 만족감 또한 느꼈음을 인정했다. 구체적으로 그는 "몹시 비참했지만 만족감도 느꼈어요. 너무 오랫동안 섹스가 없었던 것도 일부 원인이었고 자위는 더 이상 나에게 도움이 되지 못했어요. 정말 이상한 소리라는 걸 알지만 솔직하게 말하면 그것이 내가 만족감과 사랑을 느끼는 방법이었어요. 나는 집사람이 나를 다시 사랑해 주기를 바라요. 나는 가끔 내 어떤 부분이 나를 위해 거기에 없었던 집사람에게 복수한 것이라고 생각해요."라고 말했다.

이 사례에서 론은 회피-능동 경로를 따랐는데 범죄를 저지른 이후에 죄책감을 느꼈다. 그러나 그는 범죄를 통해 행복(성적 쾌락)과 관계(친밀감), 자주성(부인을 처벌하는 것으로 약간의 통제력을 가짐)이라는 일차적 덕목도 얻었음을 보여 준다.

이 사례는 또한 좋은 삶/자기조절 통합모델 내에서, 이 단계를 강화시키는 것이 중요함을 보여 주고 있다. 범죄를 통해 일차적 덕목과 일차적 덕목을 성취할 가능성을 인정하는 것뿐만 아니라 심지어 범죄-회피 목표를 갖고 있는 개인 중에는 범죄를 정적 강화의 개념으로 설명하기도 한다. 개정된 모델은 이전 모델보다 행동(긍정적, 부정적 행동 모두)에 대한 강화에 좀 더 분명하게 집중한다(Yates & Ward, 2008). 강화의 기본 행동 원리(Pavlov, 1927; Skinner, 1938)와 사회학습 모델(예: Bandura, 1986)에서는 행동이 오랜 시간 동안 개인의 전체 삶의 과정에서 견고하게 강화된 것이며, 이러한 강화는 행동을 유지하고 그 행동이 발생하는 빈도를 증가시키는 기능을 한다고 설명한다. 이러한 강화는 행동(성적 또는 다른 만족감과 같은)과 관련된 보상 또는 긍정적 결과의 형태로 강화하는 정적 강화 그리고 혐오스러운 자극(부정적인 감정 상태의 완화와 같은)을 없애는 형태로 강화하는 부적 강화 둘 다를 포함한다. 따라서 개인이 범죄 직후 경험하게 되는 강화의 본질을 이해하는 것이 중요하며, 치료에서 이러한 강화 수반성은 수정될 수 있다. 이러한 수반성을 수정하는 목표는 범죄가 더 이상 강화되지 않도록 하는 것이다. 그래서 개인이 다른 비범죄적 행동을 통해 목표를 성취하도록 강화하는 것이다. 결국, 범죄를 저지르지 않고 목표와 일차적 덕목을 성취하는 것을 강화시키는 것은 개인이 자기조절력과 좋은 삶 계획을 실행하도록 도울 수 있다.

마지막으로 범죄행동에 대한 결과와 지각에 따라 개인은 자신의 좋은 삶 계획을 조정할 수 있다. 일부 개인은 덕목을 성취하는 능력이 부족해서 그것들을 포기하는 것으로 결론을 내릴 수 있다. 반대로 다른 개인들은 범죄를 덕목을 성취하는 성공적인 방법으로 결론 내리고 그것들을 성취(즉, 친사회적인 행동보다 범죄를 통해)하기 위한 방법으로 조정할 수 있다. 따라서 범죄과정 중 이 단계를 탐색할 때, 개인과 치료자는 개인이 범죄를 통해 겪게 되는 이러한 변화도 확인해야 한다.

요약하면, 범죄과정 활동 중 이 단계를 탐색하는 목적은 다음과 같다.

1. 범죄 직후 나타난 내담자의 인지적 · 정서적 반응을 이해함
2. 범죄자가 피해자 탓으로 돌린 '역할', 피해자의 지각과 경험에 대한 이해, 자신의 행동 통제력에 대해 어떻게 느끼는지 등과 같은 책임에 대한 내담자 귀인을 확인함
3. 범죄행동을 강화하고 유지하게 하는 범죄 후 강화 수반성(범죄관련과 덕목 획득 둘 다에 대한)을 확인함
4. 추후 범죄를 없애는 데 도움이 될 수 있는 강화 수반성을 탐색함
5. 범죄를 통해 성취한 덕목에 대한 내담자의 인식 정도와 강화 수반성의 영향을 이해함
6. 범죄 직후 개인이 좋은 삶 계획에서 즉각적으로 수정한 것을 확인함
7. 범죄를 저지른 직후 및 현재에 내담자의 범죄에 대한 책임감 정도, 범죄에 대한 부인과 최소화를 이해함

미래 의도, 계획 조정 또는 개선(10단계)

범죄 직후에 자신의 행동을 평가한 후, 개인은 성범죄에 대한 장기 목표와 추후 성범죄에 대한 의도 및 목표를 계획한다. 그들의 의도는 행동 강화뿐만 아니라 범죄 경로 유형과 인지 도식, 암묵적 이론 및 성적 일탈이나 관심과 같은 다른 일반적인 성향에 의해 영향을 받는다.

어떤 개인은 범죄를 피하기 위해 자신의 행동을 바꾸려고 결심한 반면, 다른 개인은 추후 범죄에 유리하게 자신의 태도를 바꾸려고 결심한다. 후자의 평가를 토대로 결론을 내린 개인이라면 범죄에 성공했고, 범죄가 목표를 성취하기 위해 수용 가능한 수단이었다면, 그는 추후 범죄를 저지르는 것에 더 긍정적일 수 있다. 범죄 경로에 따라 그는 범죄 경험을 통합

하고, 범죄를 통해 추후 목표를 달성하기 위한 범죄 전략을 마련하거나 개선할 것이다. 반대로 자신의 행동에 대해 수용할 수 없고, 부정적이며, 강화되지 않는 것으로 결론 내린 개인이라면 그는 미래 범죄에 저항할 것을 다짐하고 자신의 회피 목표를 새롭게 정비할 것이다.

경로에 관해서는, 회피 경로를 따르는 개인은 통제력을 다시 발휘하려고 하고, 미래에 범죄를 저지르지 않으려고 다짐한다. 그러나 기술이 부족하거나 이러한 목표를 성취할 기회가 부족한 개인에게 적절한 개입이 없다면 이들은 다시 범죄를 저지를 가능성이 있다. 대신 회피 경로를 따르는 개인은 범죄관련 회피 목표를 포기하고, 범죄에 대한 접근 목표에 적응하면서 시간이 경과하면 접근 경로로 바뀐다. 접근 경로를 따르는 개인들에게 적절한 개입이 없다면 범죄를 수용하여 범죄를 통해 목표를 성취하는 방법을 강화하는 데 집중할 수 있다. 접근-명백 경로의 경우, 이러한 개인은 범죄 경험으로부터 적극적으로 배우고, 미래에 범죄를 계속하고 더 성공적으로 하기 위한 자신의 전략을 재정비한다.

이러한 평가에 주목하는 것이 중요하고, 범죄자의 미래 의도에 대한 계획이 반드시 명백한 의사결정일 필요는 없지만 사실상 더 자동적일 수 있음에 주목하는 것이 중요하다. 이에 더해 장기적 의도를 수립하는 데 개인은 범죄 양상에 주의를 기울이고, 범죄가 발생했을 때 인지부조화를 최소화할 뿐만 아니라 결정과 태도를 지지하기 위해 선택적인 방법으로 정보를 처리한다. 예를 들면, 범죄 회피 목표를 성취하지 못한 개인과, 자신의 행동에 대한 통제력을 다시 발휘하려고 결심한 개인은 범죄 기간 동안 발생하는 통제력 상실과 인지적 몰락에 대한 정보를 선택적으로 무시할 수 있다. 그러한 과정은 범죄가 어떻게 발생했는지 또는 범죄가 일어나는 것을 어떻게 방지할 것인지에 대해 배우는 것을 방해한다. 범죄 경험을 통합하는 과정에서 개인은 현재의 태도와 도식으로 범죄 경험을 받아들이거나, 대안적으로 이러한 태도와 각본을 수정한다. 따라서 범죄과정을 분석하는 데 있어, 시간이 흐르면서 범죄의 영향으로 발생하는 이러한 변화에 주의를 기울이는 것이 중요하다.

마지막으로, 9단계에서처럼 개인은 범죄과정의 10단계에서 자신의 좋은 삶 계획을 조정할 수 있다. 이러한 조정은 9단계에 비해 장기적 또는 보다 전반적인 변화로 나타난다. 예를 들면, 덕목 성취를 위한 수단으로, 범죄를 정당하고 수용 가능한 것으로 평가하는 개인은 이 단계에서 미래의 목표를 성취하기 위한 수단으로 범죄를 받아들일 수 있다. 한편, 범죄를 덕목 성취를 위한 수단으로 받아들일 수 없다고 평가하는 다른 개인은 이러한 욕구를 충족하려는 시도를 멈추겠다고 결론 내리면서 그 덕목을 완전히 포기해 버린다. 예를 들면, 다음과 같다.

"첫 번째 범죄를 저지른 후 나는 결코 다시는 그런 행동을 하지 않겠다고 스스로 다짐했어요. 그것은 정말 끔찍한 경험이었어요. 두 번째 때는 진심으로 섹스를 원했고 통제력을 잃었어요. 그때 나는, 범죄를 다시 반복하지 않으려면 섹스에 대해 생각하는 것을 멈추어야만 한다고 생각했어요. 세 번째 했을 때, 난 포기했어요. 분명한 것은 나에게 어떤 문제가 있고, 내가 어떤 문제가 있는 상황에 있다는 거예요."

이 짧은 인용에서 알 수 있듯이, 범죄과정 중 9단계의 강화 수반성은, 두 번째 범죄를 저지르는 동안 내담자의 행동을 강화시키는 성적 만족감으로 변화되었다. 범죄 초기에 분명하게 있었던 회피 목표는 세 번째 범죄를 저지를 때는 접근 목표로 발전되었다. 즉, 범죄에 대한 회피 목표를 포기하고 접근 목표를 선택하는 이 사례에서 범죄에 대한 장기 목표와 의도는 시간이 경과하면서 재구성된 것이다.

 ## 요약

이 장에서는 내담자의 범죄 경로와 그 과정을 이해하고 평가하기 위해 단계적인 방식으로 범죄과정을 탐색하는 상세한 방법을 제공하였다. 이 평가는 범죄 후 평가, 정보처리 및 범죄에 대한 추후 목표와 의도에 대한 계획을 통해 범죄과정 초기에 있었던 삶의 사건을 확인하는 것으로 시작된다. 이러한 활동은 범죄과정 중 1단계(9장 참조)에서 탐색된 내담자의 범죄 성향을 이해하기 위해 고안된 범죄개방 치료활동을 통해 실시하고, 내담자가 범죄행동에 대한 역동을 이해하고 변화할 수 있도록 돕는다. 내담자 자신의 범죄과정을 탐색하거나 좋은 삶 모델과 자기조절 모델에 통합시킨 요소를 포함하여 진행과정을 탐색하며, 범죄의 모든 요소를 완전하게 이해하고자 한다. 그런 다음 이러한 요소들을 성범죄에서 위험성 요인 및 다른 과정과 적극적으로 통합한다. 범죄에서 이러한 완전한 이해는 문제가 있는 영역에서 목표를 변화시키고 기술을 향상시키기 위한 단계를 설정하게 되면 가능하다.

11장

자기조절 경로 치료방법

범죄과정에서의 자기조절 모델을 설명한 3장에서는 이 모델이 좋은 삶 모델과 통합되기 위해 수정되었다는 점을 언급했다 (즉, SRM-R, Yates & Ward, 2008). 개정된 모델에서는 초기의 자기조절 모델(SRM)에는 포함되지 않는 개인의 좋은 삶 계획과 성범죄의 관계에 대한 이해를 고려하였다. 중요한 덕목 및 목표와 같은 구성요소는 그 자체가 범죄과정에서의 역할과 개인의 취약요인들을 식별하고 이해하기 위해 중점을 둔다.

자기조절이란 개인으로 하여금 다양한 상황을 평가하고 목표와 전략을 수립하게 하는 일련의 복잡한 과정이다. 성범죄 과정과 연관지어 볼 때, 이러한 목표와 전략은 서로 결합되어 범죄로 이어지는 뚜렷한 경로를 나타낸다(Ward & Hudson, 1998; Yates & Kingston, 2005; Yates et al., 2009). 이러한 경로에서 자기조절은 다양한 모습을 보이기 때문에, 각각의 경로에 맞는 다른 치료적 접근과 방법이 필요하다. 이 장에서는 개인이 어떤 방식으로 범죄를 시작하며, 또한 어떤 방식으로 삶에서 일차적 덕목을 얻고자 하는지 알아보고자 할 때 적용할 수 있는 방법들을 설명한다(Yates & Ward, 2008). 각각의 범죄 경로에 있어 치료에 대한 부가적인 정보를 원하는 독자들은 Ward 등(2006)의 연구 자료를 참고할 수 있다.

회피-수동 경로

회피-수동 경로가 부족한 조절력과 관계가 있다는 점을 상기해 보자. 범죄에서 이 경로를 따르는 경우, 개인의 목표는 성범죄를 회피하는 것에 있다. 이는 원하지 않는 결과(이 경우, 성범죄)가 발생할 것만 같은 불안, 공포와 관련된 억제 목표다. 그러나 이러한 목표를 가졌음에도 개인은 범죄를 방지할 수 있는 기술을 가지고 있지 않기 때문에, 이 중요한 목표를 달성할 어떤 능동적 전략도 수행하지 못한다. 기껏해야 범죄 진행과정에서 생기는 충동과 욕구를 단순히 무시하거나 부인하려고만 할 것이며, 그렇기 때문에 범죄를 회피하려는 노력은 수동적이다. 성범죄 발생 가능성이 분명해지면, 그는 탈억제와 통제력 상실, 인지적 몰락을 경험하게 된다. 그리고 상위의 목표를 포기하고 범죄를 추구하게 된다. 이 경로를 따르는 개인들은 보통 범죄를 피할 수 있는 자신의 능력에 대한 낮은 자기효능 기대치를 가지고 있다. 그들은 범죄행동, 대처 능력 및 일반적 자기조절 기술의 부족과 관련된 부정적인 정서 상태를 경험할 수 있고, 범죄 후 그러한 경험을 부정적으로 평가한다.

일반적으로, 범죄에 대하여 회피 목표를 지닌 덕분에, 회피-수동 경로를 따르는 개인은 성범죄를 멈추고 재범을 방지하고자 하는 목표를 치료자와 공유한다. 그렇게 함으로써 그들은 자신들의 목표를 달성하는 데 도움을 주도록 설계된 치료를 잘 받아들이게 되며, 변해야 한다는 생각에 저항하지 않게 된다. 따라서 일반적으로 치료의 첫 번째 단계는 기존의 동기를 바탕으로 상호 간에 합의된 목표를 설정하는 것이다. 또한 이러한 목표는 치료자를 통해 분명하게 강화되어야 하며, 그 목표가 치료에서 긍정적인 시발점이 되는 동시에 내담자로 하여금 자신의 치료 계획에 주인의식을 가질 수 있도록 해야 한다.

치료과정 중 이 시점에서 치료자는 내담자가 변화를 준비하는 데에 도움이 되도록 동기 강화 기법을 사용할 수 있다. 예를 들어, 목표 설정과정을 시작하기 위해 치료자는 내담자가 현재 상황과 그의 인생에서 원하는 상황 간의 차이를 분명하게 이해할 수 있도록 주의를 기울인다. 이 과정에는 자기조절(예: 탈억제와 통제력 상실에 대처하는 것을 포함)을 통해 무엇을 성취하고 싶은지, 어떻게 스스로 더 나은 목표를 설정하고 그것을 유지할 수 있을지에 대한 내담자의 생각을 이끌어 내는 것이 포함될 수 있다. 이러한 논의에는 반영진술과 요약 기법의 사용도 가능하다. '과거의 나'와 '미래의 나'에 대한 이해를 증진시키는 방법 또한 포함될 수 있다. 예를 들어, 치료자는 내담자에게 과거에는 어떻게 통제력을 상실했으며, 미래에는 어떤 방식으로 더 많은 기술을 가지고 삶의 덕목을 달성할 수 있는지에 대한 방향을 제시해 줄 수 있다.

이 단계에서 역시 필수적인 부분은 치료자가 내담자의 자기효능감을 전적으로 지지하는 것이다. 치료자가 쉽게 하는 조언이나 정보의 제공은 내담자에게 도움이 되지 않을 수 있다. 치료자는 내담자가 자기조절 영역 및 목표유지 영역 등과 같은 자신의 삶에서 성공적이었던 방법을 내담자에게 탐색하게 하고 반영해 주는 것이 좀 더 효과적일 수 있다. 그렇게 함으로써, 내담자는 그가 직면하게 될 도전과제에 자신의 강점을 더 잘 적용할 수 있다. 목표를 설정하는 일이 치료자에게 흥미로울 수 있지만, 내담자들은 거의 대부분 다른 사람이 자신을 위해 설정해 주는 목표보다 스스로 정하는 목표가 더 바람직하다는 것을 알게 된다.

동기강화는 또한 각 내담자에게 가장 중요한 일차적 덕목들을 확인하고 그 덕목들을 치료계획과 연관시킴으로써 향상될 수 있다. 비록 수단이 적절하지 못했다고 하더라도 치료자는 내담자를 수용하면서 덕목과 관련하여 범죄를 통해 달성하고자 했던 것에 대해 확인하고 주의를 기울이는 것이 중요하다.

제이콥: 저는 그 어린 남자아이를 몇 달 동안이나 좋아했어요. 나는 우리 둘 사이에 특별한 무언가가 있다고 생각했고, 우리 사이를 더 긴밀하게 할 수 있다고 생각했죠.

치료자: 당신은 다른 사람들과의 관계를 정말 중요시하는군요.

제이콥: 네. 옳은 방법이 아니라는 걸 알았지만, 그래도 그렇게 하고 싶었어요.

치료자: 한편으로는 그 아이가 당신과 연결될 수 있는 사람이라고 생각했지만, 다른 한편으로는 그로 인해 심각한 문제에 처할 수 있다는 것도 알았다는 말이네요.

제이콥: 그래요.

치료자: 그러면 그 당시에는 이 어린아이와 관계를 맺는 일에 대해 옳다고 여겼다는 말이 되겠네요. 그래서 어떻게 했고 무슨 일이 일어났죠?

제이콥: 나도 모르겠어요. 머릿속이 텅 비었나 봐요. 무시하려고 했지만 잘 안 됐어요. 유혹에 넘어가 버렸죠. 내가 원하는 만큼 그 아이도 좋아할 거라고 생각했어요. 나가서 그 아이에게 말을 걸었고 같이 게임을 하자고 초대했어요. 어떻게 될지는 몰랐지만, 한번 해 보자는 마음이었죠. '싫다'는 말을 하지 않아서 그 아이도 좋아한다고 생각했어요. 게임을 할수록 그 마음이 더 커졌고, 걱정이 사라졌던 것 같아요. 그 외에 다른 방법이 있었을지 지금도 모르겠어요.

치료자: 그 시간이 즐거웠나 보네요.

제이콥: 네.

치료자: 그러니까 당신이 즐거우면서도 다른 사람과 연결되는 방법을 가지는 것이 중요하군요.

제이콥: 하지만 이렇게는 아니에요. 이 모든 게 내 삶을 망쳤어요. 다른 사람들과 다시 즐거운 시간을 보낼 수 있을지 모르겠어요.

치료자: 이 일이 일어났고 사회적으로 규제를 받게 될 지금, 당신에게는 독립적이면서도 다른 사람들과 어울리며 즐겁게 지낼 수 있는 방법을 어떻게 찾을 수 있을까가 고민이겠네요.

제이콥: 네. 당신이나 다른 누구라도 방법을 알고 있다면 기꺼이 듣고 싶어요.

치료자: 당신은 범죄와 관련 없이 좋은 삶을 이룰 수 있는 방법을 찾고 있는데 어떻게 해야 하는지를 모르고 있네요. 그리고 가끔씩, 목표가 있으면서도 경우에 따라 그것을 잊어버리고요. 범죄를 저지르고 싶지 않지만, 그때는 이 생각을 잊어버려서 마음속에 이 목표를 확실히 지니기 위한 어떤 것도 할 수가 없었던 거죠.

제이콥: 바로 그거예요! 그걸 원하지 않았고 그 상황을 무시하려고 했지만, 잘 안 됐던 것 같아요. 문제가 생길 때 저는 늘 그런 식이에요. 뭔가 하고 싶지만 그냥 상황을 무시하고 나아지길 바라는 일 말고는 뭘 해야 할지 모르겠어요.

치료자: 정말 어려운 일이죠. 하지만 제가 제대로 이해했다면, 당신은 새로운 방법을 시도해 보고싶기는 한 거네요.

제이콥: 네, 당연하죠!

치료자: 제가 제안 하나 할까요?

제이콥: 네.

치료자: 지금부터 다음 주까지 스트레스를 받거나, 외롭거나, 불안감이 들 때 항상 기록을 해 놓으세요. 그리고 그럴 때 당신이 어떻게 대처했는지 적어 보세요. 그 상황에서 당신에게 느껴진 감정을 피하려고 했는지, 그 상황에 대해서는 아무것도 하지 않고 경험한 감정에 반응했는지, 아니면 그 상황에서 직접적으로 어떤 행동을 보였는지에 특별히 주목해 보는 거예요.

제이콥: 해 볼게요. 기분이 나빠질 때 무엇을 할 수 있을지 깨닫게 되는 점이 있겠네요.

치료자: 그거예요. 그리고 그렇게 작성한 목록을 다음 주 집단치료 시간에 가져와서 다른

> 사람들이 어떻게 말하는지 들어 보세요. 많은 사람이 비슷한 경험을 했을 테고 좋은 방법도 알고 있을 테니까요.
>
> 제이콥: 네.

회피-수동 경로를 따르는 범죄자들의 치료는 보통 범죄 시작부터 그 이후까지의 전체적인 범죄 진행과정과 그 사람이 범죄를 통해 얻고자 했던 덕목들, 범죄방지에 대한 전략의 부재에 대해 인식을 높이는 것으로 시작한다. 일차적 덕목의 관점에서 볼 때, 회피-수동 경로를 따르는 개인은 범죄과정과 그것의 전조(precursor)에 대한 지식이 결여되어 있으며, 범죄를 방지하기 위해 자신이 할 수 있는 효과적인 방법을 알지 못한다. 또한 범죄에 직면하는 경우 스스로가 통제력을 상실하고 범죄 회피 목표를 포기하게 되는 것과 범죄과정을 통해 일차적 덕목을 얻으려 한다는 사실에 대해 인식을 높이는 것도 필요하다. 내담자는 범죄과정에서 조치를 취하지 않으면 그것이 범죄로 이어지고 자신의 목표(즉, 범죄 회피) 달성과 미래의 일차적 덕목 달성도 어려워질 수 있음을 이해해야 한다.

내담자의 인식 능력이 향상되면, 치료는 미래 범죄방지와 위험성 관리, 인생에 있어서 보다 효과적인 자기조절, 덕목의 성취 그리고 좋은 삶 계획을 효과적으로 실행시키기 위한 필요기술을 다루게 된다. 내담자를 범죄의 위험으로 이끄는 취약요인의 인식 또한 주목해야 하는 부분이다.

범죄방지를 위한 내담자의 기술은 가장 문제가 되는 영역에서 개발되고 연습되어야 한다. 또한 내담자는 자신의 위험성 요인을 관리할 기술 역시 개발해야 한다. 특히 내담자는 범죄에 대한 욕구, 범죄를 통해 일차적 덕목을 성취하려는 욕구에 대처할 능력을 향상시켜야 하며, 그와 함께 범죄관련 욕구나 범죄를 통해 덕목을 성취하려는 욕구가 나타날 때 발생하는 통제력 상실을 관리할 능력을 향상시켜야 한다. 범죄가 일어날 수 있는 상황에 직면했을 때, 범죄를 피하고자 하는 자신의 노력을 포기하지 않기 위해서는 보다 높은 수준의 목표를 유지하는 법을 배우고, 삶의 긍정적인 목표를 성취하는 데 집중해야 한다. 인생의 목표를 달성하는 데 범죄가 어떻게 방해가 되고, 그것이 자신의 목표에 부합하지 않는다는 점(즉, 인지 부조화를 야기한다는 점)을 이해하는 것은 좋은 삶 계획을 실행하는 데 도움이 될 수 있다. 특정 위험성 요인을 목표로 한 메타인지와 자기관찰, 인지 재구조화, 부정적 정서 상태 관리, 충동조절과 관련된 구체적인 기술도 필요하다. 이와 더불어, 내담자가 배우고 있는 기술이 연습과 적용을 통해 잘 자리 잡힐 때까지는 고위험 상황을 피하거나 빠져나올 수 있도록 위험성 관리 전략을 개발해야 한다.

보다 일반적인 기능에 있어서는, 자기조절 결핍의 근원과 함께 그것이 내담자가 삶의 사건, 스트레스 요인, 문제점들을 처리하는 보통의 방식에서 나타나는지를 아는 것이 도움이 된다. 예를 들어, 자기조절 문제가 부적응이나 무력감, 무기력함에 의한 것이라면, 치료는 내담자가 자주성과 자율성을 확립하기 위해 삶에서 어떤 일을 할 수 있는가에 초점을 맞추어야 하며, 자신감과 자기효능감을 얻을 수 있도록 도와줄 수 있어야 한다. 그러므로 이 경로를 따르는 개인의 치료에서의 목표 중 하나는 범죄행동을 넘어 삶의 다양한 영역에서 자기조절을 강화하는 데에 있다. 이 방법은 위험요인 관리에도 도움이 될 수 있다. 예를 들어, 성적 자기조절 문제나, 충동성 또는 문제해결 등의 위험성 영역을 다루기 위해 배웠던 자기조절 전략은 좀 더 일반적인 삶의 문제를 다루기 위한 자기관리 전략이 될 수 있다. 마지막으로, 이 방법은 덕목을 성취하거나 목표를 달성하지 못하는 내담자에게 보다 일반적으로 삶에 대처하는 능력을 증진시키는 일과도 연관된다.

자기조절과 좋은 삶 계획의 실행을 향상시키는 방법에는 긍정적 접근 목표의 강화와 가치 있는 덕목 달성을 위한 내담자의 능력 향상도 포함된다. 그러므로 치료자와 내담자 모두 개인별 목표와 그 목표를 달성할 수 있는 수단을 구별할 수 있는 능력을 가질 필요가 있다. 즉, 내담자에게 중요하고 스스로가 달성하고자 하는 일차적 덕목은 강화되어야 한다. 문제는 수단에 있지 목표에 있는 것이 아니라는 점을 기억하며, 치료자와 내담자 간의 논쟁에서도 잊지 않고 인식하고 있어야 한다. 예를 들어, 내담자가 친밀감을 얻거나 자기가치감을 높이려고 어린아이에게 범죄를 저질렀다면, 치료자는 친밀감을 얻고자 하고 자기가치감을 높이고자 하는 내담자의 목표를 수용할 수 있고, 그것이 보통의 사람들에게도 흔히 나타나는 것이라고 인정해 주어야 한다. 그러므로 치료는 내담자로 하여금 적절한 관계를 형성할 수 있도록 친밀감을 얻고, 기존의 기술들을 구축하며, 새로운 기술을 배울 수 있는 대안적 방법에 초점을 맞추어야 한다. 또한 기술과 과정을 연습하고 강화하며 가치 있는 덕목을 성취하기 위한 외적 기회를 개발함으로써 덕목 성취의 기회를 만들어 내는 것도 필요하다. 이러한 기술들이 위험성 요인을 다루면서 효과적으로 적용된다면, 좋은 삶 계획 내에서의 위험성 요인을 관리하기 위한 특정한 대처 기술의 필요성도 줄어들게 된다.

사례: 돈

5장에 소개되었던 도미니크의 사례로 돌아가 보자. 도미니크는 21세의 청년이라는 점을 상기하기 바란다. 도미니크는 이전에 치료 프로그램에 참여했지만 재범으로 인해 새로운 치료 프로그램을 시작했다. 15세에, 그는 돈을 주며 여동생을 설득하여 성관계를 맺었다. 그는 거주 프로그램에 보내졌고, 그곳에서 치료에 부분적으로만 참여했다. 치료자는 도미니크가 그 학대 행동에서 자신의 역할을 인정하는 데에 어려움이 있다고 염려하였다. 도미니크는 이 프로그램을 마치기 전에 18세가 되었으며, 줄곧 그의 어머니와 함께 살았다. 도미니크는 이제 대부분의 시간을 집에서 보낸다. 그는 친구가 거의 없으며, 매일 여섯 병에서 여덟 병의 맥주를 마신다. 그는 무언가에 스트레스를 받으면 그 일이 지나갈 때까지 그와 관련하여 아무 일도 하려 하지 않는다.

도미니크의 최근 범죄는 여동생의 방문으로부터 시작됐다. 도미니크는 여동생이 방문하는 동안 그녀에게 성적 흥분을 느끼기 시작했다. 처음에는 그것을 무시하려고 했지만, 떨쳐 버리려고 하면 할수록 그 생각이 머릿속에 떠올랐다. 도미니크는 그녀가 적극적으로 "싫어."라고 말하면 멈출 수 있을 것이라고 생각했다. 그러나 그의 충동적인 시도가 성관계에 대한 생각을 부추겼고, 그는 점점 더 흥분하여 여동생이 자신의 마음과 같지 않다는 사실에 대처할 수 없었다. 그녀는 분명히 괴로워했지만, 그 당시 도미니크는 오직 그가 원하는 것에만 집중하고 있었다. 이 범죄에 대해 이야기하면서 도미니크는 혼란과 자기혐오를 나타냈다. 그는 자신의 행동에 대해 자신이 지루했고 '너무 많은 시간을 포르노물을 보면서 지냈기 때문일 수 있다'고 보았다.

평가와 치료의 초기 단계를 거치는 내내, 도미니크는 자신의 행동에 대하여 죄책감과 수치심을 표현하였다. 위험성 평가에서 그의 보험계리적 위험성은 정적 위험요인이 없기 때문에 상대적으로 낮게 나타났다. 예를 들면, 그의 범죄 피해자가 그의 친족이고, 그에게는 폭력적인 범죄나 비접촉 범죄 기록이 없다는 것이나. 하지만 도미니크는 젊고 안정적인 관계 속에서 살아오지 못했다. 역동적 위험성 지표에는 친밀감 결핍과 성적 자기조절 및 일반적 자기조절의 결핍이 포함된다. 알코올중독(비록 만성적 음주행위 그 자체는 위험성 요인이 아니라고 알려져 있다 하더라도) 역시 문제가 될 수 있다.

도미니크의 범죄와 연관된 일차적 덕목에는 행복/즐거움, 내적인 평화, 관계가 포함된다. 그의 좋은 삶 계획은 영역의 부족으로 인해 극히 제한되어 있다(도미니크의 좋은 삶 계획에는 많은 일차적 덕목이 존재하지 않으며, 다른 덕목들을 달성하는 방법을 거의 알지 못하는 것으로 보인다). 그의 계획은 또한 수단의 부족으로 인해 제한되어 있으며, 그 예로, 집에만 있기, 술 마시기, 충동이 사라지기만을 바라기를 들 수 있다. 따라서 도미니크에게는 어떠한 좋은 삶 계획에서라도 의미 있는 진전을 만들어 낼 가능성이 희박하다. 결과적으로, 즐거움과 관계를 추구하는 그의 시도는 여동생과 연관될 때 충돌하게 된다.

치료는 일차적 덕목들에 대한 도미니크의 인식과 그가 어떻게 자신의 삶과 범죄 속에서 이러한 덕목들을 달성하려 했는지에 초점을 맞추게 된다. 도미니크는 이를 위하여 개인력 활동을 활용할 수 있으며(9장 참조), 범죄과정의 각 단계에서 어떠한 요인이 범죄에 기여하게 되었는지 탐색할 수도 있다. 도미니크와 치료자는 그의 사고방식, 태도, 도식을 탐색하고자 할 것이며, 그러한 요인들이 어떤 방식으로 그의 일상과 범죄에 기여했는지 평가할 것이다. 치료는 더 나아가 부정적인 정서를 만들어 내는 상황에 대응하기 위한 인지적·행동적 기술의 습득 및 연습에 초점을 맞출 수 있다. 도미니크의 치료자는 계속해서 재범을 방지하고자 하는 목표를 지속적으로 지지할 것이며, 이러한 목표를 달성하기 위한 기술의 향상을 강조하여 도미니크로 하여금 스트레스를 받는 경우 접근 목표를 위해 그의 범죄관련 회피 목표를 포기하지 않도록 할 것이다. 하지만 주의할 점은 치료가 도미니크에게 자신의 충동을 관리할 수 있는 방법을 가르치는 것 이상으로 진행되어야 한다는 점이다. 또한 치료는 보다 만족스럽고 충만한 삶을 위한 계획의 개발에도 집중해야 한다. 이러한 접근법에는 도미니크로 하여금 효과적인 자기조절 기술 및 전략의 사용을 통해 자기 삶에 대해 그리고 성공적인 생활을 위한 자신의 능력에 대해 보다 깊이 생각할 수 있도록 도와주는 것이 포함된다.

회피-능동 경로

회피-능동 경로는 잘못된 조절력과 관련이 있다는 점을 상기하기 바란다. 범죄에서 이 경로를 따르는 경우, 개인의 목표는 성범죄를 회피하는 것에 있으며, 이는 원하지 않는 결과(이 경우, 성범죄)가 발생할 것만 같은 불안, 공포와 관련된 억제 목표다. 이 경로를 따르는 개인은 범죄를 피하기 위해 적극적으로 전략을 실행하며, 이 전략이 효과적일 것이라는 기대를 가진다. 그렇게 함으로써 그들은 자신의 행동을 계획하고, 관찰하며, 평가할 수 있고, 적절한 자기조절 기술을 갖게 되거나 적어도 특정 상황 속에서는 이러한 기술을 가질 수 있게 된다. 하지만 그들이 활용하는 전략은 범죄를 방지하는 데에 효과적이지 않을 수 있다. 실제로는, 오히려 역설적으로, 이렇게 시도한 전략들이 범죄 위험성을 증가시키기도 한다. 예를 들어, 술을 이용해 범죄 욕구와 관련된 부정적인 정서 상태에 대처하는 개인은 술의 탈억제 효과로 인해 위험성이 높아질 수 있다. 일탈적 성적 환상의 대안으로 자위행위를 하는 범죄자는 일탈적 각성과 성적 만족이 연합되면서 범죄에 대한 위험성이 증가될 수 있다. 일차적 덕목의 관점에서 볼 때, 이러한 개인에게는 범죄를 방지하는 데 필요한 기술과 전략에 대한 지식이 결여되어 있다. 성범죄 발생 가능성이 분명해지면서 이 경로를 따르는 개인은 흔히 불안과 탈억제, 통제력 상실, 인지부조화, 인지적 몰락을 경험한다. 이 시점에 그들은 회피 목표를 포기하고 범죄를 통한 성적 만족을 쫓게 된다. 이러한 경로의 개인은 초기에는 범죄를 피할 수 있는 자신의 능력에 대해 높은 자기효능감 기대치를 갖게 되지만, 범죄를 피할 수 없음을 인식하게 되면서 기대치는 줄어들게 된다. 이 경로는 일반적으로 범죄행동과 연결된 부정적인 정서 상태 및 범죄 이후 가지게 되는 부정적인 자기평가와 관련이 있다.

　회피-수동 경로를 따르는 범죄자들과 마찬가지로, 회피-능동 경로를 따르는 범죄자들을 위한 치료는 일반적으로 시작부터 그 이후까지의 범죄과정에 대한 인식을 향상시키는 것으로부터 시작된다. 그러나 회피-능동 경로를 따르는 개인의 치료는 범죄를 피하기 위해 활용한 전략(범죄과정의 4단계)이 효과적이지 못했다는 점을 인식시키는 것에 특히 주의를 기울인다. 그리하여 치료자는 이 단계에서 내담자가 과거에 범죄를 피하고자 시도했던 일이 어떻게 효과적이지 못했는지 이해시켜야 하며, 내담자로 하여금 이 목표(즉, 잘못된 조절력)를 성취하는 데 그 전략들이 효과적이지 못했던 이유를 이해할 수 있도록 도와주어야 한다. 이러한 인식 능력을 높이는 것은 또한 범죄 가능성에 직면했을 때 효과적이지 못한 전략들이 어떻게 부정적인 정서 상태를 야기하는지에 대해서도 초점을 둔다. 이러한 정서 상태는 범죄에 직면했을 때 회피 목표 성취에 실패할 것 같은 범죄자의 인식에서 오는 불안, 통제력 상실, 자기효능감 감소를 포함한다. 인식 능력을 높이는 것은 내담자로 하여금 자신의 회피 목표를 포기하고 일시적이라 하더라도 어떻게 범죄에 대한 접근 목표를 선택했는지를 이해하는 데에 도움이 된다. 범죄자의 전략이 위험성을 증가시키는 것에 영향을 끼친다면, 치료는 내담자가 증가하는 위험성과 그에 따르는 또 다른 위험성을 인식하는지도 다룰 필요가 있다. 이와 같이, 치료는 효과적으로 활용되고 있는 전략을 강화하는 것을 중점적으로 다루어야 하며, 그 전략에는 내담자가 성공적으로 범죄를 피할 수 있었던 상황을 기반으로 한 전략이 포함되어야 한다. 내담자로 하여금 효과적으로 작용될 새로운 기술을 습득하고 연습하도록 돕는 것과 함께 효과적이지 못한 전략을 구별할 수 있도록 돕는 일 역시 치료에 필요한 부분이다.

모든 내담자가 그렇듯 범죄 경로와는 상관없이, 치료는 내담자들이 범죄를 통해 얻고자 했던 일차적 덕목들에 대한 인식을 향상시킨다. 하지만 회피-수동 경로와는 다르게, 회피-능동 경로를 따르는 개인에게는 범죄에 효과적이지 않은 전략이 그들의 긍정적인 목표 성취와 좋은 삶 계획의 실행을 방해하는 것뿐만 아니라 다시 범죄로 이어지게 할 수 있다는 점을 알게 하는 것에 중점을 두어야 한다.

내담자가 효과적이지 않은 전략을 수행하는 자신의 방식을 이해하고 나면, 미래의 범죄를 피하고, 위험성을 관리하고, 일상생활에서 보다 효과적인 자기조절을 개발하며, 덕목을 성취하고 효과적으로 자신의 좋은 삶 계획을 수행하기 위해 필요한 기술과 전략을 개발하는 것이 치료에서 다루어져야 한다.

범죄를 방지하는 일과 관련되는 것은 가장 문제가 되는 영역에서의 기술을 개발하고 연습하는 일과 특정 위험성 요인들을 관리할 전략을 개발하는 일이다. 특히 내담자는 범죄에 대한 욕구에 대처하고 범죄관련 욕구나 범죄를 통해 일차적 덕목을 이루려는 욕구가 발생할 때 나타나는 통제력 상실을 관리할 능력을 개발해야 한다. 또한 내담자는 높은 수준의 회피 목표를 유지할 전략을 개발하고 계속해서 삶의 긍정적인 목표를 성취하는 데 집중하여 범죄를 방지하고자 하는 자신의 노력을 포기하지 않도록 해야 한다. 범죄가 어떤 방식으로 목표의 달성을 방해하고, 삶의 목표와 어떻게 다른지(즉, 어떻게 인지부조화를 발생시키는지) 그리고 어떻게 좋은 삶 계획의 실행을 방해할 수 있는지 이해하는 것 역시 내담자에게 도움이 된다.

범죄가 발생할 가능성을 자각하는 능력과 범죄를 방지하기 위한 시도로 전략을 실행하는 능력에서 확인되듯이, 회피-능동 경로를 따르는 내담자는 이미 약간의 능력을 가지고 있지만, 자기관찰과 같은 특수한 부가 기술이 필요할 수 있다. 그러므로 치료자는 회피-능동 경로를 따르는 개인이 가진 능력을 강화해야 함은 물론, 그와 동시에 범죄방지에 보다 효과적인 전략을 개발할 수 있도록 내담자를 도와야 한다. 내담자는 인지 재구조화, 충동조절, 부정적 정서 상태의 효과적인 관리와 같은 기술 역시 견고히 해야 한다. 이와 더불어 범죄로 이어질 수 있는 위험성이 나타나는 상황을 피하거나 벗어날 수 있도록 위험성 관리 전략을 개발해야 할 것인데, 이는 특히 연습과 적용을 통해 이러한 기술을 습득하고 강화하는 초기 단계에 필요하다. 이와 같은 자기관찰은 스스로가 범죄를 저지를 위험에 처해 있는 때를 관찰하고 이해할 수 있는, 각각의 내담자가 가지고 있는 자기조절 능력을 기반으로 한다.

보다 일반적인 기능에 관해서는, 내담자가 잘못된 조절력을 보이는 경향의 근원을 알고, 이러한 경향이 어떻게 자신의 삶의 다양한 사건과 문제에 반응하는가에 대해 아는 것이 도움될 수 있다. 예를 들어, 내담자는 삶에서 좀 더 일반적인 문제해결 기술에 어려움을 경험하는가? 내담자는 효과적으로 관리할 수 없는 어려움과 스트레스 요인, 삶의 상황에 직면하게 될 때 통제력을 잃는가? 만약 그렇다면 그러한 요인들은 보다 일반적인 자기조절 문제가 있음을 시사하며, 내담자의 범죄행동을 넘어 인생의 다양한 영역에 걸쳐 자기조절 기술을 향상시킴으로써 이 요소들이 치료에서 다루어져야 할 것이다.

회피-능동 경로에서 자기조절과 좋은 삶 계획의 실행은 긍정적인 접근 목표의 강화와 가치 있는 덕목들을 달성할 내담자의 능력 개발로도 향상될 수 있다. 치료자와 내담자는 개인의 목표와 그 목표를 이루는 데에 활용하는 수단을 구분할 수 있어야 한다. 치료자는 내담자가 가치를 두는 덕목과 삶의 목표뿐 아니라 내담자의 강점을 강화해 줄 수 있어야 한다. 치료는 목표 달성을 위한 대안적 방법에 중점을 두어야 하며, 특히나 회피-능동 경로에 있어서는 문제가 발생했을 때 개입할 수 있도록 현재 가지고 있는 기술들을 향상시켜야 한다. 덕목들을 달성할 수 있는 기회를 만들어 내는 것 역시 중요하며, 이는 기술과 그 과정을 연습하고 강화하며, 가치 있는 덕목들을 달성할 외적 기회를 개발함으로써 이루어져야 한다. 이러한 기술들은 위험성 요인도 다루게 되지만, 결과적으로는 성취감을 주는 좋은 삶 계획의 실행으로 위험성 요인을 관리할 구체적 대처 기술의 필요는 감소될 수 있다.

사례: 켄

5장에 소개된 켄을 기억해 보자. 신앙심이 깊은 그는 남성에게 어떠한 성적 관심도 없다는 사실을 확인하려는 시도로 대부분의 시간을 보냈다. 그는 21세에 한 여성과 잠시 결혼생활을 하였고, 교회에 열심히 나가기 시작했다. 그는 자신이 권위를 가진 지위에 있다는 것을 알고 있었고, 남자아이들에게 매력을 느낄 때마다 즉시 자신의 중요성을 떠올리면서 교회활동에 좀 더 몰두하였다. 그럼에도 그는 교회 성가대 멤버인 14세 남자아이에게 범죄를 저질렀다.

치료 프로그램 중에 켄은 자신의 범죄가 종교적 계율을 지키지 못했기 때문이라고 주장했다. 그가 살던 곳으로 돌아가서 몇 주 지나지 않아, 가족들은 그저 최소한의 연락만을 바란다는 의향을 분명히 하였고, 교회 동료들에게는 거리감이 느껴졌으며, 그는 시간이 갈수록 외로워졌다. 그는 교회 주변의 어린 남자에게 매력을 느끼는 자신을 발견했고, 터놓고 대화할 상대가 아무도 없다고 느꼈다. 켄은 결국 매력을 느낀 한 소년을 성추행했고, 그로 인해 자기혐오에 빠지게 됐다.

켄의 보험계리적 위험성은 보통 범주에 속한다. 그는 이전 범죄력이 있고 비친족 피해자가 있다. 그는 잠시 결혼생활을 했지만, 파트너와의 관계를 오랫동안 유지하지 못했다. 역동적 위험요인에는 정서적 친밀감 부족, 자신보다 상당히 어린 소년과의 정서적 일치, 성적 자기조절의 결핍이 있으며, 여기에는 일탈적인 성적 선호 가능성이 포함될 수 있다. 이러한 역동적 위험요인들은 그의 위험성 수준을 높인다. 또한 범죄를 피하려는 그의 시도는 효과적이지 못하며 상황을 더 악화시킬 가능성이 있다.

켄의 범죄에서 찾아볼 수 있는 일차적 덕목에는 영성, 관계, 내적인 평화가 있다. 이러한 일차적 덕목들이 핵심적인 역할을 하는 그의 좋은 삶 계획은 제한적인 영역으로 인해, 또한 그가 덕목들을 달성하기 위해 활용하는 수단의 문제로 인해 결함을 안고 있었다. 그가 추구하지 않은 일차적 덕목들 역시 많다(예: 자기조절에 대한 지식과 그의 삶을 향상시키고 재범을 방지하는 데에 필요한 창조성). 뿐만 아니라 그에게는 성적 학대와 관련되지 않은 방법으로 삶의 일차적 덕목들을 달성할 수단이 결여되어 있었다. 영성과 관련된 켄의 목표들이 그의 삶 속 다른 목표들과 어떤 식으로 충돌을 일으켰는지 치료에서 탐색

해 볼 필요가 있다. 켄은 삶의 문제를 해결하는 데에 있어 보다 균형 잡힌 좋은 삶 계획
대신에 영성에 의지한다.

켄의 치료는 그를 범죄에 취약하게 만든 요인들을 검토하는 일에 초점이 맞춰질 것이다.
치료자는 켄과 함께 일차적 덕목을 달성하기 위한 과거의 시도를 탐색하고, 그의 좋은 삶 계
획에서 찾을 수 있는 결함에 대해 이해할 수 있도록 도울 것이다. 이전의 도미니크의 사례에
서처럼, 치료자는 재범을 저지르지 않으려는 켄의 목표를 적극적으로 지지할 것이다. 켄과
치료자는 과거에 켄이 범죄를 피하기 위해 선택한 전략들을 탐색하고 특히 이러한 전략들이
어떻게 잘못된 조절력으로 나타나는지 평가할 것이다. 켄이 그의 삶의 많은 영역을 조절하
고 관리할 수 있는 기술들을 가지고 있다고 하더라도, 치료는 특히나 성행동과 관련된 재범
을 방지하기 위한 새로운 기술들을 습득하고 연습하는 방법에 초점을 맞출 것이다. 범죄 후
단계를 탐색함에 있어 켄은 범죄에 대한 과거 자신의 반응을 탐색할 것이다(예: 단순히 더 독
실한 신앙이 필요하다고 믿는 것). 재범을 피하려는 켄의 많은 노력이 그 자체로 일차적 덕목을
성취하는 도구가 되도록 하기 위해서는 좀 더 균형 있는 좋은 삶 계획을 개발할 수 있도록
작업해야 한다. 예를 들어, 그는 지식이라는 일차적 덕목을 달성하거나 다른 사람들과 새로
운 형태의 대인관계(예: 다시 학교에 들어간다거나 성인들로 이루어진 동호회 또는 그 지역사회 단
체에 가입하기)를 맺을 수 있는 삶을 달성하기를 원할 수 있다.

접근-자동 경로

3장에서 접근-자동 경로는 범죄관련 목표와 관련된 부족한 조절력에 의한 경로또는 탈억
제 경로라고 했던 점을 상기하자. 다시 말해, 이 경로를 따르는 개인은 범죄를 통해 일차적
덕목을 달성하고 범죄에 대한 접근 목표를 가진다. 그들의 태도는 또한 분명하게 범죄행동
을 지지하며, 그들은 충동적으로 범죄를 저지른다. 이 경로는 더 나아가 행동통제의 실패는
물론 성범죄를 지지하고 가능하게 하는 견고한 인지적 각본에 기반을 둔 환경 내의 상황적
단서에 상대적으로 빠르고 자동적으로 반응하는 특징을 보인다. 일반적인 인지적 각본에는

성적 특권의식, 여성에 대한 적대감이나 고정관념을 가진 태도, 일반적인 적대감이나 불신, 어린아이와의 성적 활동이 수용될 수 있다는 신념을 들 수 있다.

이 경로를 따르는 개인들은 범죄를 피하려 하지 않고, 오히려 충동적이고 조절되지 않은 방식으로 특정 상황에서 욕구를 충족시키기 위한 행동을 한다. 개인에게 있어서는 어떠한 계획이라도 상대적으로 극히 기초적이고 단순하다. 이러한 개인은 범죄를 촉발시키는 상황적 단서를 인식하지 못하거나 그 단서에 대한 자신의 반응을 인식하지 못할 수 있다. 이 경로를 따르는 개인은 개인과 환경에 의해 범죄과정 동안 긍정적인 정서 상태나 부정적인 정서 상태를 경험하게 된다. 하지만 긍정적인 정서 상태는 목표 성취로의 진전을 시사하며 이로 인해 범죄과정 속에서 계속 진행하고자 하는 동기를 부여한다. 접근 목표가 성취됨에 따라, 이 사람의 범죄 후 평가는 보통 긍정적이다.

접근-자동 경로를 따르는 개인에 대한 치료는 인지적 각본 및 개인이 지니는 암묵적 이론에 대한 인식을 높이는 것뿐만 아니라 이러한 요소들이 자신의 삶과 특히 범죄행동에 어떻게 일반화되었는지에 대한 탐색으로 시작된다. 중점사항은 그 개인이 범죄에 대한 접근 목표를 지니고 있다는 인식을 조성하는 데에 있다. 범죄가 인지적 각본과 자신도 인식하지 못하는 단서에 대한 반응으로 비교적 자동적으로 전개된다는 점을 감안할 때 범죄과정에 대한 인식을 높이는 것은 필수적이다. 특별히 범죄 상황이나 삶에서 목표를 설정하거나 의사결정에 충동적인 경향이 있는 사람은 범죄를 '어쩌다 일어난 일'로 표현한다. 9장과 10장에서 설명된 범죄과정 활동은 이 경로를 따르는 내담자가 범죄를 저지르는 동안 거치는 단계, 결정, 계획에 대한 이해를 도와줄 것이며, 상황과 환경 속에서 나타나는 단서에 대해 어떻게 이것들을 자동적으로 활용하는지, 또 그들의 행동에 직접적으로 관여하는 인지도식의 근원은 무엇인지를 이해하는 데에 도움이 될 것이다.

범죄를 지지하는 도식과 암묵적 이론에 대한 인식을 고취시킴에 있어서는, 내담자가 이러한 각본의 근원과 그 내용을 이해하는 것이 중요하다. 예를 들어, 각 내담자의 배경요인과 취약요인을 생각해 볼 때, 내담자는 세상을 위험한 곳으로 보고, 그로 인해 삶에서 응징이 필요하다고 느끼는가? 이러한 관점은 자주성이라는 일차적 덕목에 대한 지나친 의존이나 내담자가 활용하는 수단의 문제 또는 자주성이나 내적인 평화를 달성할 능력에 있어서의 어려움과 관련이 있는가? 이 영역의 탐색 목적은 각각의 내담자가 자신의 인지도식을 이해하고 그러한 신념체계가 삶의 사건을 해석하는 데 미치는 영향, 범죄와 좋은 삶 계획의 실행에 어떤 영향을 주는지 이해하는 데 도움을 주는 것이다. 이러한 도식은 관계나 직업과 같은 삶의 다양한 영역에서 내담자가 기능하는 데 영향을 미칠 수 있다.

인식 능력이 향상되면 접근-자동 경로를 따르는 내담자의 치료에서는 보통 도식치료를 활용하여 그가 가진 인지도식을 바꾼다(Young, 1999). 이러한 도식은 오랜 시간 지속되고 단단히 자리 잡고 있기 때문에, 치료에서 그것을 바꾸는 데에는 상당한 시간이 필요하며, 치료자는 이 변화과정 속의 진전을 강화하는 데에 관심을 가져야 한다. 이러한 각본의 기초를 형성하는 것은 중요도가 높은(특히 내담자의 발달과정 초기에 나타나는) 주제이기 때문에, 내담자의 개인적 정체성의 중요한 부분을 형성하려고 함에 있어 내담자가 이전의 도식을 바꾸는 것이 어려울 수 있음을 인정하는 것이 중요하다. 뿐만 아니라 이러한 반응은 변화시키기 어려울 수 있는데, 이는 내담자의 행동 반응이 확고히 자리 잡혀 있기 때문이며, 내담자가 그러한 반응을 통해 과거에 성공적으로 자신의 목표를 충족하고 일차적 덕목을 이루었던 경험으로 도식을 지속적으로 강화했기 때문이기도 하다.

에이단: 아시겠지만, 저는 이런 것들을 그다지 크게 걱정하지 않아요. 다른 사람들이 내 행동을 좋아하지 않는다면, 나한테 말하면 되잖아요. 경찰에 신고할 필요 없어요. 그렇게나 싫으면, 그건 그 사람들 문제라고요. 나는 내 인생을 살 뿐이고요.

치료자: 당신이 바라는 대로 삶을 자유롭게 살고 싶을 뿐이군요.

에이단: 이제야 알아들으시네요!

치료자: 진짜 문제가 되는 건, 법이 당신을 너그럽게 봐 주지 않는다는 점이겠군요. 그 때문에 당신이 여기에 와 있고요.

에이단: 음, 내가 여기에 온 가장 큰 이유는 판사들이 나를 보냈기 때문이긴 하죠.

치료자: 그러니까 당신이 여기에 온 가장 큰 이유는 이 문제에 있어 다른 선택사항을 찾을 수 없었던 거고, 또 어떤 면에 있어서는 작은 부분이지만 다른 이유도 있겠네요.

에이단: 뭐. 사실 난 내가 언제든 뭔가 배울 수 있다고 생각해요. 그러니까 여기 와서 이 문제를 벗어날 수 있다면, 오지 못할 이유도 없잖아요.

치료자: 제가 제대로 이해했는지 봅시다. 당신은 자신이 옳다고 생각하는 대로 자유롭게 인생을 살기를 정말 원하면서, 동시에 문제를 해결하기 원하는 마음도 있어요.

에이단: 맞아요.

치료자: 그렇다면 당신은 치료를 통해 뭔가 기대하는 점이 있겠네요. 자발적으로 이곳에 온 건 아니지만, 다시 자유를 되찾고 싶어서 여기로 온 거죠.

에이단: 네.

치료자: 당신의 세상 속에서 자유를 위해 싸우는 존재는 당신이에요. 당신이 누릴 수 있는, 당신을 위한 자유를 만들어 내는 방법을 찾는 일은 다른 사람과 함께할 수 없죠.

에이단: 당신은 내 세상에 대해 모르는 것들이 많다고요.

치료자: 당신의 세상을 바꾸려 하기 전에 일단 그 세상을 이해할 수 있을 누군가와 함께 하는 것이 필요해요. 정말 일리가 있네요. 당신의 행복, 즐거움, 자유, 자율성, 삶…… 이런 모든 것을 놓고 볼 때, 이 치료 프로그램에 참여해서 뭔가 더 발전시켜 나가 보는 건 어떨까요?

에이단: 해 보죠. 그거 한다고 나쁠 건 없을 테니까요.

치료자: 당신의 노력으로 당신은 무언가를 얻을 거예요. 세상을 다르게 볼 수 있게 될 거예요.

에이단: 그렇게 해 보고 싶군요.

치료자: 당신은 아까 당신의 세상에 대해 제가 모르는 게 있다고 했는데요. 그것에 대해 좀 더 이야기 해 주실래요? 당신의 세상은 어떤 세상인가요?

에이단: 내가 살던 곳에서는, 맞서 싸우지 않으면 사람들이 업신여겨요. 사실, 그곳에는 법을 어기는 사람들이 잡혀 들어오는 사람들보다 훨씬 많아요. 진짜 웃기죠. 그래서 난 세상이 공평해지길 바라는 사치 따위는 바라지도 않았어요. 언제나 맞서 싸워야 했으니까요.

치료자: 많은 경우에 그렇게 하는 게 잘 먹혀 들어갔다는 말로 들리네요.

에이단: 맞아요.

치료자: 다른 사람들이 충동적이라고 말하는 것들이 당신에게는 뭐랄까 독립심이라든가, 자율성 또는 당신이 처한 상황에 대한 통제를 유지하기 위한 것이었다는 거군요.

에이단: 그런 식으로 생각해 본 적은 없지만, 그건 맞는 말이에요. 세상은 위험한 곳이고, 나에게 다가오는 일들에 대해 맞서 싸울 준비가 되어 있지 않으면, 무슨 일이 일어날지 아무도 모르니까요.

치료자: 그러니까 당신에게는 자신을 곤경에서 도와주고 어른이 되어서도 살아남을 수 있게

해 주는 일련의 기술이 있다는 말이군요 지금에 와서는 상황이 어떻게 다른가요?

에이단: 글쎄요. 여기 왔잖아요. 안 그래요? 내 행동 중 일부는 언제나 효과가 있다고 말하기는 어려울 듯 싶네요.

치료자: 그 말은 당신에게는 세상을 이해하고 거기에 대응하는 방법이 있는데, 다른 어떤 환경에서는 그 방법이 효과가 없기도 하다는 거네요.

에이단: 네.

치료자: 일련의 신념과 태도, 다시 말해 당신만이 생각하는 방법을 가지고 살아왔는데, 그게 어디에서나 통하지는 않는 것과 같군요. 사실 효과적이지 못한 것을 넘어서, 당신을 이곳으로 오게 했죠?

에이단: 그래요. 그것에 대해 내가 할 수 있는 일이 뭐가 있나요? 완전히 새로운 동네에 가서 다른 관습이나 법, 그런 것들을 마주하게 되는 것 말고 내가 살던 곳으로 갈 수 있으면 좋겠어요.

치료자: 당신을 도와줄 수 있다고 생각해요. 자신의 신념과 생각하는 방식을 아주 성공적으로 탐색하는 많은 사람을 보아 왔어요. 하지만 당신 스스로에 대한 전문가는 당신 자신이니까, 이 모든 게 효과가 있을지는 더 알아봐야겠죠. 그렇다고는 해도, 당신이 정말 당신의 삶과 세상을 다르게 볼 준비가 되어 있다면, 그 무엇도 당신을 멈추게 할 수 없다고 확실히 말씀드릴 수 있어요. 세상에 대해 일종의 신념을 가지고 있는 모든 사람에게 나타나는 일 중 하나는 그 신념이 그들로 하여금 외부에서 오는 정보를 받아들이는 데에 영향을 미친다는 점이에요. 우리가 한 번에 이해해야 할 정보가 너무나 많기 때문에 우리의 마음은 이런 식으로 작용할 수밖에 없는 거죠. 세상의 모든 것을 생각해 봐요. 그것을 이해하는 방법이 없으면, 우리 마음속은 혼란스러울 거예요. 하지만 우리의 이런 반응기제에는 부작용이 있죠. 우리가 세상, 자기 자신 그리고 다른 사람에 대해 어떤 신념을 가지고 있으면, 그 사고방식과 일치하는 정보에만 관심을 갖게 되고, 일치하지 않은 정보는 무시하는 경향을 보여요. 이해가 되나요? 당신이 이랬던 적이 있는지 잠시 생각해 보고, 어떤 일이 있었는지 생각해 볼래요?

에이단: 완전히 이해했어요. 그렇게 생각해 본 적은 없지만요. 내 남동생이 나한테 묻지도 않고 내 차를 빌려 갔던 게 기억나요. 내가 어딘가에 가야 한다는 걸 그도 알고 있

었기 때문에 나는 엄청 열이 받았죠. 걔는 늘 그딴 식이에요. 생각이란 걸 안 한다니까요! 남동생이 돌아왔을 때 우린 엄청 크게 싸웠죠. 하지만 어머니가 동생에게 내가 오늘 일을 나가지 않으니 상관없을 거라고 말했다는 걸 몰랐어요. 어머니도 내가 추가 근무에 나가야 한다는 걸 몰랐고요. 게다가, 동생은 보호관찰관과 만나야 했고, 그렇지 않으면 문제가 생길 거라는 것도 나는 몰랐어요. 당신이 말한 대로 나는 동생이 늘 그렇듯이 행동했다고 추측했지만, 내가 틀렸던 거죠. 이런 걸 말하는 거죠? 내가 짜증이 나서 사실이 아닌 추측을 하게 했고, 남동생이 내 차를 가져가야 할 다른 이유는 생각조차 못하게 만든 거죠?

치료자: 네, 맞아요. 아주 좋은 예군요. 당신은 이 개념을 이해하려고만 한다면 상황을 다르게 생각할 수 있음을 이해하는 걸로 보이네요. 그리고 이제 뭔가 시도하고 세상을 조금 다른 방식으로 보기 시작해야겠다고 생각하는 것처럼 들려요. 맞나요?

에이단: 글쎄요, 그래야 할 것 같아요. 네, 그래야 하나 봐요.

치료자: 좋아요. 그럼 제가 제안 하나 해도 될까요?

에이단: 물론이죠.

치료자: 다음 주 동안 하는 일에 대해 일기를 써 보는 게 어떨까요? 매일 당신이 관심 있는 두 가지를 적는 거예요. 그게 무엇인지를 적고, 당신 마음에 든 생각을 적으세요. 좋은 생각이든 나쁜 생각이든 상관없어요. 그냥 당신 마음에 떠오른 생각을 적으세요. 그다음, 그 상황에서 느낀 점을 적으시고, 당신이 무슨 반응을 했는지 적으세요. 그러고 나면, 이제 제일 어려운 부분인데요. 그 상황에서 일어날 수 있는 다른 일을 생각해 보세요. 그게 사실이든 아니든 관계없어요. 그냥 당신이 생각해 낼 수 있는 모든 것을 적으세요. 자유롭게 생각해 보는 거예요. 이건 몸을 훈련하듯이 마음을 훈련하는 것과 같고, 마음을 더 넓히는 데에 도움이 될 거예요. 당신은 상황을 다른 식으로 보기를 원하니까, 이 훈련이 도움이 될 거라고 생각해요. 그러고 나면 집단치료에서 이 얘기를 나누게 될 거고, 다른 참여자들이 상황을 다르게 보는 방법에 대해, 당신이 그것에 다르게 반응할 수 있는 방법에 대해 이야기해 줄 거예요. 내 말이 어떻게 들려요?

에이단: 아까 말했다시피, 그렇게 해 보고 싶어요. 내 태도를 '좋은 쪽으로 이끌어 줄' 뭔가를 해야 하니까요.

위험성을 관리하고 내담자가 좋은 삶 계획을 성공적으로 실행할 수 있도록, 치료는 메타인지 조절에도 초점을 맞춰 내담자로 하여금 인지도식이 활성화되는 위험에 빠지는 때를 알게 하고, 더 나은 반응과 대처로 나아갈 수 있도록 한다. 이렇게 인식 능력을 높이는 것은 내담자들이 자신의 위험성 수준과 견고한 각본에 얼마나 의존하는지를 자각하게 한다. 치료는 이러한 인지적 각본의 변화를 목적으로 하기 때문에, 내담자가 언제 기존 도식으로 돌아가는지 알게 하고, 결과적으로 더 나은 자기조절 및 친사회적 목표와 연관되는 새롭게 개발된 각본을 토대로 상황적 단서와 삶의 사건에 반응하도록 돕는다. 자기인식을 높임에 있어 내담자의 입장에서 상당한 노력과 연습이 필요하며, 치료자와 내담자 모두에게 있어 인내심 역시 필요하다. 그러므로 내담자는 자신의 삶의 목표에 초점을 맞추고 범죄가 그 목표와 좋은 삶 계획을 어떻게 방해할 수 있는지 깨닫는 것이 중요하다. 치료과정에는 일차적 덕목과 그것을 이루는 데에 사용되는 수단 간의 충돌을 해결하는 것이 수반되어야 한다. 또한 내담자는 부족한 조절력과 충동성을 관리할 수 있는 특정 기술을 개발할 필요가 있다.

마지막으로, 접근-자동 경로를 따르는 내담자는 범죄에 대한 회피 목표를 개발하는 데에 도움이 필요하다. 그러나 앞서 설명한 바와 같이, 회피 목표를 유지하는 데에 발생하는 어려움을 고려할 때, 치료는 이 목표에만 의존해서는 안 된다. 따라서 내담자는 타인에게 보복하지 않으면서 일차적 덕목을 달성하고 자주성과 자율성을 획득하는 등의 긍정적인 접근 목표를 이룰 수 있도록 특정 전략을 개발하고 연습할 필요가 있다.

사례: 제이

5장에서 살펴본 제이는 아버지가 마약을 하고 어머니를 학대하는 가정에서 자랐다. 제이는 타인과의 정서적인 유대관계를 거의 맺지 못했고, 세상을 기회가 있을 때 즐겨야 하는 곳으로 보게 되었다. 그는 권위적인 대상을 적대적이고, 통제적이고, 변덕스럽다고 보았다. 그는 결국 소년원에 들어가게 되었고, 그곳에서 직원들이 근무교대를 하는 시간이나 밤 근무자들이 잠을 잘 때 자신보다 어린 10대들과 강제로 성관계를 맺었다. 이 시기에 제이의 성폭력에는 숨겨진 계획이 없었다. 그 대신, 그는 무언가가 그의 '마음에 갑자기 떠올랐다'고 말했다. 그는 기회가 생기자 그것을 활용한 것이다. 제이는 '거친 남자'로 통했고, 다른 아이들은 그를 우러러 보았으며, 그로 인해 우월감과 함께 스스로가 가치 있다는 기분을 느꼈다. 그는 이러한 성폭력에 대해 그 행동 자체가 즐겁고 위험을 감수할 만한 가치가 있다는 태도를 보였다.

제이는 또한 여자들은 진실을 말하는 데 있어, 특히 성적인 문제를 말할 때 믿기 어려운 존재라는 일반적 신념을 가지고 있었다. 제이는 자신이 범죄를 저지른 그 여자도 그에게 추파를 던졌다고 생각했기 때문에, 자신이 그녀를 성폭행한 것과 크게 다를 바가 없다는 신념이 있었다. 그의 생각에 따르면 '그녀가 그에게 신세를 졌다'고 보기 때문이다. 5장에서 설명했던 것처럼, 실제로 그에게는 그날 저녁에 누군가를 성폭행해야겠다는 특정 계획이 없었다. 제이는 성관계와 술이 연관된 그날 저녁의 행동들을 긍정적으로 보고 있었다. 그러나 다른 사람들에게 제이의 폭행은 '난데없는' 일이었다.

직원들에게 무례하게 추파를 던지고, 여러 규칙 위반 가운데 불법적인 성적 활동에 연루되면서도 침착함을 잃지 않는 제이의 수감생활 중의 모습은 다른 이들을 당황스럽게 만들었다.

제이의 보험계리적 위험성 수준은 중간 범주에 속한다. 그는 과거 범죄력이 있다. 비면식 및 비친족 피해자가 있다. 그는 안정된 관계 속에서 살지 않았다. 역동적 위험요인에는 반사회적 태도와 신념, 충동성 및 다른 자기조절력 결핍이 포함된다. 제이가 지니고 있는 도식에서 세상은 '힘이 곧 권리'인 위험한 곳이며, 여자들은 적대적이고 알 수가 없는 존재다.

제이의 좋은 삶 계획은 즐거움과 자율성/자주성에 초점이 맞추어져 있다. 그는 자율적으로 활동하기를 원했으며 자신이 바라는 대로 행동하려 했다. 이러한 일차적 덕목은 그의 범죄행동과 연관되어 있다. 그의 계획은 영역이 부족하여 관계, 지식, 영성과 같은 일차적 덕목을 과소평가했고, 즐거움과 자주성에 지나치게 가치를 두었다. 하지만 쾌락을 쫓는 그의 시도는 중요한 자율성의 상실을 자주 야기했으며(예: 교도소를 가게 됨), 이렇게 하여 두 가지 덕목 간에 충돌이 발생한다. 더 나아가, 그의 충동성은 자주성이라는 덕목을 성취하기 위한 그의 능력에 있어서의 문제와 관련이 있는 것으로 드러난다. 충동성은 그를 자율적으로 활동할 수 있게 했지만 자유를 박탈당하게 만들었다.

제이의 치료는 자율성과 즐거움 간의 충돌을 인식하는 데 중점을 두고, 그의 삶 속 다른 일차적 덕목들의 역할에 대해서도 탐색할 것이다. 치료자는 범죄가 삶에서 목표를 성취하는 데 도움이 되지 않는다는 점을 제이가 깨달을 수 있도록 해야 한다. 제이의 자기에 대한 관심을 이끌어 냄으로써, 치료자는 치료가 제이에게 중요해질 수 있는 더 좋은 기회를 얻게 된다. 치료는 또한 제이의 세상과 그 속에 있는 사람들에 대한 오래된 반응(즉, 그의 도식)에도 초점을 맞출 것이다. 제이의 태도 및 신념과 비교해서 그의 삶과 주변 환경을 이해하는 대안적 수단에 나타나는 불일치를 강조하는 것은 제이의 치료 첫 단계에 중요할 수 있다. 이러한 비교에는 교육(저항을 불러일으킬 위험이 있는)보다는 많은 열린 질문과 반영진술이 필요하다. 제이는 또한 자주성과 즐거움을 달성할 다른 방법을 탐색하는 것이 도움이 된다. 이 작업의 대부분은 치료자가 제이의 현재와 미래에 바라는 상태 간의 차이를 강조한다. 현재 제이에게는 범죄를 멈추어야 할 이유가 거의 없기 때문에, 동기를 강화시키는 것이 상당히 필요하다. 결과적으로 치료자는 그의 많은 시도가 어떻게 가치 있고 장기적인 결과를 만들어 내지 못했는지에 대해 제이와 탐색하면서 일차적 덕목을 달성하려는 그의 욕구가 타당한지 확인해야 한다. 이 접근법은 치료자가 재범을 방지하고자 하는 내담자의 목표가 타당한지 확인하는 회피 경로 치료와는 다르다. 또한 제이와 같은 내담자들에게는 회피 목표의 개발이 필요하다.

접근-명백 경로

• • • • • • •

3장에서 접근-명백 경로가 범죄와 정상적인 조절력을 갖고 명백하게 범죄를 지지하는 목표로 특징지어지는 획득 또는 욕구와 관련된 경로라고 설명했던 점을 기억하자. 이 경로를 따르는 개인은 의식적이고 분명하게 자신의 범죄를 계획하고 반사회적 목표를 달성하기 위해 잘 짜인 전략을 실행한다. 그들이 지니는 가치와 태도는 성범죄를 명백하게 지지하며, 그들은 이렇게 매우 견고한 신념과 인지도식에 기초하여 행동한다. 이 경로를 따르는 것은 흔히 범죄자가 중요시하는 몇 가지 일차적 덕목과 그들의 범죄행동 사이에 직접적인 연결 경로를 형성시킨다. 예를 들어, 이 개인은 어린아이와의 성관계를 통해 적극적이고 직접적으로 관계(예: 성적 쾌락의 형태)라는 덕목을 추구하거나, 스스로 정당하고 수용될 수 있다고 믿는 성적 우월감 또는 다른 형태의 학대, 목표, 활동을 통해 자주성이라는 덕목을 추구한다.

이 경로를 따르는 개인은 성범죄를 방지하고자 하는 욕구나 시도를 보이지 않으며, 자기 조절력에 문제가 있거나 대처 기술 또는 자기조절 기술의 부족으로 인해 범죄를 저지르는 것이 아니다. 오히려, 그들은 자신의 목표를 성취하기 위해 효과적인 전략을 활용하여 명백 하게 범죄를 계획한다. 친밀하거나 다른 어떤 관계를 형성하는 등의 기능 또는 기술에 있어 어느 정도의 결함은 있지만, 이러한 결함이 성범죄에 있어 가장 큰 원동력이 되는 것은 아니 다. 오히려, 범죄의 목표는 성적 특권의식이나 성폭력이 수용될 수 있다는 관점 등의 핵심 신 념과 관계가 있으며, 이는 성범죄를 지지하고 범죄에 대한 동기유발에 두드러진 역할을 한 다. 이러한 내담자에 대해 말하자면 인지왜곡이 분명할 수도 있고 그렇지 않을 수도 있다. 내 담자들은 그저 자신들의 행동이 수용될 수 있다고 믿고, 그로 인해 정당화가 필요하지 않기 때문에 범죄행동에 변명을 하기 위한 왜곡이나 정당화가 필요하지 않은 것이다. 이러한 범 죄자들은 범죄를 저지르는 동안 긍정적인 정서 상태를 경험하며, 목표를 성취했기 때문에 범죄 후 평가는 보통 긍정적이다.

접근-명백 경로를 따르는 범죄자들에 대한 치료에는 전반적인 그리고 범죄와 관련된 핵 심 신념과 도식의 이해 및 변화가 포함된다. 범죄행동과 관련된 목표는 반드시 회피 목표로 바뀌어야 한다. 이 변화에는 개인이 성범죄를 통해 어떤 덕목을 추구하는지 뿐만 아니라 범 죄가 개인에게 어떤 이익이 되는지에 대해 정확히 이해하는 것이 필요하다. 치료자 또한 이 러한 범죄자가 타인에게 해가 되지 않는 사회적으로 수용 가능한 방법으로 가치 있는 덕목 과 목표를 이루기 위해 어떤 능력과 자원, 기회가 필요한지 알아내야 한다. 치료는 견고하게 확립되어 있는 신념과 도식의 변화를 수반하기 때문에, 내담자의 발달과정에서 의도적으로 했던 위험한 행동과 그 원인에 대해 개방할 수 있는 치료 분위기를 조성하는 것이 중요하다. 개방과정에서 회피 목표를 가진 개인보다 접근 목표를 가진 개인이 훨씬 더 어려울 수 있다. 접근 목표를 따르는 개인들은 자기보호 방어기제가 필요하지 않기 때문에 모든 사실적 정보 를 거리낌없이 개방하는 경향이 있기 때문이다(Ward et al., 2004). 그러므로 이러한 내담자 들은 동기강화 기법을 통해 단순히 범죄에 대한 사실을 털어놓는 것보다 어려울 수 있는 범 죄에 대한 핵심 신념, 태도 그리고 일탈적 성 인지와 도식 및 행동을 개방할 수 있도록 격려 해야 한다. 이러한 내담자들은 자신의 행동에 문제가 있다고 여기지 않기 때문에, 변화의 숙 고 전 단계(pre-contemplative stage of change)에서 동기강화 기법을 통해 도움을 받을 수 있다(DiClemente, 1991; Prochaska & DiClemente, 1982). 그들은 또한 그들로 하여금 목표를 향해 노력하고 (명백한 친사회적 수단을 통해서라도) 자신의 이익을 위해 행동하도록 격려하는 개입을 통해 도움을 받기도 한다. 이러한 개입은 그들에게 가장 중요하면서 범죄와 관련되고 범죄로 직접 이끄는 일차적 덕목에 집중함으로써 가능해진다. 일차적 덕목과 목표가 치료과정에서 타당한지 확인하고 강화되어야 하기 때문에, 특히 이 치료의 절차는 치료자에게 어려운 과제일 수 있다. 따라서 치료자는 내담자가 이러한 목적을 달성하는 데 사용하는 문제가 있는 수단에 집중할 수 있도록 해야 한다.

파머: 나는 이 방에 앉아서도 아이들의 모습에 대한 환상에 빠지곤 해요. 전에 집단치료를 받을 때 늘 그랬죠. 난 창문을 통해 들어오는 햇빛을 바라보며 그 아이들의 부드러운 살결은 어떤 모습일까 상상하곤 했어요.

치료자: 그러니까 그러한 성적 환상에서 행복과 즐거움을 찾기 쉽다는 말이군요.

파머: 맞아요. 그리고 그건 아무도 몰랐을 거예요. 같은 방식으로 느끼는 다른 놈들을 빼고는.

치료자: 간혹 당신을 이해하는 사람은 치료 프로그램에 참여 중인 어떤 내담자뿐이라는 말이네요.

파머: 네.

치료자: 사실, 당신의 성적 관심은 놀라워요. 다른 사람들은 절망감을 느끼는 환경에서도 당신은 행복과 즐거움을 생각할 수 있으니까요. 어려움이 닥쳤을 때 당신이 편안히 쉴 수 있는 자신만의 완전한 세계가 있군요.

파머: 글쎄요. 그게 좋은 건지 잘 모르겠어요. 계속 내 상황을 곤란하게 만드니까요. 이번 프로그램 전에 두 번이나 실패했거든요. 이게 나인가 봐요. 태생적으로 그렇다니까요.

치료자: 어린아이들에게 강렬하고 즐거운 매력을 느끼면서도 아직 이루지 못한 당신 삶의 어떤 면이 존재한다는 사실에 걱정도 되나 보네요.

파머: 이 치료가 금방 끝나지 않을 것 같군요.

치료자: 그러니까 어떤 날은 당신의 성생활이 창조성과 행복을 가져다주는데, 또 어떤 날

에는 그 때문에 계속 치료를 받게 되는 것 같네요.

파머: 치료에 회의적인 생각이 든다고도 말할 수 있겠어요.

치료자: 제가 제대로 알아들었다면, 당신은 대부분의 다른 사람은 수용할 수 없는 어린아이와의 성관계가 당신에겐 수용된다는 강한 신념을 가지고 있어요. 당신은 이 생각이 아주 확고해서 집단치료 시간에 앉아서도 아이들에 대한 환상에 취해 있기도 했어요. 당신에게 어린아이와의 성관계는 당신이 명백하게 접근했던 무언가였고, 너무 위험해진 지금에 오기 전까지는 피하지 않았죠. 당신은 삶의 이러한 부분을 바꾸어 보려고 생각해 본 적이 없어요. 동시에, 당신은 범죄와 관련된 현실로 인해 당신이 도달하지 못하는 삶의 다른 부분, 자율성이나 내적인 평화, 어떤 형태로든 행복과 즐거움과도 같은 중요한 부분에 대해 인식하고 있어요. 맞나요?

파머: 네.

치료자: 그럼 어떻게 해야 할 것 같아요?

파머: 음, 내가 놓쳤던 것을 따라잡기 위해 인생을 살아가는 다른 방법을 찾아보려 해요. 내 신념에 대해서도 생각해 봐야겠어요. 이전에는 그 신념이 너무나 강했거든요. 당신이 말한 삶의 부분에 대한 목표도 세우려 해요. 대부분의 시간을 평화로운 마음으로 보낸다든가, 이곳으로 돌아오지 않게 해 주는 방법으로 삶을 살아가는 거요. 이제는 인생에서 얻은 것들을 잃어버리고 싶지 않아요.

치료자: 그만큼으로도 충분하고, 당신이 삶에서 무엇을 중요하게 여기는지 생각해 봤다는 것이 보이네요. 방금 신념이 강했다고 했죠. 어떤 부분이 그랬나요?

파머: 음, 예전에는 마음을 먹으면 항상 그 일을 해낼 수 있었어요. 아무도 날 막을 수 없었죠.

치료자: 무언가에 전념하는 것에 대한 좋은 경험을 가지고 있군요. 그게 당신이 말한 삶의 다른 부분과 어떤 관련이 있나요?

파머: 그 말은, 내가 진지한 변화를 이룰 준비가 되면, 아무것도, 아무도 나를 막을 수 없을 거라는 얘기예요. 다른 사람이 시켜서가 아니라 오직 나 혼자 힘으로 해내야 해요.

치료자: 세상의 다른 모든 것이 당신에게 바뀌라고 말한다 해도, 그것들은 실제로 당신을 바꿀 수는 없죠. 오직 당신만이 그럴 수 있고, 그렇게 원해야 해요.

파머: 맞아요.

치료자: 자율성, 내적인 평화, 행복 또는 쾌락 중 어떤 부분에서 스스로 가장 변화를 주고 싶나요?

파머: 즐거운 시간을 보내는 새로운 방법을 찾아야 해요. 최근에 그러지 못했거든요. 그 부분에 있어서 목표를 설정하려고 해요.

치료자: 법적 제한이 있을 것이기 때문에, 그 일에는 당신이 한 번도 경험해 보지 않은 활동에서 다른 사람들과의 협력이 필요할 거예요. 그건 어떨 것 같아요?

파머: 해 봐야죠. 모든 걸 다 좋아하겠다고 약속할 수는 없겠지만, 해 보고 싶어요.

치료자: 다음 한 주 동안 이 교도소에서 할 수 있는 새로운 활동에 대해 계획을 세우고, 다음 주 집단치료에서 어땠는지를 말해 보는 건 어떨까요? 그렇게 하면, 당신의 그런 모습을 본 동료들이 피드백을 주고 더 많은 의견을 줄 수 있을 거예요. 이런 종류의 치료 프로그램은 모두 당신을 위한 것이지만, 집단 속의 다른 사람들은 당신과 제가 생각해 내지 못할 의견을 가지고 있다는 점을 기억하세요. 괜찮을 것 같아요?

파머: 네. 할 수 있어요. 그렇게 해 볼게요.

접근─명백 경로를 따르는 범죄자들의 치료는 그들을 분명하게 범죄행동으로 이끈 발달상의 사건들 및 이전에 있었던 사건들에 대해 탐색하고 이해하는 것으로 시작된다. 치료는 이러한 내담자가 자신이 어떤 욕구를 충족시키기 원했는지 이해하고, 범죄를 통해 충족시킨 욕구, 자주성이나 성적 쾌락과 같은 욕구에 대해 이해할 수 있도록 도와준다. 이러한 치료의 초기 단계에서는, 내담자로 하여금 초기 경험들 간의 관계를 확인하도록 돕고, 다른 사람들에게 해를 입히지 않고 같은 목표를 성취해 낼 수 있다는 개념에 대해 생각해 볼 수 있는 동기를 갖도록 도움을 주는 것이 하나의 목표다. 내담자의 일차적 덕목들은 필수적으로 타당한시 확인하고 강화해야 하며, 내담자는 범죄가 다른 인생 목표를 방해하여 최고의 이득을 만들어 내지 못할 수도 있다는 생각을 고민해 보도록 하는 것도 필요하다. 예를 들어, 이러한 내담자들은 자주성이라는 일차적 덕목에 상당한 가치를 두고, 그것이 중요하고 추구할 가치가 있다는 생각을 강화하지만 체포, 수감, 법원의 명령, 감시 등으로 인해 방해를 받는다. 좋은 삶 접근법이 이러한 내담자들에게 특히나 도움이 될 수 있는데, 이는 좋은 삶 접근법이 변화를 시도하는 과정에 뛰어들고자 하는 동기를 증진시키는 방법으로 내담자의 자기 관심에 직접적으로 호소하기 때문이다.

위의 영역에 대해 내담자가 어느 정도 인식을 하고, 범죄에 지지적인 태도와 그 원인뿐 아니라 범죄를 통해 그들이 달성하고자 했던 덕목들을 확인하게 되면, 치료는 계속해서 특정 수단, 능력 그리고 타인에게 피해를 끼치지 않고 내담자의 좋은 삶 계획을 실행할 기회의 개발로 나아간다. 또한 접근-자동 경로의 사례에서처럼, 도식치료와 메타인지의 감시 및 조절과 같은 접근법은 범죄를 지지하는 도식과 핵심 신념을 바꾸는 데 중요한 역할을 한다.

태도의 변화가 시작되고 목표 성취를 위한 친사회적 수단을 수립하고 나면, 치료는 내담자가 메타인지 기법을 개발하고 적용하도록 돕게 되며(Wells, 2000; Wells & Matthews, 1994, 1996), 이는 치료 목표를 성취하는 것뿐만 아니라 새로운 인지적·행동적 반응과 각본이 자리 잡는 것에 도움이 된다. 이 치료과정의 일례로 들 수 있는 한 내담자는 자주성을 강하게 중시하지만, 이전에는 응징과 보복을 통해 성공적으로 자주성을 달성했던 사람이었다. 이 접근을 통해, 이와 같은 내담자는 손익 분석(cost-benefit analysis)을 하고 그러한 수단을 스스로에게 이득이 되는 친사회적 목표로 재구성할 수 있도록 도움을 받아, 자주성과 자율성의 달성에 대한 대안적 방법을 개발하게 된다. 이러한 과정이 효과적일 때는 치료자가 정직한 자기개방, 태도의 변화, 핵심 신념 및 도식의 변화, 일차적 덕목 성취를 위한 적절한 수단에 긍정적으로 변화할 수 있도록 점진적인 접근(successive approximation)으로 반응을 조성하고 긍정적인 강화를 사용할 때다.

사례: 윌리엄

어린아이를 성폭행하기 위해 동양으로 자주 여행을 떠났던 윌리엄(5장)을 기억하자. 그는 평화 봉사단(Peace Corps)과 다른 자선 단체의 교사로서 아이들에게 접근했다.

윌리엄은 적절한 조건하에서 아이와 성관계를 갖는 것은 정부가 국민을 대신해 판결을 내리는 범주를 벗어난, 사랑과 멘토십의 문제라고 굳게 믿었다. 윌리엄은 결국 대체 교사라는 신분으로 많은 아이를 성추행하여 체포되었다. 때때로 그는 적발을 피하는 동안 그것에 대해 대단한 자부심을 드러냈다.

윌리엄은 중간 범주의 보험계리적 위험성을 보인다. 그는 많은 범죄를 저질렀음에도, 기록상으로는 이번 체포가 처음이다. 그에게는 다른 범죄력이 없다. 하지만 그는 비면식의 여자아이와 남자아이 둘 다에게 범죄를 저질렀으며, 관계를 오래 지속하며 살아온 경험이 없다. 역동적 위험요인에는 성에 대한 몰입, 아이들과의 정서적 일치 그리고 성적 학대에 관대한 태도가 포함된다.

윌리엄의 좋은 삶 계획과 범죄에서 볼 수 있는 일차적 덕목에는 행복 또는 즐거움, 관계, 내적인 평화, 창조성, 일과 놀이에 있어서의 유능성이 포함된다. 그의 좋은 삶 계획의 결함에는 범죄라는 영역에서 벗어나 이러한 덕목들을 달성하는 능력의 부족, 덕목 달성의 수단, 아이와의 성적 활동이 다른 덕목의 달성과 충돌을 일으킨다는 사실이 포함된다.

윌리엄의 치료는 그의 좋은 삶 계획의 결함에 대한 인식 능력을 높이는 것과 좀 더 수용할 수 있는 방법으로 일차적 덕목을 달성하기 위한 대안적 수단을 개발하는 것에 집중한다. 또한 범죄를 통해 추구했던 일차적 덕목의 성취과정에서 시도한 방법이 비록 적절하지 않았다 하더라도 윌리엄의 치료에서는 수용할 수 있고 가치가 있다는 점을 강조한다. 과거 덕목을 성취하려 시도했던 방법과 자신, 법 및 타인과 충돌없이 추구할 수 있는 잠재적 대안 간의 차이에 대해 이해를 향상시키는 것에 우선적으로 집중한다. 이를 위해서, 윌리엄과 치료자는 그의 범죄관련 도식과 가치를 탐색하는 데 많은 시간을 투자해야 한다. 제이에게 그랬듯이, 치료자는 범죄와 관련되지 않은 방식으로 일차적 덕목을 달성하려는 윌리엄의 시도가 타당한지 확인한다. 자신의 삶을 탐색하기 시작하면서 처음에는 범죄를 멈추어야 할 이유를 거의 찾지 못할 것이기 때문에, 윌리엄에게는 동기를 강화시키는 것이 상당히 필요하며, 그와 함께 인지 재구조화와 새로운 인지도식의 개발 역시 필요하다.

요 약

이 장에서는 개인이 어떻게 범죄를 시작하게 되고 범죄 경로에 근거하여, 어떻게 삶의 일차적 덕목을 성취하고자 하는가에 대해 탐색할 때 적용할 수 있는 구체적인 방법에 대해 설명했다. 경로에 따라 자기조절의 형태가 서로 다르기 때문에, 각각의 경로에는 서로 다른 치료 접근법과 방법이 필요하다. 내담자가 따르는 범죄 경로와 상관없이, 좋은 삶/자기조절 통합모델을 활용하는 치료는 내담자가 범죄를 통해 달성하고자 했던 일차적 덕목들에 대한 인식을 높이는 것이다. 하지만 각각의 경로에는 저마다 강조되어야 할 영역이 존재한다. 궁극적으로, 범죄방지는 가장 문제가 되는 영역에 대한 기술의 개발 및 연습과 특정 위험성 요인들을 관리할 전략이 포함된다. 선택한 경로에 따른 차별적인 치료는 내담자와 치료자로 하여금 가장 효과적인 방향으로 작업할 수 있게 한다.

12장

좋은 삶/자기조절 통합계획 개발

기존의 치료에서는 위험성 요인의 변화, 일차적 덕목의 달성, 위험성 관리 및 삶의 목표 달성을 위한 기술과 전략의 개발 그리고 다른 관련 요소들을 목표로 하여 치료가 이루어졌다. 일반적으로 치료의 종결이 가까워지면 이러한 관련 요소들과 기술들은 위험을 야기하는 상황과 이러한 환경에서 위험을 줄이거나 없애기 위해 해야 할 행동을 내담자가 정확하게 설명할 수 있는 재발방지 계획으로 모두 통합된다. 그 계획에는 지역사회에서의 관리감독 및 생활의 일부분으로 부과되는 외적인 조건도 기술될 수 있다. 이러한 접근이 가지는 문제점은 그 방향이 부정적이고 회피 기반의 경향이 있으며, 오직 위험성 및 문제 영역에만 초점을 맞춘다는 것이다. 가장 중요한 것은, 이러한 접근법은 오랜 기간 회피 목표를 유지하는 것에서 오는 어려움, 범죄에서 하나의 자기조절 경로만으로 계획을 수립하여 의존하는 점, 심리적 안녕감과 만족스러운 삶의 달성에 초점을 두는 것이 결여된 점 등을 다루는 데에는 실패했다.

좋은 삶/자기조절(GLM/SRM-R) 통합모델 치료 접근은 재발방지 계획을 포함하지 않지만, 그 대신에 **좋은 삶/자기조절 통합계획**을 포함한다. 실질적 차이에서뿐만 아니라, 용어에 있어서의 차이는 부정적인 지향을 피한다는 것이다. 다시 말해, 재발방지 계획은 근본적으로 문제, 회피, 위험성을 내포하고 있다. 그에 반해, 좋은 삶/자기조절 계획은 목표의 성취와 삶에서 중요한 것을 달성하기 위해 또한 자신의 삶과 행동의 자기관리를 위해 긍정적인 변화를 계획하게 한다. 이러한 지향과 함께, 계획과 그 계획의 개발은 좋은 삶/자기조절 통합모델 치료 접근 전체를 반영하는데, 특히 치료는 문제가 되는 행동과 깊게 관련되어 있는 특정 활동에만 제한을 두어 삶의 기능이 가능한 한 정상적인 수준이 될 수 있도록 도와주어야 한다는 점이다(Ward, 2007; Ward et al., 2006). 예를 들어, 자신의 가족이 아닌 아이들에게 범죄를 저지른 내담자가 자신의 아이들과 지내는 것이 위험을 일으킨다는 증거가 없다면, 관리감독과 같은 일정 조건이 갖추어져야 하겠지만, 그는 자신의 아이들과 접촉할 수 있어야 한다는 것이다. 단순히 아이들에게 범죄를 저질렀다는 것으로 그 사람이 모든 아이를 멀리해야 한다고 결정하는 것은 부적절하다. 유사하게, 강간범은 위험이 야기될 수 있는 특정 상황을 피해야겠지만, 그가 성인과의 관계 형성 기회를 포기한다거나 앞으로 모든 독신여성 또는 독신남성을 멀리해야 한다고 요구하지는 않아야 한다.

　전반적인 치료과정을 통해 개발되었지만, 좋은 삶/자기조절 계획은 치료의 모든 면이 통합되어 있는 치료의 최종 결과물이다. 여기에는 다음과 같은 두 가지의 관련 목표가 있는데, (1) 좋은 삶의 모든 구성요소를 포괄하는 '삶의 지도'의 개발 및 실행과, (2) 내담자 삶의 다른 영역에서 내담자가 기능하는 것을 방해하거나 위협할 수 있는 문제 상황의 대처에 필요한 전략을 확인하는 것이다. 후자는 자기조절 문제와 급성 위험요인의 발생과 관련될 수 있으며(Hanson et al., 2007), 여기에는 관계에서의 갈등, 정서적 고통, 엄청난 스트레스를 주는 삶의 사건을 들 수 있다. 위험성은 변화할 가능성이 있다는 것을 말해 주고 있으며, 이러한 요인들은 또한 내담자들이 좋은 삶을 살고, 좋은 삶 계획을 실행하면서 문제로 나타날 수 있다.

　좋은 삶/자기조절 계획은 종합적이어야 하며 자기조절과 위험성, 좋은 삶을 달성하는 데 필요한 내부 및 외부 조건과 관련 있는 모든 요소를 포함해야 한다. 이 계획은 또한 치료의 유지와 함께, 내담자가 계획을 효과적으로 실행하는 것을 보장하는 감독관이 있는 지역사회에서의 관리감독을 토대로 한다(13장 참조). 이와 같이, 전통적인 재발방지 계획이 문제가 발생할 수 있다거나 위험성이 증가한다는 '경고 신호'와 같은 것을 포함하고 있다면, 좋은 삶/자기조절 계획은 이러한 분석을 넘어 그 계획이 실행되고 있는지, 또 제대로 진행되고 있는지에 대한 신호를 확인해야 한다. 따라서 좋은 삶/자기조절 통합모델 접근을 통한 지속적인 유지와 관리감독에는 내담자가 만족스럽고 성취감을 주는 삶을 살기 위해 노력하면서 효과적이고 적극적으로 행동을 조절하도록 관찰하는 것이 필요하다.

　계획을 임시방편으로 조정하는 것은 피해야 하는데, 이는 중요한 덕목에 접근하는 것을 방해하고 계획에는 물론, 궁극적으로는 하나 혹은 여러 개의 덕목 성취에도 부정적인 영향을 미칠 수 있기 때문이다. 개인이 특정 덕목의 성취를 위해 개발한 수단의 사용이 불가능하다고 해서 계획을 조정하게 되면 그 덕목을 달성하지 못하게 되고, 좋은 삶 계획에도 부정적인 영향을 미치게 된다. 예를 들어, 학교를 다시 다니기로 한 내담자가 지원서류 준비나 입학 허가에 어려움을 겪어 학교 대신 직장을 구하기로 한다면, 사실상 원래의 목표를 포기하는 것이다. 이렇게 수단을 변경하게 되면 지식(즉, 교육을 통한)이라는 덕목의 성취가 불가능해지며, 그로 인해 내담자는 이 덕목에 접근할 수 없게 된다. 따라서 그는 이에 해당하는 자신의 계획을 실행하지 못하고, 자신에게 중요하다고 명시했던 일차적 덕목을 성취하지 못하게 되는 것이며, 그렇게 되면 스스로 세운 좋은 삶 계획을 위태롭게 할 가능성이 있다.

좋은 삶/자기조절 계획 세우기

• • • • • • • •

치료 후의 좋은 삶/자기조절 계획에는 여러 가지 요소가 포함되어야 한다. 치료에서 이 시점은, 치료자와 내담자 모두 특정 내담자를 위해 좋은 삶에서 구성해야 할 요소들과 이러한 삶을 달성할 수 있는 최고의 방법에 대해 완전하게 이해해야 한다. 내담자의 계획에서 결함을 제거하거나 조절하기 위한 전략이 개발될 것이며, 위험성 요인도 다룰 수 있고, 자기조절을 위한 계획도 수립될 수 있으며, 훈련과 리허설을 통해 최소한 부분적으로라도 몸에 익숙해져야 한다. 이러한 모든 요소가 합쳐져 하나의 계획이 되며 여기에는 다음과 같은 내용이 포함된다.

1. 평가와 치료를 통해 내담자에게 중요한 것으로 확인된 일차적 덕목과 그것을 달성하기 위한 구체적인 계획
2. 일차적 덕목이 달성될 수 있는 방법을 보여 주는 이차적 덕목
3. 덕목들이 성취되고 있고 좋은 삶 계획이 효과적으로 실행되고 있다는 특정 지표(내담자와 다른 사람들에게 보이는)
4. 좋은 삶 계획이 위협을 받거나 위태로운 때를 알려 주는 특정 지표(내담자와 다른 사람에게 보이는) 그리고 이러한 문제를 다루기 위해 구성된 계획
5. 마찬가지로, 좋은 삶 계획에서의 결함에 대한 특정 지표(내담자와 다른 사람에게 보이는)

그리고 역시 이러한 문제를 다루기 위한 계획

6. 치료를 통해 개발하고 훈련한 기술들을 포함하여, 자기조절을 달성하고 유지할 수 있는 구체적인 방법

7. 특정 위험성 요인과 위험성을 관리할 계획

8. 위험성이 다시 나타나거나 매우 심각한 상황(즉, 경고 신호)이 될 수 있는 특정 지표(내담자와 다른 사람에게 보이는)

이 장의 마지막에 제공되는 견본은 계획의 개발에 필요한 이러한 요소들을 요약하는 데 도움이 될 수 있지만, 치료자는 이러한 계획이 치료를 통한 지속적인 임상과정에서 개발된다는 점을 유념해야 한다. 그렇기 때문에 단순히 내담자에게 워크시트(worksheet)를 주고 자신의 좋은 삶에 대한 요소를 작성하도록 하는 것만으로는 충분하지 않다. 치료의 마무리 즈음에 계획을 준비하는 시기에서는, 계획의 요약과 통합, 기술, 치료를 통해 개발된 계획을 보여 주는 훈련으로, 모든 영역이 치료에서 다루어지도록 해야 한다. 또한 위의 목록에 제시되었듯이, 계획은 명확하고 구체적이어야 하며 계획의 각 영역에는 치료를 통해 개발한 기술들을 포함해야 한다. 좋은 삶/자기조절 계획의 이러한 각 요소는 다음에서 설명할 것이다.

중요한 것으로 확인된 일차적 덕목

이전 장들에서 언급한 바와 같이, 일차적 덕목은 개인이 그 안에 그리고 그 자체에 가치를 두고 있는 활동이며 상태다. 평가와 치료 과정에서, 내담자는 이러한 일차적 덕목을 확인하게 되고, 그것을 써 내려가는 작업을 하면서 완성할 수 있다. 또한 내담자는 덕목달성을 위한 계획을 개발하고, 훈련하며, 실제로 실행하기 시작해야 한다. 치료가 마무리될 때쯤이면 좋은 삶/자기조절 계획이 완결되고 분명해진다고 하더라도, 내담자는 치료자와 다른 치료 참가자들(치료가 집단 형식으로 이루어진다면)의 도움을 통해 치료과정에서 그 계획을 구성하고 개발해야 한다. 치료가 집단 형식으로 이루어진다고 할 때, 다른 참가자들에게 제시될 수 있는 최종적인 계획을 개발하는 목적은, 각각의 내담자에게 중요한 것으로 확인된 모든 덕목과, 이를 달성하기 위해 수반되는 전략을 포함시키는 일이다.

모든 치료활동과 마찬가지로, 계획은 각 내담자 자신의 것이어야 한다. 또한 각각의 계획에 모든 일차적 덕목을 포함시킬 필요는 없다. 모든 덕목이 내담자의 삶에 나타나는 것이 어느 정도까지는 이상적이겠지만, 가치를 두지 않아 그것을 이루기 위한 노력을 기울이지 않는 내담자가 있다면, 그 일차적 덕목을 찾아내려는 계획의 개발에서 얻는 것은 거의 없을 것이다. 예를 들어, 어떤 개인에게는 친밀한 관계를 가지는 것이 중요하지만(관계라는 덕목), 영성에 대해서는 그렇지 않을 수 있다. 그렇다면 후자는 계획에 포함되지 않을 수 있다. 그렇다고는 하지만, 계획에는 되도록 많은 덕목이 표현되어 균형 잡히고 만족스러운 삶을 보장할 수 있을 정도로 충분히 종합적이어야 한다(즉, 계획에는 충분한 영역이 있어야 한다).

이러한 활동의 예시가 다음에 제시되어 있다. 제시된 사례는 일반적인 것으로 예시의 목적으로 작성되었다.

사례: 내담자 활동

치료자: 치료과정에서 당신에게 중요한 것이 무엇이고, 이러한 것들이 좀 더 큰 범주에 어떻게 속하게 되는지에 대해 이야기했어요. 여기 이 표를 보고, 가장 중요하다고 생각하는 목록에 체크 표시를 하면서, 각각의 요소가 얼마나 당신에게 중요한지 표현해 보세요. 그런 다음, 모든 항목에서 당신이 원하는 구체적인 것을 기록해 보세요.

나에게 중요한 것	이 영역에서 내가 원하는 것
√ 삶과 생존	살아갈 곳을 찾고 싶다. 생활할 수 있고 가족도 부양할 수 있을 정도의 충분한 돈을 갖고 싶다. 혈압을 조절할 수 있으면 좋겠다. 건강했을 때처럼 다시 운동을 하고 싶다
√ 지식	학위를 받기 위해 학교에 다시 다니고 싶다. 더 좋은 부모가 되는 방법을 배우고 싶다. 내가 범죄를 저질렀을 때 무슨 일이 있었는지 내 아내에게 설명할 수 있으면 좋겠다.

일과 놀이에서의 유능성	동생과 함께 내 일을 다시 하고 싶다. 계속 일만 하기보다는 주말에는 쉴 수 있으면 좋겠다.
√ 자주성	대인관계를 잘 관리해서 다시는 위협받는 느낌을 받고 싶지 않다. 살 수 있는 곳을 찾아 독립하고 싶다.
√ 내적인 평화	더 이상 우울하고 싶지 않다. 평온함을 느끼면 좋겠다. 내 삶에 대해, 내 자신에 대해 좋은 느낌을 가지고 싶다. 좀 더 편안한 마음이 되었으면 좋겠다.
관계	내 형제들과 연락하고 싶다. 아내와의 관계를 개선하고 싶다.
공동체 활동	교회에 다시 다닐 수 있으면 좋겠다. 자조집단에 참여하고 싶다.
영성	교회에 다시 다닐 수 있으면 좋겠다.
√ 행복	'평범한'삶을 살고 싶다. 기분이 좋아지고 걱정하지 않아도 되는 성생활을 하고 싶다.
창조성	삶이 재미있었으면 좋겠다. 목공 자격증을 따고 싶다.

　이 예시에서 '삶이 재미있었으면 좋겠다.'와 같은 일부 표현은 다소 막연하다. 치료에서 내담자는 자신의 삶을 '재미있게' 만드는 것이 무엇인지를 구체화할 수 있어야 한다. 예를 들어, 그는 자신의 삶에서 어떤 즐거움을 가지는 것이 필요하다는 것인지, 혹은 다양한 관계와 활동을 하고 싶다는 표현인지가 불분명하다. 이러한 표현은 치료 초기에 있는 내담자에게 나타날 수 있지만, 계획을 개발하는 치료의 마무리에서는 내담자가 보다 구체적일 수 있어야 한다.

　확인된 덕목을 달성하기 위한 구체적 세부사항도 계획에 정확하게 작성되어야 한다. 일차적 덕목은 이차적 덕목과 중첩될 수 있는데, 이는 일차적 덕목을 달성하게 할 수 있는 구체적 수단과 활동, 환경으로 표현된다. 이 과정은 다음에 기술되어 있다.

이차적 덕목

· · · · ·

이차적 덕목은 일차적 덕목을 성취하는 수단으로 표현된다. 일차적 덕목의 지표와 마찬가지로, 내담자들은 덕목을 이루고 목표를 달성하기 위해 무엇을 할 것인지에 대하여 구체적이어야 한다. 치료자는 내담자들이 그들의 환경과 상황 속에서 이러한 목표를 성공적으로 달성할 수 있는 능력(즉, 내적 기술)과 외적 기회를 가지고 있는지에 대해 주의 깊게 살펴야 한다. 예를 들어, 이혼 소송을 제기한 배우자와의 관계를 회복하기를 원하는 것으로 나타난 내담자는 달성할 수 없는(또한 관계라는 일차적 덕목을 달성할 수 있는 수단에 결함이 있는 것으로 보이는) 이차적 덕목을 설정한 것이다. 치료를 통해 이 덕목은 재구성되어야 하며, 내담자는 자신의 삶에서 친밀감을 이루는 대안적 방법과 그것을 달성할 기술을 개발할 수 있도록 도움을 받는다.

이와 같은 훈련을 토대로, 내담자들은 수단(즉, 이차적 덕목)과 더불어 구체적인 덕목을 달성하기 위해 실행할 구체적인 계획에 대해 설명할 수 있게 된다. 내담자는 각각의 일차적 덕목을 달성하기 위해 몇 가지의 방법과 수단을 확립할 필요가 있으며, 하나의 활동과정에만 의존하지 않아야 한다.

좋은 삶/자기조절 모델 평가와 치료의 모든 측면에서처럼, 치료자는 내담자의 생각, 의견, 해결책을 이끌어 내고, 내담자에게 계획을 제시하기보다는 종합적으로 계획하는 과정임을 안내하는 것이 중요하다. 이 계획은 결국 내담자의 몫이고, 계획의 개발과 그 결과에 있어 내담자가 관여하지 않는다면, 개인과 관련성이 적거나 의미가 없어질 수 있다. 아래의 훈련은 내담자가 완성해야 하는 항목의 점검을 위해 계획된 것은 아니다. 오히려, 각 영역은 내담자의 초기 생각을 최초로 표현한 것이다. 그런 다음에 내담자는 집단치료에 그 계획을 가져가서 피드백을 받고 계획을 수정한 다음 다시 집단치료에서 그 피드백을 어떻게 적용시켰는지에 대해, 피드백을 적용시키지 않았다면, 그러지 않은 이유에 대해 논의하게 된다. 마지막 결과물은 읽기 쉬워야 하겠지만, 십중팔구는 그러기 어려울 것이다.

치료자: 계획을 세웠네요. 당신은 좋은 삶 계획에 관하여 당신의 생각을 적어 보는 기회를 가졌어요. 치료에서 동료들과 가능한 최선의 관계를 형성하기 위해 정말 열심히 노력했고요. 오늘이 당신의 계획을 다른 사람들에게 소개할 기회예요. 분명한 것은, 좋은 삶 계획이 배가 항해하면서 어떤 나침반도 사용할 수 없을 때 바라보는 별과 같기 때문에, 이 단계가 치료과정에서 중요한 부분이라는 점이죠. 시작하기에 앞서 질문 하나 할게요. 0에서 10까지의 점수로 나타낸다면, 당신은 이 계획에 얼마만큼 자신이 있나요?

머레이: 7점 줄 수 있을 것 같아요.

치료자: 좋아요. 왜 7점인지 말해 줄래요?

머레이: 음, 여기에 많은 노력을 기울였고 해낼 수 있다는 자신이 있어서 6점은 안 줬어요. 뭔가 놓친 게 있지 않을까 해서 8점까지는 안 줬고요.

치료자: 집단의 다른 사람들에게 의견을 듣는 게 기대되겠네요.

머레이: 좀 긴장되긴 하지만, 기대돼요. 그들이 어떻게 생각하는지 알고 싶어요.

치료자: 여기에 엄청 노력했군요. 왜 6점은 아니라고요?

머레이: 왜냐하면 이건 정말 중요하니까요. 내 삶은 안정적이고, 다시는 누구에게도 해를 끼치고 싶지 않아요.

치료자: 안전과 좋은 삶이 당신에겐 정말 중요하군요.

머레이: 물론이죠.

치료자: 그럼 9점이 되려면 뭐가 더 필요할까요?

머레이: 당신과 다른 사람들이 하는 말을 들어야 해요. 그리고 그걸 내 계획에 적용시킬 거고요. 더 보탤 부분이 있다는 것도 알고 있고, 그것을 수용하겠어요. 더 좋게 만들어 줄 테니까요. 그런 다음에 실생활에서 연습을 해야겠죠.

사례: 내담자 훈련

치료자: 머레이, 당신은 치료 중에 당신에게 중요한 것이 무엇이고 각각의 영역에서 무엇을 원하는지 얘기했죠. 여기 이 표를 보시고, 이러한 목표를 어떻게 달성할지에 대해 상세하게 적어 주세요. 구체적으로요.

나에게 중요한 것	이 영역에서 내가 원하는 것	나에게 중요한 것을 달성할 방법
삶과 생존	40대 남자로서의 삶을 원한다. 피트니스 클럽에 등록해서 운동을 하고 싶다. 여자친구 데보라와 살림을 차려서, 다른 친밀한 배우자들이 갖는 일상생활을 하고 싶다. 책이나 잡지를 발간하는 회사에서 일을 하고 싶다.	자유 시간에 책을 읽고, 뉴스를 보면서 지내며, 건강한 신체를 유지하기 위해 운동을 한다(예: 조깅, 웨이트 트레이닝). 리틀리그(little league)처럼 어린이들에게 더 인기 있는 스포츠 활동은 자제한다. 좋은 삶 계획에 대한 집중을 유지하기 위해 명상을 한다. 출판업계에서 직업을 찾는다.
지식	편집과 배열, 인쇄가 이루어지는 방법과 출판업에 대해 배우고 싶다. 치료를 계속 진행해 내 자신에 대해 더 잘 알고 싶다. 나이가 들기 때문에 건강한 생활에 대해 더 많이 알고 싶다.	출판업을 배우는 것에 도움이 되는 성인 교육 프로그램을 찾아본다. 출판 일에 대해 더 배우기 위해 출판사에서 내가 할 수 있는 어떤 일이든 찾아서 한다. 치료를 유지할 수 있도록 지역사회 감독관 및 치료자와 함께 노력한다.
일과 놀이에서의 유능성	출판업을 목표로 삼고 일터와 학교에서 그것에 대해 배운다. 학교에 들어갈 수 없다면, 그 주제와 관련된 책을 산다. 체력단련을 제일 중요한 취미로 만들고 싶다.	출판업계에서 내가 할 수 있는 어떤 일이든 찾아본다. 내가 사는 도시에서 성인 교육 프로그램을 찾고 출판업 관련 서적을 주문할 수 있는 서점을 알아본다. 취미로 피트니스 클럽에서 운동을 하고, 어떤 날은 다른 날보다 더 즐거울 수 있음을 인식한다.

자주성	대부분의 40대 남자들에게 있는 자율성을 갖고 싶다. 법적 상황으로 인해 내 행동에 제한이 있음을 수용한다. 이러한 제한 범위 내에서 독립적인 생활을 하고 싶다.	일상 속 모든 스트레스에 대처하기 위해 치료에서 배운 의사결정과 문제해결 기술을 사용한다. 법적 제한이 나를 문제로부터 벗어날 수 있게 도와준다는 것을 지속적으로 상기한다. 내가 하는 모든 일은 오직 내가 선택하는 것이며, 내 자신의 결정에 자율성이 있음을 항상 인식한다. 내가 독립적이라는 점을 주기적으로 상기하며, 이전의 방식으로 생각하지 않겠다는 것을 확실히 하기 위해 자기관찰을 한다.
내적인 평화	내 삶의 틀을 유지하면서 내적 혼란에서 벗어나고 싶다.	이틀에 한 번씩 20분의 명상을 지속적으로 한다. 내 삶에서 다른 일차적 덕목을 달성하는 과정을 지속적으로 생각한다. 데보라와 평온한 시간을 보낸다. 이완을 위해 운동 프로그램을 계속 유지한다.
관계	데보라와의 관계를 유지할 수 있도록 한다. 마음을 개방해서 이야기하고 많은 활동을 함께할 수 있는 친구모임을 만들어 본다.	데보라와 항상 마음을 개방해서 이야기한다. 의견 차이가 있을 때, 적어도 그녀가 말하는 모든 것의 반 혹은 그 이상이 옳을 수 있음을 내 자신에게 상기시킨다. 다른 사람의 마음을 더 공감할 수 있는 방법에 대해 매일매일 내 자신에게 물어본다. 그녀도 즐기고 나도 역시 즐길 수 있는 활동을 매주 하나씩 한다. 헬스클럽에 등록해서 나이 어린 사람이 없는 시간에 이용한다. 다른 사람들을 거슬리게 하지 않을 정도에서 사람들과 대화를 한다. 서로에게 지지가 되는 사람들을 포함하여 치료 프로그램을 함께했던 사람들과 관계를 유지한다.
공동체 활동	지역사회에 소속되어 있다는 느낌을 가질 수 있도록 한다.	데보라와 함께 집 주변을 산책한다. 시간을 내어 우리 지역의 역사를 공부한다. 지방선거에 참여하여 매번 투표를 한다.

영성	내 삶의 의미와 목적을 깨닫고 싶다. 세계에서의 내 위치를 돌아볼 수 있는 기회를 갖고 싶다.	하루를 마무리하면서, 덕목들의 성취에 대해 상기해 보고, 더 좋은 배우자와 더 좋은 남자가 될 수 있는 방법에 대해 생각한다. 최소한 2주에 한 번은 데보라와 함께 교회에 간다.
행복	즐거움과 행복을 느끼고 싶다. 나를 위해 기타를 연주하고, 건강을 유지하며, 데보라와 적절한 친밀감과 성적 관계를 가지면서 모든 것을 함께 즐기고 싶다.	나에게 도움을 주고 있는 사람들에게 고마움을 전하는 편지를 쓴다. 하루를 돌아보면서, 그날을 좋은 삶으로 이끌어 주었던 3개의 목록을 생각해 본다. 데보라와 함께 여가 시간에 즐길 수 있는 활동 목록을 만들어 본다. 여기에는 일상적인 활동을 더 즐겁게 만들 수 있는 방법뿐만 아니라 함께 공유할 수 있는 취미도 포함될 수 있다. 우리의 성생활이 그녀에게 만족스러울 수 있도록 대화를 한다.
창조성	건강하고 적절한 중년의 삶을 만들고 싶다. 여기에는 직업과 다른 사람과의 관계도 포함된다. 유아적인 주제(childish theme)가 포함된 사람, 장소, 물건들을 사용하는 어떤 활동도 원하지 않는다.	나의 일을 성취하고 관계를 발전시킬 수 있는 방법에 대해 다른 사람들의 피드백을 받는다. 나의 전자기타(너무 유아적인)를 팔고 일반 기타를 사서 시간이 날 때마다 연주를 한다.

덕목이 성취되고 있음을 보여 주는 지표

재발방지 계획을 수립할 때, 치료에는 흔히 치료와 관리감독 중에 위험성이 증가되고 있다는 지표(즉, 경고 신호)가 포함되는데, 이러한 모델은 전통적으로 강점 또는 과정에 중점을 두지 않았다. 이러한 결함은 성범죄자 재발방지 모델에 근거한 접근에서 가지는 대부분 부정적이고 회피에 기반을 둔 방향의 결과일 수 있다. 경고 신호의 확인은 필수적이며 치료에 포함되어야 하지만(아래 참조), 좋은 삶/자기조절 통합모델 접근은 내담자가 성공적으로 좋은 삶 계획을 실행하는지, 효과적으로 자기조절을 하는지, 위험성 관리를 진행하고 있는지에 대한 지표도 포함한다. 그러나 치료에서 추후지도(follow-up)가 제공되지 않는 목표를 설정하는 것이 효과적이지 않듯이, 위험성과 문제에 대한 지표만을 포함하는 것도 효과적이지 않다. 따라서 치료와 관리감독에서 필수적인 부분은 내담자로 하여금 그들에게 중요하다고 확인된 덕목을 달성하게 하고, 그렇게 함에 있어 현실적이고 허용할 수 있는 수단을 활용하게 하며, 위험성 관리와 함께 덕목을 달성하는 데 있어 효과적으로 자기조절을 할 수 있도록 하는 것이다.

이와 같은 훈련을 토대로, 내담자들은 그들 자신과 서비스 제공자 모두에게 확실하다고 여겨질 수 있도록 진행과정에 대한 지표를 구체화한다.

사례: 내담자 훈련

치료자: 좋아요, 머레이. 치료를 통해 지금까지 무엇이 당신에게 중요하고 어떻게 이러한 목표를 달성할지에 대해 얘기해 봤는데요. 당신이 이러한 목표들을 달성하고 있다는 것을 당신과 다른 사람들이 알 수 있는 방법을 알려주면서, 대화를 계속해 보죠. 구체적으로 적어 주세요.

나에게 중요한 것	목표를 달성하고 있음을 내가 알 수 있는 방법	다른 사람들이 알 수 있는 방법
삶과 생존	출판사에서 일을 찾았다. 피트니스 클럽에서 일주일에 4회, 아침마다 운동을 한다. 잠자고 일어나는 시간을 포함해서, 데보라와 함께 규칙적인 생활을 유지한다.	다른 사람들에게 직장에 대해 내가 즐겁게 말할 수 있는 이야기를 한다("내 상사, 정말 싫어."와 같은 부정적인 부분에 초점을 두는 것과 반대되는). 날씬하고 보기 좋은 체격이 되어 있다. 데보라는 우리가 적절한 일정을 유지하고 있고 늦게까지 깨어 있지 않았다고 보고한다.
지식	내가 배우고 있는 것에 만족하고, 항상 좀 더 많이 알고 싶어 하는 호기심을 가지고 있다. 출판 공부를 위해 많은 자료를 모아 놓았다. 남성의 건강과 관련한 책과 잡지를 많이 모아 두었다.	출판이 어떻게 이루어지는지와 도서와 잡지의 최근 추세에 대해 설명할 수 있다. 개인치료에서 내 생활의 진행과정을 공개할 수 있다. 남성의 건강에 대해 배우고 있는 것과 내 일상에서 그것을 어떻게 적용하고 있는지를 설명할 수 있다.

일과 놀이에서의 유능성	내 직업에 전반적으로 만족을 느낀다. 내가 원하던 직업이 아니라고 할지라도, 언젠가 더 보람 있는 직업을 가지기 위해 배우면서 익히고 있음을 늘 생각한다. 내 신체적 건강에 대해 즐거워한다.	내 직업에 대해 전반적으로 만족한다고 표현한다. 내 직업과 다른 사람들에 대해 불평을 하거나 부정적으로 말하지 않는다. 다른 사람에게 건강하고 튼튼한 모습으로 보인다. 나이 어린 사람들의 스포츠 행사에 참여하지 않는다.
자주성	일지를 쓰면서 위험한 상황을 어떻게 관리하고 있는지에 대해 계속해서 파악한다. 힘든 상황에서 내가 대처하고 반응했던 방법에 대해 기록한다.	내가 범죄를 일으키기 전에는 할 수 없었던 방법으로, 좋은 결정을 했거나 힘든 상황을 다루었던 것에 대해 매주 기록해서 최소한 세 번의 상황을 다른 사람에게 설명할 수 있다. 감독관과의 만남에 일지를 가져가서 기꺼이 함께 나눈다.
내적인 평화	내 삶에서 일어나는 일들에 대해 더 집중할 수 있다. 문제가 발생했을 때 해결책을 수립하거나, 그 해결책을 수립하기 위해 시간을 갖는다. 필요하다면 도움을 요청한다.	차분한 모습으로 보이고 순간적으로 분노를 폭발하지도 않는다. 다른 사람에게 과민하게 반응하지 않는다. 자신을 고립시키지 않는다. 내가 힘든 시간을 보내고 있다는 것과 그것을 헤쳐 나가기 위해 노력하고 있다는 것을 사람들에게 말해서 알 수 있도록 한다.
관계	데보라에게 내 고민에 대해 개방해서 이야기할 수 있으며, 즐거운 시간도 보낼 수 있다. 우리 연령대의 소규모 친구모임을 가진다.	데보라는 자신이 행복하다고 자기보고를 할 것이며, 내가 없을 때도 기꺼이 그렇게 할 것이다. 데보라와 나는 다른 사람과 함께 보낸 최근의 행복한 시간에 대해 이야기할 수 있다.
공동체 활동	지역 행사들을 잘 알고 있고 매 선거마다 투표를 한다. 이웃에 사는 사람들의 얼굴을 알아보고 그들과 친분을 유지한다.	감독관이 내 이웃에게 물어보면, 그들은 나를 예의 바르고 도움을 주는 사람으로 말할 것이다. 데보라는 우리가 주변 지역을 함께 산책하면서 했던 말과 그 과정에서 다른 사람들과 접촉했던 것에 대해 말할 수 있다.

영성	내 자신의 성취에 대해 강한 믿음을 가진다. 데보라와의 대화를 통해 내가 그녀의 삶과 내 주변 사람들의 삶에 기여하고 있음을 알게 된다. 교회 예배에 즐거워하는 나를 발견한다.	개인적으로 요청받았을 때도, 데보라는 나에 대해 목적의식을 가지고 늘 노력한다고 말할 것이다. 데보라는 내가 불평 없이 그녀와 함께 교회 예배에 참석하고 있다고 말할 것이다.
행복	언제든지 내가 감사하다고 느끼는 세 가지를 인식하고 있다. 하루를 마치면서 내가 잘했거나, 나를 행복하게 했던 세 가지 일을 지속적으로 기록한다. 그 기록을 보고 싶어 하거나 볼 필요가 있는 사람은 누구든지 볼 수 있다.	데보라는 우리가 40대의 사람들에게 적절한 즐거운 활동에 참여하고 있다고 말한다. 친구들과 다른 사람들이 내가 행복해 보이고 만족스러워한다고 말한다.
창조성	일하기 전이나 후에 내 자신의 평온함을 위해 기타를 연주하는 시간을 가질 수 있다. 새로운 대인관계 및 다른 사람들과 잘 어울릴 수 있는 능력에 만족스러워한다.	데보라는 내가 개인 시간에 기타 연주를 하며 보낸다고 말한다. 데보라는 내가 그녀의 피드백을 고려하는 방법과 다른 사람들과의 관계를 발전시키고 이에 따라 적절하게 행동하는 방법에 대해서도 설명한다. 이것이 내가 그녀의 조언을 항상 따르겠다는 의미는 아니며, 내가 그녀의 피드백을 어떻게 활용했는지에 대해서 설명할 수 있다.

좋은 삶 계획이 위협받고 있음을 보여 주는 지표

계획이 잘 수립되었다고 하더라도, 일부 삶의 환경은 내담자가 특정 덕목을 달성하는 것을 방해할 수 있다. 이러한 상황은 불가피하다. 내담자가 일차적 덕목을 달성하는 것에 일부 실패했음을 알았을 경우, 반드시 그 상황에 대비하고 자신과 자신의 삶에 그러한 목표가 얼마나 중요한지를 염두에 두어야 한다. 이러한 과정은 삶의 환경에 재범의 위험성이 생길 경우 인지적 몰락과 좀 더 높은 수준의 목표를 포기하는 것을 피할 수 있도록 도와준다. 어떤 경우에는 뜻밖의 장애물로 인해 계획이 위태로워지기도 하고, 다른 경우에는 목표 달성을 위해 이전에 수립했던 수단이 초기에 계획했던 대로 수행되지 않을 수 있다. 예를 들어, 내담자가 교육을 받으면서 지식이라는 덕목을 달성하기 위해 계획을 세웠는데, 학교에서 입학이 허가되지 않음을 알게 되었다. 이와 같은 상황에서, 내담자는 이러한 거부와 좋은 삶 계획에서의 위협에 대처하기 위해 자기조절 기술을 사용하고, 계속해서 교육을 받기 위해 일시적으로라도 통신교육과 같은 다른 방법을 추진해야 한다는 것을 받아들이는 것이 중요하다. 또한 독학이나 시간제 학교과정, 직업훈련과정처럼 지식을 높일 수 있도록 도와주는 다른 활동을 포함하는 것이 중요하다. 만약 덕목이 내담자 삶의 일정 시점에서 달성하기 어렵다면, 좋은 삶 계획을 조정하는 것이 필요할 수 있다. 그렇지만 이러한 조정은 덕목의 달성을 위한 수단과 관련되어야 하며, 덕목이나 덕목을 달성하고자 하는 목표를 포기하는 것과 관련되어서는 안 된다. 어떤 변경이라도 사례관리팀[예: 유지 치료자(maintenance therapist), 지역사회 감독관, 또는 내담자의 사례와 관계된 다른 전문가들]과 협력해서 내담자가 만들어야 한다는 점과, 내담자의 좋은 삶 계획에 대한 어떤 조정이라도 일차적 덕목을 달성할 가능성이 있어야 한다는 점이 중요하다. 예를 들어, 앞의 내담자가 지식이라는 덕목을 달성하기 위해 대안적인 활동을 포함시키지 않았다면, 그 계획에 대한 조정에는 이러한 대안적 수단의 개발을 포함해야 한다.

이전에 어떠한 계획이 성취되었는지와 관계없이, 좋은 삶/자기조절 계획의 실행에 있어, 내담자가 이러한 계획의 현재 상황을 인식하고 말로 표현(예: 감독관에게)할 수 있는 것과, 특히 자신의 계획과 덕목 달성 상태를 자기관찰할 수 있는 것도 역시 동일하게 중요하다. 이와 함께, 내담자가 계획에 대한 실제 혹은 감지된 위협으로 인해 자기조절이 위태로울 때 징후를 알 수 있는 것도 중요하다. 예를 들어, 배우자와의 친밀감을 통한 관계를 대단히 중시하는 내담자는 말다툼이 일어나는 경우 계획이 위협받고 있음을 인식할 수 있다. 이와 같은 사례에서, 그의 좋은 삶 계획에 대한 위협은 관계 또는 친밀감이라는 덕목을 달성하지 못할 위협과 함께 위험성과 자기조절의 실패로 이어질 수 있다. 그래서 계획을 위태롭게 할 수 있는 상황에 대한 내담자의 반응 역시 훈련과 그 논의에 포함되어야 한다.

이와 같은 훈련을 토대로, 내담자들은 그들 자신과 서비스 제공자 모두에게 확실하다고 여겨질 수 있는, 좋은 삶 계획을 위협하면서 위험성으로 연결되는(자기조절 실패와 재범 둘 다에 대한) 지표를 구체화할 수 있다.

사례: 내담자 훈련

치료자: 머레이, 당신은 치료를 통해 무엇이 당신에게 중요하고 각각의 영역에서 당신이 무엇을 원하는지 이야기했어요. 이제 여기에는, 당신의 일부 목표를 달성할 수 없음을 당신과 다른 사람들이 알 수 있는 방법을 설명하고 그러한 상황에서 당신이 무엇을 할지 적어 보세요. 또한 목표를 성취해 낼 수 없음이 당신의 위험성 요인과 어떻게 연결되는지도 기록해 주세요. 구체적으로요.

나에게 중요한 것	나에게 중요한 것을 달성하지 못하고 있다는 신호	내가 할 일	위험성과의 관계
삶과 생존	운동이 줄어든다. 유아적 주제와 관련된 활동에 참여한다(예: 비디오 게임). 직장에서 문제가 있다. 데보라와 문제가 있다.	데보라, 지지해 주는 동료 혹은 감독관에게 즉시 말한다.	내 자신과 내 건강 기능을 돌보지 않는다는 것은 목표를 포기하고 있고 고립되고 있다는 의미일 수 있다. 이는 나에게 위험요인이며, 내가 목표를 포기하고 있다는 신호일 수도 있다.
지식	치료에서 중도에 탈락한다. 교육, 특히 비공식적 교육에 대한 노력을 늦추거나 그만둔다.	감독관과 데보라에게 말한다. 치료자의 모든 피드백에 대해 고려할 것임을 다짐한다.	치료에서 중도 탈락하거나 학습의 속도를 늦추는 것은 다른 목표들을 희생하고 하나의 목표를 추구하려는 특권의식의 신호일 수 있다. 그것은 내가 안전하지 않은 방향에 주의를 집중하고 있다는 의미일 수 있다.
일과 놀이에서의 유능성	직장을 잃거나 직장에서 갈등을 겪는다. 취미활동이 유아적인 주제에 끌리고 있다.	직접적이고 적극적으로 갈등을 다루기 위해 치료에서 배운 기술을 사용한다. 건전한 취미와 활동에 다시 참여하기 위해 즉시 노력한다.	유아적 주제와 관련된 활동은 아이들과의 정서적 일치 또는 사회적 고립으로 돌아서는 신호일 수 있다. 직장에서의 갈등은 내 감정과 다른 위험요인의 조절에 문제가 다시 발생했다는 신호일 수 있다.

자주성	의사결정에 어려움이 있다. 상황에서 내 역할을 제대로 파악하지 못한다. 충동적으로 되고 있다. 내가 어떤 것도 선택할 수 없는 상황이라고 말한다.	치료자, 감독관, 데보라와 함께 의사결정의 경향을 검토한다. 그렇게 하지 않는 것은 일이 잘못되어 가고 있다는 또 다른 신호다.	내 범죄는 좋지 못한 의사결정과 내 삶에서 나의 책임이나 선택권을 알지 못했기 때문이다.
내적인 평화	내적 혼란이 지속된다. 수면문제가 있다. 다른 사람에게 과민하게 반응한다. 내 일과 다른 사람에 대해 불평을 한다.	명상을 한다. 치료자 및 데보라와 의논한다. 그들에게 피드백을 요청한다.	내 범죄 중의 일부는 더 좋은 기분을 느끼기 위해서였고, 범죄를 통해 내 정서에 대처하기 위해서였다.
관계	관계문제가 있다. 친구가 없다.	지지해 줄 사람들에게 연락하고 감독관과 집단 동료, 데보라에게 조언을 요청한다. 이들이 나에게 중요한 사람임을 내 자신에게 상기시킨다. 나에게 중요한 사람들과 더 많은 시간을 보내기 시작한다.	성인과의 관계 문제는 다시 나이 어린 사람들과 친밀감을 추구하려는 신호일 수 있다. 이것은 허용할 수 없는 범죄와 밀접한 관계가 있다.
공동체 활동	계속 집에만 있다. 이웃에 사는 다른 사람들에 대해 관심이 없다.	다른 사람들에게 산책을 가자고 하거나 지역사회 활동에 참여한다. 이전에 결정한 많은 활동에 매주 참여하기 위해 치료자와 계획을 개발하고 그 활동들이 어떠했는지 논의하기 위해 치료에 복귀한다.	계속 집에만 있거나 다른 사람에게 관심이 없는 것은 좋은 삶 계획의 균형이 틀어지고 있다는 신호일 수 있다. 또한 사회적 고립은 나에게 하나의 위험요인이다.
영성	교회에 다니지 않는다. 세상에서의 내 위치에 대해 생각하는 시간을 갖지 않는다.	다른 사람들과 대화하고 교회에 다시 나간다. 목사님과 대화를 나눈다. 교회는 내 삶에서 중요한 부분이다.	영성에 주의를 기울이지 않는 것은 내가 이기주의와 특권의식으로 되돌아가고 있음을 의미할 수 있다. 나는 영성과 연결되어 있을 때 가장 안전하다.

행복	성취한 것에 대해 생각하지 않는다. 감사하게 여기는 세 가지를 말하지 못하거나 냉소적으로 말한다. 내 자신에게 또는 다른 사람들에게 즐거움을 주는 성인들과의 활동에 참여하지 않는다.	동료와 데보라, 치료자에게 도움을 요청한다. 기뻐하고 감사할 수 있는 활동으로 행복을 적극적으로 추구하는 것이 중요하다. 즉시 다른 사람들과 즐거운 활동을 계획한다.	과거에 범죄는 부적절한 생각으로 즐거움을 추구하는 방법이었다.
창조성	기타를 연주하지 않는다. 출판사에서 일하지 않는다. 나의 삶에서 할 수 있고 다른 사람들과 함께하면서 할 수 있는 다른 것들에 대해 호기심을 갖지 않는다.	동료와 치료자, 데보라와 의논한다. 창조성의 부재는 다른 영역을 과도하게 강조하는 것으로 작용할 수 있다.	이것이 가장 가치 있는 일차적 덕목은 아니지만, 좋은 삶 계획의 전반적인 균형을 유지하기 위해 중요하다.

좋은 삶 계획의 결함에 대한 지표

앞에서 기술한 바와 같이, 좋은 삶 계획의 실행과 내담자의 덕목 성취 역량을 방해할 수 있는 4가지 결함은 수단, 충돌, 내적 및 외적 능력, 영역의 부족이다. 이 단계의 치료에서 이러한 결함은 (1) 덕목을 달성하고 자신을 관리할 적절한 수단의 확립, (2) 충돌의 해결(예: 충돌하는 덕목 중 어느 것이 더 내담자에게 중요한지 결정하기), (3) 내담자의 상황과 환경에서 덕목에 접근할 수 있도록 현실적으로 가능하게 하는 내적 기술의 개발, (4) 내담자의 좋은 삶 계획의 영역 확대 등을 통해 해결되어야 한다.

덕목달성을 위한 계획에서처럼, 좋은 삶/자기조절 계획의 실행에는 문제가 다시 일어날 수 있는 어떤 상황이 발생한다. 이러한 상황은 위험성이 증가하고 있다는 또는 위험성 요인 및 자기조절 실패 가능성이 다시 나타날 수 있다는 신호일 수도 있다. 따라서 중요한 것은 계획의 실행과정에서 발생할 수 있는 과거와 미래의 잠재적인 결함 혹은 문제점을 내담자가 분명히 표현할 수 있어야 하고, 이러한 문제가 발생했을 때 알아차릴 수 있어야 하며, 자신의 좋은 삶 계획을 다시 수립할 수 있는 전략을 실행할 수 있어야 한다는 점이다. 다음의 사례에서 설명하고 있는 것처럼, 이러한 결함은 자기조절을 달성하고 유지하는 것과도 연결된다.

사례: 내담자 훈련

치료자: 당신은 치료에서 무엇이 자신에게 중요하고, 각각의 영역에서 무엇을 원하며, 때때로 상황이 어떻게 잘못될 수 있는지에 대해 이야기했어요. 이번에는, 특정 문제가 발생하는 것을 당신과 다른 사람들이 어떻게 알 수 있는지와 이러한 상황에서 당신은 어떻게 할 것인지에 대해 설명해 주세요. 또한 이것이 당신의 위험성 요인과 연결되는지도 알려 주세요. 구체적으로요.

과거와 미래에 있을 수 있는 결함	결함이 발생할 수 있다는 신호	내가 할 일	위험성과의 관계
수단: 목표를 달성하는 방법	기본적인 측면을 지속적으로 충족하지 못한다(예: 직업이 없음, 관계에서의 갈등, 다른 사람들과의 갈등, 내적인 혼란). 내 노력의 성과에 실망한다. 내 건강과 행복에 관심을 두지 않는다. 내 자신에게만 너무 집중하면서 다른 사람들과 세상에서의 내 위치에 대해서는 충분한 관심을 두지 않는다. 상황에서의 내 능력과 공헌을 인식하지 못한다(자주성). 나에게 가치가 적은 창조성과 같은 일차적 덕목에는 관심을 두지 않는다. 아이들을 지켜보고, 스트레스에 대처하기 위해 섹스를 하며, 비디오 게임과 같은 유아적 주제와 관련된 활동을 하면서 부적절하게 덕목을 추구한다.	수단의 제한점을 탐색하기 위해 치료에 다시 참여한다. 가능하다면, 개인회기에 데보라와 동행한다. 좋은 삶 계획으로 되돌아가서 수단에서의 제한이 가장 크게 영향을 미치고 있는 지점이 어디인지 탐색하고, 다른 사람들과 상의할 수 있을 때까지 일시적으로 조정한다. 내 계획을 충실하게 엄수할 수 있는 즉각적인 전략을 개발하기 위해 감독관이나 치료자에게 연락한다. 데보라가 치료자나 감독관에 연락할 것이다.	일차적 덕목의 달성에 진척이 없는 것은 내가 예전의 태도와 신념, 도식으로 되돌아가고 있다는 것이다. 또한 목표를 포기하고 있거나 그래도 된다고 느끼고 있는 것일 수도 있다. 이 모든 것은 급성 위험성의 일부를 보여 주는 것이다.

충돌: 목표들이 서로 조정되지 않을 때	내가 일하는 시간과 데보라와 함께하는 시간이 적절하게 조화를 이루는 데 실패한다. 다른 좋은 삶 계획과 일치하는지에 대해 생각하지 않고 즐거움을 주는 활동을 추구한다. 관계와 자율성이 균형을 유지하는 것에 실패한다. 행복과 즐거움을 희생하면서 지식을 추구한다. 또는 그 반대로 한다. 직장에서의 문제 또는 다른 사람과의 갈등은 목표 간의 충돌 신호일 수 있다.	직장상사와 데보라를 따로 만나서 이야기를 하고, 이렇게 대립하는 욕구들을 관리하기 위한 단기 계획을 수립한다. 즐거운 활동에 참여할 때에도, 하루에 두 번씩은 명상과 성찰을 위해 적절한 시간을 가진다. 나에게 영향을 줄 수 있는 다른 사람들과 관계와 자율성의 균형에 대해 의논한다. 필요한 만큼의 혼자 있는 시간을 마련한다. 필요한 문제를 해결하기 위해 직장상사, 감독관, 치료자, 데보라와 함께 노력한다. 데보라가 내 치료자와 감독관에게 연락할 것이다.	충돌을 회피하는 것이 내 범죄의 한 요인이었다. 충돌을 직접적으로, 자신감 있게 그리고 신중하게 다루는 것이 나에게는 중요하다. 만약에 내가 충돌을 다루지 않는다면, 나의 정서 상태를 관리할 수 없고 목표도 달성하지 못하는 위험에 노출될 수 있다.
능력: 기술들을 사용하지 않을 때	내 직업에 긍정적인 태도를 가지지 않거나 감독관의 기대에 응하지 않으려 한다. 출판관련 서적의 독서를 지속하지 않는다. 명상 시간 또는 내 삶을 성찰하는 시간을 갖지 않는다. 내가 매일 성취한 일을 기록하지 못한다. 데보라와 공감하면서 이야기하지 않는다. 내 자신이 상황을 통제하는 것으로 생각하지 않는다.	데보라와 치료자, 감독관이 이러한 신호에 관심을 갖도록 한다. 좋은 삶 계획으로 되돌아가기 위해 임시 계획을 수립한다. 개별적 목표들 사이에 충돌이 있는지 또는 내 계획에서 수단이 부족한지를 탐색한다. 데보라가 치료자나 감독관에게 연락한다.	긍정적인 태도를 갖지 않으려는 등의 신호는 내가 목표를 포기하려 함을 나타내는 것일 수 있다. 또한 내가 자신을 다른 사람들로부터 고립시키고 있거나 (위험성 요인) 계획을 따르는 것을 그만둘 수 있는 권리가 있다고 느끼는 것을 의미한다.
능력: 환경에서의 문제가 나의 목표를 방해할 때	직장에서 또는 데보라와의 관계에서 문제가 있다. 지역사회 또는 동료들과 문제가 있다.	상황을 검토하기 위해 다른 사람들에게 도움을 요청하고 임시 계획을 수립한다. 치료자 및 감독관과 상의	이러한 요인들은 좋은 삶 계획의 균형을 위태롭게 할 수 있고, 내 목표를 포기해도 되는 것으로 여기고 범죄

	이웃에 사는 사람들이 나에게 부정적으로 반응한다면, 내가 성범죄를 저질렀음을 알기 때문이다. 내가 출판업계에서 직장을 구하지 못할 수 있다.	한다. 데보라가 치료자와 감독관에게 연락한다.	를 일어나게 했던 예전의 행동으로 되돌아가는 것일 수 있다. 내가 자기중심적으로 행동하면서 계획에 예외를 두는 것이 당연하다고 생각하거나, 스트레스에 대처하지 않고 내 계획을 쉽게 포기해 버린다면, 좋은 삶 계획은 위험에 처하게 된다. 사람들이 나를 나쁘게 대하는 것으로 생각하면 과민하게 반응하게 되고 내 자신을 고립시키기 시작한다. 취업을 하지 못했던 것이 과거에 범죄를 일으켰던 한 부분으로, 내 분야에서 직장을 구하지 못하는 것은 나에게 위험성 요인이 될 수 있다.
영역의 부족: 하나 또는 극소수의 목표에만 너무 많이 집중할 때	괜히 아파서 쉬겠다고 직장에 전화한다. 관계를 유지하기 위해 요구되는 시간을 갖지 않는다. 계획대로 체육관에 가지 않는다. 데보라와의 일정을 지키지 않는다. 이러한 영역의 부족은 목표들 간의 충돌에서와 유사하게 나타날 수 있다.	내가 가장 집중하고 있는 것이 무엇인지와 다른 것들을 무시하고 있는 이유를 알아본다. 의견과 피드백을 듣기 위해 도움을(데보라, 치료자, 감독관) 요청한다. 문제를 탐색하고 임시계획을 수립한다. 데보라가 치료자와 감독관에게 연락한다.	하나의 영역에 너무 많이 집중하는 것은 계획이 균형을 잃어 가고 있다는 의미이며, 추구하고 있는 일부 일차적 덕목의 가치가 줄어들고 있다는 신호일 수 있다. 이러한 불균형은 부족한 자기조절, 특권의식, 사회적 고립과 같은 위험요인으로의 회귀를 야기할 수 있다.

자기조절의 달성과 유지

• • • • • • • • • •

이상에서의 치료 활동과 훈련은 일차적 덕목의 달성 및 내담자의 삶의 목표 성취와 밀접한 관련이 있는 좋은 삶/자기조절의 계획에 중점을 두고 있다. 하지만 이 훈련에서 분명하게 나타나듯이, 좋은 삶/자기조절 통합모델의 전반적인 접근에서처럼, 좋은 삶 계획을 실행함에 있어 일차적 덕목과 문제점은 범죄과정에 영향을 미치며, 재범 위험성과도 관련이 있다 (Yates & Ward, 2008, 3장 참조). 따라서 좋은 삶의 요소들을 다루는 것과 함께, 계획에는 자기조절, 특히 개인이 범죄를 저지를 때 따르는 범죄 경로와 관련된 자기조절을 다루기 위한 구체적인 전략 역시 포함되어야 한다.

이상에서 대부분의 활동은 메타인지 및 자기관찰이 아주 많이 요구된다. 내담자는 자신의 상황을 바라볼 수 있어야 하며, 목표를 성취하고 위험성과 자기조절을 관리하기 위해 자신의 계획을 실행하는 과정과 문제점들을 인식할 수 있어야 한다. 치료에서 이 단계는, 내담자가 자신의 좋은 삶 계획을 범죄행동 및 위험성 요인에 연결 지을 수 있어야 하며(10장 참조), 필요한 기술들이 치료과정에서 개발되고 훈련되어야 한다.

이 부분에서 좋은 삶/자기조절 계획의 초점은 자기조절 및 목표 달성과 재범방지를 위한 전략의 구체적인 실행이다. 10장과 11장에서 설명하였듯이, 목표 달성과 재범방지는 범죄와 관련된, 또한 보다 일반적인 개념에서 인지, 정서, 행동에 대한 자기조절과 관련된 범죄 경로에 어느 정도 기반을 둔다. 내담자는 자신의 자기조절 방식 및 경향을 인식할 수 있도록 도움을 받아야 하며, 포괄적이면서 구체적으로 자신의 범죄과정에 관하여 자기조절을 유지하기 위한 전략을 훈련해야 한다. 예를 들어, 회피 경로를 따르는 개인은 높은 수준의 목표를 포기하거나 범죄를 통해 목표를 달성할 수 있는 위험 및 기회가 나타났을 때 인지적으로 몰락하는 자신의 경향에 대해 잘 알고 있어야 한다. 접근-자동 경로를 따르는 개인은 범죄를 지지하는 자신의 인지도식과 암묵적 이론을 인식하고, 변화해야 하며, 범죄와 관련된 인지를 조절하는 기술들을 잘 습득해야 한다.

종합적인 좋은 삶 계획의 실행으로 범죄를 통해 덕목을 성취하려는 욕구를 충분히 변화시켜야 하겠지만, 좋은 삶/자기조절 계획에는 자기조절을 필수적인 부분으로 하는 위험성 관리가 반드시 포함되어야 한다.

위험성 관리 계획을 개발하기 위한 하나의 방법으로 몇몇 실제상황(in vivo) 훈련법이 있다. 이 훈련의 구성에서, 치료자는 한 세트의 플래시 카드(flash card)에 다양한 상황 목록을 준비할 수 있다. 이러한 상황에는 위험 상황, 내담자의 좋은 삶 계획 실행에서의 결함, 또는 범죄와 관련된 행동이 포함될 수 있다. 치료자가 내담자에게 카드의 내용을 읽어 주면, 내담자는 그 상황을 어떻게 관리할 것인지에 대해 곧바로 반응을 할 수 있어야 한다. 이 장에서 초기에 설명한 사례를 예로 들면, 다음 항목들이 상황에 포함될 수 있다.

- 당신은 지금 막 직장에서 해고되었습니다. 맨 처음 당신이 해야 할 일과 그 이유는 무엇인가요?
- 당신과 당신의 배우자가 돈 때문에 말다툼을 하고 있습니다. 그녀는 당신의 과거 범죄에 대해 모욕적인 말을 합니다. 당신은 어떤 생각이 들까요? 당신은 어떻게 하겠습니까? 당신은 이 상황을 어떻게 처리하겠습니까?
- 당신은 지금 막 라디오에서 어린아이의 목소리를 듣고 성적으로 각성되는 것을 느꼈습니다. 당신은 어떻게 하겠습니까? 그때부터 이에 대응하기 위해 다음에 해야 할 일은 무엇입니까?
- 당신이 동네를 산책하고 있는데 한 이웃주민이 당신을 기분 나쁘게 쳐다보며 당신의 과거 범죄에 대해 말합니다. 당신은 어떤 생각이 들까요? 당신은 어떻게 하겠습니까? 어떻게 하면 이 상황을 신경 쓰이지 않게 할 수 있을까요?
- 데보라가 집에 없는데 한 아이가 문 앞으로 와 복권을 팔려고 합니다. 그 아이가 당신의 기타에 대해 물어봅니다. 당신은 어떻게 하겠습니까?
- 당신은 이 아이에게 매력을 느꼈으며 이제 아이는 집 안으로 들어와 있습니다. 당신은 성적으로 각성되고 있습니다. 아이는 어떤 생각을 할까요? 당신은 어떻게 하겠습니까? 어떻게 하면 안전할 수 있을까요?
- 당신이 아이의 등에 손을 얹었는데 어떤 거부 반응도 없습니다. 아이는 어떤 생각을 할까요? 당신은 어떻게 하겠습니까? 이 상황에서 범죄를 하지 않으려면 어떻게 해야 할까요?

치료자의 상황 예시는 내담자의 범죄력, 역동적 위험요인, 일차적 덕목, 좋은 삶 계획에 있을 수 있는 결함을 토대로 해야 한다. 이 훈련을 조종사들의 모의 전투훈련으로 생각하면 도움이 될 것이다. 대개, 조종사들은 주어진 가상의 위험한 상황으로 테스트를 받으며 그들의 정확하고 시기적절한 반응을 평가받는다. 이 훈련의 목적은 인식하지 못하는 사람을 확인하려는 것이 아니라 그들의 전반적인 준비 상태를 평가하고 자기조절과 위험성 관리 전략을 연습하고 리허설할 수 있도록 도와주는 것이다.

이 훈련의 또 다른 형태로는 내담자가 집단치료 시간에 자신의 좋은 삶 계획을 소개하면, 다른 내담자들이 그에게 비슷한 질문을 요청하도록 하는 것이 있다. 그런 다음, 치료자와 집단 구성원들이 그 내담자의 반응에 대해 피드백을 제공하는 것이다. 다시 말해, 이 훈련의 목적이 내담자를 괴롭히거나 귀찮게 하려는 것이 아니라, 갑작스럽게 발생할 수 있는 것들을 통해 실제 상황과 유사하게 하려는 것이다. 집단의 동료들은 치료자가 생각하지 못했던 의견을 포함해서 예민하고 유용한 의견을 주는 경우가 상당히 많다. 뿐만 아니라, 집단치료의 특성으로 인해, 집단 구성원들이 내담자에게 매우 적절한 피드백을 제공하는 일도 흔히 발생한다.

모든 위험 상황에 대비하는 것은 불가능하다. 하지만 이러한 훈련은 강점을 확인할 수 있도록 해 줄 뿐만 아니라 이후에 작업해야 할 영역을 빠르게 알려 줄 수 있다. 내담자는 이러한 치료 회기에서 얻은 정보를 활용하여 부가적인 위험성 관리 계획 및 전략을 준비할 수 있다. 내담자의 계획에는 관련된 역동적 위험요인, 이후의 재범에 연결될 수 있는 일차적 덕목, 재범을 일으키기 직전에 다른 사람들에게 보이는 모습 그리고 진행과정에 자신과 다른 사람이 개입할 수 있도록 하는 단계 등에 대해 순위를 매기는 일이 포함될 수 있다.

위험성 요인의 이해, 위험성 관리 계획 그리고 급성 위험성의 지표

좋은 삶 모델에서의 위험성 요인은 특정하게 설정한 환경에서 요구된 내적 및 외적 조건에서 누락되거나 혹은 왜곡되어 나타날 수 있음을 기억하는 것이 중요하다. 내적 조건(즉, 기술, 가치, 신념)과 외적 조건(자원, 사회적 지지, 기회)을 자리 잡게 하는 것은 각 개인에게 범죄를 유발시키는 일련의 욕구를 감소시키거나 없애는 것일 수 있다.

수용 가능한 위험성 관리 계획은 연구를 통해 밝혀진 경고 신호 및 역동적 위험요인 둘 다를 고려한다. 피해자에 대한 접근, 정서적 붕괴, 사회적 지지의 붕괴, 적대감, 약물남용, 성적 몰두 및 관리감독 거부는 급성 위험요인을 나타내며, 모두 필수적으로 고려해야 한다. 또한 약물 복용과 관리감독에 대한 불평과 같은 개별 내담자에게 특수한 요인들도 검토하는 것이 중요하다. 이와 같은 지표들은 좋은 삶 계획을 포기해도 된다는 특권의식이 증가하고 있음을 나타낼 수 있으므로 중요하다. 특히 이러한 상황에서 내담자는 위험성 관리 및 자신의 좋은 삶 계획 실행에 대한 자기효능감이 높아지는 것을 경험할 수 있으며, 마치 자신이 위험성을 낮은 수준으로 감소시켰다는 기분을 느낄 수 있다. 결국, 내담자 자신과 주변 사람들이 위험성이 증가하고 있다는 또는 재범이 일촉즉발에 있다는 경고 신호에 대한 좋은 자원이 될 수 있다. "당신은 어떤 모습일까?" 혹은 "다른 사람들이 어떻게 알 수 있을까?"와 같은 질문은 범죄에서 어떤 경로를 따르든, 내담자에게 좋은 정보를 줄 수 있다. 내담자는 치료에서 이러한 정보에 대해 토론할 수 있으며, 경고 신호의 목록을 모을 수 있다. 또한 내담자는 자신의 시도가 실패할 경우를 대비해서 다른 사람들이 해야 할 지침의 목록을 만들 수 있다.

요약

지금까지, 치료는 위험성 요인의 변화, 일차적 덕목의 달성, 위험성 관리 및 삶의 목표 달성을 위한 기술과 전략의 개발 그리고 다른 관련 요인들에 초점을 두었다. 치료 마무리 즈음에서, 내담자와 치료자는 통상적으로 이러한 관련 요인과 기술을 포함해서 계획을 수립한다. 이 과정을 통해, 내담자는 위험성 관리 계획(예: 위험성이 있는 상황과 이러한 환경에서 위험성을 감소시키거나 없애기 위한 내담자의 행동 기술하기)을 준비한다. 그러나 정말 중요한 것은, 이러한 계획이 위험성 관리를 넘어 삶의 목표를 성취하고자 하는 적극적인 노력으로 향해야 한다는 점이다. 또한 이 접근법이 오로지 위험성 및 문제 영역에만 치우쳐서, 그 방향에 있어 부정적이거나 회피기반이 되어서는 안 된다. 내담자와 치료자가 전체 치료과정을 통해 계획을 개발하지만, 좋은 삶/자기조절 계획은 본질적으로 치료의 모든 면을 통합시키는 마지막 결과물이다. 여기에는 두 가지 독특하면서도 관계가 있는 목표가 존재하는데, 종합적인 '삶의 지도'의 개발과 실행을 포함하는 것과 삶의 다른 영역에서 내담자의 기능을 방해하거나 위협하는 문제 상황에 반응할 수 있도록 필요한 전략을 확인하는 것이다. 또한 계획은 치료와 지역사회에서의 관리감독을 유지할 수 있는 토대를 형성해야 한다. 이것이 이 책의 다음 주제인 동시에 마지막 주제다.

〈표 12-1〉좋은 삶/자기조절 계획 견본

덕목	덕목을 성취하는 방법(수단)	덕목을 달성하고 있다는 것을 내가 알 수 있는 방법	내가 관리해야 할 문제점	위험요인	위험성에 대한 경고 신호	자기조절 방식
삶과 생존						
지식						
일과 놀이(에서)의 유능성						
자주성						
내적인 평화						
관계						
공동체 활동						
영성						
행복						
창조성						
그 외						

치료 후 지도와
지역사회 재결합

13장 치료 후 유지와 관리감독

치료 후 유지와 관리감독

치료 후 유지와 관리감독은 성범죄자 치료에서 핵심적인 부분이다. 연구에서 치료의 두 가지 요소를 병행하는 것은 둘 중 하나만 개입하는 것보다 재범률 감소에 효과적인 것으로 나타났다(Gordon & Packard, 1998; McGrath, Cumming, Burchard, Zeoli, & Ellerby, 2009; McGrath, Cumming, Livingston, & Hoke, 2003). 일반적으로 효과적인 치료를 위한 지역사회 감독에는 내담자의 위험성/욕구/반응성 요인에 부합하도록 하는 개입 및 내담자가 치료과 정에 적극적으로 참여하는 것, 내담자와 치료자의 강력한 작업동맹(working alliance) 및 협 력적인 관계 개발이 필요하다(Cumming & McGrath, 2005; McGrath et al., 2009; Yates et al., 2000). 종합적인 사례 계획은 효과적인 관리감독을 위해 필수적이다(Cumming & McGrath, 2005). 효과적인 사례 계획은 모든 이용 가능한 정보, 위험성 평가, 수립한 사례 개념화 등을 토대로 해야 한다(7장 참조). 마지막으로, 동기강화 면담의 기법과 원리 및 효과적인 치료적 방법은 치료에서뿐만 아니라 지역사회 유지 프로그램과 관리감독에서도 중요하다.

전통적으로 대부분의 유지 프로그램과 관리감독은 재발방지 모델(RPM)에 기반을 두고 있 는 반면(Cumming & McGrath, 2005), 이 장에 제시된 접근은 좋은 삶/자기조절 통합모델을 기반으로 한다. 그러므로 치료의 초점은 내담자의 가치, 관심 및 일차적 덕목 이외에도 위험 성을 다루고 관찰하는 것을 기반으로 한다. 반면, 오직 회피 목표만 수립할 경우에는 힘든 변 화과정에서 동기를 가지고 참여하는 것이 어려울 수 있으며, 치료 성과를 유지하고 관리감 독을 받는 것에서도 마찬가지일 수 있다. 공식적인 치료가 모든 것을 만족시킬 수 없기에, 유 지와 관리감독 계획은 각 개인에 맞게 개별화되어야 한다.

좋은 삶/자기조절 통합모델 접근의 구축에서뿐만 아니라, 연구에서도 일부 사람은 쉽게 범죄를 중단하고, 멈추며, 성공적으로 지역사회로 복귀하는 것이 가능하다는 것을 보여 준다(Maruna, 2001). 이러한 발전은 변화, 좌절 그리고 결과적으로 범죄를 완전히 그만두는 역동적인 과정에서 발생한다. 범죄 중단은 다양한 성숙적 변인, 사회적 및 인지적 변인들과 연관되어 있다. 이러한 요인에는 교육, 고용, 결혼, 긍정적인 여론, 좀 더 건설적인 자기개념, 건강한 대인관계와 사회적 지지, 영성이 포함된다(Laub & Sampson, 2003; Maruna, 2001; McNeill, 2006; McNeill, Batchelor, Burnett, & Knox, 2005; Sampsion & Laub, 1993; 개관은 Laws & Ward, 인쇄중 참조).[1] 좋은 삶/자기조절 통합모델 접근을 취하는 관리감독은 이러한 과정을 기반으로 한다.

효과적인 관리감독의 요소

효과적인 관리감독을 위한 다양한 요소는 다음과 같다(Cumming & McGrath, 2005).

- 각 내담자의 위험성과 욕구에 부합하도록 관리감독의 수준을 다양화함
- 교정기관에서 출소하여 적절한 장소의 지역사회에 잘 정착할 수 있도록 과도기에 대해 계획함
- 종합적인 사례 계획을 발전시킴
- 정기적으로 소통하고 협력하는 통합된 사례 관리팀을 구성함
- 지역사회 내에서 치료할 수 있도록 만듦
- 지역사회 내에서 내담자에게 필요한 자원을 연결시킴(예: 취업, 정신건강 서비스 등)
- 지역사회 지지 네트워크에 대한 훈련을 제공하고 발전시킴
- 필요에 따라 지속적인 위험성 평가, 위험성 관리, 적절한 개입을 함

전통적으로, 지역사회 유지 프로그램과 지역사회 감독은 내담자의 위험성 관리와 삶의 문제

---

1 이 연구의 대부분은 일반적인 것으로 성범죄자에 대한 특수한 것은 아니다.

에 대한 대처에서 어려움을 경험할 때, 지속적인 위험성 평가와 개입에 초점을 둔다. 이러한 위험성 관리는 성범죄자 개입에 필수적인 부분이다. 불행하게도 많은 관할구역에서는 지역사회 감독의 이분적인 관점을 추구하고 있는데, 관리감독자에게 법원의 명령을 실행하는 것과 동시에 사회복귀 노력을 지원하도록 하는 것을 의미한다. 많은 담당자는 이러한 임무를 구분해서 받아들이지만, 대부분 도움을 제공하는 것보다는 제재를 집행하는 쪽으로 기울어지는 것으로 보인다. 어떤 관할구역에서는 출소한 범죄자는 거주하게 될 지역사회에서 이용할 수 있는 네트워크와 연구 프로그램에 참여할 수 없다. 그들의 사례관리자들은 과도한 업무로 범죄자가 의미 있는 계획을 세울 수 있도록 돕는 데 필요한 자원이 제한되는 경우가 있다. 범죄자들은 사회복귀와 동시에 재범을 방지하고 좋은 삶을 계획대로 살기 위한 자원을 찾기 위해 노력한다.

출소 계획과 지역사회 감독은 법원 명령의 실행과 사회복귀의 적극적인 노력 모두를 동시에 균형 있게 포함해야 한다. 더욱이, 성공적인 재통합과 지역사회 안전을 강화하기 위해 석방 전 프로그램과 추후 유지 프로그램 및 관리감독 사이에는 연속성이 있어야 한다. 다음의 예를 살펴보자.

사례: 라만

라만은 교도소에서 지역사회로 출소하였다. 교도소의 사례관리자는 150명이나 되는 내담자를 담당했기에, 라만에게 지역사회에서 이용 가능한 서비스에 관한 기본적인 정보만 줄 수 있었다. 지역 교정부서의 지역사회 담당자와 연락이 되었지만, 그 직원은 대기자 명단에 올린다는 이야기뿐이었다. 라만의 출소 조건은 출소하고 한 달 안에 직장과 집을 얻는 것이었다.

라만의 지역사회에는 그가 살 수 있는 곳에 대한 거주 제한을 설정한 명확한 지침이 있다. 그는 며칠 동안 그의 형제와 머물 수 있었지만 이러한 방법은 장기적인 것은 아니었다. 성범죄자인 그의 처지에서 특정 관할지역법 때문에 직업을 얻는 것은 거의 불가능했다. 라만이 출소한 지 한 달이 지났을 무렵, 관리감독자는 그가 거주지도, 직장도 얻지 못했을 뿐만 아니라 대기자 명단에 있어 치료 프로그램에도 등록할 수 없었다는 것을 발견했다. 결국 법원은 라만을 다시 교도소에 수감했다.

이러한 상황 속에서 그는 실패할 수밖에 없었는데 이는 라만 때문이 아니다. 치료뿐만 아니라 어떠한 종류의 지원에도 접근조차 할 수 없었기 때문에, 라만은 출소 규칙을 이행할 수 없었다. 비록 관리감독자는 법원의 명령을 수행했지만, 담당자는 라만의 사회복귀에 어떠한 의미 있는 도움도 제공하지 못했다. 이러한 사례는 일부 사법권의 불행한 현실이다. 만약 라만이 아주 최소한의 서비스라도 접할 기회가 있었더라면, 완전히 다른 결과가 나타났을 뿐 아니라 공적 비용도 줄일 수 있었을 것이다. 더 나아가 그는 사회복귀 기회를 더 많이 가졌을 수도 있다. 그러나 관리감독 직원에게는 법원 명령을 집행하는 것이 사회복귀를 위한 노력에 적극적인 지원을 제공하는 최선의 방법인 경우가 비일비재하다. 효과적인 지역사회 감독과 위험성 관리는 치료를 받는 것과 받지 않는 것에 대하여 알려 줘야 한다. 궁극적으로 지역사회 감독관의 '이중 역할'은 다양한 주요 상황에서 충돌을 일으킬 필요가 없어지게 된다.

전통적인 방법을 제공하는 것 이상으로, 지역사회 치료와 관리감독에 대한 좋은 삶/자기조절 통합모델 접근에서는 개별 내담자의 좋은 삶/자기조절 계획을 효과적으로 실행하기 위한 관찰을 포함한다. 좋은 삶/자기조절 통합모델에 따르면, 개별 내담자의 위험성과 개인적인 기능을 관찰하는 것은 범죄에서 내담자가 따랐던 구체적인 범죄 경로에 맞추어져야 한다. 예를 들어, 내담자가 범죄에 있어 회피 경로를 따르거나 회피-수동적인 방식으로 도전적인 상황과 문제에 반응하는 경향이 있다면, 내담자가 위험한 상황이나 특별한 문제에 직면했을 때 이와 같이 반응할 수 있으므로 내담자와 함께 작업하는 담당자가 관리감독하는 데 있어 중요하다. 이러한 정보를 기반으로 하여, 관리감독자는 이 경로의 특징인 인지적 몰락 또는 통제력의 상실과 같은 문제를 감지할 수 있게 된다. 이러한 접근은 위험성을 관찰할 수 있을 뿐만 아니라 위험성을 변화시킬 수 있도록 하며, 지역사회 서비스 제공자와 사례관리자들이 내담자가 효과적으로 자기조절 전략을 실행하고, 그들의 좋은 삶 계획 실행을 위해 적극적으로 작업하고 있는지, 필요한 계획과 전략을 조정하는지 관찰할 수 있다.

지역사회에서 좋은 삶/자기조절 계획

이전에 기술한 것처럼 치료과정 중에 개발된 좋은 삶/자기조절 계획은 좋은 삶의 달성, 인지와 정서, 행동조절 및 위험성 관리의 모든 요소를 포함해야만 한다(12장 참조). 내담자가 치료 후 유지관리와 관리감독을 시작할 무렵, 계획에는 내담자의 일차적 덕목에서 적절한 영역을 반영하는 것이 중요하다. 적절한 영역으로 요구되는 것은 덕목을 획득하기 위한 적합한 수단, 더 나은 삶에 대한 계획을 실현할 수 있는 행동, 자기조절 전략 및 위험성 관리 계획을 적용하는 데 도울 수 있는 내적 능력과 외적 기회다. 계획이 수립된 후, 과제는 지역사회 안에서 이러한 계획을 내담자의 실제 삶으로 옮기는 것이다. 이러한 과정은 내담자가 위험성을 관리하는 기술과 좋은 삶 계획을 실행할 수 있는 능력이 요구된다. 뿐만 아니라, 내담자가 계획을 실행할 기회를 갖는 것과 관리감독하는 담당자 또한 내담자가 그들의 좋은 삶/자기조절 계획을 실행할 수 있도록 돕는 것이 필요하다. 예를 들면, 치료에서는 관계와 친밀함을 얻고 유지하는 기술을 개발하고 싶어 하는 내담자를 도울 수 있지만, 이것은 그들이 적절한 파트너를 만날 수 있는 접촉 기회가 필수적으로 있어야 한다. 이와 같은 대인관계 초점은 전형적으로 관리감독 접근을 취하는 것이 아니라, 관계에서 제기될 수 있는 위험성에 특히 초점을 두는 것이며, 일부 관할구역에서는 이와 같이 대인관계를 금지하기도 한다. 비록 일부 대인관계는 위험성을 야기한다고 알려져 있지만, 그러한 제한은 최소화되어야만 한다. 좋은 삶/자기조절 통합모델 접근에서는, 지역사회에서 가능한 많은 대인관계 접촉을 위한 기회를 갖는 것을 목표로 한다. 마찬가지로, 일차적 덕목 중 일에서의 숙달을 획득하기 위해, 내담자는 그들이 발견한 도전적이고 가치 있는 직업에서 일할 수 있어야 하고(이차적 덕목), 기꺼이 고용주를 위해 일해야 한다(외적 기회). 그리고 일을 수행하는 데 필요한 지식과 기술을 습득해야 한다(내적 능력). 따라서 지역사회 개입은 내담자가 만족감을 느끼는 직업의 종류를 확인하고, 기술과 기회 둘 다를 개발하는 것을 통해 내담자가 성취하도록 적극적으로 돕는 것을 포함한다. 관리감독 담당자는 이러한 과정을 돕는다. 지역사회 조력자 또한 내담자를 돕기 위해 참여할 수 있다.

좋은 삶/자기조절 통합모델 접근에 따른 치료 프로그램을 완료할 시점에, 내담자는 치료자와 협력하여 좋은 삶/자기조절 계획이 공식화되었을 것이며, 일차적 덕목의 추구가 어떻게 범죄와 삶의 문제에 관련되어 있는지 구체적으로 이해하게 될 것이다. 그 외에, 지역사회 서비스 제공자와 사례 관리팀의 역할이 이러한 능력의 개발과 확립을 유지하도록 돕는 것도 있지만, 내담자는 자신의 좋은 삶을 획득하고, 자기조절을 효과적으로 하며, 위험성 요인을 관리하는 데 필요한 능력을 잘 이해해야 한다. 예를 들어, 내담자는 자신의 삶에서 중요한 친밀감과 자주성 같은 덕목의 수단에 대한 이해가 있어야 하며, 이 덕목을 성취하기 위해서 개인적으로 만족하고 의미 있으며 사회적으로 받아들일 수 있는 자기조절 전략과 다른 기술을 개발하는 것이 필요하다. 지역사회 치료와 관리감독 기관은 내담자의 위험성을 감시하는 것 외에 이러한 기술과 전략의 실행을 돕는다. 따라서 좋은 삶/자기조절 통합모델에서 치료 후 유지와 관리감독의 한 가지 목표는 내담자가 좋은 삶 계획의 실행에 대해 관찰할 수 있도록 하고, 내담자의 위험성을 관리하는 것 외에도 중요한 목표를 충족하도록 보장하는 것이다.

범죄자들의 기술 결핍과 관계없이, 궁극적인 목적은 내담자의 웰빙을 촉진하는 방식과 재범에 대한 위험성을 줄이는 방식을 통해 그들이 지역사회로 복귀하고 재통합하도록 돕는 것이다. 범죄를 멈추게 하기 위해서는 고용, 교육, 우정, 연인관계, 가족과 여가 그리고 건강 등의 요인처럼 유용한 부분을 다루어야 하기 때문에(Laws & Ward, 인쇄중), 치료자와 감독관은 내담자가 이러한 덕목들을 성취할 수 있는 가능한 많은 기회를 가질 수 있도록 돕는 것이 필수적이다. 또한 이러한 접근은, 단순히 내담자의 위험성 요인과 관리감독/치료 계획을 지역사회 조력자에게 알리고 그러한 활동으로 야기될 수 있는 위험성을 관찰하고 평가하는 데 초점을 둔 전통적인 방법과 대조적이다. 달리 말하면, 내담자의 삶에 다른 사람들(지지적인 동료 집단, 치료자, 감독관을 포함하는)의 개입은 성범죄자를 관리하는 데 있어 지원을 요청하는 것 이상이다. 이러한 개입은 좋은 삶을 성취하도록 내담자를 돕는 범죄자의 사례 관리팀 및 조력자의 적극적인 참여로 확대된다.

■ 사례: 루이스

사례를 통해 두 가지 접근을 비교해 보자. 루이스는 지역사회 관리감독을 받는 중이었다. 그는 자신보다 어린 직장동료와 많은 시간을 보내려고 하는 것이 관찰되었다. 그녀는 그에게 관심이 없다고 말했으나 루이스는 그녀에게 끊임없이 접근했다.

시나리오 1

담당자: 루이스, 무슨 일이 있었는지 말해 봐요.

루이스: 나는 단지 우리가 마음이 아주 잘 맞는 줄 알았어요. 나는 그녀에게 제가 관심이 있다는 걸 보여 주고 싶었어요. 일이 이렇게 커질 줄 몰랐어요. 만

약 그녀가 나에게 관심이 없었다면, 나도 그녀에게 관심이 없었을 거예요

담당자: 내 걱정은 뭐냐 하면은요. 나는 당신이 성적으로 몰두한다는 생각이 들고 그녀는 이전 당신의 피해자 연령대에 너무 가까워요. 게다가 난 당신에게 데이트를 허락해 준 적이 없어요. 확인이 필요한 일인 것 같군요.

루이스: 그녀에게 관심이 생겼을 때, 그녀를 만나서 말하는 것까지 허락을 받아야 한다고 생각하지 못했어요. 우린 데이트 한번 못했는걸요.

담당자: 규칙이에요. 당신은 규칙을 따를 필요가 있어요. 만약 당신이 위험성을 관리하지 못한다면, 다른 사람들이 당신을 위해 위험성을 관리해 줄 거예요. 이것은 당신과 당신의 미래를 위한 일이에요.

시나리오 2

담당자: 안녕하세요. 루이스, 당신의 사장에게 이야기 들었던 염려에 대해 이야기 할 수 있을까요?

루이스: 네, 아마 그래야 할 것 같군요.

담당자: 고마워요. 그 일에 대해 말해 주세요.

루이스: 나는 단지 우리가 마음이 아주 잘 맞는 줄 알았어요. 나는 그녀에게 내가 관심이 있다는 걸 보여 주고 싶었어요. 일이 이렇게 커질 줄 몰랐어요. 만약 그녀가 제게 관심이 없었다면, 나도 그녀에게 관심이 없었을 거예요.

담당자: 그래요. 다른 사람과 어울리는 건 중요한 일이지요. 우리도 이런 점이 당신의 인생을 위한 계획의 일부란 걸 알아요. 만약 그녀와 만나는 것이 가능했다면 좋았을 것이고, 그녀가 아니었다면 걱정할 것도 없었겠죠.

루이스: 맞아요. 내 기록 때문에 누군가를 만나는 건 정말 힘들어요. 사장님은 그녀가 어려 보여 걱정된다고 말했어요. 나도 그걸 알아요. 하지만 그녀는 내가 학대한 아이만큼 어리지 않아요.

남낭자: 당신에게는 행복과 관계를 찾는 것이 중요한데, 당신의 선택권이 제한되어 있군요.

루이스: 네.

담당자: 그리고 당신 직업 역시 아주 중요하고요.

루이스: 맞아요.

담당자: 그녀와의 대화로 많은 사람이 걱정을 했군요. 그렇다면 당신 생각은 어때요?

루이스: 글쎄요. 공평해 보이지는 않지만, 이 상황을 다르게 보려고 노력할게요.

담당자: 고려해 볼 만한 다른 관점들이 있나요?

루이스: 아마도, 내 생각에는요. 내가 이러한 것들을 분리시켜 둘 필요가 있어요. 내 직장은 자율성, 삶과 생존, 지식 그리고 창조성에 관한 거예요. 여자를 만나는 것은 행복과 즐거움에 관한 것이고요. 만약 내가 동시에 이 두 가지를 수행하려 한다면, 아마도 충돌할 거예요.

담당자: 만약 당신이 두 가지를 시도한다면 당신은 실제로 상황을 다소 악화시킬 수 있어요.

루이스: 그렇죠. 전 그걸 원치 않아요.

담당자: 당신이 삶을 균형 있게 유지하고 이런 점들을 달성할 수 있도록 목표를 단순화하는 것이 중요해요.

루이스: 맞아요. 그렇게 할 필요가 있어요. 그렇지만 나는 여전히 데이트하기를 원해요.

담당자: 제안 하나 해도 될까요?

루이스: 물론이죠.

담당자: 사람들은 만약 당신이 잘못된 장소에서 데이트를 신청하거나 무리하게 한다면 걱정할 거예요. 당신이 같이 일하는 사람과 데이트를 하지 않을 수 있는 지침을 함께 만들어 보면 어때요? 그리고 당신이 누군가에게 데이트를 신청할 때, 만약 그들이 "싫어요."라고 말한다면, 당신은 계속 요청하면 안 돼요. 괜찮을까요?

루이스: 알겠어요. 나도 그렇게 생각해요.

담당자: 그리고 모든 것이 괜찮다는 걸 확실하게 하기 위해서, 당신이 누군가에게 데이트하자고 요청하거나 만약 당신이 누군가와 데이트한다면, 혼자 결정하지 말고 그것에 대해 나에게 말해 주겠어요? 당신의 치료자와 나를 끌어들일수록, 사람들을 놀라게 할 일은 적어질 거예요. 그렇게 할 수 있을까요?

> 루이스: 물론이죠. 할 수 있어요.
>
> 담당자: 당신도 알다시피, 만약 당신이 데이트할 거면, 당신이 세웠던 계획과 당신 치료자와 함께 작업했던 동호회와 같은 외부 자원들에 대해 생각해야 해요.
>
> 루이스: 그렇게 할게요.
>
> 담당자: 당신이 나이 차이에 대해 말할 필요가 있을 경우에 내가 당신의 치료자에게 전화할게요. 이와 관련된 이야기를 하기에 좋은 시점이긴 한데, 다음 시간에 와서 이야기하도록 해요.
>
> 루이스: 네. 그렇게 할게요.
>
> 담당자: 좋아요. 원하는 목표에 행운이 함께하길 바랄게요. 당신이 마음먹은 대로 뭐든 할 수 있을 거예요.
>
> 루이스: 고마워요.

첫 번째 시나리오에서, 관리감독 담당자는 루이스가 그의 관리감독 조건을 따르는지 여부에 더 관심이 있다. 사실상 그는 협력적 접근을 추구하지도 않았고 그렇게 하는 데 관심도 없어 보였으며, 실제로 내담자를 위협하는 방식으로 행동하였다. 담당자가 루이스를 위한 결정을 하는 데 어떤 관심도 보이지 않고 기회도 제공하지 않았기 때문에, 루이스는 앞으로 관리감독 담당자와 기꺼이 이야기하는 데 있어 동기부여가 되지 않을 것이다.

두 번째 시나리오에서는, 루이스는 치료과정에 좀 더 참여하였고, 담당자와의 다음 만남을 위해 좀 더 준비하며, 자발적으로 자신의 사생활에 대해 담당자와 좀 더 논의할 것이다. 일부 관할구역에서는 범죄자의 데이트에 제한을 둔다. 그러나 이러한 주제로 힘겨루기를 할 필요는 없다. 결국, 누군가와의 데이트를 통해 일차적 덕목의 관계를 추구하고 싶어 한다는 것은 자연스럽고 건전한 일이다. 협력적인 접근을 유지하면서 좀 더 개방적이고 준비된 방향으로 루이스를 안내함으로써 감독관은 사회복귀에 대하여 좀 더 지지적으로 노력하며 즉시적 위험성 지표에 대하여 경계를 유지한다. 앞서 언급한 대로, 데이트에 대한 루이스의 관심은 그 자체로 걱정거리는 아니며, 사실상 일차적 덕목의 관계(그리고 가능한 다른 덕목)에 대한 행동을 반영한 것이다. 데이트에 대한 그의 관심은 긍정적 가치가 있다. 루이스가 이러한 제한을 받은 덕목을 추구하건, 부적절한 수단으로 추구하건 간에 대화는 좀 더 탐색할 주제가 될 수 있다. 관리감독 담당자 또한 이러한 추구가 루이스의 좋은 삶 계획에서 영역을 제한하거나 계획 어디에서든지 충돌할 수 있다는 신호에 대하여 경계를 유지할 수 있다. 더욱이 이러한 추구는 지역사회 내에서 루이스의 현재 상태에 대한 중요한 정보를 산출해 낼 수 있는 전반적인 자기조절에 관련된 정보를 제공한다.

앞서 기술한 대로 유지와 관리감독은 내담자의 좋은 삶 계획의 실행을 돕고, 위험성을 관리하는 것 외에 긍정적인 접근 목표를 개발하는 것에 초점을 두는 것이 필수적이다. 범죄 유발 욕구는 위험성 요인을 관리하기 위한 구체적인 전략 이외에도 건설적·개인적·목표 지향적인 방법으로 내담자의 능력을 개발함으로써 가장 효과적으로 수정되고 소거되거나 관리될 수 있다.

관리감독에서 지원

내담자들의 욕구나 목표, 위험성 요인, 자기조절 기술의 광범위한 필요성 때문에 이 중 일부의 기능은 직접적으로 관련 있는 치료팀 외부의 직원이나 봉사자들이 더 잘 다룰 수 있다. 그러한 외부 인력에는 교사, 목사, 고용주, 사회복지사, 레크리에이션 강사 등이 포함될 수 있다. 이러한 광범위한 조력의 기반은 내담자를 돕기 위한 협력적인 사례 관리팀으로 통합되어 만들어지는 관리감독에 대한 기본적인 접근과 일치한다(Cumming & McGrath, 2005). 그러나 좋은 삶/자기조절 통합모델 접근에서 차이점은 이러한 팀이 오로지 위험성 관리에만 초점을 맞추지 않는다는 것이다. 보다 광범위한 팀은 또한 적극적으로 내담자가 중요한 목표와 덕목을 얻을 수 있도록 돕는다. 더욱이 이 사람들은 전형적으로 위험성을 감시하고, 위험성 관리 계획을 내담자가 실행할 수 있도록 촉진하기 위해 지역사회 감독관의 지원을 요청하며, 좋은 삶/자기조절 통합모델 접근에서는 범죄자가 삶에서 중요한 목표를 획득할 수 있도록 돕는다.

향후 내담자의 좋은 삶/자기조절 계획의 확장과 관련하여, 사례관리자와 치료자는 내담자가 출소하여 지역사회에서 그들의 과도기를 잘 준비할 수 있도록 사회적 및 개인적 환경을 예측해 보는 것이 바람직하다. 이러한 과정은 지지모임(Wilson, 2007)이나 고용 혹은 교육 기회 같은 사회지지 시스템을 만드는 것이 필요할 수 있다. 그러나 좋은 삶/자기조절 계획은 변경 불가능한 것이 아니므로, 기회가 되면 수정될 수 있다. 사실상, 치료와 관리감독의 다양한 단계에서 성범죄자의 진척에 따라 점진적으로 세부사항을 만들어 가는 것이 합리적이다. 당연히 치료자와 감독관은 내담자의 좋은 삶/자기조절 계획을 위해 지역사회 내 모든 관련 팀 구성원과 조력자들이 시간을 낼 수 있는지 확인해야 한다.

위험성과 자기조절: 잘못되고 있을 때

전체적으로 잘 구성된 좋은 삶/자기조절 계획과 내담자의 최선의 의지 및 다양한 조력자에도 불구하고 때로는 잘못될 수도 있고 이후 범죄 위험이 생기기도 한다. 그러므로 중요한 것은 새로운 범죄의 원인이 될 수 있고 좋은 삶/자기조절 계획에 위협이 되는 것에 신속하고 적응적으로 반응하여 내담자를 도울 수 있도록 설계된 응급상황 지침과 충분히 훈련된 전략을 포함하는 것이다. 내·외적 위협과 특정 상황에서의 생각, 감정 및 행동과 같은 징후(즉, 경고 신호)를 계획에 포함해서 관찰해야 한다(12장 참조). 경고 신호를 관찰하는 것은 치료 후 지역사회 유지와 관리감독의 기본적인 요소임에도 불구하고, 여기서의 차이는 이러한 경고 신호와 전략들이 단일 위험성으로써 제한하지 않고 내담자의 좋은 삶 계획 및 실행을 위협하는 상황을 다루는 데 있다. 이러한 관찰은 또한 좋은 삶 계획에서 결함의 재발생을 평가하는 것도 포함한다. 다음의 예를 살펴보자.

사례: 머레이

12장의 사례로 돌아가 보자. 머레이는 수년 동안 여자친구로 지냈던 데보라와 6개월 동안 지역사회에서 함께 지냈다. 지난 6개월 동안, 머레이는 좋은 삶 계획을 실행하기 위해 성실하게 일해 왔다. 주거 준비는 안정적으로 보였고, 데보라와 안정적인 관계로 행복해 보였다. 관리감독 담당자의 협력 덕분에, 그는 출판업 관련 온라인 수업을 수강해 왔다. 머레이는 평소 건강을 잘 관리했다. 그는 일주일에 6시간을 조깅하러 나갔고 근처 헬스클럽에서 아침 일찍 근력운동을 하였다. 그는 데보라와 함께 산책을 하러 나갔고 휴식 시간에는 기타를 연주하고 신문을 읽었다.

현재 문제점은 머레이가 도시 내의 작은 출판물 회사에서 전도유망한 사람이었다는 점이다. 그에게 일자리 제안이 들어왔지만, 일자리는 뜻밖의 경제 상황 때문에 취소되었다. 머레이는 크게 실망하였다. 그의 담당자는 만약 머레이가 교육받을 수 있는 기관에 다니지 않거나, 다른 직업을 찾지 않는다면, 출소 규칙을 따르지 못할 수 있어서 걱정했다. 그런데 예외적인 사건이 발생했다. 데보라가 집에 왔을 때 머레이가 밖에서 흡연하는 것을 발견한 것이다. 머레이는 몇 년 전부터 금연했기 때문에 이는 평소와는 달랐다. 이것이 경고 신호가 될 수 있다고 믿기에(머레이의 경우, 일차적 덕목의 행복 목표에 대한 부적절한 도구적 덕목), 데보라는 자문을 위해 치료자와 관리감독 담당자를 만나야 한다고 머레이에게 주장했다. 그녀의 걱정은 머레이의 좋은 삶 계획방법에서 결함이 발생한 것과 행복에 대한 목표가 건강한 삶에 관한 목표와 충돌할 수 있다는 것이다. 더욱이 지식과 자율성에 대한 목표가 그가 직업을 얻지 못했기 때문에 충족되지 않는다는 것이다.

담당자: 데보라, 오늘 우리의 만남에서 나눌 주요 사안을 제시해 주어 정말 고마워요. 우리 모두 그것에 감사해하고 있어요. 이건 머레이와 지역사회를 위해 도움이 되는 일이었어요. 머레이, 나의 이론적 배경은 위험성 연구와 관련돼요. 나는 좋은 삶/자기조절 경로에는 익숙하지 않지만, 당신이 자신의 삶을 위해 노력하는 것을 알고 있고, 내담자들이 어려운 시간을 보낼 때라는 것을 알아요. 실직과 담배를 피우는 행동에 대해 당신 여자친구가 걱정하고 있어요. 무슨 일이 있는지 이야기해 주세요.

머레이: 나는 정말로 그 직업을 원했어요. 그 직장에 취직하지 못해 너무 마음이 아팠어요. 말하자면, 당신이 나를 다시 법원으로 돌려보낼까 봐 정말로 걱정되었어요.

담당자: 내가 원하는 건 지역사회의 안전과 당신의 성공이에요. 내 생각에 이것은 동시에 함께 갈 수 있어요. 마찬가지로, 법원 명령에 대한 나의 직업적 의무가 있다는 것을 알고 있잖아요. 조금 더 이야기해 주세요.

머레이: 알겠어요. 나는 직업을 얻지 못했어요. 그게 나를 화나게 만들었어요. 내 자신의 좋은 삶 계획에 경고 신호가 울리기 전에 이틀 정도의 시간을 가

져야 한다고 말했어요. 다른 사람들과 이야기하면서 이러한 상황에 대해 그들의 생각을 듣는 데 몰두했어요. 이 상황에서, 나는 단지 이틀 정도의 시간을 원했어요. 내 스스로 시간을 갖고 머리를 식힐 시간을 갖기로 생각했어요. 내 자신에게 흡연하도록 허용했고, 이것이 다른 사람에게 피해를 줄 거라곤 생각하지 않았어요.

치료자: 그것이 어떻게 당신의 좋은 삶 계획과 일치하나요?

머레이: 그건 정말 일치하지 않죠. 내 생각에 나의 대처 기술은 압력을 견디는 것이었는데, 제 상황이 그리 나쁘지 않다고 생각해 약간의 흡연을 했고, 그것이 데보라를 화나게 했나 봐요.

치료자: 머레이, 당신의 계획을 당신의 말로 담당자에게 조금씩 더 설명하는 것이 도움이 될 거예요.

머레이: 계획에 대해 이야기했는데요. 당신은 내가 위험성을 관리할 수 있는 최선의 방법은 건강하고 내가 할 수 있는 최선의 삶을 사는 것이 기본이라고 생각했어요. 우리는 어떻게 조각들이 맞춰지는지에 대해서는 말하지 않았어요. 그 직업은 다른 사람에게 그저 다른 일이 될 수 있지만, 나에게는 독립성과 자율성에 관한 것이에요. 그것은 내가 잘하는 일과 정말 관심 있는 것을 배우는 것과 관련 있어요. 그것은 또한 어떻게 세상에서 새사람으로 살아가는지 배우는 것이었어요. 출판업의 매력 중 일부는 일하는 장소에서는 아이들을 보지 않아도 되고, 유아적인 활동에 휘말리지 않아도 된다는 거예요. 그리고 그것은 나를 매우 흥미롭게 해요. 좋은 삶 목표의 지식에 관한 것으로 새로운 삶을 배우고 책들을 출판하면서 다른 사람들의 배움에 참여하는 거예요. 이번 경우에는 내가 치료과정에서 배운 모든 대처 능력을 적절하게 사용하지 못하는 일이 생겼어요.

데보라가 지적한 것은 내가 그 일에 의존하고 있었고, 내가 직업을 얻지 못하자 옛날 습관들이 다시 시작되었다는 거예요. 과거에 나는 정말 자기중심적이었어요. 비록 건강한 삶의 목표를 위태롭게 만들고 있다는 것은 알았지만, 나는 담배 맛이 좋아서 피우게 되었어요. 나는 과거에 아동을 추행할 만큼 자기중심적이었어요. 한 이틀 쉬면서 약간만 흡연할 마음이었는데, 내 목표를 저버리는 쪽으로 한 발짝 가까워진 것을 알게 되었고 그럴 때 주의해야겠다는 걸 알았어요. 만약 내 계획을 당장에 그만둔다면 좋을 것 같지 않군요.

그래서 나의 지식과 자율성 목표에 도달하는 수단이 없을 수 있다는 걱정에 직면하게 되었어요. 그것은 내가 데보라와 같은 다른 사람과 어울릴 수단이 없다는 것을 걱정하는 거예요. 그것이 나의 관계 목표예요. 흡연이 현재 목표들 사이의 충돌을 가지고 왔기 때문에 정말 안 좋은 생각이었네요. 물론 흡연은 행복하고 즐겁지만 건강에 좋지 않고, 매주 밖에 나갔던 시간에는 담배만 피우러 갔지, 운동하러 가지는 않았어요.

이러한 상황과 관련된 나의 위험성 요인은 특권의식(만약 내가 받을 만하다고 생각하면, 그것을 더 가져야만 해요), 자기조절 문제, 정서적인 붕괴 그리고 물질남용처럼 흡연이 있어요. 나는 기꺼이 더 나아지기 위해 무엇이든 할 거예요.

담당자: 결국 당신에게 정말 중요한 것들을 거의 모두 잃어버린 것이군요.

머레이: 네. 그렇지만 그렇게 되는 걸 원하지 않아요. 나는 지역사회에 머물기 위해, 직업을 얻기 위해, 데보라와 함께 내 인생을 즐기기 위해 필요한 어떤 것이든 할 거예요.

담당자: 한편으로는, 당신은 정말로 계획을 계속 유지해서 자립하기를 원하는데, 다른 한편으로는 당신과 다른 사람들이 걱정할 만한 이유가 있군요.

머레이: 네.

담당자: 치료자는 어떻게 생각하나요?

치료자: 우리가 알아야 하는 것은 진정한 변화와 발전은 직선적이지 않다는 겁니다. 사람들은 약간 후퇴하기도 하고 전진하기도 합니다. 그것은 예상할 수 있습니다. 하지만 이것은 심각하게 받아들여야 하고, 중요한 것은 우리가 여기 있다는 것이죠. 나는 머레이로부터 우리가 다음에 무엇을 해야 한다고 느끼는지 듣고 싶습니다.

머레이: 나는 계속 데보라와 지내기 위해 무엇이든지 기꺼이 할 겁니다. 만약 이것이 나에게 달려 있다면, 회사가 나를 다시 고용할 수 있을 때까지 다른

직업을 찾아볼 수 있습니다. 그들은 전에 나를 좋아했고, 경제적 문제를 제외하면 나를 고용할 준비가 되어 있어요. 나는 그들에게 계속 고용 가능하다고 말하고 싶어요. 그리고 내가 무엇이 잘못되었는지 알아보기 위해 치료에서 작업이 필요하겠네요. 이것들에 대해 생각해 보기 위해 이틀의 시간을 원했던 내 생각은 자율성에 있어서 그리 좋은 시도는 아니었어요. 결국, 나의 자율성은 위험에 직면하게 되었죠. 나는 좋은 삶 계획으로 돌아갈 필요가 있고, 나의 자율성이 위협당할 때 더 나은 방법을 실행하는 것이 필요한 거죠.

데보리: 그리고 이러한 것들에 나를 포함하여 당신이 자율성이 없다는 의미가 아니라는 것을 이해할 필요가 있어요. 당신이 정말로 자기주도적으로 되기를 원한다면, 당신은 강해져야 하고 나를 포함시켜야 해요!

머레이: 맞아. 당신이 옳아…….

담당자: 좋아요. 여기 내가 해야 할 것이 있군요. 나는 모두가 이러한 상황에서 열심히 참여하는 것과, 당신이 여기 있는 사람들의 도움을 받으면서 목표를 향하여 함께 가는 것에 만족합니다. 그러나 취업은 법원이 심각하게 여기는 것이므로 정말 노력해야 합니다. 머레이, 나는 당신이 다음 주에 이곳으로 다시 와서 근황을 알려 주기를 원합니다. 나는 당신이 어떻게 지내는지 알아보기 위해서 예고 없이 방문할 수도 있고 아닐 수도 있습니다. 당신과 매주 정기적으로 만날 겁니다. 만약 무엇인가 잘못되었다면 당신의 치료자가 당신을 만날 거라는 걸 알고 있습니다. 이 분들과 함께 작업하면서 당신이 이야기했던 것에 대한 계획을 찾아보세요. 한 달 안에 다시 모여 함께 한 시간 정도 만납시다. 그때 계획을 검토할 수 있겠네요. 어떤가요?

머레이: 괜찮겠네요.

담당자: 머레이, 그동안에 당신은 직업을 구하기 위해 했던 모든 것을 기록한 전체 일정을 가지고 다음 주에 이곳으로 와 주세요. 당신에게 진지하게 말한 사람이 있는 곳의 이름, 주소, 전화번호를 가지고 계시면, 그다음에는 내가 알아서 할 거예요. 나는 당신의 노력을 지원하고 싶고, 당신이 알다

> 시피 법원의 명령도 이행해야 해요. 아시죠? 당분간 당신의 연락을 기다
> 릴 것이고 경고 신호가 될 수 있는 건강하지 않고 목표 지향적이지 않은
> 어떤 것이든 검토할 거예요.
>
> 머레이: 전 좋아요. 감사합니다.

이 사례의 핵심 요인은 변화를 향한 노력을 지지하고 노력에 관해 기꺼이 들어주는 담당자다. 담당자는 충만하고 만족스러운 삶을 실행하기 위해 노력하는 사람들이 특별히 관리감독에 잘 따를 때 재범의 가능성이 낮다는 것을 이해하며, 내담자가 때때로 계획을 완수하거나 달성하는 데 어려움을 경험할 것이라는 것을 이해하는 치료자가 되지 않아도 된다. 담당자는 머레이가 적극적으로 좋은 삶 계획에 다시 초점을 두고 언급된 결함에 대한 전략을 개발하며, 자기조절 기술을 이용하는 것을 도왔다. 마찬가지로 치료자는 머레이의 좋은 삶 계획을 이해했고, 기꺼이 관리감독자와 밀접한 관계로 일할 수 있도록 하였다. 머레이가 자신의 계획을 따르는 것과 위험성 관리 전략을 지속적으로 실행하도록 모든 당사자가 동기를 부여해 주었다. 관리감독자는 위험성을 재평가하고 이러한 요인을 관리할 수 있도록 계획을 수립하고 도움이 되는 방식으로 실행하였으며 규정의 불이행에 대한 결과와 내담자를 위협하지 않고 법원의 명령에 따라 자신의 요구사항을 설명한다. 궁극적으로 모든 당사자가 기꺼이 함께하였고 머레이의 목표에 대한 차이를 이해하였다.

좋은 삶과 자기조절: 잘 진행되고 있을 때

지역사회 감독에 대한 전통적인 접근은 일반적으로 위험성 평가, 위험성 관리, 법원과 보호관찰 및 다른 공식적인 명령에 순응하는 것에 몰두하여, 내담자에 대해 관찰하지 않으며 내담자의 발전과 성공을 강화하지도 않는다. 하지만 이 책을 통해 증명되었듯이, 좋은 삶/자기조절 통합모델 접근은 명백히 강점을 기반으로 하고 미래 지향적이며 접근 지향적이다. 이러한 접근에서 관리감독의 주안점은 관찰 및 내담자의 발전을 강화하는 것에 두어야 하며, 내담자가 목표와 위험성 관리를 적극적으로 성취할 수 있도록 지원하면서 자기조절 기

술과 좋은 삶 계획이 효과적으로 실행될 수 있도록 해야 한다. 그러므로 관리감독 계획은 또한 정기적으로 관찰되고, 내담자 계획에 대한 성공적인 실행 지표를 포함해야 한다(12장 참조). 이에 더해 좋은 삶/자기조절 통합모델에서 지역사회 감독과 조력자의 역할은 그들의 좋은 삶 계획을 조정하도록 내담자를 돕는 것이며, 필요하다면 세부적으로 조정하는 것이다. 예를 들면, 일에서의 유능성을 아주 중요하게 생각하지만 만족할 만한 일을 얻을 수 없는 내담자라면 직업을 얻는 방향의 이차적 덕목을 대안으로 포함시키는 형태로 좋은 삶 계획을 조정할 필요가 있다. 삶과 생존 또는 자주성 같은 내담자 계획의 다른 측면이 위험할 수 있기 때문에 주의를 기울여야 한다. 다음의 사례를 살펴보자.

사례: 머레이

담당자: 안녕하세요, 머레이. 다시 보게 되어서 반갑습니다. 일주일 동안 어떻게 지내셨어요?

머레이: 음……, 나는 일자리 15곳을 알아보았고 무언가를 찾아야 한다고 생각했어요. 그들은 나에게 월요일에 알려 준다고 했어요. 지역신문은 준비와 인쇄에 일손이 필요해요. 유일한 문제는 그것이 오후 교대 시간이란 거죠.

담당자: 그 시간은 당신이 항상 데보라와 함께 보내는 시간이잖아요.

머레이: 맞아요. 그러나 내 생각엔 그녀와 이러한 충돌을 다룰 수 있을 것 같아요. 나는 그녀에게 그것에 대해 괜찮을 거라는 걸 말해 왔어요. 적어도 지금부터는요.

담당자: 당신 계획에 어떤 종류의 문제가 있을까요?

머레이: 우리가 함께할 시간이 줄어드는 것을 의미하며 함께하기 위해 최선의 시간 사용과 우리의 스케줄을 재조정하는 것이 필요하겠네요. 기타 치는 시간을 옮기고 그녀가 일을 가는 이른 아침에 신문을 볼 수 있겠죠. 나는 그 후에 잘 수 있고요. 이 방법으로 우리는 소중한 시간을 함께 보낼 수 있어요.

담당자: 당신은 정말 여러 가지를 생각했군요. 이건 정말 당신에게 중요하네요.

머레이: 네. 이것은 일과 놀이에서의 유능성과 자율성 및 지식의 방법으로 할 거

예요. 이것은 위험성 관리에 약간 도움이 될 거예요. 왜냐하면 나는 모두가 잠들었을 때 나갈 거거든요.

담당자: 데보라는 이 일에 대해 어떤 반응을 보이나요?

머레이: 지금까진 좋아요. 이것은 변화예요. 그래서 만약 내가 다음 시간에 그녀를 데리고 와서 우리가 같이 이야기하면 어떨까요?

담당자: 좋은 생각 같군요.

머레이: 나의 주요 희망은 우리가 논의했던 대로 계획에서 목표들 간의 충돌을 만들지 않고 수단을 늘리는 거예요. 관계는 여전히 가장 중요한 목표예요. 늦은 시간에 일하는 것은 지역사회와 나를 약간 멀어지게 할 수 있지만, 이것은 그럴 만한 가치가 있는 지역신문이고 그래서 가치 있고 아마 내가 지역사회에 좀 더 소속될 수 있는 방법일 거예요.

담당자: 그렇다면 계획의 균형을 깨뜨리지 않고 계획을 약간 조정하는 것으로 열심히 일할 수 있겠군요.

머레이: 맞아요. 그리고 전 그게 효과가 있길 바라요.

담당자: 그리고 당신이 너무 빠르게 가지 않길 바랍니다.

머레이: 아마 나는 확실히 치료자와 치료 집단에서 이걸 이야기할 필요가 있겠네요.

담당자: 그것이 어떻게 되는지 알려 주세요.

이 예에서 머레이는 좋은 삶 계획의 실행에서 변화에 대한 영향을 개방적으로 탐색하였다. 그는 일차적 덕목에 포함된 것(관계, 자주성, 일과 놀이에서의 유능성, 지식 그리고 덜 중요하게 판단되는 다른 일차적 덕목)을 보고하였다. 그는 또한 만약 그것들이 잘못되기 시작했을 때, 어떠한 결함이 발생할 수 있는지 살펴보았다(예를 들면, 만약 방법을 바꾸는 것이 그의 좋은 삶 계획과 충돌하게 된다면). 이러한 영역에 중점을 두고 결함을 방지하는 계획을 세우는 것으로 머레이는 자기조절을 위한 좀 더 확실한 계획을 수립하고 있고, 그렇게 하지 않아서 발생할 수 있는 조절의 실패를 예방하고 있다.

요약

이 장은 관리감독에서 전형적으로 사용되는 기본적인 위험성을 관찰하고 관리하는 접근을 포함하여 지역사회 감독과 지지에 대한 대안적인 접근을 목적으로 하고 있다. 좋은 삶/자기조절 통합모델에서 관리감독의 중요한 역할은 위험성을 관리하는 것뿐만 아니라 내담자의 좋은 삶 계획을 실행하기 위한 자기조절 기술과 전략을 적극적으로 강화하고 견고히 하도록 내담자를 돕는 것이다. 관리감독은 웰빙과 만족하는 삶을 성취하는 데 있어 도움이 되는 내담자의 가치, 목표, 욕구를 구축하는 것이다. 지역사회의 감독관, 사례 관리팀, 조력자의 중요한 역할 중 하나는 자신의 삶에서 중요한 일차적 덕목을 달성하는 것과 이것을 얻기 위해 자기조절 기술을 적용할 수 있도록 내담자를 도울 수 있는 기회를 제공하는 것이다.

참고문헌

Abel, G. G., Becker, J. V., & Cunningham-Rathner, J. (1984). Complications, consent, and cognitions in sex between children and adults. *International Journal of Law and Psychiatry, 7*, 89-103.

Abel, G. G., & Rouleau, J. L. (1986). Sexual disorders. In G. Winokur & P. Clayton (Eds.), *The Medical Basis of Psychiatry* (pp. 246-267). Philadelphia: W. B. Saunders.

Andrews, D. A., & Bonta, J. (2007). *The Psychology of Criminal Conduct* (4th ed.). Cincinnati, OH: Anderson.

Aspinwall, L. G., & Staudinger, U. M. (Eds.). (2003). *A Psychology of Human Strengths: Fundamental Questions and Future Directions for a Positive Psychology.* Washington, DC: American Psychological Association.

Augoustinos, M., & Walker, I. (1995). *Social Cognition:* An Integrated Introduction. London: Sage.

Austin, J. T., & Vancouver, J. B. (1996). Goal constructs in psychology: Structure, process, and content. *Psychological Bulletin, 120*, 338-375.

Bandura, A. (1986). *Social Foundations of Thought and Action: A Social Cognitive Theory.* Englewood Cliffs, NJ: Prentice-Hall.

Barbaree, H. E. (1991). Denial and minimization among sex offenders: Assessment and treatment outcome. *Forum on Corrections Research, 3*, 30-33.

Barbaree, H. E., & Marshall, W. L. (1991). The role of male sexual arousal in rape: Six models. *Journal of Consulting and Clinical Psychology, 59*, 621-630.

Barbaree, H. E., Marshall, W. L., Yates, E., & Lightfoot, L. O. (1983). Alcohol intoxication and deviant sexual arousal in male social drinkers. *Behaviour Research and Therapy, 21*, 365-373.

Barber, P. J. (1988). *Applied Cognitive Psychology.* London: Metheun & Co.

Baumeister, R. F., & Heatherton, T. F. (1996). Self-regulation faiure: An overview. *Psychological*

Inquiry, 7, 1-15.

Baumeister, R. F., & Vohs, K. D. (2004). *Handbook of Self-Regulation: Research, Theory, and Applications*. New York, NY: Guilford.

Beauchamp, T. L., & Childress, J. F. (2009). *Principles of Biomedical Ethics* (6th ed.). New York, NY: Oxford University Press.

Beck, A. T. (1964). Thinking and depression: 2. Theory and therapy. *Archives of General Psychiatry, 9*, 324-333.

Beck, A. T. (1967). *Depression: Causes and Treatment*. Philadelphia, PA: University of Pennsylvania Press.

Beck, A. T. (1976). *Cognitive Therapy and the Emotional Disorders*. New York, NY: International Universities Press.

Beck, A. T. (1999). Prisoners of Hate: *The Cognitive Basis of Anger, Hostility, and Violence*. New York, NY: Harper-Collins.

Beck, A. T., Freeman, A., & Davis, D. D. (2004). *Cognitive Therapy of Personality Disorders*. New York, NY: Guilford.

Beech, A., & Fordham, A. S. (1997). Therapeutic climate of sexual offender treatment programs. Sexual Abuse: *A Journal of Research and Treatment, 9*, 219-237.

Beech, A. R., & Ward, T. (2004). The integration of etiology and risk in sexual offenders: A theoretical framework. *Aggression and Violent Behavior, 10*, 31-63.

Bem, D. J. (1972). Self-perception theory. In L. Berkowitz (Ed.), *Advances in Experimental Social Psychology, 6* (pp. 2-62). New York: Academic Press.

Binder, J., & Strupp, H. (1997). "Negative process": A recurrently discovered and underestimated facet of therapeutic process and outcome in the individual psychotherapy of adults. *Clinical Psychology: Science and Practice, 4*, 121-139.

Blader, J. C., & Marshall, W. L. (1989). Is assessment of sexual arousal in rapists worthwhile? A critique of response compatibility approach. *Clinical Psychological Review, 9:* 569-587.

Blanchard, G. T. (1995). *The Difficult Connection: The Therapeutic Relationship in Sex Offender Treatment*. Brandon, Vermont: Safer Society Press.

Bumby, K., & Hansen, D. J. (1997). Intimacy deficits, fear of intimacy, and loneliness among sex offenders. *Criminal Justice and Behaviour, 24,* 315-31.

Carver, C. S., & Scheier, M. F. (1981). Attention and self-regulation: *A Control-Theory Approach to Human Behavior*. New York, NY: Springer-Verlag.

Carver, C. S., & Scheier, M. F. (1998). *On the Self-Regulation of Behavior.* New York, NY: Cambridge University Press.

Carver, C. S., & Scheier, M. F. (1990). Principles of self-regulation: Action and emotion. In E. T. Higgins & R. M. Sorrentino (Eds.), *Handbook of Motivation and Social Behavior* (pp. 3-52). New York, NY: Guilford.

Cochran, W., & Tesser, A. (1996). The "What the hell" effect: Some effects of goal proximity and goal framing on performance. In L. L. Martin & A. Tesser (Eds.), *Striving and Feeling: Interactions Among Goals, Affect, and Self-Regulation* (pp. 99-120). New York, NY: Lawrence Erlbaum.

Correctional Service Canada. (2009). *Evaluation Report: Correctional Service Canada's Correctional Programs. Ottawa,* ON: Author. http://www.csc-scc.gc.ca/text/pa/cop-prog/cp-eval-eng.shtml

Cullen, M., & Wilson, R. J. (2003). *TRY—Treatment Readiness for You: A Workbook for Sexual Offenders.* Lanham, MD: American Corrections Association.

Cumming, G. F., & McGrath, R. J. (2000). External Supervision. In D. R. Laws, S. M. Hudson, & T. Ward. (Eds.), *Remaking Relapse Prevention with Sex Offenders: A Sourcebook.* Thousand Oaks, CA: Sage.

Cumming, G. F., & McGrath, R. J. (2005). *Supervision of the Sex Offender: Community Management, Risk Assessment, and Treatment.* Brandon, VT: Safer Society Press.

Cummins, R. A. (1996). The domains of life satisfaction: An attempt to order chaos. *Social Indicators Research, 38,* 303-328.

Deci, E. L., & Ryan, R. M. (2000). The "what" and "why" of goal pursuits: Human needs and the self-determination of behavior. *Psychological Inquiry, 11,* 227-268.

DiClemente, C. C. (1991). Motivational Interviewing and the Stages of Change. In W. R. Miller & S. Rollnick (Eds.), *Motivational Interviewing: Preparing People to Change Addictive Behavior* (pp. 191-202). New York: The Guilford Press.

Dowden, C., & Andrews, D. A. (2000). Effective correctional treatment and violent offending: A meta-analysis. *Canadian Journal of Criminology and Criminal Justice, 42,* 449-467.

Drapeau, M., Korner, A., Granger, L., Brunet, L., & Caspar, F. (2005). A plan analysis of pedophile sexual abusers' motivations for treatment: A qualitative pilot study. *International Journal of Offender Therapy and Comparative Criminology, 49,* 308-324.

Duncan, B., Miller, S., Wampold, B., & Hubble, M. A. (2009). *The Heart and Soul of Change: Delivering What Works in Therapy.* Washington, DC: American Psychological

Association.

Emmons, R. A. (1999). *The Psychology of Ultimate Concerns*. New York: Guilford.

Endler, N. S., & Parker, D. A. (1990). Multidimensional assessment of coping: A critical evaluation. *Journal of Personality and Social Psychology, 58*(5), 844-854.

Fernandez, Y. M., Marshall, W. L., Lightbody, S., & O'Sullivan, C. (1999). The Child Molester Empathy Measure: Description and examination of its reliability and validity. *Sexual Abuse: A Journal of Research and Treatment, 11:* 17-31.

Finkelhor, D. (1984). *Child Sexual Abuse: New Theory and Research*. New York, NY: Free Press.

Finkelhor, D. (1986). *A Sourcebook on Child Sexual Abuse*. Berverly Hills, CA: Sage.

Fiske, S. T., & Taylor, S. E. (1991). *Social Cognition* (2nd ed.). New York, NY: McGraw Hill.

Freeman-Longo, R. E., Bird, S. L., Stevenson, W. F., & Fiske, J. A. (1994). *1994 Nationwide Survey of Sexual Offender Treatment and Models*. Brandon, VT: Safer Society Press.

Gannon, T. A. (2009). Social cognition in violent and sexual offending: An overview. *Psychology, Crime, and Law, 15,* 97-118.

Gannon, T. A., & Polaschek, D. L. L. (2006). Cognitive distortions in child molesters: A re-examination of key theories and research. *Clinical Psychology Review, 26,* 1000-1019.

Gannon, T. A., Ward, T., Beech, A. R., & Fisher, D. (2007). *Aggressive Offenders' Cognition: Theory, Research, and Practice*. Hoboken, NJ: Wiley.

Garland, R., & Dougher, M. (1991). Motivational intervention in the treatment of sexual offenders. In W. R. Miller & S. Rollnick(Eds.), *Motivational Interviewing—Preparing People to Change Addictive Behavior* (pp. 303-313). New York: Guilford Press.

Garlick, Y., Marshall, W. L., & Thorton, P. (1996). Intimacy deficits and attribution of blame among sexual offenders. *Legal and Criminological Psychology, 1*(2), 251-258.

Gendreau, P., & Goggin, C. (1996). Principles of effective correctional programming. *Forum on Corrections Research, 8,* 38-41.

Gendreau, P., & Goggin, C. (1997). Correctional treatment: Accomplishments and realities. In P. Van Voorhis et al. (Eds.), *Correctional Counseling and Rehabilitation* (pp. 271-279). Cincinnati, OH: Anderson.

Gendreau, P., Little, T., & Goggin, C. (1996). A meta-analysis of the predictors of adult offender recidivism: What works! *Criminology, 34,* 3-17.

Gordon, A., & Hover, G. (1998). The twin rivers sex offender treatment program. In W. L. Marshall, Y. M. Fernandez, S. M. Hudson, & T. Ward (Eds.), *Sourcebook of Treatment*

Programs for Sexual Offenders (pp. 3-15). New York: Plenum Press.

Gordon, A., & Nicholaichuk, T. (1996). Applying the risk principle to sex offender treatment. *Forum on Corrections Research, 8*, 36-38.

Gordon, A., & Packard, R. (1998, October). *The Impact of Community Maintenance Treatment on Sex Offender Recidivism.* Paper presented at the Association for the Treatment of Sexual Abusers 17th Annual Research and Treatment Conference, Vancouver, BC.

Grant, D. A., & Berg, E. A. (2003). *The Wisconsin Card Sort Task Version 4 (WCST).* Lutz, FL: Psychological Assessment Resources.

Groth, A. N. (1979). Sexual trauma in the life histories of rapists and child molesters. *Victimology, 4*, 10-16.

Haaven, J. (2006). Evolution of old/new me model. In G. Blasingame (Ed.), *Practical Treatment Strategies for Forensic Clients with Severe and Sexual Behavior Problems among Persons with Developmental Disabilities.* Oklahoma City, OK: Wood'N'Barnes Publishing.

Hall, G. C. N., & Hirschman, R. (1991). Toward a theory of sexual aggression: A quadripartite model. *Journal of Consulting and Clinical Psychology, 59*(5), 662-669.

Hanson, R. K. (1996). Evaluating the contribution of relapse prevention theory to the treatment of sexual offenders. *Sexual Abuse:* A *Journal of Research and Treatment, 8,* 201-208.

Hanson, R. K. (1997). How to know what works with *sexual offenders. Sexual Abuse: A Journal of Research and Treatment, 9,* 129-145.

Hanson, R. K. (1999). Working with sex offenders: A personal view. *Journal of Sexual Aggression, 4,* 81-93.

Hanson, R. K. (2000). What is so special about relapse prevention? In D. R. Laws (Ed.), *Relapse Prevention with Sex Offenders* (pp. 1-31). New York: Guilford.

Hanson, R. K. (2006, September). *What Works: The Principles of Effective Interventions with Offenders.* Presented at the 25th Annual Convention of the Association for the Treatment of Sexual Abusers, Chicago, Ill.

Hanson, R. K., Bourgon, G., Helmus, L., & Hodgson, S. (2009). The principles of effective correctional treatment also apply to sexual offenders: A meta-analysis. *Criminal Justice and Behavior, 36,* 865-891.

Hanson, R. K., Bussière, M. T. (1998). Predicting relapse: A meta-analysis of sexual offender recidivism studies. *Journal of Consulting and Clinical Psychology, 66*(2), 348-362.

Hanson, R. K., Gizzarelli, R., & Scott, H. (1994). The attitudes of incest offenders: Sexual entitlement and acceptance of sex with children. *Criminal Justice and Behavior, 21,* 187-202.

Hanson, R. K., Gordon, A., Harris, A. J. R., Marques, J. K., Murphy, W., & Quinsey, V. L. (2002). First report of the collaborative outcome data project on the effectiveness of treatment for sex offenders. *Sexual Abuse: A Journal of Research and Treatment, 14,* 169-194.

Hanson, R. K., & Harris, A. J. R. (2000). Where should we intervene? Dynamic predictors of sexual offence recidivism. *Criminal Justice and Behaviour, 27,* 6-35.

Hanson, R. K., & Harris, A. J. R. (2001). A structured approach to evaluating change among sexual offenders. *Sexual Abuse: A Journal of Research and Treatment, 13,* 105-122.

Hanson, R. K., Harris, A. J. R., Scott, T., & Helmus, L. (2007). *Assessing the Risk of Sexual Offenders on Community Supervision: The Dynamic Supervision Project.* User Report No. 2007-05. Ottawa: Public Safety Canada.

Hanson, R. K., & Morton-Bourgon, K. (2004). *Predictors of Sexual Recidivism: An Updated Meta-Analysis.* Ottawa: Public Safety and Emergency Preparedness Canada.

Hanson, R. K., & Morton-Bourgon, K. (2005). The characteristics of persistent sexual offenders: A meta-analysis of recidivism studies. *Journal of Consulting and Clinical Psychology, 73,* 1154-1163.

Hanson, R. K., & Scott, H. (1995). Assessing perspective taking among sexual offenders, nonsexual criminals and non-offenders. *Sexual Abuse: A Journal of Research and Treatment, 7,* 259-277.

Hanson, R. K., & Thornton, D. (1999). Static-99: *Improving Actuarial Risk Assessment for Sex Offenders.* Ottawa: Department of the Solicitor General of Canada.

Hanson, R. K., & Yates, P. M. (2004). Sexual violence: Risk factors and treatment. In M. Eliasson (Ed.), *Anthology on Interventions Against Violent Men.* Uppsala, Sweden: Department of Industrial Relations.

Hare, R. D. (2003). *The Hare Psychopathy Checklist-Revised* (2nd ed.). Toronto: Multi-Health Systems.

Harris, M. J. (1991). Controversy and culmination: Meat-analysis and research on interpersonal expectancy effects. *Personality and Social Psychology Bulletin, 17,* 316-322.

Heidt, J. M., & Marx, B. P. (2003). Self-monitoring as a treatment vehicle. In W. O'Donohue, J. E. Fisher, & S. C. Hayes (Eds.), *Cognitive Behavior Therapy: Applying Empirically Supported Techniques in Your Practice* (pp. 361-367). Hoboken, NJ: Wiley.

Hildebran, D., & Pithers, W. D. (1989). Enhancing offender empathy for sexual-abuse victims. In D. R. Laws (Ed.), *Relapse Prevention with Sex Offenders* (pp. 236-243). New York: Guilford Press.

Hudson, S. M., Marshall, W. L., Wales, D. S., McDonald, E., Bakker, L. W., & McLean, A. (1993). Emotional recognition skills in sex offenders. *Annals of Sex Research, 6,* 199-211.

Hudson, S. M., Wales, D. S., & Ward, T. (1998). Kia Marama: A treatment program for child molesters in New Zealand. In W. L. Marshall, Y. M. Fernandez, S. M. Hudson, & T. Ward (Eds.), *Sourcebook of Treatment Programs for Sexual Offender.* New York: Plenum Press.

Huesmann, L. R. (1988). An information-processing model for the development of aggression. *Aggressive Behavior, 14,* 12-24.

Jenkins, A. (1990). Invitations to Responsibility: *The Therapeutic Engagement of Men Who Are Violent and Abusive.* Adelaide, Australia: Dulwich Centre Publications.

Jenkins-Hall, K. (1994). Outpatient treatment of child molesters: Motivational factors and outcome. *Journal of Offender Rehabilitation, 21,* 139-150.

Jennings, J. L., & Sawyer, S. (2003). Principles and techniques for maximizing the effectiveness of group therapy with sex offenders. *Sexual Abuse: A Journal of Research and Treatment, 15,* 251-268.

Johnston, L., Hudson, S. M., & Ward, T. (1997). The suppression of sexual thoughts by child molesters: A preliminary investigation. *Sexual Abuse: A Journal of Research and Treatment, 34,* 303-319.

Johnston, L., & Ward, T. (1996). Social cognition and sexual offending: A theoretical framework. *Sexual Abuse: Journal of Research and Treatment, 8,* 55-80.

Karoly, P. (1933). Mechanisms of self-regulation: A systems view. *Annual Review of Psychology, 44,* 23-52.

Kear-Colwell, J., & Pollack, P. (1997). Motivation and confrontation: Which approach to the child sex offender? *Criminal Justice and Behaviour, 24,* 20-33.

Keenan, T., & Ward, T. (2000). A theory of mind perspective on cognitive, affective, and intimacy deficits in child sexual offenders. *Sexual Abuse: A Journal of Research and Treatment, 12,* 49-58.

Keenan, T., & Ward, T. (2003). Developmental antecedents of sexual offending. In T. Ward, D. R. Laws, & S. M. Hudson (Eds.), *Sexual Deviance: Issues and Controversies* (pp. 119-134). Thousand Oaks, CA: Sage Publications.

Kekes, J. (1989). *Moral Tradition and Individuality*. Princeton, New Jersey: Princeton University Press.

Knight, R. A., & Thornton, D. T. (2007). *Evaluating and Improving Risk Assessment Schemes for Sexual Recidivism: A Long-Term Follow-Up of Convicted Sexual Offenders*. Final report for NIJ grant 2003-WG-BX-1002. Retrieved August 19, 2010, from http://www.ncjrs.gov/pdf-files1/nij/grants/217618.pdf

Langevin, R., Wirght, M. A., & Handy, L. (1988). Empathy, assertiveness, aggressiveness, and defensiveness among sex offenders. *Annals of Sex Research, 1*, 533-547.

Laws, D. R. (1989). *Relapse Prevention with Sex Offenders*. New York: The Guilford Press.

Laws, D. R. (2003). The rise and fall of relapse prevention. *Australian Psychologist, 38*(1), 22-30.

Laws, D. R., Hudson, S. M., & Ward, T. (2000). The original model of relapse prevention with sex offender: Promises unfulfilled. In D. R. Laws, S. M. Hudson, & T. Ward (Eds.), *Remaking Relapse Prevention with Sex Offenders: A Sourcebook* (pp. 3-24). Newbury Park, CA: Sage.

Laws, D. R., & Marshall, W. L. (1990). A Conditioning Theory of the Etiology and Maintenance of Deviant Sexual Preference and Behaviour. In W. L. Marshall & H. E. Barbaree (Eds.), *Handbook of Sexual Assault: Issues, Theories, and Treatment of Offenders* (pp. 103-113). NY: Plenum.

Laws, D. R., & Ward, T. (2006). When one size doesn't fit all: The reformulation of relapse prevention. In W. L. Marshall, Y. M. Fernandez, L. E. Marshall, & G. A. Serran (Eds.), *Sexual Offender Treatment: Controversial Issues* (pp. 241-254). New Jersey, NY: John Wiley & Sons.

Laws, D. R., & Ward, T. (In press). *Desistance from sexual offending: Alternatives to throwing away the keys*. New York, NY: Guilford Press.

Leahy, R. L. (2001). *Overcoming Resistance in Cognitive Therapy*. New York, NY: Guilford.

Linley, P. A., & Joseph, S. (2004). Applied positive psychology: A new perspective for professional practice. In P. A. Linley & S. Joseph (Eds.), *Positive Psychology in Practice* (pp. 3-12). New Jersey, NJ: John Wiley & Sons.

Lockhart, L. L., Saunders, B. E., & Cleveland, P. (1988). Adult male sexual offenders: An overview of treatment techniques. *Journal of Social Work and Human Sexuality, 7*, 1-32.

Lösel, F., & Schmucker, M. (2005). The effectiveness of treatment for sexual offenders: A comprehensive meta-analysis. *Journal of Experimental Criminology, 1,* 117-146.

Malamuth, N. M., & Brown, L. M. (1994). Sexually aggressive men's perceptions of women's communications: Testing three explanations. *Journal of Personality and Social Psychology, 67,* 699-712.

Malamuth, N. M., Heavey, C. L., & Linz, D. (1993). Predicting men's antisocial behavior against women: The interaction model of sexual aggression. In G. C. N. Hall, R. Hirschman, J. R. Graham, & M. S. Zaragoza (Eds.), *Sexual Agression: Issues in Etiology, Assessment, and Treatment* (pp. 63-97). Washington, DC: Taylor & Francis.

Mann, R. E. (1998). *Relapse prevention? In That the Bit Where They Tole Me All of the Things That I Couldn't Do Anymore?* Paper presented at the 17th annual Research and Treatment Conference of the Association for the Treatment of Sexual Abusers, Vancouver, BC, October 2003.

Mann, R. E. (2009). Getting the context right for sexual offender treatment. In D. S. Prescott (Ed.), *Building Motivation to Change in Sexual Offenders.* Brandon, VT: Safer Society Press.

Mann, R. E., & Beech, A. R. (2003). Cognitive distortions, schemas, and implict theories. In T. Ward, D. R. Laws, & S. M. Hudson (Eds.), *Sexual Deviance: Issues and Controversies.* Thousand Oaks, CA: Sage.

Mann, R. E., & Hollin, C. R. (2001, November). *Schemas: A Model for Understanding Cognition in Sexual Offending.* Paper presented at th 20th Annual Research and Treatment conference of the Association for the Treatment of Sexual Abusers, San Antonio, TX.

Mann, R. E., & Shingler, J. (2006). Schema-driven cognitions in sexual offender: Theory, Assessment, and Treatment. In W. L. Marshall, Y. M. Fernandez, L. E. Marshall, & G. A Serran (Eds.), *Sexual Offender Treatment: Controversial Issues.* (pp. 173-185). Hoboken, NJ: Wiley.

Mann, R. E., Webster, S. D., Schofield, C., & Marshall, W. L. (2004). Approach versus avoidance goals in relapse prevention with sexual offenders. *Sexual Abuse: A Journal of Research and Treatment, 16,* 65-75.

Marlatt, G. A. (1982). Relapse prevention: a self-control program for the treatment of addictive behaviors. In R. B. Stuart (Ed.), *Adherence, Compliance, and Generalization in Behavioral Medicine* (pp. 329-378). New York: Brunner/Mazel.

Marques, J. K., Day, D. M., & Nelson, C. (1992). *Findings and Recommendations from California's Experimental Treatment Program.* Unpublished manuscript, Sex Offender

Treatment and evaluation Project, Atascadero State Hospital, California.

Marshall, W. L. (1996). The sexual offender: Monster, victim or everyman? *Sexual Abuse: A Journal of Research and Treatment, 8,* 317-335.

Marshall, W. L. (1997). The relationship between self-esteem and deviant *sexual arousal in nonfamilial child molesters. Behavior Modification, 21:* 86-96.

Marshall, W. L. (2005). Therapist style in sexual offender treatment: Influence on indices of change. *Sexual Abuse: A Journal of Research and Treatment, 17*(2), 109-116.

Marshall, W. L., Anderson, D., & Fernandez, Y. M. (1999). *Cognitive Behavioral Treatment of Sexual Offenders.* Chichester, UK: Wiley.

Marshall, W. L., & Barbaree, H. E. (1988). The long-term evaluation of a behavioral treatment program for child molesters. *Behaviour Research and Therapy, 26,* 499-511.

Marshall, W. L., & Barbaree, H. E. (1990). Outcome of comprehensive cognitive behavioural treatment programs. In W. L. Marshall, D. R. Laws, & H. E. Barbaree (Eds.), *Handbook of Sexual Assault: Issues, Theories, and Treatment of the Offender* (pp. 363-385). New York: Plamum.

Marshall, W. L., Bryce, P., Hudson, S. M., Ward, T., & Moth, B. (1996). The enhancement of intimacy and the reduction of loneliness among child molesters. *Journal of Family Violence, 11,* 219-235.

Marshall, W. L., Champagne, F., Brown, C., & Miller, S. (1997). Empathy, intimacy, loneliness, and self-esteem in non-familial child molesters. *Journal of Child Sexual Abuse, 6,* 87-97.

Marshall, W. L., & Darke, J. (1982). Inferring humiliation as motivation in sexual offenses. *Treatment for Sexual Aggressiveness, 5,* 1-3.

Marshall, W. L., Fernandez, Y. M., Serran, G. A., Mulloy, R., Thorton, D., Mann, R. E., & Anderson, D. (2003). Process variables in the treatment of sexual offenders: A review of the relevant literature. *Aggression and Violent Behavior, 8,* 205-234.

Marshall, W. L., & Hambley, L. S. (1996). Intimacy and loneliness, and their relationship to rape myth acceptance and hostility toward women among rapists. *Journal of Interpersonal Violence, 11,* 586-592.

Marshall, W. L., Hudson, S. N., & Hodkinson, S. (1993). The importance of attachment bonds and the development of juvenile sex offending. In H. E. Barbaree, W. L. Marshall, & S. M. Hudson (Eds.), *Juvenile Sex Offender* (pp. 164-181). New York: Guilford.

Marshall, W. L., Hudson, S. M., Jones, R., & Fernandez, Y. M. (1995). Empathy in sex offenders.

Clinical Psychology Review, 15, 99-113.

Marshall, W. L., & Mazzucco, A. (1995). Self-esteem and parental attachments in child molesters. *Sexual Abuse: Journal of Research and Treatment, 7*(4), 279-285.

Marshall, W. L., O'Sullivan, C., & Fernandez, Y. M. (1996). The enhancement of victim empathy among incarcerated child molesters. *Legal and Criminological Psychology, 1,* 95-102.

Marshall, W. L., & Pithers, W. D. (1994). A reconsideration of treatment outcome with sex offenders. *Criminal Justice and Behavior, 21*: 10-27.

Marshall, W. L., Serran, G., Moulden, H., Mulloy, R., Fernandez, Y. M., Mann, R. E., & Thornton, D. (2002). Therapist features in sexual offender treatment: Their reliable identification and influence on behaviour change. *Clinical Psychology and Psychotherapy, 9,* 395-405.

Marshall, W. L., Thornton, D., Marshall, L. E., Fernandez, Y. M., & Mann, R. E. (2001). Treatment of sexual offenders who are in categorical denial: A pilot project. *Sexual Abuse: Journal of Research and Treatment, 13,* 205-215.

Maruna, S. (2001). *Making Good: How Ex-Convicts Reform and Rebuild their Lives.* Washington, DC: American Psychological Association Books.

McFall, R. M. (1990). The enhancement of social skills: An information processing analysis. In W. L. Marshall, D. R. Laws, & H. E. Barbaree (Eds.), *Handbook of Sexual Assault: Issues, Theories, and the Treatment of the Offender.* New York, NY: Plenum.

McGrath, R. J., Cumming, G. F., Burchard, B. L., Zeoli, S., & Ellerby, L. (2009). *Current Practices and Emerging Trends in Sexual Abuser Management: The Safer Society 2009 North American Survey.* Brandon, VT: Safer Society Press.

McGrath, R. J., Cumming, G., Livingston, J. A., & Hoke, S. E. (2003). Outcome of a Treatment Program for Adult Sex Offenders: From Prison to Community. *Journal of Interpersonal Violence, 18,* 3-17.

McKibben, A., Proulx, J., & Lusignan, R. (1994). Relationships between conflict, affect, and deviant sexual behaviours in rapists and paedophiles. *Behavior Research and Therapy, 32,* 571-575.

McMurran, M., & Ward, T. (2004). Motivating offenders to change in therapy: An organizing framework. *Legal and Criminological Psychology, 9,* 295-311.

Miller, P. A., & Eisenberg, N. (1988). The relationship of empathy to aggressive and externalizing/antisocial behaviour. *Psychological Bulletin, 103,* 234-344.

Miller, S., Hubble, M., & Duncan, B. (2007). Supershrinks: Who are they? What can we learn from them? *Psychotherapy Networker*, 27-56.

Miller, S., Hubble, M., & Duncan, B. (2008). Supershrinks: What's the secret of their success? *Psychotherapy in Australia, 14,* 14-22.

Miller, W. R., & Rollnick, S. (2002). *Motivational Interviewing: Preparing People for Change* (2nd ed.). New York, NY: Guilford.

Millon, T., Millon, C., Davis, R., & Grossman, S. (2009). *The Millon Clinical Multiaxial Inventory-III.* San Antonio, TX: Pearson Assessment.

Miner, M. H., Day, D. M., & Nafpaktitis, M. K. (1989). Assessment of coping skills: Development of a situational competency test. In D. R. Laws (Ed.), *Relapse Prevention with Sex Offenders* (pp. 127-136). New York: Guilford.

Moore, B. S. (1990). The origins and development of empathy. *Motivation and Emotion, 14,* 75-80.

Moulden, H. M., & Marshall, W. L. (2009). A hopeful approach to motivating sexual offenders for change. In D. S. Prescott (Ed.), *Building Modification for Change in Sexual Offenders.* Brandon, VT: Safer Society Press.

Mulloy, R. W., Smiley, W. C., & Mawson, D. L. (1997, June). *Empathy and the Successful Treatment of Psychopaths.* Poster presented at the Annual Meeting of the Canadian Psychological Association, Toronto, ON.

Murphy, M. C. (2001). *Natural Law and Practical Rationality.* New York, NY: Cambridge University Press.

Murphy, W. D. (1990). Assessment and modification of cognitive distortions in sex offenders. In W. L. Marshall, D. R. Laws, & H. E. Barbaree (Eds.), *Handbook of Sexual Assault: Issues, Theories, and Treatment of the Offender* (pp. 331-342). New York, NY: Plenum.

Neidigh, L., & Krop, H. (1992). Cognitive distortions among child sexual offenders. *Journal of Sex Education and Therapy, 18,* 208-215.

Nicholaichuk, T. P. (1996). Sex offender treatment priority: An illustration of the risk/need principle. *Forum on Corrections Research, 8,* 30-32.

Nussbaum, M. C. (2000). Women and Human Development: *The Capabilities Approach.* New York, NY: Cambridge University Press.

O'Brien, M. D., Marshall, L. E., & Marshall, W. L. (2009). The Rockwood Preparatory Program for sexual offenders: Goals and the methods employed to achieve them. In D. S. Prescott (Ed.), *Building Motivation for Change in Sexual Offenders.* Brandon, VT: Safer

Society Press.

Pavlov, I. P. (1927). *Conditioned Reflexes* (Translated by G. V. Aurep). London: Oxford.

Pithers, W. D. (1990). Relapse prevention with sexual aggressors: A method for maintaining therapeutic gain and enhancing external supervision. In W. L. Marshall (Ed.), *Handbook of Sexual Assault: Issues, Theories, and Treatment of the Offender* (pp. 343-361). New York: Plenum Press.

Pithers, W. D. (1991). Relapse prevention with sexual aggressors. *Forum on Corrections Research, 3,* 20-23.

Pithers, W. D. (1993). Treatment of rapists: Reinterpretation of early outcome data and exploratory constructs to enhance therapeutic efficacy. In G. C. Nagayama Hall & R. Hirschman et al. (Eds.), *Sexual Aggression: Issues in Etiology, Assessment, and Treatment. Series in Applied Psychology: Social Issues and Questions* (pp. 167-196). Washington, DC: Taylor & Francis Group.

Pithers, W. D. (1994). Process evaluation of a group therapy component designed to enhance sex offenders' empathy for sexual abuse survivors. *Behaviour Research and Therapy, 32,* 565-570.

Pithers, W. D., Beal, L. S., Armstrong, J., & Petty, J. (1989). Identification of risk factors through clinical interviews and analysis of records. In R. D. Laws (Ed.), *Relapse Prevention with Sex Offenders* (pp. 77-87). New York, NY: Guilford Press.

Plaud, J. J., & Newberry, D. E. (1996). Rule-governed behaviour and pedophilia. *Sexual Abuse: A Journal of Research and Treatment, 8,* 143-159.

Polaschek, D. L. L. (2003). Relapse prevention, offence process models, and the treatment of sexual offenders. *Professional Psychology: Research and Practice, 34,* 361-367.

Polaschek, D. L. L., & Gannon, T. A. (2004). The implicit theories of rapists: What convicted offenders tell us. *Sexual Abuse: A Journal of Research and Treatment, 16,* 299-314.

Polaschek, D. L. L., & Ward, T. (2002). The implicit theories of potential rapists: What our questionnaires tell us. *Aggression and Violent Behavior, 7,* 385-406.

Prescott, D. S. (2009). Motivational interviewing in the treatment of sexual abusers. In D. S. Prescott (Ed.), *Building Motivation for Change in Sexual Offenders*. Brandon, VT: Safer Society Press.

Prentky, R. A. (1995). A rationale for the treatment of sex offenders: Pro bono publico. In J. McGuire (Ed.), *What Works: Reducing Re-Offending — Guidelines from Research and Practice* (pp. 155-172). New York: Wiley.

Prentky, R. A., & Burgess, A. W. (1990). Rehabilitation of child molesters: A cost-benefit analysis. *American Journal of Orthopsychiatry, 60,* 108-117.

Prochaska, J. O., & DiClemente, C. C. (1992). *Stages of Change in the Modification of Problem Behaviors.* Newbury Park, CA, Sage.

Proulx, J., McKibben, A., & Lusignan, R. (1996). Relationships between affective components and sexual behaviors in sexual aggressors. *Sexual Abuse: A Journal of Research and Treatment, 8,* 279-289.

Quinsey, V. L., Harris, G. T., Rice, M. E., & Cormier, C. (2005). *Violent Offenders: Managing and Appraising Risk* (2nd ed.). Washington, DC: American Psychological Association.

Rice, M. E., Chaplin, T. C., Harris, G. T., & Coutts, J. (1994). Empathy for the victim and sexual arousal among rapists and nonrapists. *Journal of Interpersonal Violence, 9,* 435-449.

Ryan, R. M., & Deci, E. L. (2000). Self-determination and the facilitation of intrinsic motivation, social development, and well-being. *American Psychologist, 55,* 68-78.

Salter, A. (1988). *Treating Child Sex Offenders and Victims: A Practical Guide.* Thousand Oaks, CA: Sage.

Schwartz, B. K. (1992). Effective treatment techniques for sex offenders. *Psychiatric Annals, 22,* 315-319.

Scully, D. (1988). Convicted rapists' perceptions of self and victim: Role taking and emotions. *Gender and Society, 20,* 200-213.

Seidman, B. T., Marshall, W. L., Hudson, S. M., & Robertson, P. J. (1994). An examination of intimacy and loneliness in sex offenders. *Journal of Interpersonal Violence, 9,* 518-534.

Serran, G. A., Fernandez, Y. M., Marshall, W. L., & Mann, R. E. (2003). Process issues in treatment: Application to sexual offender programs. *Professional Psychology: Research and Practice, 4,* 368-374.

Skinner, B. F. (1938). *The Behavior of Organisms.* New York, NY: Appleton-Century-Crofts.

Smallbone, S. W., & Dadds, M. R. (2000). Attachment and coercive sexual behaviour. *Sexual Abuse: Journal of Research and Treatment, 12*(1), 3-15.

Snyder, C. R., Michael, S. T., & Cheavens, J. S. (1999). Hope as a psychotherapeutic foundation of common factors, placebos, and expectancies. In M. A. Hubble, B. L. Duncan, & S. D. Miller (Eds.), *The Heart and Soul of Change: What Works in Therapy* (pp. 179-200). Washington, DC: American Psychological Association.

Stangor, C., & Ford, T. E. (1992). Accuracy and expectancy-confirming processing orientations and the development of stereotypes and prejudice. *European Review of Social*

Psychology, 3, 57-89.

Stermac, L., & Segal, Z. (1989). Adult sexual contact with children: An examination of cognitive factors. *Behaviour Therapy, 20,* 573-584.

Teyber, E., & McClure, F. (2000). Therapist variables. In C. Snyder & R. Ingram (Eds.), *Handbook of Psychological Change: Psychotherapy Process and Practices for the 21st Century* (pp. 62-87). New York: Wiley.

Thornton, D. T. (2002). Constructing and testing a framework for dynamic risk assessment. *Sexual Abuse: A Journal of Research and Treatment, 14,* 139-153.

Wampold, B. E. (2001). *The Great Psychotherapy Debate: Models, Methods, and Findings.* New York: Routledge.

Ward, T. (2000). Sexual offenders' cognitive distortions as implicit theories. *Aggression and Violent Behavior, 5,* 491-507.

Ward, T., Bickley, J., Webster, S. D., Fisher, D., Beech, A., & Eldridge, H. (2004). *The Self-Regulation Model of the Offence and Relapse Process: A Manual: Volume I: Assessment.* Victoria, BC: Pacific Psychological Assessment Corporation. Available at www.pacific-psych.com

Wart, T., & Beech, A. (2006). An integrated theory of sexual offending. *Aggression and Violent Behavior, 11,* 44-63.

Ward, T., & Gannon, T. (2006). Rehabilitation, etiology, and self-regulation: The Good Lives Model of sexual offender treatment. *Aggression and Violent Behavior, 11,* 77-94.

Ward, T., Gannon, T., & Yates, P. M. (2008). What works in forensic psychology. *Victimology, 15,* 183-208.

Ward, T., & Hudson, S. M. (1998). A model of the relapse process in sexual offenders. *Journal of Interpersonal Violence, 13,* 700-725.

Ward, T., & Hudson, S. M. (2000). A self-regulation model of relapse prevention. In D. R. Laws, S. M. Hudson, & T. Ward (Eds.), *Remaking Relapse Prevention with Sex Offenders: A Sourcebook* (pp. 79-101). New York: Sage Publications.

Ward, T., Hudson, S., & France, K. (1993). Self-reported reasons for offending behaviour in child molesters. *Annals of Sex Research, 6,* 139-148.

Ward, T., Hudson, S. M., Johnston, L., & Marshall, W. L. (1997). Cognitive distortions in sexual offenders: An integrative review. *Clinical Psychology Review, 17,* 1-29.

Ward, T., Hudson, S. M., & Keenan, T. (1998). A self-regulation model of the offense process. *Sexual Abuse: A Journal of Research and Treatment, 10,* 141-157.

Ward, T., Hudson, S., & Marshall, W. (1995). Cognitive distortions and effective deficits in sex offenders: A cognitive deconstructionist approach. *Sexual Abuse: A Journal of Research and Treatment, 7,* 67-83.

Ward, T., Hudson, S., Marshall, W. L., & Siegert, R. (1995). Attachment style and intimacy deficits in sex offenders. *Sexual Abuse: A Journal of Research and Treatment, 7,* 317-333.

Ward, T., & Keenan, T. (1999). Child molesters' implicit theories. *Journal of Interpersonal Violence, 14,* 821-838.

Ward, T., Louden, K., Hudson, S. M., & Marshall, W. L. (1995). A descriptive model of the offence process. *Journal of Interpersonal Violence, 10,* 453-473.

Ward, T., Mann, R., & Gannon, T. (2007). The Good Lives Model of offender rehabilitation: Clinical Implications. *Aggression and Violent Behavior, 12,* 87-107.

Ward, T., & Marshall, W. L. (2004). Good lives, etiology, and the rehabilitation of sex offenders: A bridging theory. *Journal of Sexual Aggression, 10,* 153-169.

Ward, T., & Marshall, W. L. (2007). Narrative identity and offender rehabilitation. *International Journal of Offender Therapy and Comparative Criminology, 51,* 279-297.

Ward, T., & Maruna, S. (2007). Rehabilitation: Beyond the risk-paradigm. *Key Ideas in Criminology Series* (Tim Newburn, Series Ed.). London: Routledge.

Ward, T., Melser, J., & Yates, P. M. (2007). Reconstructing the Risk Need Responsivity Model: A theoretical elaboration and evaluation. *Aggression and Violent Behavior, 12,* 208-228.

Ward, T., & Nees, C. (2009). Surfaces and depths: Evaluating the theoretical assumptions of cognitive skills programmes. *Psychology, Crime, Law, 15,* 165-182.

Ward, T., Polaschek, D. L. L., & Beech, A. R. (2006). *Theories of Sexual Offending.* New Jersey: John Wiley & Sons.

Ward, T., Polaschek, D. L. L., & Beech, A. R. (In press). The ethics of care and the treatment of sex offenders. *Sexual Abuse: A Journal of Research and Treatment.*

Ward, T., & Stewart, C. A. (2003). The treatment of sex offenders: Risk management and good lives. *Professional Psychology: Research and Practice, 34,* 353-360.

Ward, T., Vess, J., Collie, R. M., & Gannon, T. A. (2006). Risk management or goods promotion: The relationship between approach and avoidance goals in treatment for sex offenders. *Aggression and Violent Behavior: A Review Journal, 11,* 378-393.

Ward, T., Yates, P. M., & Long, C. A. (2006). *The Self-Regulation Model of the Offence and Relapse Process, Volume II: Treatment.* Victoria, BC: Pacific Psychological Assessment

Corporation. Available at www.pacific-psych.com.

Wegner, D. M. (1994). Ironic processes of mental control. *Psychological Bulletin, 101,* 34-52.

Welford, A. T. (1960). The measurement of sensory-motor performance: Survey and reappraisal of twelve years' progress. *Ergonomics, 3,* 189-230.

Wells, A. (2000). *Emotional Disorders and Metacognition: Innovative Cognitive Therapy.* Chichester, UK: Wiley.

Wells, A., & Matthews, G. (1994). Attention and Emotion: *A Clinical Perspective.* Hove, UK: Erlbaum.

Wells, A., & Matthews, G. (1996). Modelling cognition in emotional disorders: The S-REF model. *Behavior Research and Therapy, 34,* 881-888.

Williams, S. M., & Khanna, A. (1990, June). *Empathy Training for Sex Offenders.* Paper presented at the Third Symposium on Violence and Aggression, Saskatoon, SK.

Williams, J. M. G., Watts, F. N., Macleod, C., & Mathews, A. (1997). *Cognitive Psychology and Emotional Disorders* (2nd ed.). Chichester: Wiley.

Willis, G., Levenson, J., & Ward, T. (In press). Desistance and attitudes towards sex offenders: Facilitation or hindrance? *Journal of Family Violence.*

Wilson, R. J. (2007). Circles of support and accountability: Empowering communities. In D. S. Prescott (Ed.), *Knowledge and practice: Challenges in the treatment and supervision of sexual abusers* (pp. 280-309). Oklahoma City, OK: Wood'n'Barnes.

Wilson, R. J. (2009). Treatment readiness and comprehensive treatment programming. In D. S. Prescott (Ed.), *Building Motivation for Change in Sexual Offenders.* Brandon, VT: Safer Society Press.

Wilson, R. J., Stewart, L., Stirpe, T., Barrett, M., & Cripps, J. E. (2000). Community-based sexual offender management: Combining parole supervision and treatment to reduce recidivism. *Canadian Journal of Criminology, 42,* 177-188.

Wilson, R. J., & Yates, P. M. (2005). Sex offender risk management: Assessment, treatment, and supervision. In M. Bosworth (Ed.), *Encyclopedia of Prisons and Correctional Facilities, 2* (pp. 891-895). Thousand Oaks, CA: Sage Publications Inc.

Winn, M. E. (1996). The strategic and systemic management of denial in the cognitive/behavioral treatment of sexual offenders. *Sexual Abuse: A Journal of Research and Treatment, 8*(1), 25-36.

Wong, S., Witte, T., & Nicholaichuk, T. P. (2002). *Working Alliance: Utility in Forensic Treatment Programs.* Ottawa, ON: National Health Services Conference.

Wormith, J. S., & Hanson, R. K. (1991). The treatment of sexual offenders in Canada: An update. *Canadian Psychology, 33,* 180-197.

Yates, P. M. (1996). *An Investigation of Factors Associated with Definitions and Perceptions of Rape, Propensity to Commit Rape, and Rape Prevention.* Ottawa, ON: Carleton University, Unpublished doctoral dissertation.

Yates, P. M. (2002). What works: Effective intervention with sex offenders. In H. E. Allen (Ed.), *What Works: Risk Reduction: Interventions for Special Needs Offenders.* Lanham, MD: American Correctional Association.

Yates, P. M. (2003). Treatment of adult sexual offenders: A therapeutic cognitive-behavioral model of intervention. *Journal of Child Sexual Abuse, 12,* 195-232.

Yates, P. M. (2005). Pathways to the treatment of sexual offenders: Rethinking intervention. *Forum, Summer: 1-9.* Beaverton OR: Association for the Treatment of Sexual Abusers.

Yates, P. M. (2007). Taking the leap: Abandoning relapse prevention and applying the self-regulation model to the treatment of sexual offenders. In D. S. Prescott (Ed.), *Applying knowledge to practice: The treatment and supervision of sexual abusers* (pp. 143-174). Oklahoma City, OK: Wood'n'Barnes.

Yates, P. M. (2009a). Using the good lives model to motivate sexual offenders to participation in treatment. In D. S. Prescott (Ed.), *Building Motivation to Change in Sexual Offenders.* Brandon, VT: Safer Society Press.

Yates, P. M. (2009b). Is sexual offender denial related to sex offence risk and recidivism? A review and treatment implications. *Psychology Crime and Law Special Issue: Cognition and Emotion, 15,* 183-199.

Yates, P. M. (In press). Models of sexual offender treatment. In A. Phenix & H. Hoberman (Eds.), *Sexual Offenders: Classification, Assessment, and Management.* New York: Springer.

Yates, P. M., Goguen, B. C., Nicholaichuk, T. P., Williams, S. M., Long, C. A., Jeglic, E., & Martin, G. (2000). *National sex offender programs.* Ottawa, ON: Correctional Service of Canada.

Yates, P. M., & Kingston, D. A. (2005). Pathways to sexual offending. In B. K. Schwartz & H. R. Cellini (Eds.), *The Sex Offender, 3* (pp. 1-15). Kingston, NJ: Civic Research Institute.

Yates, P. M., & Kingston, D. A. (2007). *A companion text to the Casebook of Sexual Offending for use in scoring the Risk for Sexual Violence Protocol (RSVP).* Victoria, BC: Pacific Psychological Assessment Corporation. www.pacific-psych.com.

Yates, P. M., Hucker, S., & Kingston, D. A. (2007). Sexual sadism: Psychopathology and treatment. In D. R. Laws & W. O'Donahue (Eds.), *Sexual Deviance: Theory,*

Assessment, and Treatment (2nd ed.). New York: Guilford Press.

Yates, P. M., Kingston, D. A., & Ward, T. (2009). *The Self-Regulation Model of the Offence and Re-offence Process: Volume III: A Guide to Assessment and Treatment Planning Using the Integrated Good Lives/Self-Regulation Model of Sexual Offending.* Victoria, BC: Pacific Psychological Assessment Corporation. Available at www.pacific-psych.com.

Yates, P. M., & Ward, T. (2007). Treatment of sexual offenders: Relapse prevention and beyond. In K. Witkiewitz & G. A. Marlatt (Eds.), *Therapists' Guide to Evidence-Based Relapse Prevention* (pp. 215-234). Burlington, MA: Elsevier Press.

Yates, P. M., & Ward, T. (2008). Good lives, self-regulation, and risk management: An integrated model of sexual offender assessment and treatment. *Sexual Abuse in Australia and New Zealand: An Interdisciplinary Journal, 1,* 3-20.

Young, J. E. (1999). *Cognitive Therapy for Personality Disorders: A Schema-Focused Approach.* Sarasota, FL: Professional Resource Press.

찾아보기

인 명

내 용

저자 소개

Pamela M. Yates(Ph.D., R.D. Psych)는 심리학 문학박사이며, 심리학 조사연구자로 성범죄자, 폭력범죄자, 물질남용자 및 폭력피해자를 포함한 성인과 청소년 등 다양한 분야의 임상가이자 연구자이며, 공인된 범죄자 치료 프로그램 개발자로 활동하고 있다. 그녀의 연구와 출간 책들은 범죄자 사회복귀, 성범죄자 평가 및 치료, 프로그램 사정, 위험성 평가, 치료 효과성, 사이코패시 및 성적 가학증 등의 내용을 포함한다. 그녀는 성범죄자 개입과 실무 적용에 대한 확장된 자기조절 및 좋은 삶 모델에 대해 저술했다.

David S. Prescott은 임상사회복지사(LICSW)로 현재 미국 메인 주의 Becket Program 책임 임상가다. 그는 미국 무스레이크에서 Minnesota Sex Offender Program 책임 임상가로 근무했으며 위스콘신 주 Sand Ridge Secure Treatment Center의 치료평가 책임자로도 근무했다. 그는 모든 연령대의 성범죄자를 대상으로 치료적 개입을 하는 것에 대한 7권의 책을 저술하였고, 성학대자 치료협회의 회장을 역임했다. 그의 임상 및 훈련 분야는 동기강화, 치료적 관계의 개발 및 유지 그리고 치료과정 평가에 초점을 두고 있다.

Tony Ward(Ph.D., DipClinPsyc)는 임상심리학 박사로 현재 뉴질랜드 빅토리아 대학교의 학과장이며 임상심리학 교수로 재임 중이다. 그의 연구 분야는 범죄자의 인지, 재통합 및 중지, 범죄심리학에서의 윤리적 쟁점 그리고 인간 행동 이해에 대한 혁신적 접근이다. 그는 280권 이상의 대학 교재를 저술했고 최근 저서(공동 집필자는 Richard Laws)로 *Desisting from Sex Offending: Alternatives to Throwing Away the Keys*(Guilford, October 2010)가 있다.

역자 소개

신기숙(Shin, Kisook)

전남대학교 심리학과 박사(임상심리 전공)

임상심리전문가, 정신보건임상심리사 1급

상담심리사 1급, 범죄심리전문가

전 광주해바라기아동센터 소장

    광주여성민우회 가족과성상담소장

현 서울지방교정청 교정심리치료센터 교육팀장

심진섭(Shim, Jinseop)

충북대학교 심리학과 박사수료(법심리 전공)

상담심리사 1급

전 충북대학교 학생생활상담소 전임상담원

현 대전지방교정청 교정심리치료센터 상담심리전문가

이종수(Lee, Jongsoo)

덕성여자대학교 심리학과 박사수료(임상건강 전공)

상담심리사 1급

전 광주 금호타이어 아름터상담실장

    SK 유비케어 헬스케어 사업부 상담심리전문가

현 서울지방교정청 교정심리치료센터 상담심리전문가

이지원(Lee, Jeewon)

건국대학교 교육학과 박사과정(상담심리 전공)

상담심리사 1급

전 엠피스심리상담연구소 전문상담원

　　가톨릭정신과 클리닉 전문상담원

현 서울지방교정청 교정심리치료센터 상담심리전문가

전은숙(Chun, Eunsuk)

전북대학교 심리학과 석사수료(상담심리 전공)

정신보건임상심리사 1급

전 정신보건시설 마음사랑의집 센터장

현 광주지방교정청 교정심리치료센터 교육팀장

성범죄자 치료: 좋은 삶과 자기조절 통합모델의 적용
Applying the Good Lives and Self-Regulation Models to Sex Offender
Treatment: A Practical Guide for Clinicians

2016년 4월 20일 1판 1쇄 인쇄
2016년 4월 25일 1판 1쇄 발행

지은이 • Pamela M. Yates · David S. Prescott · Tony Ward
옮긴이 • 신기숙 · 심진섭 · 이종수 · 이지원 · 전은숙
펴낸이 • 김진환
펴낸곳 • (주) 학지사

04031 서울특별시 마포구 양화로 15길 20 마인드월드빌딩
대표전화 • 02)330-5114   팩스 • 02)324-2345
등록번호 • 제313-2006-000265호

홈페이지 • http://www.hakjisa.co.kr
페이스북 • https://www.facebook.com/hakjisa

ISBN 978-89-997-0943-2 93180

정가 20,000원

역자와의 협약으로 인지는 생략합니다.
파본은 구입처에서 교환해 드립니다.

이 도서의 국립중앙도서관 출판시도서목록(CIP)은 서지정보유통지
원시스템 홈페이지(http://seoji.nl.go.kr)와 국가자료공동목록시스템
(http://www.nl.go.kr/kolisnet)에서 이용하실 수 있습니다.
(CIP 제어번호: CIP2016007659)

교육문화출판미디어그룹 학지사

심리검사연구소 인싸이트 www.inpsyt.co.kr
원격교육연수원 카운피아 www.counpia.com
학술논문서비스 뉴논문 www.newnonmun.com